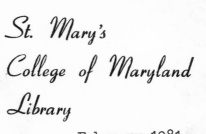

*St. Mary's*
*College of Maryland*
*Library*

February 1981

Presented by

EMBASSY OF SPAIN,

CULTURAL OFFICE

# SITUACIÓN HISTÓRICA DE LAS FLORIDAS EN LA SEGUNDA MITAD DEL SIGLO XVIII (1783-1819)

# TRABAJOS MONOGRÁFICOS SOBRE LA INDEPENDENCIA DE NORTEAMÉRICA

## 2

Estos trabajos han sido realizados bajo los auspicios del Programa de Cooperación Cultural y Educativa entre España y los Estados Unidos de Norteamérica (Convenio de 6 de agosto de 1970).

# SITUACIÓN HISTÓRICA DE LAS FLORIDAS

## EN LA SEGUNDA MITAD DEL SIGLO XVIII

### (1783-1819)

LOS PROBLEMAS DE UNA REGIÓN DE FRONTERA

POR

ELENA SÁNCHEZ-FABRÉS MIRAT

MINISTERIO DE ASUNTOS EXTERIORES
DIRECCIÓN GENERAL DE RELACIONES CULTURALES
MADRID

MINISTERIO DE ASUNTOS EXTERIORES, Madrid, 1977.

Printed in Spain. Impreso en España.

Depósito Legal: M. 39620 - 1977.

ISBN 84-85290-08-9.

**Gráficas Cóndor, S. A.,**
Sánchez Pacheco, 81, Madrid, 1977. — 4772.

*A Lucas y a mi madre.*

# INTRODUCCION

La antigua rivalidad entre las potencias europeas, Inglaterra, Francia y España, que se disputaban la hegemonía en el Golfo de Méjico, continuó tras el Tratado de 1783 con la incorporación de un nuevo rival: Los Estados Unidos. España, al ayudar a la independencia de las colonias inglesas en América del Norte, colaboró al propio fin de su soberanía en el golfo mejicano, al dar paso y lugar al nacimiento de una potencia vecina, creciente y vigorosa, que tardaría sólo tres décadas en expulsarla de allí.

Por el Tratado de 1783, España adquirió con las Floridas una región de frontera, siendo este el factor primordial del conflicto que dicho Tratado originó, pues la frontera no sólo la separaba de un peligroso vecino, los Estados Unidos, sino que, además, estaba sin delimitar.

En la estructura de esta frontera intervienen dos problemas fundamentales originados por el enfrentamiento de intereses de España y los Estados Unidos: el límite Norte de Florida Occidental y la navegación del río Mississippi, ambos temas silenciados en el Tratado entre dichas potencias, y por lo tanto sin resolver.

Las autoridades españolas en las Floridas, conocedoras de las limitaciones de sus enclaves militares en cuanto a defensa se refiere, tuvieron que plantearse, desde el principio de su Segunda Dominación, la necesidad de reforzar su soberanía en esta región de frontera, buscando algún otro medio o barrera que frenase el avance americano; por eso buscaron ejercer su influencia sobre los indios limítrofes que habitaban en la frontera, y el modo de controlarlos era comerciar con ellos.

El comercio indígena fue una de las bazas o recursos que los españoles intentaron aprovechar para contener o, al menos, retardar la inevitable expansión de los americanos. Es el producto de un problema fronterizo y responde a la necesidad española de adaptarse a una situación crítica. Debe entenderse como parte integrante de la política española para preservar la Luisiana y Floridas de una ocupación gradual americana, a falta de un poderío intrínseco español.

El río Mississippi, y por lo tanto el derecho a su libre navegación, es otro de los componentes de la estructura de la frontera de las Floridas, y la política española con respecto a él, un índice más de su debilidad interna. Las reivindicaciones de España en cuanto a los límites de Florida Occidental, tenían mucho que ver con su intención de controlar el Mississippi, ya que para cerrarlo se basaba, principalmente, en la posesión de sus dos orillas, estrangulando con ello el crecimiento y expansión de los americanos en aquella zona. Tras las cuestiones formales y diplomáticas de límites de navegación que españoles y americanos se disputaban, yacía el asunto más profundo del control político y económico del valle del Mississippi, regado por esta arteria que le daba vida y salida a sus productos. El objetivo de los americanos con su política de control del valle, era tener una salida al mar para sus productos comerciales, así como territorio fértil para dar cabida a las corrientes migratorias que surgieron después de la Revolución; los españoles, a su vez, tenían varios objetivos simultáneos enfocados todos a un mismo fin: proteger sus posesiones de Luisiana y Floridas, antemural del reino de Méjico.

Una vez analizada la estructura de la frontera de las Floridas, paso a estudiar su dinámica que comprende la tensión hispano-norteamericana y la política de atracción de los indígenas, los proyectos norteamericanos de establecimiento y las medidas españolas para contrarrestarlo.

Si el concepto de dinámica implica fuerzas oponentes, y estas fuerzas originan tensiones, en la frontera hispano-norteamericana la tensión primordial estaba originada por la política de orbitación indígena a uno y otro lado de ella, que en última instancia tenía el objetivo de controlar dicha frontera.

Tanto España como los Estados Unidos, reclamaban, basándose en sus respectivos Tratados con Inglaterra, una extensa franja del territorio entre los paralelos 31º y 32º 26' de latitud Norte, que albergaba el corazón del territorio indio del Sur. La presencia de los indios «en tierra de nadie» y la importancia de ganar su amistad, «protegerles» y comerciar con ellos, pondrá en movimiento a los dos oponentes que, con los indios, completan el elemento humano base de la dinámica fronteriza: españoles y norteamericanos.

El objetivo principal de la política indigenista española era hacer de los indios una barrera viviente para proteger sus posesiones; el de los americanos era destruir esa barrera para llegar al valle del Mississippi y ampliar las fronteras de la Unión; y en común con España, servirse de las naciones de indios para sus propios intereses.

Los proyectos norteamericanos de establecimiento en el valle del Mississippi comenzaron con un vigor creciente a partir de la Revolución, basándose en la especulación de tierras, muchas de ellas reclamadas por España. El gobierno español empleó cuantos medios tuvo a su alcance para contener el empuje de unos hombres, cuyo único interés era establecerse en un valle lleno de recursos naturales y regado por un río que daría salida a sus productos comerciales, sin tener que atravesar los Montes Apalaches para llegar hasta el Atlántico. Estos hombres de frontera independientes y audaces encontraron en su camino de expansión a España, que no estaba dispuesta a ceder un ápice de su territorio recién adquirido y que, para defenderlo, programó una frontera humana a base del comercio con los indios y de la política de poblamiento.

El objetivo principal de la política española de poblamiento era llenar las Floridas de vasallos fieles y leales a S. M. C. para contrarrestar el movimiento americano hacia el Mississippi. Al igual que la comercial, intentó aprovechar el elemento humano de la frontera, y respondía a la necesidad de solucionar una situación crítica.

Un índice más de la debilidad orgánica e intrínseca de la autoridad española en las Floridas fue la política de subversión llevada a cabo por el aventurero William August Bowles, personaje fruto de las circunstancias geográfico-socio-políticas. Su personalidad se diluye entre la víctima de su propio idealismo y el agente de Inglaterra, la marioneta de los intereses comerciales y políticos de esta potencia y el revolucionario libertador de los pueblos indios. En cualquier caso, un problema producto de una región de frontera, con un campo de acción extenso entre los indios que se veían presionados a uno y otro lado de ella.

El Tratado de 1795, por el que España se rindió en su disputa fronteriza con los americanos, fue el primer paso para la futura expansión de los Estados Unidos hacia territorio español, y el principio de la desintegración de la soberanía española en las Floridas.

Con él terminó la controversia sobre la frontera norte de dicha provincia, pero en realidad los problemas para los españoles no habían hecho más que comenzar. De ahora en adelante las tensiones diplomáticas hispano-norteamericanas se intensifican y los Estados Unidos llevan a cabo una política de hechos consumados, marcando el ritmo de las negociaciones que versan sobre un nuevo conflicto: los límites orientales de la Luisiana u occidentales de la Florida.

La retrocesión de Luisiana a Francia y la venta de ésta a los Estados Unidos fue la clave de la controversia posterior sobre Florida Occidental, ya que los americanos reclamaban gran extensión de esta provincia como parte de su compra. De nuevo tenemos un Tratado de oscuros términos y sin especificar límites, que da lugar, por sus distintas interpretaciones, a un problema fronterizo entre los Estados Unidos y España, acorralando a las Floridas ya no sólo por el Norte, sino también por el Oeste.

La invasión de la Península por los franceses y la Guerra de Independencia absorvieron todos los recursos de España y ofrecieron a los Estados Unidos la mejor coyuntura para su movimiento expansionista en Florida, que en este período corrió de izquierda a derecha, es decir, desde el Mississippi hacia Río Perdido.

El proceso diplomático para firmar el Tratado de cesión de las Floridas fue mucho más lento que la ocupación gradual de éstas por los americanos, ya que Onís estaba abandonado a los solos e ineficaces medios de las notas y reducido a la elección de un vocabulario diplomático apropiado para salvaguardar el honor de España, ya que no las Floridas. El sino de éstas estaba ya marcado desde que los Estados Unidos adquirieron su independencia y pasaron a formar parte de éstos, dada la incapacidad de España para sostenerlas.

# LOS PROBLEMAS DE UNA REGIÓN DE FRONTERAS

## CAPÍTULO I

## ESTRUCTURA DE LA FRONTERA

### 1. LOS ENCLAVES URBANOS, COMERCIALES Y MILITARES

Por el Tratado de Paz de 1783 comenzó la Segunda Dominación Española en Las Floridas; dentro de este término hay que distinguir entre Florida Occidental y Florida Oriental, cuya definición y delimitación tuvo lugar el 7 de octubre de 1763, por una Proclamación del Rey de Inglaterra para organizar sus nuevas posesiones. Según la mencionada proclamación, Florida Oriental limitaba al Oeste con el Golfo de Méjico y el río Apalachicola, que servía de límite Este de Florida Occidental. En un principio, el límite Norte de esta última provincia se fijó en una línea siguiendo el paralelo 31º de latitud Norte desde el Mississippi hasta el río Apalachicola, pero por una Real Orden de 1764, se añadió a Florida Occidental todo el territorio entre el paralelo 31º y la boca del río Yazú, incluyendo así el establecimiento de Natchez[1].

Bernardo de Gálvez conquistó para España los puestos ingleses de Florida Occidental en los años de 1779 a 1781, y en 1783 se formalizó la cesión de ambas Floridas a España. Así pues, coincidiendo con el término de la Revolución americana, España se vio dueña de dos provincias fronterizas con los nuevos Estados Unidos y salpicadas por una serie de enclaves que tenía que reconstruir y mantener, y otros que habría de establecer a lo largo de este período.

---

[1] Cox, Isaac Joslin, *The West Florida Controversy, 1798-1813*, Peter Smith, Gloucester, Mass., 1967, págs. 11 y 12; Consejo de Estado, Palacio, 3 de Noviembre, 1792. AHN/E/Leg. 3.887, n.º 218.

Los establecimientos fronterizos españoles se extendían a lo largo de una línea en forma de L que bordeaba las extremidades Sur y Oeste de los Estados Unidos. San Agustín, Panzacola, Mobila y Nueva Orleans estaban en la línea que iba desde el Atlántico hasta el Mississippi, siguiendo la dirección Este-Oeste. Al Norte de Nueva Orleans, los únicos puestos españoles de consideración en 1783 eran Natchez, Arcansas y San Luis, pero Natchez estaba situado en territorio reclamado por los Estados Unidos. El único apoyo de la autoridad española en Luisiana y Florida Occidental eran una docena de fuertes ruinosos guarnecidos por un regimiento incompleto y mal equipado, compuesto por las peores tropas del ejército español. En Florida Oriental, el único puesto de alguna importancia era San Agustín [2].

Los enclaves principales de Florida Occidental en 1783 eran Panzacola y Mobila, en la costa del Golfo de Méjico, y Natchez, junto al Mississippi; más adelante se establecerían nuevos puestos de carácter militar y defensivo que servirían a su vez para comerciar con los indios: el fuerte de Nogales, establecido en 1791 y cedido el territorio por los indios en 1792, el fuerte de San Esteban de Tombecbé, en 1793, y San Fernando de las Barrancas (situado en las Barrancas de Margot), en 1795.

En Florida Oriental, la única ciudad que había era San Agustín de la Florida, y como enclave comercial y militar estaba San Marcos de Apalache, que cambió de jurisdicción en 1784, pasando a pertenecer a Florida Occidental.

El factor común a todos los puestos españoles de las Floridas estaba determinado por su carácter de provincias limítrofes con los Estados Unidos y, por lo tanto, barreras para la expansión de éstos: los enclaves urbanos servían, fundamentalmente, para alojar a las tropas destinadas a la defensa de estas provincias, y algunos de ellos eran centros de comercio indio, cuya esencia y objetivo tenían también que ver con la defensa de las posesiones españolas. Los fuertes que se establecieron más tarde gracias a los Tratados con los indios estaban también destinados a defender las fronteras, y se puede decir que las Floridas. Por su escasa heterogénea población, eran unas provincias destinadas a alojar unas tropas insuficientes que mal podían defenderlas en caso de ataque.

---

[2] Whitaker, Arthur Preston, *The Spanish - American Frontier. 1783-1795.* Univ. of Nebraska Press, Lincoln, 1969, pág. 21.

ENCLAVES EN FLORIDA ORIENTAL: SAN AGUSTÍN DE LA FLORIDA.—La ciudad de San Agustín, a la que el nuevo Gobernador español Céspedes llegó el 26 de junio de 1784, no había cambiado mucho durante los veinte años de ocupación inglesa, excepto que la mayoría de los edificios públicos estaban casi en ruinas, debido al abandono sufrido durante los últimos años del dominio británico.

San Agustín tenía tres calles principales, con menos de 300 casas; 35 de ellas estaban en buen estado, 127 pasables y el resto tenían necesidad urgente de reparación. Los ingleses habían convertido el Monasterio en barracas, uso que los españoles continuaron. Se hizo un intento de restaurar el Monasterio y las antiguas Misiones a él asociadas, pero Céspedes protestó diciendo que los edificios se habían destinado a otro uso que ya no se podía cambiar.

El estado de las propiedades de la Iglesia Católica era deprimente en general; el único lugar de culto que encontraron los españoles a su vuelta fue una capilla que adaptó el padre Pedro Campos en el sótano de una residencia a las afueras de la ciudad. Se comenzó a construir una nueva Iglesia en 1793, que se terminó cuatro años más tarde. La debilidad, la pobreza y decadencia de la segunda dominación española se reflejaban en el estado del edificio de la Iglesia [3].

La adquisición de Florida Oriental fue para España una carga pesada y difícil de sostener, y le trajo más dificultades y problemas que beneficios por su incapacidad de poblarla, alimentar a los pocos habitantes que tenía y por los gastos que ocasionaba el mantenimiento de la tropa. Hubo quien se dio cuenta de ello y en 1788 José Salcedo presentó un discurso a Valdés sobre lo perjudicial que era esta provincia para España y la conveniencia de cederla a los ingleses; el mismo Salcedo hizo un breve resumen de su discurso que decía:

«...que el Presidio y Provincia de San Agustín tiene unas fortificaciones malas, inútiles y de mui costoso entretenimiento; que lo que se llama Puerto es sólo una barra peligrosísima de fondo

---

[3] Tebeau, Charlton W., *A History of Florida*, Univ. of Miami Press, 1971, página 90.
Para la ciudad de San Agustín ver:
Ware, John D., «St. Agustine 1784: Decadence and Repairs», en *Florida Historical Quarterly*, 48, 1969, 180-187.
Lockey, Joseph B., «The St. Agustine Census of 1786», en *Florida Historical Quarterly*, 18, 1939, 11-31.

mui corto y perecedero; que no se puede interceptar ni impedir desde ella el contrabando ni hacer el corso; que de nada sirve su establecimiento para propagar la verdadera Religión ni para coadyugar á la conservación y defensa de las Provincias inmediatas; que sus habitantes son despreciables por su calidad y cortisimo numero; que no tiene ganados; que sus producciones y frutos no merecen la menor consideración; que no es capaz de comercio alguno; que ningún cuidado influye el que la posea qualquiera otra potencia; y por ultimo, que es inutil, bajo todos los aspectos, ál Estado, y embarazosa, mui costosa, arriesgada y perjudicialisima a su conservación. *Luego es mui conveniente á la España deshacerse de ella.*»

El desarrollo de estos puntos del discurso de Salcedo da una idea del mal estado de San Agustín de la Florida y de las dificultades que a la larga habría de sortear España para su conservación y mantenimiento, cumpliéndose esta temprana predicción.

FORTIFICACIONES MALAS E INÚTILES.—El castillo, con las demás fortificaciones adyacentes, se hallaban casi en ruinas y se necesitarían más de 50.000 pesos fuertes para recomponerlo; no tenía sentido para defender la ciudad de posibles ataques por mar, ya que no había puerto donde diesen fondo las embarcaciones, y en caso de un ataque por tierra de los indios, bastaría una estacada para defenderse de éstos. También era inservible para la seguridad de la costa y de la provincia, pues si atacasen los americanos podrían tomar la ciudad en quince días, debido al corto número de defensores con que contaba. Tampoco servía para prestar socorro a Florida Occidental, ya que la gran distancia y la aspereza de los Montes Apalaches imposibilitaban esta operación.

EL PUERTO.—Lo que se llamaba Puerto de San Agustín, no siéndolo, admitía únicamente pequeños buques, que debían superar una barra peligrosísima de sólo ocho pies de fondo que iba disminuyendo por días y donde habían naufragado gran cantidad de barcos: desde el año 63 al 83 naufragaron más de 200 embarcaciones inglesas entre grandes y pequeñas, y desde el año 83 al 87 se perdieron más de diez embarcaciones españolas, algunas de ellas con dinero, víveres y tropas de relevo.

El gobernador Céspedes aseguró que podría llegar el caso de que el puerto se inutilizase y cegase por sí mismo, y habría que trasladar a la población a la embocadura del río Santa María.

CONTRABANDO Y CORSO.—Dado que la barra del puerto de San Agustín no tenía capacidad para buques de porte, y que la entrada y salida era muy difícil y arriesgada, no se podría impedir el contrabando ni hacer el corso en tiempo de guerra.

HABITANTES.—En mayo de 1787, Florida Oriental tenía 1.390 habitantes; de éstos, 900 eran blancos, entre los cuales había isleños, floridianos, menorquines, italianos, griegos y británicos, todos ellos pobres y perezosos; los restantes 490 eran esclavos que trabajaban en pequeñas plantaciones que poseían seis u ocho colonos ingleses. Este corto número de gente era incapaz e insuficiente para hacer producir al terreno ni aún los alimentos de primera necesidad para su subsistencia y las de la Guarnición, de donde se deduce que San Agustín era un verdadero Presidio a donde era preciso llevar todo de fuera.

PRODUCTOS, FRUTOS Y GANADOS.—Se sabía por el gobernador Céspedes que los productos y frutos se reducían a maderas de mediana calidad, cera en corta cantidad, algunas plantas medicinales, pescado, brea y trementina. Con el tiempo podría producir arroz, añil, azúcar, algodón, cáñamo y cochinilla, pero para ello se necesitarían muchas manos y ganados que no había en la provincia, pues desde octubre de 1784 en que había 1.994 habitantes empadronados, la colonia había disminuido en 604 personas.

COMERCIO.—En San Agustín no había posibilidad alguna de comercio debido a la escasez de habitantes que cada día iba disminuyendo y que no podía subsistir si no les llevaban de fuera hasta los alimentos de primera necesidad, siendo preciso acudir por ellos a las colonias americanas, ya que había muchas dificultades para traerlos desde La Habana.

DOTACIÓN.—Según indicó el gobernador Céspedes, se necesitarían 230.000 pesos en tiempo de paz para atender a todos sus gastos, incluidos los pobladores y regalos a los indios. En tiempo de guerra habrían de duplicarse los socorros, la Guarnición y las defensas de mar y tierra, añadiéndose a las dificultades que, por su situación, sólo llegarían un barco de cada diez con socorros, debido a los buques enemigos y a los obstáculos del Canal de Bahama [4].

---

[4] Discurso sobre cesión de Florida Oriental a los ingleses, presentado por D. José Salcedo, con dos mapas, el 20 de Agosto de 1788 a D. Antonio

Es interesante resaltar el punto de la falta de autosuficiencia de San Agustín de la Florida, que tenía que depender de la llegada de los barcos de La Habana para la subsistencia de sus habitantes; pero esto era en teoría, pues si el Gobernador se hubiese atenido estrictamente a las órdenes de la Corte, todos hubiesen perecido de hambre. Estaba establecido que sólo en caso de urgente necesidad se recurriese a Nueva York para abastecerse de provisiones, pero por la correspondencia del Gobernador Céspedes con el Encargado de Negocios en Nueva York, Gardoqui, se deduce que la necesidad de víveres era siempre urgente, pues los barcos procedentes de La Habana rara vez llegaban a San Agustín sanos y salvos, debido a la peligrosidad y problemas de navegación que presentaba el Canal de Bahama, que tenían que atravesar [5].

Las numerosas cartas de Céspedes a Gardoqui son una prueba fehaciente de la penosa situación que tenía que afrontar este Gobernador para alimentar a los habitantes y a la Guarnición de San Agustín: He aquí un ejemplo:

«El haverme el Señor Ministro de Indias mandado que expusiese breve y exactamente los motivos en que me fundé para hacer venir víveres de los Estados Unidos, me hace barruntar, bien que no creer, que tal vez se habrá pasado alguna orden a V.S. para suspender semejantes remesas...

De cualquier suerte hé contextado á la Corte manifestando (además de la aprobación del Excmo. Sr. Conde de Gálvez) unos motivos tan fundados que no dudé concluir participando, que seguría reziviendo víveres de Nueva York hasta nueva orden: En efecto interín este Pays tome fomento suficiente para proporcionar algunos recursos internos perecería de ambre, si havía de depender de la Havana por los víveres de primera necesidad, y lo demuestra el haver yo pedido el 12 de enero del presente año miniestras y otros efectos á aquella plaza, sin haver rezivido todavía cosa alguna: pues además del Bergantín la Esclavitud, naufragó el 4 del mes próximo pasado una goleta, y á principios de este otra,

---

Valdés, el cual lo trasladó para su conocimiento al Conde de Floridablanca y al Capitán General de las Floridas, D. Luis de las Casas, en 1790. S. Ildefonso, 20 de Agosto, 1788. AHN/E/Leg. 3.889, Exp. 7, n.º 6.

[5] Carta de Sonora a Floridablanca. 3 de Julio, 1786. AHN/E/Leg. 3.886, Exp. 7, n.º 8/c-n.º 23.

Carta de Floridablanca a Gardoqui. San Ildefonso, 1 de Septiembre, 1786. AHN/E/Leg. 3.886, Exp. 7, n.º 8.

que conducían efectos de aquel Puerto para estos Almazenes...» [6].

En otra carta Céspedes aseguraba que la Guarnición y los mil quinientos habitantes de la provincia, que eran sumamente pobres, habían vivido de milagro atendidos únicamente de los socorros de Gardoqui, sin los cuales, y de haber dependido exclusivamente de La Habana, hubieran perecido de hambre o se hubiesen visto obligados a abandonar el país.

Los pocos habitantes de Florida Oriental vivían en San Agustín y en la costa Septentrional de la península, que estaba no sólo lejos del Golfo de Méjico, sino que para llegar a él había que atravesar el Canal de Bahama, famoso por su rápida corriente y frecuentes naufragios. Este era el motivo principal que obligaba a Céspedes a recurrir a Nueva York, y no a La Habana, para la provisión de víveres de San Agustín [7].

La ciudad estaba no sólo necesitada de víveres, sino que su situación era precaria en todos los sentidos: el Castillo de San Marcos estaba en mal estado, la tropa vivía en cuarteles ruinosos, los enfermos no tenían hospital, las arcas reales se hallaban sin dinero y el Puerto de Sta. María sin habilitación [8].

Las noticias de la indigencia y miseria de San Agustín de la Florida son constantes a lo largo de toda la Segunda Dominación española, pues la falta de dinero por no llegar el situado, hacía la situación insostenible; los gobernadores se veían obligados a improvisar para resolver las apuradas situaciones en que se encontraban, teniendo que recurrir a veces al fondo de las fortificaciones, suspendiendo sus obras, o incluso a la caja de bienes de difuntos de La Habana, en calidad de préstamo, para poder pagar a los empleados, proveerse de víveres y, en suma, subsistir [9].

---

[6] Carta de Céspedes a Gardoqui. San Agustín, 29 de Diciembre, 1786. AHN/E/Leg. 3.886, Exp. 7, n.º 29.

[7] Carta de Céspedes a Gardoqui. Río San Juan, 6 de Febrero, 1787. AHN/E/Leg. 3.886, Exp. 7, n.º 31.

[8] Carta reservada n.º 5 de Céspedes a Valdés. San Agustín de la Florida, 24 de Enero, 1788. AHN/E/Leg. 3.886, Exp. 7, n.º 126.

[9] Carta de Quesada a Lerena. San Agustín, 30 de Septiembre, 1790; 15 de Noviembre, 1791.
Carta de Casas a Campo de Alange, La Habana, 4 de Julio, 1971. AGS/GM/Leg. 6.916.
Carta de Quesada a Campo de Alange. San Agustín, 13 de Julio, 1793. AGS/GM/Leg. 6.917.
Carta de Someruelos a Cornel. La Habana, 16 de Agosto, 1800. AGS/GM/Leg. 6.921.

Esta era la situación de la capital de Florida Oriental, a la que paradójicamente le estaba asignado el papel de provincia defensiva; como puede verse, San Agustín de la Florida era un enclave con muchos problemas internos, donde la vida era dura y había que luchar para sobrevivir, pero el hecho de ser Florida Oriental provincia fronteriza con los Estados Unidos determinó la misión y carácter que las autoridades españolas pretendieron darle a este puesto.

FLORIDA OCCIDENTAL: PANZACOLA.—La capital de Florida Occidental era un enclave que reunía los tres aspectos de los puestos españoles de las Floridas respondiendo a su característica de provincias fronterizas: era un enclave urbano, comercial y militar. Estaba situada en el Golfo de Méjico, siendo su puesto más cercano San Marcos de Apalache, por el Este, y Mobila, por el Oeste; su conexión por el mundo exterior era por mar, ya que la ciudad ocupaba una franja de territorio de alrededor de una milla a lo largo de la bahía, y por el Norte estaba rodeada de terreno pantanoso. Al principio de la Segunda Dominación española, tenía unas 200 casas de madera de un piso, con porches dando a la calle; la población era de menos de 300 personas, excluyendo la guarnición militar. La mayoría de los habitantes eran canarios y criollos franceses, ya que todos los antiguos residentes británicos habían evacuado tras la rendición. Al igual que ocurría en San Agustín, la población entera dependía directa o indirectamente del gobierno para su subsistencia.

Panzacola era, sobre todo, una guarnición militar y no tenía gobierno municipal; las fortificaciones eran, en su mayoría, las heredadas de los ingleses: Fort George se rebautizó como Fuerte San Miguel, la Batería del Príncipe de Gales se llamó Fuerte Sombrero y la Queen's Redoubt recibió el nombre de Fuerte San Bernardo. Todos ellos estaban prácticamente derruidos y sujetos a continua descomposición por ser de madera; a la entrada de la bahía estaba Fort Barrancas retitulado por los españoles, San Carlos de Barrancas.

La guarnición de Panzacola, que consistía en un batallón de Infantería del Regimiento de Luisiana, tenía, en teoría, 460 hombres, pero desde el principio sufrió una dolencia crónica en las unidades militares españolas en América: muerte, enfermedad y deserción lo mermaban, y nunca había refuerzos para suplir las vacantes.

En asuntos indios, Panzacola era un punto focal, y se convertiría en el cuartel general de la Casa de Comercio Panton y Leslie, que se ocupaba del trato con los indios. En 1784 se celebró allí un congreso con los indios Talapuches, con el que España aseguraba su influencia sobre dichos indios, que desde entonces tendrían un comercio permanente en esta ciudad, surtidos por Panton y Leslie.

Con la recuperación de Panzacola, los oficiales españoles tenían grandes esperanzas de mantener y extender la prosperidad que los ingleses habían conseguido durante su ocupación, pero varios factores influyeron en contra del desarrollo de la ciudad: estaba lejos de los principales centros españoles en el Nuevo Mundo, su acceso era difícil y estaba situada en una frontera peligrosa, y sobre todo, los oficiales estaban tan preocupados con los asuntos de defensa que podían dedicar poco tiempo al desarrollo interno. Estas condiciones disminuían la inmigración de otras colonias españolas, y el carácter de guarnición de la ciudad, con la consecuente falta de mujeres, inhibían su crecimiento natural. Sin embargo, entre 1783 y 1803 la población creció, pero bastante esporádicamente. En 1788 la población civil era todavía de doscientas sesenta y cinco personas, pero en 1791 había aumentado a quinientas setenta y dos; de éstos, doscientos noventa y dos eran blancos católicos, la mayoría criollos españoles y franceses, y ciento catorce negros católicos. El resto eran blancos protestantes de origen británico y americano. Cuando España entró en guerra en marzo de 1973, partieron un gran número de habitantes, aparentemente temiendo un ataque a la ciudad, quedando reducida la población a cuatrocientos. En 1796 se recuperó hasta seiscientos setenta y tres, y en 1803 el viajero francés Paul Alliot citó una población de mil.

La vida económica de Panzacola dependía de la llegada del situado y su desembolso, y de las actividades de Panton y Leslie; las operaciones de Panton eran sobre todo el comercio con los indios, pero también tenía otras actividades financieras: proveía a la guarnición con carne y otras provisiones que obtenía baratas de los indios, adquiría tierra de éstos en pago por antiguas deudas, actuaba como principal banquero del gobernador y otros habitantes blancos, y estaba relacionado con el comercio en general, aunque esto era ilegal. El almacén de comercio indio era una mansión de ladrillo de tres pisos situado en la colina de atrás de la ciudad, y era, como mucho, el edificio más importante de la zona.

Al final del siglo XVIII, la implicación de España en asuntos europeos tuvo una gran repercusión sobre Panzacola. La venta de Luisisna a Francia produjo de momento un efecto estimulante sobre la ciudad, que anteriormente dependía de Nueva Orleáns; el cambio de gobierno de Nueva Orleáns a Panzacola y las modificaciones que hizo el gobernador Folch en la libertad de comercio, contribuyeron al desarrollo interno de la ciudad; en 1810 la población era de mil personas, pero el censo de 1813 muestra que en tres años había aumentado hasta tres mil sesenta y tres, la mayoría de los cuales eran criollos franceses, escoceses e irlandeses.

Los acontecimientos de 1814 hicieron volver atrás el desarrollo que había habido, y en 1816 la población había bajado a quinientos, y en mayo de 1818 a cuatrocientos [10].

En 1820, el gobernador José Cavalla ordenó hacer un censo que muestra que la población había aumentado a setecientas personas, excepto soldados y oficiales del gobierno [11].

SAN MARCOS DE APALACHE.—Otro de los puestos españoles sobre el Golfo de Méjico era San Marcos de Alalache, enclave muy importante para el comercio con los indios. Durante la dominación inglesa, Apalache pertenecía a Florida Oriental, pero al ser cedida esta provincia a España se planteó el cambio de jurisdicción por su situación, y en 1784 pasó a pertenecer a Florida Occidental, y por lo tanto, a depender de Nueva Orleáns en lugar de San Agustín de la Florida.

Luisiana y Florida Occidental estaban sujetas a unas reglas de comercio por las que los comerciantes tenían que pagar un 6 por 100 de derechos, de los que Florida Oriental estaba exenta, y por lo tanto el cambio de jurisdicción de Apalache perjudicaría a la Casa Panton y Leslie, encargada del comercio con los indios. A principios de 1783, todavía bajo la dominación inglesa, Carlos Mc Latchy, uno de los socios de la Casa Panton, estableció en San Marcos de Apalache un almacén de treta, pero al enterarse Panton del cambio de jurisdicción de Apalache, amenazó con abandonar este puesto comercial porque no le compensaban las restricciones.

---

[10] Mc. Alister, L. N., «Pensacola During the Second Spanish Period», en *Florida Historical Quarterly*, 37, 1958-1959, 281-327.

[11] Corbitt, Duvon C., «The last Spanish Census of Pensacola, 1820», en *Florida Historical Quarterly*, 24, 1945, 30-38.

El gobernador de San Agustín de la Florida, Céspedes, escribió al Marqués de Sonora en más de una ocasión exponiendo las razones por las que creía necesario que Apalache volviese a pertenecer a Florida Oriental, ya que de ello dependía la colaboración de Panton en el comercio indio, y de este comercio dependía la influencia española sobre ellos; estas son sus palabras:

«La comunicación por mar entre Panzacola y Apalache es indudablemente más corta que no entre Apalache y esta (San Agustín); pero por lo que mira a la distancia por tierra, aseguro a V. E. que está mucho más inmediato a San Agustín, que no a Panzacola: A esto se agrega que su situación en la parte interior de la garganta de esta península, es tal, que cubre el paso principal de la nación Crique á esta plaza, por cuyo motivo al tiempo de su cesión a Inglaterra, hubo Castillo, y se mantenía destacamento allí, con Capellán, Cirujano, etc.: Es, además, constante que la nación Crique es la única india, que raya con esta Florida (la Oriental), y también la única, a no ser muy rara vez, con quien tengo que tratar...»[12].

La influencia de Panton sobre los indios creek a través del almacén de San Marcos de Apalache era enorme, y cuando llegaron los españoles le sirvió para ayudarles a tomar posesión del puesto; la guarnición fue conducida en barcos de Panton y con sus pilotos, y gracias a él los indios le dieron buen recibimiento. En una carta al Embajador español en Londres, Marqués del Campo, Panton le recordaba todo esto quejándose de la prohibición de desembarcar mercancías en San Marcos de Apalache, teniéndolas que llevar a Panzacola para pagar los derechos correspondientes, de donde resultaban tales gastos de desembarco, almacenaje, nuevo embarco y aduana, que amenazaban su ruina[13].

Pero a pesar de esta aparente amenaza y de sus continuas protestas, Panton continuó con su almacén en San Marcos de Apalache, que sería en dos ocasiones objeto del asalto del aventurero Bowles, cuya intención era contrarrestar la influencia de Panton sobre los indios, y por lo tanto la del gobierno español. San Marcos de Apalache era un enclave más bien comercial que militar, pues su fuerte, situado a 40 leguas de Panzacola y a 120 de Nueva Orleáns, constituía en un baluarte con su terraplén,

---

[12] Carta de Céspedes a José Gálvez. San Agustín, 30 de Marzo, 1787. AHN/E/Leg. 3.901, Ap. 5, C. n.º 86.

[13] Carta de Panton a Campo. Factoría de Apalache, 2 de Abril, 1788. AHN/E/Leg. 3.901, Exp. 3, n.º 53.

parapeto y cortina de piedras que remataba en un recinto de estacas. Sería más que nada para defenderse de los indios y poner a cubierto el almacén de treta que había para abastecer a los creeks, y para cortar el contrabando que los ingleses intentaban hacer con ellos desde las islas Bahamas [14].

NATCHEZ.—El límite de Florida Occidental cuando pertenecía a los ingleses era el paralelo 31º de latitud Norte, según el Tratado de 1763, pero el gobernador inglés de Panzacola fue extendiendo las concesiones de tierras hasta el río Yazú, situado más arriba de Natchez, pasándose por lo tanto del límite establecido; esto descontentó a los indios chactas, que eran los verdaderos dueños de estas tierras, y el gobernador inglés entró en ajuste con ellos mediante cierta cantidad de regalos a cambio. Los indios aceptaron establecer un límite entre sus posesiones y las de los ingleses, y convinieron en que se trazaría una línea desde Panzacola hacia el Noroeste hasta rocar el río Yazú, bajando por él hasta el Mississippi, y que esta línea separaría las tierras de los chactas de las de los ingleses. Se empezó la demarcación, y al llegar al paralelo 32º los indios no quisieron continuar, basándose en que iban a perder unas tierras que apreciaban mucho sobre el Yazú, llamadas el «Juego de Pelota». Después convinieron en que harían una nueva demarcación, entrando por el Mississippi al Yazú y subiendo hasta el «Juego de Pelota», que estaba como a tres leguas de la desembocadura, y que, dejando fuera aquellas tierras, se trazaría una línea hasta encontrar el paraje donde se habían parado. Las tierras al Oeste de la expresada línea quedaron bajo el dominio de los ingleses como parte de Florida Oriental.

Así pues, el distrito de Natchez, como lo heredaron los españoles, ocupaba una gran extensión de terreno de 120 leguas de circunferencia; su límite por el Oeste era el río Mississippi, por el Norte el río Yazú, y por el Sur el arroyo del Viejo Tunicá; el límite Este estaba vagamente delimitado y se extendía hasta los territorios de los chactas que confinaban también por el Norte y por el Sur [15].

---

[14]  Carta de Carandolet a Casas. Nueva Orleans, 24 de Noviembre, 1794. AHN/E/Leg. 3.898, Ap. 1, C. n.º 129.

[15]  Carta reservada n.º 4 de Gayoso a Floridablanca. Nueva Orleans, 26 de Enero, 1792. AHN/E/Leg. 3.902, Ap. 6.

Natchez pasó del dominio inglés al español en 1779, en que el Capitán Juan de Villebeuvre, al mando de cincuenta hombres, aceptó la rendición del oficial británico el día 21 de septiembre[16].

En 1783, habiendo conquistado las armas de S. M. C. todas las posesiones inglesas sobre el Mississippi, se cedieron las Floridas a España, y los españoles, pues, se basaron para reclamar el distrito de Natchez como parte de Florida Occidental en los antiguos límites de los ingleses y en la conquista de dichos territorios.

Natchez era en muchos aspectos un puesto típico de las posesiones españolas en Luisiana y Florida Occidental. Su gobernador estaba subordinado al gobernador General de Luisiana y Florida Occidental, cuyo cuartel General estaba en Nueva Orleáns. El, a su vez, dependía del Capitán General de Cuba, que residía en La Habana. Todos ellos recibían órdenes del Secretario de Guerra en España en asuntos militares, y del Consejo de Indias en otras cuestiones. Tanto Natchez como Nueva Orleáns y el resto de las posesiones españolas en el Golfo de Méjico, dependían económicamente del situado procedente de Méjico, que llegaba de manera esporádica e irregular[17].

Hasta 1789 en que se instituyó como gobierno, Natchez estuvo gobernado por comandantes; el primero de ellos fue Juan de la Villebeuvre, que ejerció el mando hasta 1781 en que fue sustituido por Carlos Grand-Pré. Al año siguiente el Gobernador General de Luisiana, Esteban Miró, tomó el mando de Natchez, y Pedro José Piernas siguió con él desde 1782 hasta 1783. Le sucedió durante algunos meses Francisco Collell, y Felipe Treviño tuvo el mando desde 1783 hasta 1785; desde julio de este año hasta marzo de 1786 gobernó Francisco Bouligni, y en marzo de 1786 volvió Carlos Grand-Pré[18]. En 1789 llegó a Natchez su primer gobernador, Manuel Gayoso de Lemos.

El distrito de Natchez era, por su situación, el punto más esencial para la defensa de Florida Occidental, ya que se hallaba en la parte más septentrional de dicha provincia y junto al Mississippi; era por lo tanto la puerta hacia el reino de Méjico, puerta

---

[16] Holmes, Jack D. L., «A Spanish Province, 1779-1798, en *A History of Mississippi*, vol. I, Cap. 7. Ed. por Richard Aubrey Mc. Lemore. Hattiesburg. Univ. and College Press of Mississippi, 1793, pág. 158.

[17] Ver nota anterior, pág. 160.

[18] Holmes, Jack D. L., *Gayoso: The life of a Spanish Governor in the Mississippi Valley 1789-1799*. Ed. por Peter Smith, Gloucester, Mass, 1968, páginas 17-18.

que los españoles querían mantener bien cerrada. Esta posición de enclave fronterizo determinaría y marcaría su historia hasta 1798, en que pasó definitivamente a pertenecer a los americanos. Por su situación colindante con los indios, y dentro de los límites reclamados por los Estados Unidos, Natchez era un típico puesto fronterizo que reunía todas las características de la tensión y dinámica de la frontera. Por su vecindad con los indios, fue centro esencial para la política española de atracción de los indígenas, y por su estratégica situación junto al Mississippi, fue objetivo constante de los proyectos americanos de establecerse en aquella zona.

El fuerte de Natchez estaba situado cerca de las barrancas desde las que se dominaba el Mississippi, en el paralelo 31 33' 46" de latitud Norte, entre Fairchild's Cheek y St. Catherine Creek [19]. Fue levantado por los franceses bajo el nombre de Fort Rosalie, y mientras estuvo en poder de aquella nación y luego en manos de los ingleses (Fort Panmure) no fue más que una defensa contra los indios vecinos, y más bien era una factoría o establecimiento de comercio que una fortaleza. Los españoles se lo arrebataron a los ingleses durante la guerra de Independencia americana en 1781, y se tomó con sólo un cañón; España quiso transformar aquel establecimiento en una Plaza de Armas, y desde 1784 a 1792 se gastaron 32.415 pesos y 6 reales en reparaciones para el fuerte de Natchez; sólo de enero a julio de 1792 se invirtieron 15.000 pesos para reforzarlo, y según palabras del barón de Carondelet («es indispensable confesar que no será nunca nada y costará siempre un dineral»). Estaba construido de tablas y tierra, dominado por una meseta cercana y demasiado distante del río para cortar el paso de las embarcaciones enemigas que descendiesen por él; se podía incendiar fácilmente por ser de madera, y sus tablones estaban en continua putrefacción; había que repararlos después de cada aguacero, lo que ocurría frecuentemente por estar en una zona sumamente lluviosa.

El fuerte de Natchez no tenía ningún valor como enclave militar y defensivo, y en 1792, el Barón de Carondelet propuso que se trasladasen las fuerzas a Nogales, puesto mucho más ventajoso por su situación y calidad de terreno; las tierras de Natchez eran anegadizas y desiguales, y sólo se podía cultivar tabaco, maíz e indigo, mientras que Nogales era más fértil y

---

[19]  Ver nota 18, págs. 164-166.

despejado, y por eso las compañías especuladoras americanas pusieron sus ojos en él [20].

En el año 1791, la mayoría de los enclaves militares de las Floridas estaban en un estado deplorable y a partir de entonces hubo que reforzar las defensas de la provincia estableciendo nuevos fuertes; esto se consiguió mediante Tratados con los indios que cedieron a España pequeñas porciones de terreno para su establecimiento; los nuevos fuertes que se construyeron gracias a la amistad con los indios fueron, el de Nogales, el de San Esteban de Tombecbé, el Fuerte de Confederación y el Fuerte de S. Fernando de las Barrancas.

NOGALES.—El territorio donde se estableció el fuerte de Nogales fue cedido a España por los indios chactas y chicasas en el Tratado de Natchez el 14 de mayo de 1792. Las operaciones para construir dicho fuerte habían comenzado en 1791 por iniciativa de Gayoso de Lemos para contrarrestar los planes de la Compañía de Carolina del Sur en el Yazú que proyectaba formar allí un establecimiento. El 23 de marzo de 1791 salió la expedición para Nogales bajo el mando de Gayoso. Se hicieron operaciones de desmonte y caminos, y Gayoso eligió el lugar donde habría de establecerse el fuerte: sobre un alto que dominaba las inmediaciones y distaba unas 200 toesas del río; bautizó este alto con el nombre de Monte de Vigía, y determinó colocar allí una Casa Fuerte cercada por una estacada. Después se reconocieron los alrededores, y comenta Gayoso en su diario, que la tierra era sumamente negra y ligera, y que producía gruesas y espesas cañas, árboles altísimos y muchas hierbas medicinales.

El 18 de abril, tras casi un mes de reconocimiento, desmonte y regalos a los indios, Gayoso determinó la situación de los edificios y se empezó el almacén. El 23 de abril volvió Gayoso a Natchez y quedaban ya desmontados unos 60 arpanes de tierra en la llanura, el Cerro del Gallo y gran parte del Monte Vigía; el almacén muy adelantado, el horno empezado y muchos materiales recogidos para continuar las obras. El Comandante de la tropa en esta expedición era D. Elías Beauregard, y también colaboró

---

[20] Carta de Carandolet a Casas. Nueva Orleans, 20 de Julio, 1792. AGS/ GM/Leg. 6.928 C., n.º 136.

D. Juan Guirault, Ayudante Agrimensor Diputado del distrito de Natchez [21].

Nogales estaba situado en los 32º 12' de latitud Norte, y distaba unas 5 leguas de la desembocadura del río Yazú, 40 de Natchez y 130 de Nueva Orleáns; era el enclave militar más importante para la defensa de Florida Occidental, y la descripción que de él hizo Gayoso en una carta de Carondelet habla por sí misma: «... No es posible encontrar una situación más apropósito para establecer un punto de defensa a esta Provincia, que el mismo sitio en que se halla el fuerte de los Nogales. Su derecha, por cuyo lado debe venir el enemigo, está apoyada á una cipriera que en todo tiempo que es posible baja por este Río desde el Ohío está inundada y por consecuencia es inpracticable. A la espalda del fuerte hay una altura que le domina, pero ésta se halla ocupada por una Casa Fuerte que no es posible que se acerquen a ella y la tomen ningún número de tropas de las que consideramos que puedan atacarnos á menos que no lleven artillería, la que es sumamente difícil sino imposible subir aquel parage; la Izquierda puede ser atacada, pero la defienden los fuegos del Fuerte, de la mencionada Casa Fuerte y de otra que se halla dentro del recinto en una altura y sirve de caballero. El frente del Fuerte está defendido con una Bateria respetable que seguramente no intentaran atacar de viva fuerza los enemigos. Agregando á esta fuerte posición las Fuerzas Flotantes que tengo pedido y espero de V. S. hara la empresa sumamente más dificil... Este punto es esencialisimo para la seguridad de la Provincia, y merece que lo reguemos de nuestra sangre en su defensa y de la gloria de las Armas del Rey...» [22].

Es importante resaltar que, la cesión de los Nogales a España se consiguió gracias a la labor de Gayoso de Lemos y mediante repartos de regalos a los indios que supusieron para las Reales Cajas un gasto que no pasó de 2.000 pesos [23].

FUERTES DE SAN ESTEBAN DE TOMBECBÉ Y CONFEDERACIÓN.—Un año después del Tratado de Natchez, el enviado español entre los

---

[21] Carta de Gayoso a Miró. Natchez, 10 de Mayo, 1791. AGS/GM/Leg. 6.928 C., n.º 125.

[22] Carta reservada n.º 20 de Gayoso a Carandolet. Natchez, 3 de Abril, 1792. AHN/E/Leg. 3.898, Ap. 3.

[23] Carta reservada n.º 20 de Carandolet a Floridablanca. Nueva Orleans, 7 de Abril, 1792. AHN/E/Leg. 3.898, Ap. 3.

indios chactas, Juan de Villebeuvre, consiguió negociar un Tratado con ellos por el que cedían a España unos puntos estratégicos sobre los ríos Alabama y Tombigee para construir los fuertes de San Esteban de Tombecbé y Confederación [24].

El Tratado se firmó el 10 de mayo de 1793 en Boucfoucá entre S. M. C. y la pequeña partida de la Nación Chacta; el terreno cedido tenía una extensión de unos 30 arpanes cuadrados que poseían los franceses antiguamente, y España a cambio se comprometía a levantar un almacén o depósito de víveres y regalos y un fuerte con cañón para proteger a la Nación Chacta.

La situación del terreno cedido era en los 33° 10' de latitud Norte sobre el río Chicacha, en el mismo paraje donde los franceses tenían el establecimiento llamado Viejo Tombecbé.

El Barón de Carondelet escribió al Duque de Alcudia exponiendo las ventajas que conseguía España por la adquisición de este terreno para construir el fuerte de San Esteban de Tombecbé: «... Cubrirá el vasto territorio comprehendido entre los ríos Chicacha y Movila, el Yazú, Movila, Mississippi y el Golfo Mexicano; por consiguiente los establecimientos de Nogales, Natchez, Nuevo Tombecbé, Movila y los demás de la baxa Luisiana; asegurará la Nación Chacta en la alianza que tiene contraida con España; alexará los americanos de aquellos fertiles territorios, imposibilitándoles el proyecto que tienen de abrirse una comunicación por los ríos Perla y Chicacha hasta el Golfo; y por último nos pondrá en proporción de poder corresponder con la Nación Cheroqui, que la España tiene tanto interés de sostener en la posesión de sus tierras entre los ríos Tenesi y Cumberland.

La Nación Chicacha, que las intrigas de Blount, gobernador del establecimiento de Cumberland, ha atraido en gran parte a favor de los Estados Unidos, mira con mucho zelo y desconfianza este nuevo establecimiento fronterizo á su territorio; pero si éste se puede verificar con la prontitud que confio, no se atreverá á estorvarlo, y acostumbrada después á la proximidad de los españoles, como lisongeada de las ventajas, que les resultarán para su comercio de treta con la Casa Panton, quién establecerá en el mismo parage un almacén, dexará sus conexiones con los americanos y se reunirá enteramente á favor de España...» [25].

---

[24] Holmes, Gayoso, pág. 161.
[25] Carta reservada n.º 10 de Carandolet al Duque de Alcudia. Nueva Orleans, 11 de Junio, 1793. AHN/E/Leg. 3.898, Ap. 4.

Como puede verse, Carondelet tenía grandes planes para este nuevo fuerte, todos ellos preludio de su idea de confederar a todas las naciones de indios limítrofes con España; con él pretendía cubrir la provincia, alejar a los americanos, ponerse en contacto con la nación cheroqui y ganarse a la nación chicacha haciendo del nuevo puesto un enclave comercial de la Casa Panton. En esta misma carta proponía construir el nuevo fuerte de una piedra blanda y fácil de cortar que abundaba en aquel lugar, ya que los fuertes hasta entonces fabricados habían sido de madera y apenas habían durado quince años; el gasto que supondría la construcción del nuevo fuerte con sus edificios adyacentes, sería de unos 25.000 pesos.

El fuerte Confederación fue construido en 1794 sobre el río Chicacha (Tombigee) a 120 leguas de Mobila y en medio de la nación Chacta; su objetivo era alejar a los americanos de la orilla oriental del Mississippi hasta el Yazú, para quitarles la navegación de dichos ríos y del Perla, por los cuales podían llegar hasta el Golfo de Méjico desde sus establecimientos proyectados por las Compañías de Carolina del Norte y del Sur. Su guarnición en 1794 no pasaba de 40 hombres y su artillería era demasiado escasa; como todos los enclaves militares de las Floridas, necesitaba reparaciones y mejoras, y Carondelet propuso gastar 9.000 pesos en él [26].

FUERTE DE SAN FERNANDO DE LAS BARRANCAS.—El día 24 de noviembre de 1794 escribía Carondelet al gobernador de La Habana, D. Luis de las Casas, lo siguiente sobre las Barrancas de Magort: «El que pueda conseguir de la nación Chicacha un terreno suficiente para levantar un fuerte sobre la altura situada entre los ríos Casas y Carondelet, será incontestablemente dueño de la navegación del Mississippi, desde Nuevo Madrid hasta Nogales... La nación Chicacha, más celosa que otra cualquiera de la posesión de sus tierras, conoce la importancia de los Ecores á Margot; pero un buen regalo hecho con destreza, y a tiempo, puede sorprender su consentimiento, por lo que soy de opinión que un sacrificio de treinta mil pesos no sería excesivo...» [27].

La negociación para obtener de los chicachas las Barrancas de Margot corrió a cargo de Gayoso de Lemos, quien al mando

---

[26] Carta de Carandolet a Casas. Nueva Orleans, 24 de Noviembre, 1794. AHN/E/Leg. 3.898, Ap. 1.
[27] Ver nota anterior.

de la escuadra de galeras y con un corto número de tropa y de artillería subió por el Mississippi hasta las Barrancas para evitar que se apoderasen de ellas los americanos; entabló conversaciones con el jefe de los chicasas, quien le permitió alojarse y atrincherarse allí, y tras muchos esfuerzos y regalos a los indios, el terreno fue cedido a España. Gayoso de Lemos tomó posesión de las Barrancas de Margot el 30 de mayo de 1795, y por ser este el día de San Fernando, y en honor al Príncipe de Asturias, bautizó el fuerte que inmediatamente empezó con el nombre de San Fernando de las Barrancas. Los límites de los terrenos cedidos por los indios a España eran, por el Norte el río de los Chicachas o de las Casas y la isla de Fooy desde la boca del arroyo Gayoso hasta el Mississippi; por el Oeste el Mississippi en una extensión de unas dos leguas, desde la boca del río de las Casas hasta la boca del río Carondelet; por el Sur el río Carondelet, y por el Este el arroyo Gayoso [28].

El objetivo de Carondelet con la edificación del Fuerte de San Fernando, era adelantarse a los americanos que se habían fortificado en el puesto de Muscle Shoals sobre el río Cumberland y tenían sus miras puestas en las Barrancas de Margot, y satisfacer a los indios estableciendo allí un enclave comercial para tratar con ellos [29].

Valor defensivo de los enclaves españoles en las Floridas.— Los puestos que los españoles heredaron de los ingleses en las Floridas, estaban en su mayoría en un estado ruinoso, y los nuevos fuertes que se construyeron de 1791 a 1795 fueron Nogales, San Esteban de Tombecbé, Confederación y San Fernando de las Barrancas. Éstos supusieron para España más que nada un éxito a corto plazo en su política indigenista por la adquisición de los terrenos, ya que su valor defensivo era meramente potencial, pues se necesitaba mucho dinero para hacer de ellos enclaves militares rentables; los que no carecían de guarnición, carecían de artillería, y en la mayoría de los casos faltaban ambas cosas; todos estaban necesitados de continuas reparaciones, pues

---

[28] Carta reservada sin número de Gayoso de Lemos a Alcudia, Nuevo Madrid, 5 de Septiembre, 1795: el plano de Barrancas de Margot. AHN/E/Leg. 3.902.

[29] Carta reservada núms. 49 y 53 de Carandolet a Alcudia. Nueva Orleans, 10 de Junio, 1795. AHN/E/Leg. 3.899, Ap. 2.

las maderas de que estaban hechos se pudrían o las lluvias los deshacían.

En 1794, el Barón de Carondelet envió a D. Luis de las Casas un informe de los gastos indispensables para hacer de Luisiana y Florida Occidental unas provincias capaces de contener el avance de las potencias limítrofes, y la suma ascendía a 454.000 pesos; pero según Carondelet, lo necesario sería invertir 597.000 pesos para que dichas provincias quedasen en un estado perfecto de defensa. En este informe exponía la situación y estado de cada una de las plazas y fuertes y de él puede deducirse que Florida Occidental estaba prácticamente indefensa: la plaza de Panzacola sólo tenía el Fuerte de San Bernardo, hecho de arena y madera y situado demasiado lejos de la población y de la bahía; a la larga habría que abandonarlo y restablecer la estacada o cerco que existía en tiempos de la conquista para defenderse de los indios; los gastos indispensables serían de 100.000 pesos.

El Fuerte de Mobila consistía en un cuadro con cuatro baluartes, pero no tenía valor defensivo, ya que sus parapetos no tenían el espesor preciso; las reparaciones costarían 45.000 pesos.

El Fuerte de Natchez estaba también hecho de arena y madera, mal situado, expuesto a lluvias frecuentes y a averías continuas; Carondelet proponía trasladar las fuerzas a Nogales.

El Fuerte de Nogales, por ser el puesto mejor situado de la provincia y también el más expuesto, necesitaba una fortificación respetable y permanente, que costaría 60.000 pesos.

El Fuerte de Baton Rouge, conquistado a los ingleses en 1779, no era más que de tierra, y como no se había reparado desde entonces, estaba completamente derruido; por su situación al lado del río estaba expuesto a averías continuas, y habría que reedificarlo en otro lugar.

El Fuerte de Tombecbé, construido en 1789, estaba dominado por unas alturas y ya completamente derruido por haberse hecho muy deprisa y con maderas cortadas en mala estación; las reparaciones necesarias costarían 5.000 pesos.

La construcción de un fuerte en las Barrancas de Margot, capaz de una guarnición de 100 hombres costaría 30.000 pesos [30].

Las autoridades españolas en las Floridas, conocedoras de las limitaciones de sus enclaves militares en cuanto a defensa se

---

[30] Carta de Carandolet a Casas. Nueva Orleans, 24 de Noviembre, 1794, y anexos n.º 4 y 5. AHN/E/Leg. 3.898, Ap. 1 C., n.º 129.

refiere, tuvieron que plantearse desde el principio de su Segunda Dominación la necesidad de apoyar su soberanía buscando algún otro medio o barrera que frenase el avance americano, por eso buscaron ejercer su influencia sobre los indios limítrofes, y el modo de controlarlos era comerciar con ellos. Así la mayoría de los enclaves militares se convirtieron al mismo tiempo en enclaves comerciales con un almacén de las Casas Panton y Leslie: San Agustín de la Florida, San Marcos de Apalache y Panzacola eran centros de comercio con los indios creeks, y los chactas y chicachas se surtían en Mobila; pero con la adquisición de Nogales, Panton estableció allí un almacén para facilitar el comercio a los chactas y otro en San Fernando de las Barrancas para los chicachas.

En el siguiente apartado se verá el significado del valor de este comercio con los indios.


## 2. EL VALOR DEL COMERCIO INDÍGENA

Durante la primera dominación española en las Floridas, antes de su cesión a Inglaterra, el gasto anual del Real Erario en negocios indios era de 6.000 pesos, gasto prácticamente inútil, pues a pesar de ello no se conseguía contener las hostilidades de los indios contra San Agustín de la Florida y San Marcos de Apalache y sus habitantes no podían cultivar las tierras. En cuanto a la propagación de la fe católica entre los indígenas, tampoco tuvo mucho éxito, pues en el año 1763 no pasaban de cuarenta a cincuenta los neófitos entre hombres, mujeres y niños. Al pasar las Floridas a manos de los ingleses, éstos no ejercieron un dominio directo ni patente sobre los indios, sino que se contentaron con un comercio con ellos, cambalacheando chucherías por pieles, infiltrándose de ese modo en sus poblaciones. El Ministerio inglés les hacía regalos y les agasajaba por medio de sus gobernadores y superintendentes; el territorio que les convenía no lo usurpaban directamente, sino que convidaban a los caciques o jefes, les hacían regalos, les hacían beber, y les proponían la compra de sus tierras entre los bullicios del festín, cerrando el contrato entre bromas y quedando los indios despojados de sus tierras pero contentos.

El punto clave de la influencia de los ingleses sobre los indios era el comercio que con ellos realizaban; los indios les entregaban las pieles de los venados que cazaban a cambio de una serie de géneros que fabricaban en Inglaterra, como mantas, paños, lienzos, camisas, hilo, agujas, alfileres, alambres, espejos, abalorios, bermellón, tintas, ligas, pañuelos, tijeras, cuchillos, sillas de montar, sillones para las indias, hachas, hazadas, palas, picos, calderas, potes de hierro, brazaletes, sortijas, pendientes, golas de plata, fusiles, escopetas, navajas de afeitar, sombreros y algunas otras chucherías [31]. Los indios se acostumbraron a recibir periódicamente esta larga lista de géneros y otros más, y su uso se les hizo indispensable, hasta el punto de contribuir (como se verá más tarde) al cambio de rumbo de la política comercial española en las Floridas.

Una prueba patente de que los ingleses lograron ejercer su control e influencia sobre los indios, es que al estallar la guerra entre Inglaterra y sus colonias, las naciones indias siguieron casi unánimemente el partido realista; al evacuar los ingleses las Floridas, llevados de su rencor a los americanos más que de su afecto a los españoles, dispusieron el ánimo de los indios en contra de los Estados Unidos.

Cuando los españoles recuperaron las Floridas en 1783 tuvieron que afrontar el hecho de su vecindad con los Estados Unidos, seguros de que el futuro crecimiento y expansión de éstos les acarrearía problemas fronterizos, además de un peligro inminente para sus posesiones. De ahí surgió la necesidad de jugar todas las bazas posibles y aprovechar los recursos más a mano para salvaguardar los dominios del Rey de posibles intentos de usurpación. Ahora se verá en qué modo el comercio indígena fue una de las bazas o recursos que los españoles intentaron aprovechar para contener, o al menos retardar la inevitable expansión de los anglo-americanos, que personalizaban la continuación de la antigua rivalidad entre España e Inglaterra en América.

Entre las vertientes de los Montes Apalaches y el océano, separando las posesiones españolas de los establecimientos americanos más avanzados, habitaban cuatro naciones de indios: los chicachas, chactas, alibamones y creeks o talapuches; la provincia de Florida Oriental confinaba por el Norte con los alibamones y con los creeks, que mediaban entre la frontera española y los estados americanos de Georgia y Carolina. Los chactas y chicachas

---

[31] Discurso sobre indios, comercio y trato por Céspedes, Gobernador de S. Agustín. San Agustín, 16 de Noviembre, 1786. AHN/E/Leg. 3.885 bis, Exp. 8, n.º 21.

limitaban con Luisiana y Florida Occidental; las tierras desde la boca del río Yazú hasta más arriba de las Barrancas de Margot, sobre la orilla Oriental del Mississippi, pertenecían a la nación chicacha, aunque los americanos las reclamaban como suyas [32]. Estos indios que habitaban en el territorio intermedio entre las Floridas y los establecimientos americanos, eran muy numerosos: la nación cheroqui tenía unos 2.000 guerreros, la chicacha 500, la chacta 5.000 y la creek unos 6.000. En suma eran unos 13.000 guerreros y la población total era de unos 45.000 indios [33]. Los creeks se componían de varias tribus o parentelas de distintas denominaciones, como la del Tigre, del Viento, del Oso, del Lobo, etcétera. Todos ellos en general eran contrarios a los americanos debido a su antigua amistad con los ingleses [34].

Desde el primer momento de su dominación, las autoridades españolas se plantearon el problema de conseguir y afianzar la amistad de estas tribus fronterizas y el método a seguir para lograrlo. Para ello se fijaron en el sistema que habían empleado los ingleses, pues no cabía duda de que éstos habían llevado a cabo un trato con los indios con verdadero éxito.

En 1784, Campomanes remitió a D. José de Gálvez el resumen de las capitulaciones y conducta de los ingleses con los indios fronterizos para considerar la posible aplicación a España; los medios para asegurar las posesiones españolas de las inmediaciones del Mississippi en caso de que la República americana intentase introducirse en los reinos de Nuevo León y Nueva España —decía—, consistían en adquirir y asegurar a cualquier precia una alianza, amistad y confianza con los indios, no sólo con los que separaban la República Americana de los territorios españoles, sino con los que habitaban en las márgenes meridionales de dicho río. Pero ello, el único método que España tenía a la vista era el que practicaron los ingleses, que se valieron de las siguientes disposiciones:

---

[32] Carta de Gayoso de Lemos al Conde Aranda. Natchez, 5 de Julio 1792. AHN/E/Leg. 3.885 bis, Exp. 7, n.º 30.
Oficio, Palacio, 9 de Noviembre, 1792. AHN/E/Leg. 3.887, n.º 219.
[33] Whitaker, en *The Spanish American Frontier*, pág. 24, cita 6.000 guerreros creeks; O'Neill en carta a Sonora de Panzacola, 11 de Julio, 1787, cita 7.000 guerreros creeks. AHN/E/Leg. 3.887, n.º 87.
[34] Carta de O'Neill a Sonora. Panzacola, 11 de Julio, 1787. AHN/E/Leg. 3.887, n.º 87.

1.º Nombrar Superintendentes de Asuntos Indios para remover todo tipo de queja por parte de éstos.
2.º Agasajar a los indios con regalos y ponerlos en posesión de todas sus tierras.
3.º Hacer con ellos Tratados de amistad y defensa mutua.
4.º Castigar a los delincuentes por las leyes de Inglaterra.
5.º Establecer Casas de Comercio.
6.º Exclusividad inglesa para surtir a los indios.
7.º Que los jefes indios fueran a Inglaterra de vez en cuando a hablar con el Rey[35].

Campomanes, al remitir este resumen a D. José de Gálvez, expresaba su opinión sobre la conveniencia de adoptarlo diciendo: «Este método puede ser conducente a nuestra situación actual y un modo indirecto de mantener aquellas naciones libres del dominio de la República Americana, la cual de este modo no podrá poblar á las orillas del Mississippi ni del Belleriviere...»[36].

Si la política indigenista inglesa parecía a la Corte digna de consideración en un principio, las continuas representaciones de los gobernadores de las Floridas resaltando la enorme importancia del comercio con los indios, contribuyeron sin duda a las resoluciones que se fueron tomando al respecto. Las cartas de las autoridades de estas provincias a la metrópoli sobre este asunto eran innumerables, y todas en esencia tenían el mismo objeto: demostrar la imperiosa necesidad de continuar con el comercio indio, aunque ello exigiese la alteración de algunas reglas propias de un imperio colonial monopolizador del comercio.

Ya en marzo de 1784, Vicente Manuel de Céspedes, gobernador designado para San Agustín de la Florida, escribió al Secretario de Indias D. José Gálvez desde La Habana manifestando que, tras la lectura del Catálogo de Cédulas y de Reales Ordenes dirigidas a sus predecesores, había comprendido que de la buena armonía y comercio con los indios seguiría la paz y prosperidad de las Floridas[37]. En agosto del mismo año, habiendo ya tomado con-

---

[35] Resumen de las capitulaciones y conducta de los ingleses con los indios fronterizos y aplicación a España. Sin fecha. AHN/E/Leg. 3.885 bis, Exp. 17, n.º 5.
[36] Carta de Campomanes a J. Gálvez. Madrid, 15 de Septiembre, 1784. AHN/E/Leg. 3.885 bis, Exp. 17, n.º 3.
[37] Carta de Céspedes a J. Gálvez. La Habana, 22 de Marzo, 1784. AHN/E/Leg. 3.901, ap. 5, C. n.º 4.

tacto con los problemas de la provincia, remitió a la Corte el memorial de una Casa de Comercio que se había ocupado del trato con los indios durante la dominación inglesa; esta era la Casa Panton, Leslie y Cía., que solicitaba permanecer en Florida bajo la protección del Rey de España para ejercer el comercio con los indios; exponían en su memorial que llevaban años comerciando con los indios, por lo que habían adquirido algún influjo sobre ellos, y que, al ratificarse la paz y pasar Florida a ser posesión española, decidieron ofrecerle sus servicios al Rey de España; pero si no les concedía permiso para permanecer, quizás se vieran obligados a pasarse a algún estado americano. Estos sagaces comerciantes parecían conocer muy bien los que iban a ser los puntos flacos de las fronteras de las Floridas, y hacían una serie de reflexiones sobre lo conveniente que era para España su permanencia en Florida, ya que el atraerse a los indios —decían— serviría para utilizarles como dique contra posibles empresas de inquietos y ambiciosos vecinos, y por lo tanto para la seguridad y tranquilidad de la colonia. Para lograrlo, el único método natural y elegible era cubrir sus necesidades mediante el comercio con ellos, lo que además ahorraría al gobierno un enorme gasto anual en regalos, que al cabo no surtiría el efecto deseado. Una vez demostrado el valor y necesidad del comercio con los indios, daban las razones por las que sólo ellos podían encargarse de él y por lo tanto debían permanecer en Florida: el trato con los indios no podía ser llevado por comerciantes españoles, ya que los indios comprarían sólo géneros que el largo uso les había hecho necesarios; estos géneros no se fabricaban en España, y además, las pieles que los indios daban en pago por las mercancías llegarían estropeadas a España por el largo viaje y el calor. Por otro lado, sólo ellos llevaban muchos años tratando con los indios, tenían enlaces con ellos y conocían su lengua y sus costumbres.

El interés de Panton por permanecer en Florida parecía ser muy grande, pues en este memorial llega incluso a hablar de la posibilidad de convertirse al Catolicismo, cosa que, por supuesto, nunca llegó a realizar, pero que apuntó sin duda con el fin de no dejar ninguna brecha abierta a la Corte española para expulsarle [38].

---

[38] Carta n.º 21 de Céspedes al Conde de Gálvez. San Agustín, 16 de Agosto, 1784.

Otra de las manifestaciones que puede orientar sobre el valor del comercio indígena para las autoridades de las Floridas en esta época de configuración de la frontera, son las palabras del Capitán General de Luisiana y Floridas, Conde de Gálvez, en una carta al Secretario de Indias D. José de Gálvez: «El punto de comercio con los indios es la baza sobre la que deben fundarse a las esperanzas de una paz sólida, asi para mantenerla en nuestra amistad, como para que nos sirvan de barrera y faborezcan nuestro partido, ó que a lo menos tengamos con ellos un aparente apoyo de protección y socorro...» Otros motivos de peso eran, además, que, sin dicho comercio, la Real Hacienda estaría sujeta a continuos gastos en regalos para las naciones de indios (factor que ya exponía Panton en su memorial), y que aun así éstos no estarían satisfechos, pues como siempre habría retardos en los repartos; por otra parte, los americanos acabarían por sugerirles ideas insidiosas contra España y lograrían llevar a cabo sus proyectos de comercio con ellos. Por lo tanto, el Conde de Gálvez proponía dos medios para proporcionar a los indios el comercio suficiente y satisfactorio: Que todo buque que cargase en los puertos habilitados de Francia lo hiciese en una 6.ª parte de su cargamento con efectos para indios, o bien que se permitiese a los vasallos de Luisiana y Florida Occidental hacer una o dos expediciones al año a los puertos neutrales, según la necesidad y el criterio de los jefes de la provincia, a buscar efectos para indios [39]. De estas dos proposiciones, fue la segunda la que se aprobó en la Corte, y fue una medida de gran significación y reveladora del valor del comercio indígena, ya que era una nueva concesión sin precedentes, porque la Cédula de 1782 estipulaba tan sólo que los habitantes de Luisiana y Florida Occidental podían comerciar con los puertos habilitados de Francia.

El estilo inglés de atraerse a los indios era un método costoso, pero que compensaba, según Céspedes, porque «El poder extenderse los industriosos por el País cultivando las Tierras, y criando el ganado que quisieran, importaba mucho; y sobre todo el asegurar á S. M. con el grangeo de la voluntad de los indios una Barrera nada despreciable contra las ambiciosas usurpadoras miras, que pisando las huellas de los ingleses (y aún con más calor y empeño),

---

Memorial de la Casa Panton, Leslie y Cía. San Agustín, 31 de Julio, 1784 (Anexo 2). AHN/E/Leg. 3.901, Exp. 5.

[39] Carta del Conde de Gálvez a J. Gálvez. La Habana, 6 de Mayo, 1785. AHN/E/Leg. 3.898, Ap. 1, desp. n.º 27.

han formado los Americanos, haze no parecer elegible, en la actualidad reparar en gastos, que con el tpo, persistiendo los Estados Unidos en sus proyectos usurpadores, escusarán sin duda alguna otros muchos más crecidos». De noviembre de 1785 a noviembre de 1786, los gastos en asuntos indios subieron a 13.569 pesos, empleados en géneros, víveres, pólvora, balas, aguardiente, vino, tabaco, miel y azúcar; los géneros eran todos adelantados a crédito por la Casa Panton y Leslie, y los indios estaban tan satisfechos con dicha Casa, que algunos jefes se presentaron en San Agustín a suplicar su permanencia, dando a entender que de cesar la introducción de géneros y víveres, irían a pedírselos a los americanos; si éstos consiguiesen el comercio con los indios, se beneficiarían de su amistad y adelantarían sus designios sobre el Mississippi [40].

Para entender el significado y valor del comercio indígena en estas provincias condicionadas por su frontera, conviene tener en cuenta no sólo las continuas e insistentes representaciones de sus gobernadores, sino las concesiones que la Corte fue haciendo para que este comercio continuase, presionada más por la necesidad de adaptarse a los requerimientos de una situación crítica, que por los beneficios que a España reportase este comercio.

Ya el 1 de enero de 1784, el mestizo Alejandro Mc. Guillivray, jefe de los indios Talapuches, escribió al gobernador de Luisiana y Florida Occidental, Esteban Miró, demostrando enérgicamente la conveniencia de tomar activas y eficaces medidas si España quería prevenir los pasos de los americanos; hacía ver que el método mejor sería enviar un surtimiento completo de efectos para el comercio, siguiendo la costumbre de los ingleses. Solicitaba la protección de S. M. C. para la Nación Talapuche, y ofrecía sus servicios como Agente de Negocios Indios [41].

En mayo de 1784, el gobernador Esteban Miró y el Intendente Martín Navarro organizaron Congresos de indios en Panzacola y Mobila. Para celebrarlos tuvieron que recurrir a medios extraordinarios, uno de los cuales fue conceder un permiso a D. Santiago Mather para que trajese desde Londres a Panzacola y Mobila dos barcos cargados de efectos para indios. Es de notar que, aunque ya entonces estaba en vigor la Real Cédula de 1782 de comercio concedido a Luisiana, que facultaba a sus habitantes

---

[40] Ver nota 1.
[41] Carta de Mc. Guillivray a Miró. Pequeño Talasie, 1 de Enero, 1784. AHN/E/Leg. 3.885 bis, Exp. 22, n.º 4.

a poderse surtir de géneros de los puertos de Francia, tuvo el Gobierno que tomar dicha medida por necesidad urgente. Los motivos que alegaba Miró en su carta al Conde de Gálvez para justificar esta medida extraordinaria que contravenía la Real Cédula de 1782, eran los siguientes: que no había en la provincia negociante alguno, que, como Mather, tuviese crédito en Londres, para traer con urgencia el cargamento que se necesitaba; que los precios de las mercancías para indios eran más baratos en Inglaterra que en Francia, y además los indios estaban acostumbrados a los géneros ingleses, que eran los que les gustaban; que los adornos de bujerías de plata sólo se podían encontrar en Londres; que ya que este comercio no podía realizarse desde España, igual daba, siendo por una sola vez, que se hiciese con Inglaterra que con Francia; que ya que era de suma importancia evitar que los americanos se introdujesen en el comercio indio, había que tomar forzosamente una medida ejecutiva para que a fin de año hubiesen llegado los géneros, lo cual no sería posible si tuviesen que dar parte y esperar la contestación [42]. El Conde de Gálvez, el gobernador Miró y el Intendente Navarro, escribieron a la Corte dando cuenta de los Congresos y de estos motivos, y el 10 de abril de 1785 el Secretario de Indias, D. José de Gálvez, envió una Real Orden aprobando los Congresos y las medidas tomadas por su ejecución.

Hasta el 20 de abril de 1789, en que quedó Panton encargado del comercio con los talapuches, alibamones, chactas y chicachas, los gobernadores de las Floridas tuvieron que ir tomando medidas precarias y disposiciones provisionales, según lo dictaban las circunstancias y a costa de mil dificultades y problemas, con expediciones anuales que hacían D. Santiago Mather y D. Guillermo Strother a la Mobila, y Panton a Panzacola.

El 10 de octubre de 1785, enterado el Rey de los obstáculos y dificultades que surgían a cada paso para seguir el comercio con los indios, se expidió una Real Orden concediendo permiso a los vasallos de Luisiana y Florida Occidental para hacer una o dos expediciones a los puertos neutrales sin distinción, y según la necesidad que estimasen el Gobernador e Intendente, a buscar géneros para el comercio indio [43].

[42] Carta de Miró al Conde de Gálvez. Nueva Orleans, 1 de Agosto 1784. AHN/E/Leg. 3.885, Exp. 22, n.º 2.
[43] Minuta de Indias al Conde de Gálvez. San Lorenzo, 10 de Octubre, 1785. AHN/E/Leg. 3.898, Ap. 1, desp. 27.

Tras la aprobación de las medidas excepcionales tomadas con motivo de los Congresos de Panzacola y Mobila, ésta fue la primera concesión de la Corte para facilitar y conservar el comercio con los indios en las Floridas; es el primer eslabón de una cadena de concesiones, cadena significativa porque revela, más que una política liberal por parte de la Corte, un intento de solucionar con medios provisionales una situación crítica en la frontera, y estas medidas nacieron como consecuencia de una doble presión: la insistencia de los gobernadores y la necesidad de crear una barrera en la frontera mediante el comercio indio para contrarrestar el empuje de los americanos; lo uno era consecuencia de lo otro, es decir, la insistencia venía de la situación, y así, por una larga interrelación de causas y efectos, se explica la política española reguladora del comercio indio.

El 30 de mayo de 1786 se expidió otra Real Orden repitiendo la disposición del 10 de octubre de 1785, y extendiendo a mayor número de dos en caso necesario las expediciones para el acopio de géneros de indios [44].

El 16 de marzo de 1789, en la Junta Suprema de Estado, se trató sobre la solicitud de Panton de que se le eximiese de pagar el 6 por 100 de derechos por la introducción de géneros de indios en Florida Occidental [44], y el 23 de marzo del mismo año se comunicó al Gobernador Miró por una Real Orden que S. M. se había dignado conceder a Panton la exención del 6 por 100 de derechos de importación y exportación sobre el comercio de indios, siempre que los géneros que introdujese fuesen sólo los propios indios, se atuviese a los precios establecidos en la tarifa y no subiese ni bajase el Mississippi, sino que desembarcase en Mobila y Panzacola [45].

Por Real Orden, el 25 de enero de 1790, S. M. extendió la exención del 6 por 100 de derechos concedida en la citada Real Orden del 23 de marzo de 1789, a los efectos importados en el año 1788 y a la peletería exportada en los meses de marzo y abril anteriores [46].

---

Minuta de Real Orden de Indias a Miró. San Lorenzo, 10 de Octubre, 1785. AHN/E/Leg. 3.901, Ap. 3 C., n.º 126.

[44] Minuta de Real Orden de Indias al Gobernador y al Intendente de Luisiana. Aranjuez, 30 de Mayo, 1786. AHN/E/Leg. 3.901, Ap. 3 C., n.º 160.

[45] Acta de la Junta Suprema de Estado. Madrid, 16 de Marzo, 1789. AHN/E/Leg. 3.888, n.º 23.

[46] Real Orden de Valdés a Miró. Madrid, 23 de Marzo, 1789. AGS/GM/ Leg. 8.148, fol. 9.

Con fecha 5 de abril de 1971, el Capitán General D. Luis de las Casas escribió al Gobernador Miró diciendo que si en alguna ocasión consideraba urgente y necesario conceder algún permiso a Panton para conservar la amistad de los indios, no dudase en franquearlo, pues cuando el Rey le confirió el Gobierno, depositó su confianza en él para que en los casos particulares pudiese salirse de las reglas comunes; y como se ha visto hasta ahora, el mantenimiento del comercio indio era un caso muy particular.

El 5 de julio de 1792, el Gobernador de Natchez, Manuel Gayoso de Lemos, dirigió al Conde de Aranda un informe sobre el estado político de la provincia de Luisiana, y en él aconsejaba considerar a esta Florida Occidental como barrera para defender el Reino de Méjico de los americanos, quienes para conseguirlas pretendían valerse, entre otros medios, de las naciones indias [47].

En el año 1800, el Gobernador de Luisiana, Marqués de Casa Calvo, con motivo de una polémica que surgió entre él y el Intendente López Angulo sobre si era conveniente o perjudicial la permanencia de la Casa Panton en las Floridas a cargo del comercio de indios, escribió una carta a su oponente haciendo un extenso resumen de las causas que influyeron para conceder a Panton las ventajas de que gozaba; en dicha carta sostenía que el comercio con los indios era, si no el único, el medio más importante y eficaz para conservar la colonia, y respecto a los privilegios concedidos a la Casa Panton, decía: «Confieso que á mi ingreso en el Gobno me sorprehendió tanto como a V.S. hallar establecida en estas Provincias una Casa extranjera protegida, y, en cierto modo, enlazada con las operaciones políticas del Gobierno en lo relativo á los negocios de Indios: negocios que á mi arrivo llamaron toda mi atención constituyendo aún en el día uno de sus principales objetos, y debo decir que quanto mas he ido imponiéndome, y tanteando la materia, tanto más he quedado convencido de haber sido sanísima la política con que se manejaron mis antecesores, interesándose en la existencia de la referida Casa de Panton...» Continuaba exponiendo las razones que habían guiado a dicha política, recordando los antiguos ataques de los indios a Panzacola y San Agustín antes de la dominación inglesa, quedando así paralizado todo principio de industria popular, agricultura y comercio. Por ello, cuando se devolvieron las Floridas a España, el ejemplo inglés sirvió de mo-

---

[47] Minuta de Real Orden de Indias a Miró. Madrid, 25 de Enero, 1790. AHN/E/Leg. 3.901, Exp. 3 C., n.º 180.

delo y el comercio indio cobró un valor primordial. Alegaba además que, tras el Tratado de 1795, la presencia de Panton era aún más necesaria, ya que las circunstancias eran aún más críticas, debido al descontento general de los indios por la demarcación de límites con los Estados Unidos y a la presencia del aventurero Bowles en la nación [48].

De la visión global de todas estas cartas y peticiones de las autoridades de Luisiana y Floridas a la Corte, y de las concesiones que la Corte fue haciendo para proteger el comercio indígena, se puede deducir que las provincias de Luisiana y Floridas eran mantenidas por España como barrera contra la agresión angloamericana; la vecindad de un poder americano independiente en expansión es el factor que obligó a España a modificar su sistema colonial en Luisiana y Floridas; este notable esfuerzo para adaptar su sistema colonial a las necesidades de una situación sin precedentes es la premisa bajo la cual puede entenderse la política comercial de España en Luisiana y Floridas, porque las regulaciones comerciales adoptadas sucesivamente para estas provincias no son sino una parte de la política general elaborada por el gobierno español con el propósito de crear un nuevo tipo de barrera contra la amenaza del Oeste americano.

La nueva política que España adoptó fue fomentar el crecimiento de una población numerosa y leal en Luisiana y Floridas; los puestos militares eran extremadamente débiles, y lo lógico hubiera sido aumentar el número y fortificarlos, y de hecho se establecieron algunos nuevos puestos. Pero la Corte no adoptó, en ningún momento, una aplicación sistemática de este principio, ya que hubiera supuesto un gasto excesivo para el tesoro. Al final del período español las fuerzas militares en las Floridas sólo servían para mantener nominalmente la soberanía de España, mantener el orden y evitar las rebeliones. Lo que el misionero y el soldado no podían conseguir, quizá pudiese conseguirse mediante el comercio y la tolerancia; por eso resolvieron los ministros españoles modificar las leyes de comercio, religión e inmigración, esperando que una autoridad suave poblaría la región de súbditos leales, barrera viviente para la defensa de Nueva España [50].

---

[48] Carta de Gayoso de Lemos a Aranda. Natchez, 5 de Julio, 1792. AHN/E/Leg. 3.885 bis, Exp. 7, n.º 30.

[49] Carta de Casa Calvo a López Angulo. Nueva Orleans, 5 de Marzo, 1800. AHN/E/Leg. 3.888, n.º 102.

[50] Whithaker, Arthur Preston, *Documents Relating to the Commercial*

Por esto, el comercio indígena debe entenderse como parte integrante de la política española para preservar la Luisiana y Floridas de una ocupación gradual americana, y como método de control de las naciones indias, que suponían una barrera humana utilizable, a falta de un poderío intrínseco español.

### 3. LA FRONTERA OCCIDENTAL: EL PROBLEMA DE LA NAVEGACIÓN DEL MISSISSIPPI

En la paz de 1783 brillaba por su ausencia un Tratado entre España y Estados Unidos, que en virtud de lo estipulado por Inglaterra con cada uno de ellos, se convertían en nuevos vecinos. Inglaterra, en su Tratado con los Estados Unidos, había fijado la frontera Sur de éstos en el paralelo 31º de latitud Norte, y les garantizaba la libre navegación del Mississippi, mientras que en su traslado con España no se hacía referencia a la navegación de dicho río ni se especificaban los límites de Florida Occidental. Por lo tanto, España, nada más adquirir esta provincia, se encontró con dos problemas que tenía que solventar con los Estados Unidos: la frontera Norte, en la que había que fijar los límites, y la frontera Occidental, que era el río Mississipi. Estos dos problemas de límites y navegación son inseparables, ya que el interés de ambos reclamantes en delimitar los primeros era debido a tener opción a navegar por el Mississipi, frontera Occidental del territorio discutido, pues la potencia que consiguiese la soberanía de dichos terrenos, conseguiría a su vez la soberanía sobre las ansiadas aguas. Detrás de estas dos cuestiones formales de límites de navegación, originadas por un Tratado conflictivo que silenciaba materias de importancia vital, yacía el asunto más profundo del control político y económico del rico valle del Mississippi [51].

Así, pues, el río Mississippi, y por lo tanto el derecho a su libre navegación, será otro componente más de la estructura de la frontera de las Floridas, y la competencia entre España y Estados Unidos para poseer su orilla Oriental, una excusa y medio para llegar a controlar el río, cada uno por unos motivos que ahora se verán.

---

*Policy of Spain in the Floridas.* Deland, The Florida State Historical Society, 1931, págs. 19 a 21.

[51] Nasatir, Abraham P., *Spanish War Vessels on the Mississippi, 1792-1796,* Yale University Press, New Haven and London, 1968.

Desde el año 1780, en que vinieron a Madrid los Plenipotenciarios de los Estados Unidos Juan Jay y Guillermo Carmichael, en España se pensaba hacer un tratado con los Estados Unidos, tratado que no se efectuó porque se quiso dejar para la paz general los puntos esenciales de límites y navegación. Concluida la paz en 1783, dichos puntos no se resolvieron, en parte porque Inglaterra, en su Tratado con los Estados Unidos, provocó el conflicto, y en parte, porque España quiso darle tiempo al tiempo y entenderse directamente con los Estados Unidos. Pero la negociación para entenderse fue larga y complicada, y no se resolvió hasta doce años más tarde, en el Tratado de Amistad, Límites y Navegación de 1795.

En 1784, el Ministro español Floridablanca decidió enviar a don Diego Gardoqui a los Estados Unidos, con autorización para negociar y concluir un Tratado con ellos, pero en los tres años y medio que estuvo allí no se llegó a ningún acuerdo, debido a las dilaciones de las respuestas del Congreso a las proposiciones españolas y a los problemas internos que surgieron en el Gobierno de los Estados Unidos, que le obligaron a diferir el Tratado con España hasta la formación de una nueva constitución. Una vez efectuada la reforma en el Gobierno americano, enviaron a Carmichael y Short, el segundo de los cuales pasó un papel a Gardoqui el 7 de diciembre de 1793, que contenía las pretensiones de los Estados Unidos sobre límites y navegación del Mississippi, y las razones en las que se fundaban; conviene estudiar estas declaraciones detalladamente, pues contienen todos los puntos formales en que desde un principio los Estados nidos apoyaron sus reivindicaciones: En cuanto a los límites se basaban en la Proclamación del Rey de Inglaterra de 1763, que establecía los límites meridionales de Georgia, frontera disputada con España, empezando sobre el Mississipi en los 31º de latitud Norte y corriendo hacia el Este hasta el Apalachicola. Desde allí, siguiendo el curso del río hasta la boca del Flint, y luego en línea recta hacia el origen del río Santa María, bajando por el mismo hasta el océano. El límite Occidental se puso en la mitad del río Mississipi. Al terminar la guerra entre Inglaterra y sus colonias, Inglaterra reconoció los límites de Georgia como se habían fijado en 1763, y en el Tratado que firmó después con España, le cedió las dos Floridas (que se habían definido o expresado en la Proclamación de 1763) y la isla de Menorca, y por un artículo expreso en el Tratado, España convino en restituir, sin compensación, todos los territorios conquistados por ella y no incluidos en el Tratado; con arreglo a esta disposición, España tenía obligación de entregar a Gran Bretaña las posesiones que había ocupado dentro de los límites de Georgia, y ésta debía entregárselas a Estados Unidos. Pero, además, España estaba obligada a entregar dichos territorios a Estados Unidos, ya que no había estado en guerra con ellos. En resumen, los puntos en que basaban los americanos sus reclamaciones sobre el territorio al Este del Mississipi y Norte de Florida Occidental, eran estos:

1.º) Que los límites de Georgia fueron legítimamente establecidos en 1763.

2.º) Que los confirmó la única potencia que pudo tener motivos para no hacerlo fundada en el estado de guerra.

3.º) Que Gran Bretaña, por el Tratado de Paz de 1763, obtuvo de España una renuncia a todas las pretensiones dentro de dichos límites, de tal modo que desapareció todo pretexto de poner en duda el derecho de Gran Bretaña a confirmar los límites a los Estados Unidos.

4.º) Que España no podía tener derecho a ninguna reclamación o pretensión por vía de conquista dentro de los límites de Estados Unidos, no habiendo estado jamás en guerra con ellos.

El derecho de Estados Unidos a participar de la navegación del Mississippi estribaba en dos fundamentos diferentes: en los Tratados de 1763, 1782 y 1783 y en el derecho natural de gentes.

El primer punto apelaba a que por el Tratado de Paz de 1763 se aseguró a los súbditos de Gran Bretaña el derecho a navegar el Mississippi desde su nacimiento hasta el mar; en el curso de la guerra Independencia americana, España tomó posesión de varios puestos ingleses de Florida, pero la posesión de media docena de puestos esparcidos por un país de 700 u 800 millas de extensión, no se podía considerar como posesión y conquista de aquel país; y si lo era, sólo daba un derecho incoado e imperfecto, que no se podía perfeccionar por el abandono de los antiguos poseedores al final de la guerra. Pero en cualquier caso, no pudo considerarse como una conquista del río aún contra Gran Bretaña, puesto que la posesión de las costas, es decir, la isla de Nueva Orleans por un lado y la Luisiana por otro, no habían experimentado cambio. Y mucho menos podía España considerar que había conquistado el río a los Estados Unidos, puesto que no había estado en guerra con ellos.

Cuando empezó la guerra, los americanos tenían un derecho común a la navegación en la parte del río entre la Florida y la isla de Nueva Orleans y la orilla Occidental; Gran Bretaña, en el Tratado de noviembre de 1782, confirmó los derechos de Estados Unidos a la navegación del río desde su nacimiento hasta su desembocadura, y en enero de 1783 completó el derecho de España al territorio de la Florida por una absoluta cesión de todos sus derechos a ella. En esta cesión no pudo incluir la navegación del Mississippi conservada por los Estados Unidos en virtud de su propio derecho, porque lo tenían ellos mismos y no Gran Bretaña. Sólo podía transferir aquella porción de derecho que había retenido para sí misma en el Tratado con Estados Unidos hecho siete semanas antes, es decir, un derecho de usarle en común con los Estados Unidos.

De modo que así como el Tratado de 1763 los Estados Unidos habían obtenido un derecho común a la navegación de todo el río, también por el Tratado de 1782 les fue confirmado aquel derecho por la única potencia que podía pretender tenerlo contra ellos, fundada en el estado de guerra. Y este derecho común no fue transferido a España ni por conquista ni por cesión.

El segundo punto en que se apoyaban los Estados Unidos para reclamar la navegación del Mississippi era el derecho natural de gentes, uno de cuyos principios fundamentales era que los mares eran libres para todos los hombres, y los ríos para todos sus habitantes; comparando el número de habitantes de la parte superior e inferior del río, es decir, de los que habían de ser favorecidos y de los que se suponía debían ser perjudicados por la libertad de navegación, resultaba que la balanza se inclinaría a favor de los segundos, que eran, además, mucho más numerosos.

Los Estados Unidos (según este informe) poseían 600.000 millas cuadradas de territorio habitable sobre el Mississippi y sus brazos, que a su vez tenían muchos miles de millas de aguas navegables que regaban todo este territorio; los terrenos habitables que poseía España en la parte inferior no eran una milésima parte de aquella extensión. Esta gran porción de territorio de los Estados Unidos no tenía otras salidas para sus productos, y además su pasaje río abajo —alegaban— no sólo no perjudicaría a los súbditos españoles, sino que sería ventajoso para los intereses mercantiles de España.

Apelando al derecho natural de gentes, exponían que, aún cuando el río Mississippi, en su tramo entre Florida y Luisiana, fuese del derecho exclusivo de los españoles, con todo, el pasaje sería un derecho natural para los que habitaban en sus márgenes superiores; España poseía tan poco espacio de tierra habitable en cada uno de los lados del río en la parte inferior de los límites americanos, que podía considerarse como un estrecho del mar, pues aunque había 80 leguas desde la demarcación reclamada por los americanos hasta la desembocadura del río, el terreno consistía en manchas o trozos de tierra que se levantaban én tiempos de inundación sobre el nivel del agua; luego habría tan pocos habitantes en aquella parte del río, que la concesión de su navegación a los Estados Unidos no podría perjudicar a España [52].

Esta larga relación expone los puntos de vista americanos en cuanto límites y navegación del Mississippi, que contrastan con la visión española al respecto. Antes de ver las razones que alegaba España para excluir a los americanos de la navegación del Mississippi, conviene examinar las causas que originaron esta toma de postura y que contribuyeron a la decisión de Floridablanca de solventar la cuestión de límites y navegación que voluntariamente había postpuesto.

Tras la adquisición de las Floridas, se recibieron en la Corte española una serie de avisos de sus autoridades alertando sobre el movimiento americano hacia el Oeste, y sobre la necesidad de resolver los dos puntos que habían quedado oscuros tras el Tratado de Paz.

En noviembre de 1783, el Embajador español en Londres, Bernardo del Campo, escribió a Floridablanca informando que una ola de americanos descontestos cruzaba los montes Apalaches hacia el valle del Mississippi, y que pronto podrían convertirse en una amenaza para las posesiones españolas vecinas [53]. Avisos similares llegaron por otros conductos; el 2 de marzo de 1784, Bernardo de Gálvez, entonces en Madrid, escribió al Secretario de Indias, don José de Gálvez, pidiendo instrucciones sobre los límites de las Floridas, cuyo mando le había sido confiado. En esta carta

---

[52] Extracto sobre la negociación relativa a los límites con los Estados Unidos y navegación del Mississippi. Agosto, 1795. AHN/E/Leg. 3.384.

[53] Carta de Bernardo del Campo a Floridablanca. Londres, 16 de Noviembre, 1783. AHN/E/Leg. 4.246.

llamaba la atención sobre los límites estipulados en el artículo 2.º del Tratado entre Inglaterra y Estados Unidos, pues según éstos, gran parte de Florida Occidental, incluyendo Natchez, quedaría en posesión de los Estados Unidos, y también hacía notar que, por el artículo 8.º de dicho Tratado, la navegación del Mississippi sería libre para ingleses y americanos [54].

También en marzo de 1784, el Intendente de Luisiana y Florida Occidental, Navarro, escribió a D. José de Gálvez informando que acababa de entrar en el río Mississippi la balandra «América», procedente de Rhode Island; notificaba que no la había permitido descargar porque carecía de instrucciones sobre el derecho de los americanos a la navegación del Mississippi, ya que la Real Orden del 29 de octubre de 1781 tan sólo les facultaba a navegar por dicho río durante la guerra, y habiendo terminado ésta cesaba también la causa de dicha tolerancia. Justificaba Navarro su decisión como medida para cortar los abusos de comercio por el río hasta que recibiese instrucciones [55]. También el Gobernador Miró escribió al Conde de Gálvez, dando cuenta de este incidente y notificando que había prevenido al Capitán de la «América», Cristóbal Whiple, que si vendía parte de su carga en las haciendas de la orilla del río, ésta sería confiscada; con este motivo hacía ver que si los americanos reclamaban los territorios de Florida Occidental hasta el paralelo 31º, el distrito de Natchez quedaría para ellos, y opinaba que España debía conservar las dos orillas del Mississippi hasta la embocadura del Belle Riviére (río Ohío), ya que la toma de Panzacola comprendía todo el territorio que mandaba el General inglés Campbell [56].

Otra de las cartas que inquietaron a Floridablanca y motivaron el cierre del Mississippi a los americanos y la misión de Gardoqui, en Estados nidos, fue la que escribió el enviado español en Filadelfia, Rendón, a D. José de Gálvez, el 16 de diciembre de 1783. En ella incluía una petición que los habitantes de los territorios del Oeste de Virginia, situados entre el Mississippi y los montes Apalaches (Kentucky), habían presentado a la Asamblea de Virginia solicitando permiso para formar un estado separado en conformi-

---

[54] Carta del Conde de Gálvez a D. José de Gálvez. Madrid, 2 de Marzo, 1784. AHN/E/Leg. 3.885, Exp. 24, n.º 2.
[55] Carta n.º 202 de Navarro a J. Gálvez. 12 de Marzo, 1784. AHN/E/Leg. 3.885, Exp. 18, n.º 3.
[56] Carta n.º 108 de Miró al Conde de Gálvez. Nueva Orleans, 12 de Marzo, 1784. AHN/E/Leg. 3.885, Exp. 18, n.º 9.

dad con los principios generales de la Confederación; también avisaba Rendón que Connecticut estaba preparándose para hacer uso del territorio que reclamaba en el Valle del Ohío [57].

Don José de Gálvez, al recibir estas alarmantes noticias sobre el rápido crecimiento del Oeste americano, pasó una Real Orden al Conde de Gálvez, el 21 de abril de 1784, incluyéndole la carta de Rendón y pidiéndole su parecer; éste contestó el 23 de mayo diciendo tan sólo que si cuando se demarcasen los límites con los Estados Unidos esos terrenos resultaban ser de España, no sería conveniente que hubiese allí establecimientos que no fuesen españoles [58].

El Secretario de Indias remitió las Cartas de Navarro y Rendón a Floridablanca, y éste contestó el 23 de junio aprobando la medida de impedir a la «América» descargar en el Mississippi, ya que aún no estaban determinados los límites de Luisiana y Floridas ni aclarado el derecho de los americanos a la navegación del Mississippi; el Tratado con los ingleses en que se apoyaban los americanos —decía Floridablanca— no pudo fijar los límites sobre lo que no poseía Inglaterra, pues las dos orillas del Mississipi se hallaban ya ocupadas por las armas españolas el 30 de noviembre de 1782, fecha en que se hizo dicho Tratado [59]. Esta aprobación explícita de la actuación de Miró y Navarro puede considerarse el preámbulo a la primera medida adoptada en España para hacer frente no sólo al contrabando y comercio en el Mississippi, sino al problema más profundo que amenazaba a las posesiones españolas de la expansión americana hacia el Oeste.

El 26 de junio de 1784, D. José de Gálvez escribió a Navarro, a Miró y a Rendón, comunicándoles la Real Orden de cerrar el Mississippi a todo barco que no fuera español; al Gobernador y al Intendente les ordenaba publicar esta declaración para el conocimiento de todos los habitantes de la provincia, y al Agente en Filadelfia le prevenía para que le notificase al Congreso, basándose en la nulidad del Tratado del 30 de noviembre de 1782. También avisó al Conde de Gálvez el 1 de julio sobre el ningún derecho de

---

[57] Carta n.º 91 de Rendón a J. Gálvez. Filadelfia, 16 de Diciembre, 1783. AHN/E/Leg. 3.885, Exp. 20, n.º 1.

[58] Carta del Conde de Gálvez a D. José de Gálvez. Aranjuez, 23 de Mayo, 1784. AHN/E/Leg. 3.885, Exp. 20, n.º 5.

[59] Oficio de Floridablanca a J. Gálvez. Aranjuez, 23 de Junio, 1784. AHN/E/Leg. 3.885, Exp. 6, n.º 6.

los americanos e ingleses a la libre navegación del Mississipi mientras se arreglaba la cuestión de límites [60].

La segunda medida adoptada fue la instrucción o declaración formal sobre los límites de Florida y Luisiana y la navegación del Mississippi, hecha por Floridablanca el 29 de julio de 1784; este orden en que se fueron tomando las determinaciones es índice de la política expeditiva de Floridablanca, pues primero se cerró el Mississippi y luego se explicó por qué se hacía.

Esta instrucción se basaba en cuatro puntos fundamentales para demostrar los derechos de España en cuanto a límites y navegación:

1.º Reconocimiento y admisión de los límites de Florida Oriental según se establecieron por el artículo 2.º de los Preliminares convenidos entre los Estados Unidos e Inglaterra, el 30 de noviembre de 1782, y se confirmaron en el artículo 2.º del Tratado definitivo del 3 de septiembre de 1783.

2.º No reconocimiento de los límites de Florida Occidental según los fijaron ingleses y americanos, ya que era un territorio conquistado por las armas de S. M.; por lo tanto, dicha demarcación fue sólo un ajuste condicional.

3.º Derecho de S. M. a Florida Occidental, por conquista, con la misma extensión con que se cedió a Inglaterra por el artículo 20.º del Tratado de Paz de París de 1763, y que se comprendía igualmente en el artículo 3.º de Preliminares y 5.º del Tratado definitivo de 1783, en los cuales se cedía a S. M. C. Florida Occidental sin restricción alguna.

4.º Aplicación de estas mismas reglas para establecer los límites de sus posesiones en la orilla del Mississippi aguas arriba.

Por lo tanto, basándose en las conquistas y toma de posesión durante la guerra, Florida Occidental comprendía todos los terrenos dentro de la demarcación siguiente: «Desde donde el río Apalachicola entra en el mar subirá una línea por medio de sus aguas hasta donde se le incorpora el río *Flint* o *Caillou*, que seguirá por medio de éste hasta su origen, y de allí, en línea recta, a buscar el *Eufasée*, por cuyo centro continuará hasta que desemboque en el *Hogohegée* o río de los Chiroqueses, y que por medio de éste hasta su desembocadura en el *Ohío* o la Belle Riviére,

---

[60] Minuta de J. Gálvez a Miró, Navarro y Rendón. Aranjuez, 26 de junio, 1784. AHN/E/Leg. 3.885 bis, Exp. 6, núms. 9, 10 y 11.
Minuta de J. Gálvez al Conde de Gálvez. Palacio, 1 de Julio 1784. AHN/E/Leg. 3.885 bis, Exp. 6, n.º 13.

continuando por éste al Mississippi, y aguas arriba de éste hasta su nacimiento.»

En cuanto a la navegación del Mississippi se hacían las observaciones siguientes:

1) Que los ingleses, por el artículo 7.º del Tratado de París de 1763, adquirieron con la propiedad de la orilla Oriental del Mississippi el derecho a navegar por él desde su nacimiento hasta el mar en común con los franceses; pero éstos fueron sustituidos por los españoles con la cesión de Luisiana a España.

2) Al conquistar España una gran parte de la orilla Oriental del Mississippi (Florida Occidental), Inglaterra perdió con ella el derecho de navegación, y España volvió a poseer el Mississippi en sus dos orillas y toda su anchura desde su desembocadura hasta el punto donde llegaron sus conquistas.

3) Por lo tanto, Inglaterra no pudo conservar para sí ni compartir con los americanos un derecho que ya no poseía, y por mucho valor que quisiera darse al artículo 8.º de sus Preliminares de Paz del 30 de noviembre de 1782, no pudo tener valor ni efecto, sino en la parte donde el Mississippi corra por territorio de los Estados Unidos.

Por consiguiente, la navegación del Mississippi, desde sus dos orillas, pertenecen a España hasta el mar, es privativa de los españoles [61].

Está claro, pues, que las reivindicaciones de España en cuanto a los límites de Florida Occidental tenían mucho que ver con su intención de controlar el Mississippi, ya que para cerrarlo se basaba, principalmente, en la posesión de sus dos orillas, y cuanto más al Norte llegasen éstas, más largo sería el curso del río controlado y más segura la barrera antiamericana.

La tercera medida adoptada por España para asegurarse la completa posesión de Florida Occidental y por lo tanto el derecho exclusivo a navegar por el Mississippi, fue enviar a D. Diego Gardoqui como Encargado de Negocios a Estados Unidos; los puntos fundamentales en que debía basarse eran los expuestos en la Instrucción del 29 de julio, pero, además, el 2 de doctubre de 1784 se le dieron nuevas instrucciones para ejercer el cargo: para el arreglo de límites debía mantener correspondencia con el Conde de Gálvez, quien podía ayudarle por sus conocimientos locales;

---

[61] Instrucción sobre los límites de las Floridas y Luisiana y sobre la navegación del Mississippi, por Floridablanca. San Ildefonso, 29 de Julio, 1784. AHN/E/Leg. 3.384.

en cuanto a la navegación del Mississippi, debía insistir en la exclusividad española por la nulidad del Tratado entre Inglaterra y los Estados Unidos, ya que España poseía las dos orillas de dicho río; y en cuanto a comercio, debía informar a los Estados Unidos de la imposibilidad de España de concederles comerciar con las colonias españolas, ya que lo prohibían los Tratados hechos con todas las naciones desde 1713 (Tratado de Utretch) hasta 1783[62].

Gardoqui llegó a los Estados Unidos el 20 de mayo de 1785[63], donde permaneció a cargo de una negociación difícil e infructuosa hasta 1789 en que regresó a España por asuntos particulares, y ya no volvió a los Estados Unidos. Desde un principio se dio cuenta por sus conversaciones con Jay, Ministro de Negocios Extranjeros, de las dificultades o casi imposibilidad de que los proyectos y Tratados de España con los Estados Unidos tuvieran algún éxito, ya que los americanos estaban decididos a unas ideas diametralmente opuestas a las españolas; amparándose en su Tratado con Inglaterra, habían formado el Condado de Borbón, extendiéndose hasta el río Yazú, y estaban decididos a utilizar el Mississippi, ya que muchas familias habían pasado a establecerse al Oeste de los montes Apalaches, sobre todo al Kentucky[64]. A través de su nutrida correspondencia puede apreciarse la enorme dificultad de la gestión que le fue confiada. Desde el primer momento tropezó con una resistencia obstinada a las pretensiones de España y muy particularmente en lo referente a la navegación; tan tediosa se hacía la negociación, que Jay llegó a decir: «Ojalá no hubiera tal Mississippi en el mundo...» Gardoqui, con instrucciones renovadas, apenas adelantaba en sus proyectos, y el Mississippi siguió siendo, a lo largo de todo el año de 1786, el caballo de batalla[65].

Tras las instrucciones del 2 de octubre de 1784, la primera renovación tuvo lugar el 1 de septiembre de 1786, en que Floridablan-

---

[62] Instrucción dada a D. Diego Gardoqui para servir el empleo de Encargado de Negocios en los Estados Unidos. San Lorenzo, 2 de Octubre, 1784. AHN/E/Leg. 3.885, Exp. 21, n.º 1.

[63] Carta de Gardoqui a Floridablanca. Filadelfia, 22 de Mayo, 1785. AHN/E/Leg. 3.893, Ap. 1, núms. 15 y 16.

[64] Extracto de carta reservada de Gardoqui a J. Gálvez. Nueva York, 23 de Agosto, 1785. AHN/E/Leg. 3.885 bis, Exp. 6, n.º 100.

Carta n.º 14 de Gardoqui al Conde de Gálvez. Nueva York, 23 de Agosto, 1785. AHN/E/Leg. 3.893, Ap. 4 y Leg. 3.885 bis, Exp. 6, n.º 160.

[65] Navarro Latorre, José, y Solano Costa, Fernando, ¿Conspiración española? 1787-1789. Zaragoza, 1949, pág. 15.

ca remitió a Gardoqui un plan de Tratado provisional con los Estados Unidos; el artículo 15, referente a la navegación del Mississippi, decía así: «así como el río Yasou ha de ser el término de las posesiones españolas por la parte de tierra, lo será el Ohio de la navegación de los americanos en las aguas del Mississippi; de suerte que no les será lícito bajar este río hacia el mar, propasándose del Ohio, ni menos subirle ellos ni otra nación extranjera, desde sus bocas hasta el mismo río Ohio, todo igualmente y á lo menos por ahora y hasta tanto que este punto no se arregle de otro modo por una convención particular hecha con el correspondiente examen, y con reconocimiento exacto de aquellos terrenos y de los establecimientos de ambas riveras del río; guardandose y conservandose en el interin la presente prohibición de bajarle desde los terminos señalados» [66].

Tres días antes de que Floridablanca enviase a Gardoqui estas instrucciones insistiendo en la exclusividad española de navegar el Mississippi, el Congreso, en sesión celebrada el 29 de agosto de 1786, acordó por siete votos contra cinco aceptar la «prohibición» de navegar por el Mississippi por un período de veinticinco a treinta años; esta resolución secreta se tomó para ganar tiempo y obligados por las dificultades internas del gobierno que no consideraban preparado para afrontar una guerra con España. Influyó además la presión de los Estados del Norte, a los que, de momento, les interesaba más el comercio en el Atlántico que solucionar los problemas de los establecimientos del Oeste.

Esta decisión del Congreso precipitaría un movimiento secesionista en el Oeste, que al ver que sus reivindicaciones no eran respaldadas por el Congreso, decidió conseguir la navegación del Mississippi bien por la fuerza o mediante intrigas con España.

Desde el momento en que Gardoqui tuvo noticia de la posibilidad de que el Congreso aceptase la prohibición de navegar por el Mississippi, escribió a Floridablanca informando que nunca llegaría a ratificarse dicha decisión, debido a la indignación que en el Oeste había levantado: «En estas circunstancias se hallan nuestras Conferencias, y aunque espero continuarlas, preveo que atendidas las que concurren con respecto a los nuevos Establecimientos sobre el río Ohio, y a los Estados Meridionales, que se opo-

---

[66] Minutas núms. 3 y 13 de Floridablanca a Gardoqui, y Minuta C, Plan del Tratado con los americanos. San Ildefonso, 1 de Septiembre, 1786. AHN/E/Leg. 3.893 bis, Ap. 1, n.º 174.

nen acerrimamente á la privación de la navegación, no se atreverá el Congreso, ó no se podrá conseguir, el que este Cuerpo ratifique la predicha privación, ni la demarcación de límites...» Y por lo tanto, pedía nuevas instrucciones [67]. En otra carta del 31 de diciembre de 1786, insistía Gardoqui sobre la tenacidad y empeño con que el Estado de Virginia se distinguía en la lucha contra la privación de navegar el Mississippi; informaba que acababan de entregarle las resoluciones tomadas por la Asamblea y que habían nombrado un nuevo delegado llamado Madison, dueño de cuantioso territorio en las orillas del Ohío, en quien los poderosos de la oposición tenían puesta su confianza para desbaratar toda concesión en cuanto a privarse del uso del Mississippi. Incluía en esta carta la traducción de las resoluciones del Estado de Virgina, cuya Junta consideraba el derecho a navegar el Mississippi como «un don gratuito de la naturaleza a los Estados Unidos», y estaba resuelta a instruir a sus delegados en el Congreso en los términos más decisivos para oponerse a cualquier atentado que pudiera hacerse al derecho de navegar el Mississippi [68].

Del clamor del Oeste para conseguir con o sin el apoyo de su gobierno la navegación del Mississippi, nacería la intriga con España para separarse de la Unión, intriga en la que España se vería involucrada para desarrollar su política de poblamiento haciendo ciertas concesiones de navegación a los secesionistas. Pero antes de analizar la conspiración del Oeste, íntimamente ligada a la política española para poblar Luisiana y Floridas, es conveniente ver las instrucciones que envió Floridablanca a Gardoqui el 5 de septiembre de 1787, en contestación a sus avisos sobre la postura del Oeste americano con respecto a la navegación del Mississippi. Este proyecto de Tratado fue el último esfuerzo de Floridablanca para llegar a un acuerdo con el Congreso, coincidiendo con los comienzos del trato directo con el Oeste americano.

Las instrucciones se basan en los antecedentes de 1786 con algunos artículos reformados, y se le decía que, sin abandonar la negociación, no se apresurase a convenir nada referente a límites y navegación hasta ver si adquiría más consistencia el Gobierno de los Estados Unidos. Floridablanca le aconsejaba que prosiguiese empleando tono de generalidad, pero le remitía el plan por si

[67] Carta n.º 124 de Gardoqui a Floridablanca. Nueva York, 28 de Octubre, 1786. AHN/E/Leg. 3.893, Ap. 7.

[68] Carta n.º 153 de Gardoqui a Floridablanca. Nueva York, 31 de Diciembre, 1786. AHN/E/Leg. 3.893, Ap. 7.

se le presentaba alguna coyuntura en que conviniese adelantar el convenio.

El proyecto contenía importantes concesiones; en cuanto a límites, España aceptaba el paralelo 31° como frontera Sur de los Estados Unidos, exceptuando el distrito de Natchez que seguiría perteneciendo a España.

Los artículos 12, 13 y 14 del proyecto de 1786 quedaban ahora reformados y comprendidos en uno, el 12, que se trataba sobre los límites, y esta variación era debida a las novedades que podía causar la comisión del caballero Wouves D'Argés, quien había enviado un memorial al Conde de Aranda ofreciéndose para atraer emigrantes y colonos al distrito de Natchez.

Con respecto a la navegación del Mississippi, se estipulaba que se nombraría una comisión mixta para estudiar la validez de las reivincaciones americanas, lo cual era un paso decisivo, ya que hasta ahora España se había negado a plantearse la cuestión; en su minuta a Gardoqui decía Floridablanca: «El articulo de la navegación del Mississippi es con mui corta diferencia como lo acordó V. S. con el Sr. Jay; y las variaciones que advertirá V. S. anuncian en la mayor parte nuestra disposición á facilitarles la salida y el consumo de las producciones de sus tierras en lo alto del rio; debiendo por lo mismo serles gratas. Y con esto son consiguientes las especies del caballero Wouves de que hablo a V. S. en otra carta...» [69].

Al mismo tiempo que se ofrecían estas facilidades al Congreso, se resolvió que el encargado de promover la emigración al distrito de Natchez, Wouves D'Argés, divulgase en el Kentucky que España permitiría bajar sus productos por el río pagando un 25 por 100 de derechos [70], lo que demuestra que España buscaba un doble medio para defender sus posesiones: mediante el proyecto de Tratado esperaba encontrar el apoyo de los Estados Atlánticos, y mediante el proyecto de Wouves D'Argés de atraer

---

[69] Minuta n.º 4 de Floridablanca a Gardoqui. San Ildefonso, 5 de Septiembre, 1787, incluyendo el nuevo Plan al margen del que se hizo en 1786 para el Tratado provisional con los EE. UU. americanos. Nota: De este Plan se copiaron a D. Diego Gardoqui los artículos 1.º, 2.º, 3.º y 7.º, que con el 12.º nuevo sustituto al 12.º, 13.º y 14.º, y con el 15.º y 16.º componen todos los artículos nuevos, habiendo quedado lo mismo el 4.º, 5.º, 6.º, 8.º, 9.º, 10.º y 11.º, reducidos el número de ellos a catorce, siendo el 13.º, el 15.º, el 14.º y el 16.º En 5 de Septiembre, 1787. AHN/E/Leg. 3.893 bis, n.º 174.

[70] Explicaciones al Plan de 1787. Madrid, 1787. AHN/E/Leg. 3.889, Exp. 1, número 1.

emigrantes del Oeste a Florida Occidental, buscaba calmar la indignación de éstos y convertirles poco a poco en súbditos españoles.

El 18 de abril de 1788 escribió Gardoqui a Floridablenca acusando recibo del proyecto de Tratado de límites y navegación enviado el 5 de septiembre de 1787, e informaba que nada podía hacer debido al estado vacilante del Gobierno americano y a la decadencia de los Estados Unidos; en octubre, el Congreso acordó retrasar la negociación con España hasta que se reuniese el nuevo Gobierno Federal que debía hacerlo en marzo de 1789, ya que la disolución de un gobierno y el establecimiento de otro era un período poco apropiado para negociaciones. Aunque también contribuyó sin duda la llegada de un Delegado de Carolina del Norte, que, en la Junta Secreta del Congreso, consiguió se declarase que la libre navegación del Mississippi era un derecho esencial de los Estados Unidos [71].

España, con su política de control del Mississippi, tenía varios objetivos simultáneos enfocados todos a un mismo fin: proteger sus posesiones de Luisiana y Floridas, antemural del Reino de Méjico, pero estos objetivos eran en cierto modo inconsistentes, ya que al mismo tiempo que cerraba el Mississippi, tenía que evitar que el Oeste americano explotase, permitiendo el tráfico a algunos favoritos seleccionados y de influencia en dicho Oeste. Por otro lado tenía que, si no promover, al menos aprovechar el movimiento secesionista del Oeste y ponerlo bajo el control español a cambio de ciertos derechos en la navegación del Mississippi; y además tenía que sacar del mismo Oeste a los inmigrantes que poblarían sus posesiones de Luisiana y Floridas, creando así una barrera humana de defensa.

Esto implicaba las intrigas con ciertos líderes del Oeste americano para lograr la separación del Kentucky y de otros establecimientos del Oeste de la Unión Federal, así como el establecimiento de una nación independiente en el Oeste bajo protección española [72].

---

[71] Carta n.º 235 de Gardoqui a Floridablanca. Nueva York, 18 de Abril, 1788.

Carta n.º 298 de Gardoqui a Floridablanca. Nueva York, 24 de Octubre, 1788. AHN/E/Leg. 3.894.

Carta de Jay a Gardoqui. Nueva York, 17 de Octubre, 1788. AHN/E/Leg. 3.889, Exp. 1, núms. 6 y 7.

[72] Ver nota 1, pág. 12.

Por lo tanto, el problema de la frontera Occidental de Florida, el río Mississipi y su navegación, que no se resolvió hasta el Tratado de 1795, está íntimamente ligado a la necesidad que los habitantes del Oeste americano tenían de él para dar salida a sus productos comerciales, lo que originaría un movimiento secesionista para conseguirlo; y este movimiento secesionista fue aprovechado oportunamente por España con la intención de poblar Luisiana y Floridas. Nombres como James White, Wouves D'Argés y Wilkinson van ligados a la intriga fronteriza y a la política de poblamiento española, que se estudiará en otro capítulo.

## CAPÍTULO II

## LA DINAMICA DE LA FRONTERA

### 1. LA TENSIÓN HISPANO-NORTEAMERICANA Y LA POLÍTICA DE ATRACCIÓN DE LOS INDÍGENAS

Ante todo interesa explicar el significado de este título como parte esencial de la dinámica de la frontera, las razones de la tensión y de la política de atracción de los indígenas; deben tenerse en cuenta tres factores interrelacionados como eslabones de la cadena explicativa:

1.° El momento histórico como desencadenante de la tensión.
2.° La tensión, en cuanto motivada por la política de atracción de los indígenas.
3.° Los elementos humanos que intervienen en la política de orbitación indígena.

En el Tratado triangular de Paz de 1783 podríamos situar en un vértice a Inglaterra, que en su Tratado con los Estados Unidos les garantizaba la libre navegación del Mississippi a lo largo de todo su curso, reservándose el mismo derecho para los súbditos británicos, y fijaba la frontera Sur de la recién nacida República en el paralelo 31° de latitud Norte. En su Tratado con España no mencionaba la navegación del Mississippi; le cedía Florida Oriental y España podía retener la Occidental por derecho de conquista. Dicho Tratado no especificaba las fronteras de estas provincias. Surge, por lo tanto, un conflicto obvio entre estos Tratados, que hará enfrentarse a los otros dos vértices del triángulo, convirtiendo lo que pretendía ser un Tratado de Paz en el motivo y comienzo de una larga discordia: Inglaterra reconoce el derecho de España a Florida Occidental como provincia conquistada, y su extensión, cuando la poseía Inglaterra, incluía todo el territorio hasta el paralelo 32° 26' de latitud Norte. Así, tanto España como los Estados Unidos podían reclamar por Tratados con Inglaterra firmados el 3 de septiembre de 1783, una extensa franja de territorio entre los paralelos 31° y 32° 26', franja que comprendía el distrito de Natchez y el corazón del territorio indio del Sur.

Como dice Whitaker, si hubo una paz que no consiguió pacificar fue la de 1783 [1].

De la disparidad de las cláusulas de estos Tratados surge la tensión hispano-norteamericana que subsistirá hasta el Tratado de Amistad, Límites y Navegación de 1795 entre España y Estados Unidos. Por este Tratado se fija la frontera Sur de Estados Unidos, y por lo tanto, la frontera Norte de las Floridas en el paralelo 31°.

De esta coyuntura histórica, de este lapsus entre dos Tratados, de esta disputa por los límites de ambas potencias, nace la tensión que será causa de que tanto España como Estados Unidos intenten establecer su soberanía en los territorios en litigio, empleando para ello el mismo método y clave del control de la zona: la política de atracción de los indígenas.

¿Cuál es el papel que juegan los indios en esta controversia entre las dos potencias?:

Entre la línea de puestos españoles y el límite de los establecimientos fronterizos americanos estaban situadas numerosas naciones de indios. La tribu de los Creek tenía unos 6.000 guerreros; la Cheroqui, 2.000; la Chicacha, 500, y la Chacta, 5.000. En suma había unos 13.500 guerreros, y la población total era de unos 45.000 indios [2].

El comercio de pieles era un factor decisivo para el control de estos indios, y la situación en 1783 era favorable a la supremacía española en este comercio porque los creeks y los cheroquis se habían visto envueltos en una guerra reciente con los Estados Unidos, los chactas estaban demasiado lejos para ser

---

[1] Whitaker, Arthur Preston, *The Spanish American Frontier, 1783-1795*, Univ. of Nebraska Press, Lincoln, 1969, pág. 1.

[2] Whitaker, *op. cit.* pág. 24.
Swanton, *Early History of the Creek Indians and their Neighbours*, páginas 437-49.

atraídos fácilmente bajo influencia americana, y la tribu chicacha, aunque amiga de los Estados nidos, era tan reducida que su comercio no tenía gran valor[3].

Analizando, pues, el primer componente del elemento humano, eran clave y objetivo de la tensión surgida entre dos potencias y dos Tratados, factor primordial de la dinámica de la frontera: los indígenas. Su presencia en «tierra de nadie» y la importancia de ganar su amistad, «protegerles» y comerciar con ellos, pondrá en movimiento a los oponentes que completan el elemento humano, base de la dinámica fronteriza: españoles y norteamericanos.

Así pues, el objetivo principal de la política indigenista española será hacer de los indios una barrera viviente para proteger sus posesiones de las incursiones de los norteamericanos, establecer, mediante su protección y comercio con ellos, la soberanía de España sobre la franja de territorio, que debido a la ambigüedad del Tratado de 1783, tenía que disputarse con los norteamericanos, y, en resumen, controlar a unas naciones más débiles para servirse de ellas en beneficio de sus intereses. Esto explica la presencia de la Casa de comercio inglesa Panton y Leslie al servicio de la política indigenista española, de la que, por su enorme importancia y entidad, será tratada aisladamente y con detalle en capítulo aparte.

Antes de analizar la tercera fuerza integrante de la tensión fronteriza, parece necesario establecer una distinción o subdivisión del nombre genérico que se aplica a los protagonistas norteamericanos. Al decir norteamericano hay que distinguir entre comunidades fronterizas y los Estados Unidos en cuanto a cuerpo aglutinador de muy diversos intereses sociales y económicos, con una independencia recién conseguida y una Constitución recién establecida.

Las comunidades fronterizas eran cuatro: Georgia, Holston, Cumberland y Kentucky. España, por tanto, tuvo una doble relación con los norteamericanos, es decir, tuvo que tratar con estas comunidades y con el Congreso de los Estados Unidos.

Georgia, por su situación, calidad de Estado constituido, y sociedad en expansión, interesa ahora primordialmente, ya que su conflicto con los indios creek originará una guerra en la que España tuvo papel mediador.

---

[3] Whitaker, *op. cit.* pág. 25.

Si el objetivo de España en su política indigenista era constituir una barrera con los indios y establecer su soberanía en la zona discutida con los americanos, el objetivo de éstos era destruir esa barrera para dar cabida a las corrientes migratorias que se originaron a partir de la Revolución, ganar para la Unión nuevos estados mediante la ampliación de fronteras, y, al igual que España, servirse de las naciones de indios para sus propios intereses. Debido al dualismo comunidades fronterizas Gobierno de los Estados Unidos, estos intereses aparentemente no coincidían; digo aparentemente porque la debilidad orgánica del Gobierno de los Estados Unidos sería a la larga una fuente de fuerza para el mismo [4]: la incapacidad del Gobierno para contener las ansias expansivas de sus hombres de frontera y especuladores le harían conseguir más adelante la llave del control, no sólo de la zona disputada con España, sino de toda la región Sureste de los Estados Unidos: la navegación del Mississippi.

Vista la esencia de la tensión y los objetivos de la política indigenista, pasaré ahora a analizar los medios que ambos gobiernos empleaban para conseguirlos y las características que los diferencian: El método, tanto español como norteamericano, de formalizar su amistad con los indios y, por lo tanto, de controlar la zona que éstos habitaban, era firmar Tratados con ellos.

Dentro del método español podemos distinguir dos tipos básicos de Tratados:

1) Alianzas defensivas de protección mutua contra incursiones extranjeras.
2) Tratados de cesión de pequeñas porciones de tierras en las que España erigiría fortificaciones y almacenes para proveer a los indios con mercancías de comercio [5].

Ambos tipos de Tratados responden a una política que contrasta con el modo de hacer americano, cuyo objetivo principal era destruir la barrera creada por España y asentarse en las tierras de los indios. Las medidas gubernativas coincidían con las españolas, tales como envíos de comisionados para platicar, protestas diplomáticas, etc., pero las comunidades fronteri-

---

[4] Whitaker, *op. cit.* pág. 19.
[5] Holmes, Jack D. L., «Spanish Treaties with West Florida Indians, 1784-1802», en *Florida Historical Quarterly*, 48, 140-154.

zas americanas eran más impacientes que el Gobierno de los Estados Unidos. Este es el caso de Georgia, que, impulsada por las compañías especuladoras de tierras, y por los mismos pioneros a los que nada detenía en su avance fronterizo, se vio envuelta en una guerra con los indios creek, sus vecinos más próximos, al intentar conseguir por la fuerza lo que su Gobierno intentaba por medios pacíficos. Como dice Whitaker, la guerra entre los georgianos y los indios creeks fue sobre todo una guera de comerciantes de pieles [6].

La primera medida que tomaron las autoridades españolas para asegurar su influencia sobre las tribus de indios limítrofes, fueron los congresos que con ellos celebraron en Panzacola y Mobila en 1784. Los creeks asistieron a Panzacola, y los chactas, chicachas y alibamones a Mobila, y firmaron Tratados de Paz y Amistad en que España les aseguraba su protección y comercio.

El primer Tratado, esto es, el de Panzacola con los indios creek, se debió a la iniciativa del jefe Alejandro Mc. Guillivray, que en nombre de la nación Tapaluche (grupo principal de los creeks superiores), escribió al Gobernador de Luisiana y Florida Occidental, Esteban Miró, solicitando la protección de S. M. C. y la continuación del comercio que los ingleses tenían con los indios, ofreciendo al mismo tiempo sus servicios como Agente de Negocios Indios [7]. Las autoridades españolas no dudaron en aceptar la oferta del jefe de los Tapaluches, y el Tratado se celebró los días 31 de mayo y 1 de junio de 1784. Representaban a España el Gobernador Miró, el Intendente Martín Navarro y el Comandante de Panzacola Arturo O'Neill, y por parte de los Tapaluches Mc. Guillivray. El convenio comprendía trece artículos; España ofrecía a los indios un comercio permanente y la garantía de sus tierras, y éstos a cambio se comprometían mediante juramento a mantener la paz y fidelidad hacia S. M. C. Esto implicaba el arresto de extranjeros insidiosos contra la Corona de España, la expulsión de sus aldeas de cualquier blanco sin pasaporte de Florida o Panzacola, la entrega de cualquier prisionero americano al Gobernador General de las Floridas, no admitir desertores ni esclavos negros o mulatos cimarrones de Luisiana y Floridas en sus establecimientos y proteger a los tratantes españoles. Se establecieron asimismo una serie de obligaciones para dichos tratan-

---

[6] Whitaker, *op. cit.*, pág. 59.
[7] Carta de Mc. Guillivray a Miró. Pequeño Talasie, 1 de Enero 1784. AHN/E/Leg. 3.885, Exp. 22, n.º 4.

tes, tales como no carecer de pasaporte, atenerse a las tarifas que se fijaron, no comerciar con aguardientes y licores, etc. [8].

De todos estos artículos deducimos que la intención de España era excluir a los americanos del comercio con los indios, y en consecuencia evitar cualquier modo de contacto con ellos por el que pudieran ejercer control o influencia.

El Tratado de los chicachas y alibamones se celebró en Mobila el 23 de junio de 1784, con la asistencia del Gobernador Miró, del Intendente Navarro y del Comandante del Fuerte Carlote, Enrique Gallois de Grimaxent [9].

Muchos autores han confundido este Tratado con el de los chactas, creyendo que era el mismo, pero hay que diferenciarlos, ya que se celebraron en días distintos y tienen distinto número de artículos. El convenio con la nación Chacta se celebró también en Mobila, pero el 14 de julio de 1784 [10].

Los norteamericanos, a su vez, hacían los mismos intentos para negociar Tratados de amistad, comercio y límites con dichos indios, y en 1785, el Congreso nombró comisionados al efecto. El 23 de julio del mismo año, Andrés Pickens, uno de los comisionados, escribía a Alejandro Mc. Guillivray convocándole a un Tratado pasado el otoño [11]. Pero ni el jefe ni sus guerreros asistieron a las reuniones debido, no sólo a su compromiso con España, sino a su indignación por las usurpaciones de tierras por parte de los georgianos. Sin embargo, los comisionados norteamericanos tuvieron más éxito entre los chactas y chicachas y concluyeron con ellos un Tratado en Hopewell a principios de enero de 1786.

Dicho Tratado fijaba los límites entre los Estados Unidos y las naciones de indios concurrentes en el paralelo 31° de latitud

---

[8] Ejemplares del Tratado en: AHN/E/Leg. 3.888, n.° 13 bis, y Leg. 3.885, Exp. 22, n.° 6.

Los artículos de comercio en AHN/E/Leg. 3.888, n.° 13, y Leg. 3.885, Exp. 22, n.° 7.

La tarifa para el comercio en: AHN/E/Leg. 3.885, Exp. 22, n.° 8.

[9] Tratado de España con los indios chicachas y alibamones. Mobila, 23 de Junio, 1784. AHN/E/Leg. 3.885, Exp. 22, núms. 9 y 10.

[10] Diferenciación de estos Tratados citada por Jack D. L. Holmes. (Ver nota 5.)

Tratado con los chactas en: AHN/E/Leg. 3.885, Exp. 22, n.° 11.

[11] Carta de Andrés Pickens a Alejandro Guillivray, 23 de Julio, 1785. AHN/E/Leg. 3.898, Exp. 1, desp. 72.

Norte, incluyendo, por lo tanto, parte de los territorios reclamados por España [12].

En cuanto llegó a oídos de Gardoqui el avance de los norteamericanos en sus relaciones con los indios, éste escribió a Floridablanca avisándole que la amistad de estas naciones duraría lo que los regalos, es decir, que los indios permanecerían adictos a España en tanto en cuanto ésta les proporcionase mercancías de su gusto que les compensasen más que las ofertas americanas [13].

Las autoridades españolas, alarmadas por la fijación de límites que en este Tratado se hacía, lo declararon no válido, apoyándose en que de los chicachas sólo asistió un jefe, de los chactas sólo un pequeño partido que se negó a firmar porque les pedían concesiones de tierras, y los Tapaluches ni siquiera asistieron [14]. Gardoqui, a su vez, comenzó a dar avisos a Miró sobre la necesidad de mantener las fronteras en un buen estado de defensa.

Como hemos visto, era la nación Creek, representada por Alejandro Mc. Guillivray, la más reacia a entablar amistad con los norteamericanos, y particularmente con los georgianos. En abril de 1786, dicho jefe escribe al Gobernador de San Agustín de la Florida, Vicente Manuel de Céspedes, quejándose de las pretensiones de los georgianos sobre sus tierras, basándose en fraudes y falsos Tratados. Solicita que la Corte de España adopte las medidas necesarias para contrarrestarlos y declara a su nación en guerra contra los americanos [15].

En esta guerra entre los creeks y los georgianos, los españoles habrían de jugar un papel difícil y comprometido: por un lado se sentían responsables y garantes de las tierras de los indios, y al mismo tiempo les convenía que éstos actuasen como parapeto contra el ansia expansiva de los georgianos, y por otro lado tenían que hacer frente a las continuas acusaciones de los ameri-

---

[12] Ejemplares del Tratado de Hopewell: AHN/E/Leg. 3.886, Exp. 14, números 3 y 9, fecha 3 de Enero, 1786. Leg. 3.893, Ap. 6, n.º 91, anexo 2. 10 de Enero, 1786. Leg. 3.888 bis, fecha 28 de Noviembre, 1785. Acusada esta diferencia de fecha por Holmes en, *Gayoso: The Life of a Spanish Governor in the Mississippi Valley, 1789-1799*, Gloucester, Mass., Ed. por Peter Smith, 1968, nota 18, pág. 143.

[13] Carta de Gardoqui a Floridablanca, 16 de Abril, 1786. AHN/E/Leg. 3.893, Ap. 6, n.º 75.

[14] Carta de Miró al Conde de Gálvez. Nueva Orleans, 28 de Junio, 1786. AHN/E/Leg. 3.886, Exp. 14, núms. 7 y 8.

[15] Carta de Mc. Guillivray a Céspedes. Pequeño Talasie, 25 de Abril, 1786. AHN/E/Leg. 3.887, n.º 21.

canos de excitar a los indios a la guerra y de proveerles de armas y municiones. Así pues, tenían que seguir una política discreta y ambigua, de «paños calientes» a unos y otros procurando no comprometerse. Esta es la política que aconseja el Virrey Conde de Gálvez al Gobernador Miró, diciéndole que sólo ha de prometer a los indios lo que pueda darles, y de ningún modo comprometerse con ellos, sino tratarles con discreción y sigilo. También le aconseja no hacerse claramente garante de sus terrenos a no ser que se cometa violencia en territorio comprendido dentro de los límites que España reclama [16].

La guerra entre creeks y georgianos azotó toda la frontera, llegando hasta el río Sta. María, donde los indios descabellaron a una niña inglesa; este incidente sería una vez más causa de la mediación española, teniendo que escribir Céspedes a Mc. Guillivray para recordarle con quién estaban en paz y con quién en guerra [17]. Pero al mismo tiempo, y para mantenerles a favor de España, había que proporcionarle municiones, y así le recomienda Miró al Comandante de Panzacola, Arturo O'Neill, que se haga con el mayor sigilo posible, a través de Panton y Leslie, y a ser posible por la noche y a distintos indios poco a poco [18].

El Gobernador Miró tenía que dar cuenta a la Corte de todos estos sucesos y justificar su actuación en ellos, y así lo hace en una carta al Secretario de Estado D. José de Gálvez, Marqués de Sonora, en que dice que los americanos están actuando para atraerse a los indios como si la cuestión de límites estuviese ya resuelta a su favor [19]. Igualmente avisa al Virrey Conde de Gálvez de las hostilidades que no ha podido evitar por haberle escrito Mc. Guillivray cuando ya habían principiado [20].

Mientras los indios en la frontera trataban de contener a los audaces georgianos que con o sin el apoyo de su Gobierno estaban determinados a asentarse en los territorios que consideraban suyos por el hecho de desearlos y necesitarlos, el representante

---

[16] Carta del Conde de Gálvez a Miró. México, 20 de Mayo, 1786. AHN/ E/Leg. 3.886, Exp. 14, n.º 11.

[17] Carta de Céspedes a Mc. Guillivray. San Agustín de la Florida, 16 de Junio, 1786. AHN/E/Leg. 3.887, n.º 32.

[18] Carta de Miró a O'Neill. Nueva Orleans, 20 de Junio, 1786. AHN/ E/Leg. 3.887, n.º 18.

[19] Carta de Miró a Sonora. Nueva Orleans, 28 de Junio, 1786. AHN/ E/Leg. 3.886, Exp. 14, n.º 2 C, Res. 137.

[20] Carta de Miró al Conde de Gálvez. Nueva Orleans, 28 de Junio, 1786. AHN/E/Leg. 3.887, n.º 16 C, Res. 310.

de España en Nueva York, Gardoqui, utilizaba las armas de la diplomacia para respaldar los intereses de los indios, que coincidían con los de España, quejándose de las usurpaciones de tierras de caza que los georgianos hacían a los indios, bien por la fuerza o por Tratados no válidos; e insinuaba que no se retrasase el arreglo de límites entre España y Estados Unidos [21].

Los comisionados de Georgia intentaban por su lado llegar a un acuerdo particular con los indios y fijar los límites para acabar con las disputas, ya que, al parecer, el Gobierno español y el americano retardaban este asunto demasiado. En agosto de 1786, Juan Habersham escribía a Mc. Guillivray convocándole a él y a su nación a una Junta que tendría lugar el próximo otoño en el Caño de Shouder Bone sobre el río Oconi [22]. Pero Mc. Guillivray, que quería primero hechos y luego pláticas, le contesta que hasta que no se retiren de sus tierras de caza no confiará en Congresos y Tratados [23]. Pero al parecer no todos los creeks eran completamente adictos a Mc. Guillivray y al Gobierno español, y tras muchos esfuerzos y pláticas, los comisarios de Georgia vieron compensada su política de atración en el Tratado que firmaron con los creeks inferiores, el 3 de noviembre de 1786, en el Caño de Shouder Bone sobre el río Oconi. El artículo 10.º demarcaba las líneas divisorias para las tierras de caza de los indios conforme a los Tratados de Augusta (1 de noviembre de 1783) y Galphinton (12 de noviembre de 1785), y por el artículo 12.º los indios se comprometían a dejar cinco rehenes en poder de los comisionados en prueba de sus buenas intenciones de cumplir el Tratado [24]. Mc. Guillivray interpretó este tratado como un engaño y una trampa, y a los rehenes los calificó de prisioneros, y así se lo escribió a Céspedes en una carta pocos días después de firmarse éste [25].

---

[21] Oficio de Gardoqui al Congreso. Nueva York, 30 de Junio, 1786. AHN/E/Leg. 3.889, Exp. 1, n.º 8.

[22] Carta de Habersham a Mc. Guillivray. Augusta, 15 de Agosto, 1786. AHN/E/Leg. 3.887, núms. 46 y 66.

[23] Carta de Mc. Guillivray a Juan Habersham. Tuckabatchez, 16 de Septiembre, 1786. AHN/E/Leg. 3.887, n.º 58.

[24] Tratado entre los comisarios de Georgia y los indios creeks inferiores. Caño de Shoulder Bone sobre el río Oconi, 3 de Noviembre, 1786. AHN/E/Leg. 3.887, n.º 63.

[25] Carta de Mc. Guillivray a Céspedes. Pequeño Talasie, 15 de Noviembre, 1786. AHN/E/Leg. 3.887, n.º 65.

Es difícil saber hasta qué punto el Gobierno español deseaba sinceramente la paz entre indios y americanos. Cierto es que les recomendaba calma y paciencia a los indios, pero también es cierto que se nota intranquilidad y alarma en los avisos que a la Corte se hacían respecto a los éxitos que los americanos obtenían en su política indigenista. Además está claro el papel que España le tenía asignado a los indios de sus fronteras en estos momentos de tensión en que era mediadora y protectora hasta que estuviese resuelto el problema de límites. En agosto de 1786, el Conde de Gálvez escribía a Floridablanca sobre este asunto, diciendo que los indios podían servir de barrera para escarmentar y contener a los americanos dentro de sus límites [26].

Durante todo el año 1787 continúa la guera entre creeks y georgianos, y las autoridades españolas, que alentaban a los indios a hacer la paz, o al menos a no ser ellos los que atacasen, desconfiaban de la acción nociva que pudiesen tener los comisarios americanos en sus aldeas, y se deciden a enviar al intérprete Antonio Garzón al pueblo Cahuita para averiguar las conversaciones de Mc. Guillivray con el Coronel americano White. Garzón llevaba instrucciones de convencer a Mc. Guillivray para que no admitiese comercio ni tratantes americanos, y de ofrecerle armas, no para atacar sino para defenderse [27].

La Junta de Estado que, con motivo de dichas desavenencias, se celebró el 30 de julio de este año, resolvió aprobar las resoluciones tomadas por Miró, y encargarle aconsejar a los indios que no atacasen a los americanos, dejando bien claro que se les sostendría si fuesen invadidos, y avisar a Gardoqui que expresase en sus oficios el deseo de S. M. C. de que los indios no fuesen molestados, dando a entender que se les defendería [28]. Esta política, aunque de orientación pacífica, dejaba una puerta abierta al empleo de la fuerza, pues el deseo de que los indios no fuesen molestados respondía a la determinación de no permitir molestias dentro de las posesiones españolas, y España, al defender a los indios, pretendía sobre todo defenderse a sí misma hasta que se hubiesen fijado los límites con los Estados Unidos.

---

[26] Carta del Conde de Gálvez a Floridablanca, Agosto, 1786. AHN/E/ Leg. 3.886, Exp. 14, n.º 12.

[27] Carta de Miró a O'Neill. Nueva Orleans, 4 de Mayo, 1787. AHN/ E/Leg. 3.887, n.º 82.

[28] Junta de Estado. San Ildefonso, 30 de Julio, 1787. AHN/E/Leg. 3.887, número 99.

Sin embargo, las autoridades de Georgia no parecían estar muy satisfechas con este papel mediador de España en sus desavenencias con los indios, y apelando a la amistad existente entre España y Estados Unidos, el Gobernador de Georgia, Jorge Mathews, escribió al de San Agustín de la Florida rogándole pusiese todos los medios posibles para evitar se entregasen armas y municiones a los indios; pero Céspedes le contestó que si se cortase el suministro, tendría aún peores consecuencias para los españoles, pues esta costumbre venía de tiempo inmemorial y desde mucho antes que los indios estuviesen en guerra con los georgianos [29].

Si la política indigenista española tenía como consecuencia inmediata la mediación en favor de los indios, el prurito americano era conseguir cesiones de tierras, empleando para ello cualquier medio a su alcance. Así nos encontramos con frecuentes quejas de los indios ante el Gobierno español, acusando a los americanos de engañarles, emborracharles y hacerles firmar cesiones de tierras bajo el efecto del alcohol [30].

España, en su papel mediador, tenía a veces que defender a sus propios súbditos de los ataques de los indios, quienes llevaban tan al pie de la letra su alianza con ésta, que no distinguían entre vasallos españoles y americanos. Los habitantes de Tinzá y Tombecbé tuvieron que ser defendidos mediante un Fuerte que Miró mandó construir en Tombecbé al Comandante de Panzacola, Folch, para inducir a los indios a tener paciencia y esperar el arreglo de límites [31].

Mientras tanto el Gobierno americano hacía esfuerzos para terminar la guerra con los creeks, y el Presidente Washington nombró tres Plenipotenciarios para conferenciar con ellos y llegar a un Acuerdo de Paz y Amistad. Los comisionados eran Benjamín Lincoln, Cirus Griffin y David Humphreys. Las reuniones tuvie-

---

[29] Resolución de la Asamblea de Georgia, fecha 31 de Octubre, 1787, para escribir a los gobernadores de San Agustín y Panzacola rogándoles no permitan se socorra a los indios con armas y municiones.
Carta de Jorge Mathews a Céspedes. Augusta, 6 de Noviembre, 1787.
Carta de Céspedes a Jorge Mathews. San Agustín, 10 de Diciembre, 1787. AHN/E/Leg. 3.887, n.° 125.
[30] Arenga de un indio chacta de la partida de Franchimastabé en presencia de Juan de la Villebeuvre. AHN/E/Leg. 3.898, Ap. 2 C, Res. 1. Otro ejemplar en Leg. 3.901, Ap. 2 C, Res. 50.
[31] Carta de Miró a Folch. Nueva Orleans, 10 de Mayo, 1789. AHN/E/Leg. 3.887, n.° 181.

ron lugar en el mes de septiembre de 1789 en Rock Landing, sobre el río Oconi, pero no llegaron a un Acuerdo porque los artículos 2.º y 3.º del Tratado que los americanos proponían no eran del gusto de Mc. Guillivray, ya que el 2.º requería que los indios aceptasen a los americanos como sus protectores, lo cual iba en contra de lo estipulado en el Tratado de Panzacola, y el 3.º establecía unos límites ventajosos para los americanos, incluyendo terrenos de caza de los indios en Florida Oriental [32].

Pero a pesar del fracaso de Rock Landing, los americanos habrían de tener más éxito al año siguiente. El Presidente Washington, haciendo un último esfuerzo para llegar a un Acuerdo de Paz, envió al Coronel Marinus Willet como mensajero personal para invitar a Mc. Guillivray a ir a Nueva York con los principales de su nación. Mientras tanto, Miró había recibido noticias del fracaso de la última conferencia y estaba casi consternado por el temor de que los Estados Unidos se decidiesen a ayudar a Georgia contra los creeks. Si tal conflicto comenzase, no tendría fin, ya que era opinión general que España instigaba a los indios a la lucha. Miró, por lo tanto, aconsejó a Mc. Guillivray aceptar cualquier oferta de renovación de negociaciones, y tan sólo le advirtió que no se olvidase de sus obligaciones para con España. Esta era la situación cuando llegó Willet, y en vista de la insistencia de Miró, Mc. Guillivray aceptó la invitación y salió para Nueva York sin consultarle ni a él ni a Panton.

El recibimiento fue cálido y adulador, y se le ofreció una pensión tres veces mayor que la que recibía del Gobierno español, por lo que Mc. Guillivray firmó el Tratado en términos muy convenientes para los Estados Unidos.

El tratado se concluyó el 7 de agosto de 1790, y una semana más tarde Mc. Guillivray llegó a firmar un juramento de alianza con los Estados Unidos. Por el Tratado los creeks reconocían la soberanía de los Estados Unidos sobre sus pueblos comprendidos dentro de los límites de éstos. Mc. Guillivray hizo concesiones de tierras, pero no suficientes para satisfacer a los georgianos. Todos los comerciantes sin licencia de los Estados Unidos deberían abandonar la nación Creek. Dichos indios estaban autorizados a expulsar por la fuerza a cualquier intruso que entrase en las tierras que por el Tratado se les garantizaban. Aunque esta cláu-

---

[32] Carta de Mc. Guillivray a Miró. Panzacola, 10 de Diciembre, 1789. AHN/E/Leg. 3.887, n.º 189.

sula aparecía ya en el Tratado de Hopewell, Mc. Guillivray escribió a Miró más tarde explicándole que en este caso iba dirigida contra las compañías especuladoras de tierras de Georgia, y que durante las conferencias anteriores al Tratado, le habían invitado repetidas veces a destruir cualquier establecimiento que dichas compañías intentasen hacer.

Se añadieron dos artículos secretos: uno de ellos estipulaba, que en caso de que el comercio Creek de las Floridas quedase interrumpido por guerra u otros motivos, se podrían importar al país Creek desde los Estados Unidos mercancías por valor de 50.000 dólares anualmente y exentas de derechos.

Es posible que todo el Tratado, así como este artículo fuese aceptado por Mc. Guillivray debido a la crisis existente entre España e Inglaterra por el incidente de Nootka. La guerra entre España e Inglaterra parecía inevitable, y por lo tanto, la derrota de España y la desorganización del comercio de Panton, al menos por algún tiempo, parecía no menos cierta. El Tratado de Nueva York fue la medida previsora que tomó Mc. Guillivray contra la tormenta que parecía avecinarse.

El otro artículo secreto estipulaba que en satisfacción por las reclamaciones contra el Estado de Georgia, Mc. Guillivray recibía una pensión de 1.800 dólares anuales del Gobierno de los Estados Unidos. Esta cantidad era triple de lo que recibía del Gobierno español a título de salario como comisionado de España entre los creeks. La generosidad de esta nueva pensión debió pesar bastante sobre la decisión de Mc. Guillivray, que vivía holgadamente al modo de los caballeros del Sur, y como ellos, a menudo preocupado por la falta de liquidez.

En la competencia triangular entre el Gobierno de los Estados Unidos, España y las compañías especuladoras de Georgia por ganarse el apoyo de los indios creek, el primero había obtenido aparentemente una victoria completa. Pero en cuanto a las relaciones de Mc. Guillivray con España, la victoria no fue duradera. La amistad de Panton y la persuasión de Miró y Carondelet, que elevaron sus salarios primero a 2.000 y luego a 3.500 dólares, retrasó la ejecución del Tratado varios años. Pero el mero hecho de que el Tratado se negociase, fue en sí mismo un éxito de importancia duradera. A pesar del intento de Carondelet en 1792 para demostrar su invalidez, el Tratado fue negociado por lo menos con tanta formalidad como la mayoría de los Tratados de Carondelet con las tribus indias del Sur, y como la mayoría de los Tratados entre blancos e indios. En consecuencia, supuso para los Estados Unidos lo que un poder fuerte suele buscar en un Tratado con un vecino más débil que él: una base legal para una futura penetración. Desde el momento en que la aplicación del Tratado se restringía a los pueblos Creek dentro de los límites de los Estados Unidos, y la mayoría de los pueblos Creek estaban situados en territorios todavía discutidos por España y Estados Unidos, el significado preciso del Tratado estuvo dudoso hasta que los dos poderes llegaron a un acuerdo en cuanto a la situación de la frontera Sur de los Estados Unidos.

El Tratado fue inmediatamente beneficioso para Estados Unidos en dos aspectos: se evitó la inminente reanudación de la guerra entre creeks y georgianos, y se consiguió contar con la ayuda de Mc. Guillivray contra las compañías especuladoras de Georgia [33].

Pero este Tratado no fue tan beneficioso para España, ya que los artículos 2.º, 4.º y 12.º eran contrarios al Tratado de Panzacola de 1784. Cuando Miró escribió a su Capitán General D. Luis de las Casas para informarle de ello, le decía que Mc. Guillivray y sus jefes «quieren comer a dos carrillos» y aprovecharse de las ventajas de españoles y americanos, y que temía que Mc. Guillivray quisiera inducir a Panton a ponerse bajo la protección de los Estados Unidos [34].

Para neutralizar la ventaja americana conseguida mediante el Tratado de Nueva York, la Corte española optó por aumentarle la pensión a Mc. Guillivray y enviar a Pedro Olivier como comisario para residir entre los Tapaluches [35].

La misión de Pedro Olivier según las instrucciones del Barón de Carondelet, que sustituyó a Esteban Miró como Gobernador e Intendente de las provincias de Luisiana y Florida Occidental, era estorbar la ejecución del Tratado de Límites entre Estados Unidos y la nación Creek, y tratar de desvanecer otro Congreso que los americanos intentaban formar en Muscle Shoals. Olivier debía acompañar a Mc. Guillivray a la cita que el comisionado

[33] Whitaker, op. cit. págs. 133-139.
Holmes, «Spanish Treaties with Florida Indians», ver nota 5. Ejemplares del Tratado en: AHN/E/Leg. 3.889 bis, Esp. 2, y Leg. 3.898, Ap. 2 C, Res 2 y c. n.º 61.
[34] Carta n.º 61 de Miró a Casas. Nueva Orleans, 16 de Octubre, 1790. AHN/E/Leg. 3.898, Ap. 2.
[35] Minuta de Floridablanca a Miró. San Lorenzo, 26 de Octubre, 1791. AHN/E/Leg. 3.889 bis, núms. 6 y 7.

americano Seagrove había dispuesto en Rock Landing [36] y vigilar que no se concluyese ningún Tratado en contra de los intereses españoles. Para coaccionar a Mc. Guillivray, debía ofrecerle un aumento de pensión e incluso amenazar con soltar al aventurero Bowles, que soliviantaba a los creeks en contra de Mc. Guillivray [37]. Olivier consiguió lo que se proponía, y evitó que Mc. Guillivray concurriese a la conferencia de Rock Landing. No contento con esto, Carondelet decidió dar un giro a la política indigenista española formando una Confederación con los indios chactas, chicachas, creeks y cheroquis contra los Estados Unidos y protegerles abiertamente; para ello necesitaría un refuerzo a fin de que las fuerzas de la provincia llegasen a 4.000 hombres; así se lo dice en una carta al Capitán General D. Luis de las Casas [38]. Además, invitó a Mc. Guillivray a ir a Nueva Orleáns, donde firmó con él un Convenio de Amistad que invalidaba el Tratado de Nueva York. El Convenio constaba de tres artículos: 1.º) Los indios deberían evitar cualquier violencia u hostilidad contra los americanos establecidos en sus tierras. 2.º) S. M. C. se hacía garante de las tierras de la nación Creek. 3.º) S. M. C. se comprometía a suministrar armas y municiones a los indios si los americanos se negaban a retirarse pacíficamente en el plazo de dos meses [39].

Carondelet era un hombre amigo de la acción directa y de tomar determinaciones por su cuenta para conseguir lo que él consideraba la única salvaguarda de Luisiana y Floridas; sobreestimaba la importancia de los indios como única barrera contra los americanos, y para utilizarlos estaba dispuesto hasta hacer caso omiso de las Reales Ordenes que cortapisaban la acción claramente ofensiva. El Capitán General D. Luis de las Casas le escribía desde La Habana el día antes de confirmarse el Convenio con Mc. Guillivray, previniéndole que su plan contravenía las Reales Ordenes del 31 de julio de 1787 y del 25 de febrero de 1789, advertencias que fueron aprobadas por la Corte median-

---

[36] Carta de Seagrove a Mc. Guillivray. Sta. María en Georgia, 4 de Enero, 1792. AHN/Consejos/Leg. 21067, n.º 507 C, Press, n.º 15.

[37] Carta de Carondelet a Pedro Olivier. Nueva Orleans, 30 de Marzo, 1792. AHN/E/Leg. 3.898, Ap. 3 C, Res. 19.

[38] Carta de Olivier a Carondelet. Pequeño Talasie, 2 de Mayo, 1792.
Carta de Carondelet a Casas. Nueva Orleans, 24 de Mayo, 1792. AGS/GM/Leg. 6.928 C, n.º 207.

[39] Convenio de Amistad entre Carondelet y Mc. Guillivray. Nueva Orleans, 6 de Julio, 1792. AHN/E/Leg. 3.898, Ap. 3 C, Res. 4.

te una Minuta que exhortaba al cumplimiento de dichas Reales Ordenes [40].

Durante la administración de Carondelet, y a pesar de su política indigenista un tanto exaltada e imprudente, que en más de una ocasión hizo aumentar la tensión existente entre el Gobierno español y el norteamericano, se obtuvieron indudables éxitos con el resto de las naciones de indios de Florida Occidental, gracias a la diplomática actuación del Gobernador de Natchez, Manuel Gayoso de Lemos.

Desde 1789, las Compañías especuladoras de tierras de Georgia venían amenazando la estabilidad y tranquilidad del distrito de Natchez; para contrarrestar su empuje, que estudiaremos en el segundo apartado de este capítulo, Gayoso obtuvo consentimiento de Miró para establecer un puesto militar en Nogales, cerca de la confluencia del río Yazú con el Mississippi, dicho puesto estaba situado en las tierras que reclamaban los chactas, quienes encabezados por su jefe, Franchimastabé, se opusieron a su construcción. Gayoso decidió enviar al ayudante de la Plaza de Natchez, Esteban Minor, a la nación Chacta con cartas personales para su jefe e instrucciones para convencerles de las ventajas del Fuerte de Nogales. Minor debía explicarles que el Fuerte había sido construido dentro de los dominios españoles arrebatados a Gran Bretaña, y con el objeto de defender a los indios de los usurpadores americanos que intentaban arrebatarles sus tierras; que España no tenía ambiciones territoriales, y que el Puesto de Nogales les serviría a los indios para comerciar, evitando así desplazarse hasta Mobila o Panzacola [41]. También proponía una reunión de chactas y chicachas en Natchez para ofrecerles regalos en prueba de amistad. El viaje de Minor a la nación Chacta, la diplomacia de Gayoso y los regalos por valor de más de 2.000 pesos que recibieron los indios, contribuyeron al éxito del Tratado de Natchez, firmado el 14 de mayo de 1792 con las naciones Chacta y Chicacha.

---

[40] Carta de Casas a Carondelet. La Habana, 5 de Julio, 1792. AHN/E/Leg. 3.898, Ap. 3 C, Res. 10.
Minuta a Casas. San Lorenzo, 29 de Septiembre, 1792. AGS/GM/Leg. 6.928, C. n.º 207.
[41] Carta de Gayoso a Franchimastabe. Natchez, 12 de Marzo, 1792. AHN/E/Leg. 3.885 bis, Exp. 7, n.º 24.
Instrucciones de Gayoso a Minor. Natchez, 13 de Marzo, 1792. AHN/E/Leg. 3.885 bis, Exp. 7, n.º 4.

Gayoso organizó los preliminares con gran pompa y ceremoniosidad, muy del gusto de los indios. El día 11 de mayo llegó a Natchez Franchimastabé, el rey de los chactas, acompañado del rey de los chicachas y de unos 200 indios; Gayoso les recibió con un discurso de bienvenida y después todos fumaron, comieron y bebieron. Su intención era retrasar el Congreso unos días para irse ganando el ánimo de los indios con conversaciones, comidas y bebidas, y así lo expresa con estas palabras en su carta a Carondelet: «Por mi parte, como el buen éxito de esta negociación debía consistir en la disposición en que estuviesen los indios el día del Congreso, deseaba tener tiempo para ganarlos...» El día 12 Gayoso fue al campamento de los indios a conversar con Franchimastabé, quien le dijo que la nación Chacta estaba bajo las órdenes del rey de los chicachas y que éste era el Hermano Mayor de todas las naciones indias; y que últimamente los cheroquis, talapuches, chactas y chicachas habían hecho una alianza para la cual formaban una sola nación para su defensa. Al día siguiente, el rey de los chicachas fue a visitar a Gayoso y éste le hizo una relación de las Compañías de Carolina del Sur y de las operaciones de O'Fallon en Kentucky, con el intento de venir a establecerse en Nogales, aunque sin la autorización del Congreso. Le explicó que los Estados Unidos estaban en paz con España, pero que había muchas gentes que, desentendiéndose de las leyes de su país, se juntaban en grupos y usurpaban las tierras de los indios; y que las referidas Compañías, por medio de O'Fallon, también intentaban venir a usupar las posesiones españolas; que por eso había construido el Fuerte en Nogales. Seguidamente le demostró el derecho incontestable de España a dichas tierras porque se las arrebató a los ingleses, y le hizo varias reflexiones sobre el interés común de las naciones indias, que es vivir siempre unidas y aliadas como si fueran una sola nación para la defensa de todos. A continuación de estas pláticas de amistad y sobre temas generales, Gayoso, que sabía muy bien lo que quería sacar de los indios con todos estos agasajos, decidió abordar el motivo principal de las reuniones: «... me dirigí al punto principal de finalizar el asunto de Nogales: Concluimos, pues, que si los géneros que tenía en mi poder eran suficientes, quedaríamos desde ahora acordes y en perfecta posesión de aquel territorio... Nos encontramos en el almacén, vio lo que había en él y concibió que con algo más de géneros y suficiente cantidad de aguardiente, pólvora y balas, para que el reparto alcanzase a todos, podría reducirlos a que siguiesen su opinión, y que todo se rematase el lunes inmediato, que se debía celebrar el Congreso; ofrecí añadir cuanto yo pudiese, y que si el día del Congreso me dixesen que las tierras de los Nogales eran indisputablemente del Rey, y que ni ellos ni sus descendientes volverían a hablar de este asunto, le entregaría a él y a Franchimastabé las llaves de aquellos almacenes por recompensa a su condescendencia...».

El domingo 13 de mayo, día anterior al Tratado, fueron a comer con Gayoso Franchimastabé y el rey de los chicachas con cuatro jefes más, y le dijeron que todos unánimemente convenían en que el territorio de los Nogales perteneciese al Rey de España para que hiciese de él lo que quisiese.

El lunes 14 de mayo se celebró el Congreso con toda ceremoniosidad, discursos y repartos de cuentas blancas y tabaco en señal de paz y amistad [42].

El Tratado tenía 9 artículos, y por él se fijaban los límites entre los dominios de S. M. C. y las tierras de los chactas y chicachas, que cedían a España todos sus derechos sobre el territorio de Nogales [43]. La Corte envió su aprobación y recompensas a los esfuerzos de los que trabajaron para conseguirlo; a Gayoso se le abonaron 500 pesos de gastos extra que había tenido que desembolsar para agasajar a los indios con banquetes, a Esteban Minor se le concedió el grado y sueldo de Capitán y José Vidal fue nombrado Secretario de Natchez [44].

Durante los años 1793 a 1795 Carondelet y Gayoso, haciendo un último esfuerzo por defender las fronteras de las posesiones españolas, consiguieron notables éxitos en su política indigenista a pesar de las condiciones desfavorables para España debido a la muerte del jefe de los Talapuches, Alejandro Guillivray, y al estallido de la Revolución francesa. La muerte de Mc. Guillivray produjo una confusión general entre los creeks y el consecuente temor por parte de las autoridades españolas de que dichos indios, al verse sin jefe, se separasen de la alianza española.

La Revolución francesa, además de colocar a España en una deplorable situación internacional, dio lugar a que el General

---

[42] Carta de Gayoso a Carondelet. Natchez, 29 de Mayo, 1792. AHN/E/Leg. 3.898, Ap. 6 C, Res. 3, cop. n.º 86.

[43] Ejemplares del Tratado de Natchez en: AHN/E/Leg. 3.898, Ap. 3, Res. 28, del 22 de Mayo, 1792. Leg. 3.889 bis, Exp. 12 y Leg. 3.894 bis.

[44] Minuta del Duque de Alcudia a Gayoso de Lemos. Madrid, 26 de Diciembre, 1792. AHN/E/Leg. 3.887, n.º 220.

francés Genet se pusiera en contacto con los hombres de frontera americanos, de donde nacieron numerosos proyectos de expediciones en contra de las posesiones españolas. El único medio para defenderse de esta amenaza inminente era establecer puestos militares españoles en lugares avanzados de la frontera y tratar de contar con el apoyo y alianza de los indios. Aunque esto se consiguió, de poco había de servir, pues cuando Carondelet y Gayoso lograron obtener de los indios la cesión de las Barrancas de Margot, se firmaba en España el Tratado de San Lorenzo, que fijaba la frontera de las posesiones españolas muy por debajo del lugar donde estaba situado este último puesto español.

Poco después de firmarse el Tratado de Natchez, Juan de la Villebeuvre negoció un Tratado con los chactas por el que dichos indios cedían a España unos puntos estratégicos en los ríos Alabama y Tombigee para la construcción de dos puestos militares: el Fuerte de San Esteban de Tombecbé y el Fuerte Confederación [45].

Los americanos trabajaban para atraerse a los chactas y chicachas enviando comisarios para convidarlos a un Congreso a Cumberland; Juan de la Villebeuvre escribió a Carondelet informándole de los avances del General Blount, quien les propuso establecer un almacén de treta en Bears Creek.

La idea de Carondelet para contener los proyectos de los americanos era formar una liga o Confederación de todas las naciones indias que habitaban entre los Montes Apalaches y el Golfo Mejicano; Villebeuvre trataba entre los chactas para conseguirlo, y Carondelet invitó a Nueva Orleáns a varios jefes cheroquis con el objeto de incluirlos en el proyecto de confederación [46].

Pero el día 17 de febrero de 1793 falleció en Panzacola a causa del reumatismo el jefe de los Talapuches, Alejandro Mc. Guilli-

---

[45] Tratado entre España y los indios chactas. Boucfouká, 10 de Mayo, 1793. AHN/E/Leg. 3.898, Ap. 4 C, Res. 10.

[46] Carta de Carondelet a Aranda. Nueva Orleans, 25 de Julio, 1792. Res. n.º 5.
Carta de Villebeuvre a Carondelet. Bouckfoucá, 12 de Septiembre, 1792, Res. n.º 14.
Carta de Carondelet a Aranda. Nueva Orleans, 1 de Octubre, 1792.
Carta de Villebeuvre a Carondelet. Bouckfoucá, 12 de Octubre, 1792. Res. n.º 20.
Carta de Carondelet a Aranda. Nueva Orleans, 8 de Noviembre, 1792.
Carta de Carondelet a Aranda. Nueva Orleans, 13 de Noviembre, 1792. Res. n.º 22. AHN/E/Leg. 3.898, Ap. 3.

vray [47] y Carondelet, temeroso de que los americanos, aprovechándose de la natural confusión de los indios por la muerte de su jefe, les separasen de la alianza española, dio instrucciones y órdenes a Gayoso para que asistiese al Congreso que los indios chactas, chicachas, cheroquis y creeks iban a celebrar en primavera [48].

El ideal de Confederación de todas las naciones indias del Sur bajo la protección de España, se consiguió por el Tratado de Nogales el 28 de octubre de 1793, que supuso el éxito más importante de las relaciones de España con los indios en Florida Occidental. Por él se ratificaba el Tratado de Natchez, y las cuatro naciones de indios participantes se hacían garantes de las posesiones de España entre los Montes Apalaches, el Ohío, el Mississipi y el Golfo de Méjico. Carondelet, en una carta al Duque de Alcudia, decía lo siguiente a propósito del Tratado: «Siempre que los americanos intenten molestar a estas (naciones de indios) o que el Rey determinase entrar en guerra con los Estados Unidos, podrá contar la España con quince a dieciocho mil guerreros prontos a desvastar y hostilizar todos sus territorios y establecimientos, y que se pondrán en movimiento mediante un regalo de armas, municiones y algunas frioleras que vendrán a costar anualmente unos cien mil pesos.

Este medio es el más poderoso y cuasi el único que tiene la España de poder contener y hacerse respetar de los Estados de Kentucky, Vermont y demás establecimientos del Oeste...» [49].

Estas palabras son un claro exponente de la política indigenista de Carondelet, que, aunque equivocada por su carácter claramenet ofensivo y por la excesiva importancia que concedía a los indios como única barrera defensiva, consiguió sin embargo ganarse la lealtad de unas naciones que más tarde habrían de oponerse claramente a la demarcación de límites que por el Tratado de San Lorenzo se fijaban.

El Tratado de Nogales era un Tratado de «Amistad y Garantía» entre S. M. C. y las naciones chicacha, creek, talapuche, alibamón, cheroqui y chacta. Representando a España firmaron el

---

[47] Carta de Carondelet a Casas. Nueva Orleans, 24 de Febrero, 1793. AGS/GM/Leg. 6.928 C, n.º 271.

[48] Carta de Carondelet a Alcudia. Nueva Orleans, 28 de Febrero, 1793, C. Res. n.º 1; y 9 de Marzo, 1793, C. Res. 2. AHN/E/Leg. 3.898, Ap. 4.

[49] Carta de Carondelet a Alcudia. Nueva Orleans, 5 de Diciembre, 1793. AHN/E/Leg. 3.898, Ap. 4 C. Res. 22.

Gobernador de Natchez, Gayoso de Lemos; el Comandante de Nogales, Elías Beauregard; el Comisario en las naciones chacta y chicacha, Juan de la Villebeovre, los intérpretes Benjamín Fooy y Simón Favre, D. Juan Turbull, D. Juan Girault, D. Antonio Marmillon, D. Juan Barnó y Ferrusola, y D. José Vidal. La nación chicacha estaba representada por Ugulayacabé; la creek, Talapuche y alibamón, por Sulushemastabé: los cheroquis no asistieron por hallarse empeñados en una guerra contra los Estados Unidos, pero fueron representados también por Sulushemastabé, y la nación chacta por Franchimastabé, Mingo Puscus y Mistchicho.

De los 19 artículos que componían el Tratado, el más importante por su novedad y significación era el 4.º: «Las naciones chicacha, creek, talapuche, alibamón, cheroqui y chacta hacen una alianza ofensiva y defensiva, de modo que todas en general y cada una en particular prometen considerar unas a otras como parte de sus propias naciones; de socorrerse recíprocamente, y de no determinar punto esencial que pueda influir en la seguridad y conservación de cada una sin consultar a las demás».

Por el artículo 6.º, las referidas naciones se hacían garantes de las posesiones de S. M. C. en toda la extensión de las provincias de Luisiana y Floridas, en correspondencia por la protección que el Rey les dispensaba; España, por el artículo 7.º, se comprometía a tratar los límites con los Estados americanos a fin de terminar con las diferencias existentes entre dichos estados y los indios creeks y cheroquis; los artículos 9.º, 10.º y 11.º fijaban los lugares para el reparto de regalos anuales a los indios participantes: los chicachas recibirían sus regalos al margen del Mississippi, los creeks, talapuches y cheroquis irían a Panzacola, y los chactas finalmente se decidieron por el viejo Tombecbé.

Otro artículo muy significativo era el 16º, por el que las referidas naciones de indios se comprometían a admitir a los comisarios que S.M.C. les enviase; la labor de estos comisionados era fundamentalmente evitar y contrarrestar la renovación de los esfuerzos americanos para ganarse de nuevo a los indios.

El artículo 19.º englosaba todo el contenido del Tratado, en que tanto España como los indios prometían y juraban ser garantes unos de otros, considerándose como una nación bajo la protección de S.M.C. [50].

---

[50] Copia del Tratado en: AHN/E/Leg. 3.898, Ap. 4 C. Res. 22 Anexo.

Desafortunadamente para España, los indios no respetaron todos los términos del Tratado. La rivalidad tradicional entre los chicachas y los talapuches se convirtió en guerra entre ellos en 1793 y en 1795, y España hubo de tomar una postura paradógica suministrando armas a ambos lados, aunque Gayoso y Carondelet consiguieron finalmente parar las hostilidades gracias a su diplomacia con los jefes.

James Seagrove, en una expedición a Tuckabatchez en noviembre de 1973, intentó persuadir a los creeks para renovar el Tratado de Nueva York, pero la hostilidad de los creeks, reforzada por las promesas españolas de ayuda, le forzaron a huir para conservar su vida.

Aunque España había aumentado sus gastos en asuntos indios desde sólo 4.000 pesos, en 1769, a 55.209, en 1794, lo que suponía un 10 por 100 de sus gastos totales en Luisiana y Florida Occidental, había conseguido su objetivo de crear una gran barrera india contra los Estados Unidos [51].

Los mayores retos a las defensas españolas en el Valle del Mississippi tuvieron lugar tras el fracaso de la Compañía de Carolina del Sur en el Yazú. No hubo batallas ni campañas, pero los movimientos de las tropas de los Estados Unidos hacia la frontera en 1794 para contrarrestar los crecientes ataques de los indios del Norte, dieron mucho que pensar a las autoridades españolas de Luisiana y Floridas. ¿No podrían usarse estas mismas tropas para forzar la apertura del Mississippi como continuamente pedían los habitantes del Oeste? Según esto, Carondelet y Gayoso organizaron sus tropas en los puntos clave de la frontera, especialmente en Nogales y San Fernando de las Barrancas. La amenaza jacobina en 1793 y 1794 contribuyó a que Carondelet pidiese más fondos a sus superiores para mejorar el estado de defensa de las provincias a su cargo [52].

La carrera entre España y Estados Unidos para conseguir el estratégico punto de las Barrancas de Margot (Chickasaw Bluffs) se remonta a 1792, y fue ganada por la primera en 1795.

Las Barrancas, situadas en territorio de los chicachas, era un punto estratégico para el control del Mississippi, y la llave de dicho río. Gayoso organizó un programa de negociación durante tres años, y finalmente ganó el consentimiento de la mayoría de la na-

---

[51] Ver nota 5, pág. 148.
[52] Holmes, Gayoso, *The Life of a Spanish Governor in the Mississippi Valley 1789-1799*, citado en nota 12, pág. 171.

ción, para permitir el establecimiento de un pequeño puesto militar en términos similares al Tratado de Natchez de 1792 [53].

En junio de dicho año, Gayoso escribía a Carondelet avisándole de que los americanos intentaban formar un establecimiento mercantil en las Barrancas de Margot, y le preguntaba si debía oponerse abiertamente o estimular a los chicachas a que lo hiciesen. Carondelet, que había recibido dos avisos más sobre los movimientos de los americanos para establecerse sobre el Mississippi, en las Barrancas, en Muscle Shoals, sobre el Tenesi y sobre el Yazú, tomó la determinación de adelantar una escuadrilla de S. M. a las Barrancas de Margot, bajo la apariencia de enviar maíz a los indios que se hallaban muy escasos, pero realmente con la idea de observar y poner a cubierto la provincia [54].

Los principales promotores americanos para establecerse en las Barrancas de Margot eran el Gobernador de Cumberland, Blount y el Brigadier Roberston. Gayoso, alarmado por los esfuerzos de éstos, escribió a Carondelet pidiéndole ayuda para contrarrestarlos; y éste, a pesar de los apuros en que se hallaba, debido a la retirada de las tropas de La Habana y a los grandes gastos que ocasionaba la fortificación de la bahía de Panzacola, decidió enviar una escuadra mandada por Pedro Rousseau para subir por el río Mississippi hasta Nuevo Madrid e intentar echar a los americanos de las Barrancas de Margot [55].

Gayoso, que había recibido órdenes de Carondelet de excitar a los indios contra los americanos, escribió a la Corte dando cuenta de sus reparos para llevar a cabo dichas medidas claramente ofensivas, y Godoy, que por entonces estaba negociando con los Estados Unidos, decretó dar orden a Carondelet para que se abstuviese de emplear esos medios que perjudicarían las negociaciones pendientes con dichos estados [56].

De nuevo en 1795, y gracias a la diplomacia de Gayoso más que a las medidas impulsivas de Carondelet, España conseguiría de los

---

[53] Ibíd., pág. 166.

[54] Carta de Gayoso a Carondelet, Natchez, 4 de Junio, 1792, C. Res. 6. AHN/E/Leg. 3.898, Ap. 3.
Carta de Carondelet a Aranda. Nueva Orleans, 8 de Enero, 1793. AHN/E/Leg. 3.898, Ap. 4 C. Res. 26.

[55] Carta de Carondelet a Alcudia. Nueva Orleans, 15 de Agosto, 1793. AHN/E/Leg. 3.898, Ap. 4 C. Res. 15.

[56] Decreto autógrafo de Godoy del 11 de Enero, 1795. AHN/E/Leg. 3.902, Ap. 6 C. Res. 1, en extr. de carta de Gayoso del 19 de Septiembre, 1794.

indios una pequeña cesión de terreno para construir el Fuerte de San Fernando de las Barrancas.

El 20 de mayo de 1795, Gayoso se incorporó a la escuadra que se hallaba al mando de Pedro Rousseau en un apostadero del Mississippi, al que dio el nombre de Apostadero de la Esperanza. En la orilla de enfrente se hallaba Ugulayacabé acampado con otros muchos jefes y guerreros de la nación chicacha. Gayoso envió inmediatamente a buscarlo y sostuvo una conversación con él en que el indio le dijo que no se podía negar a permitirle construir un Fuerte en las Barrancas de Margot, ya que había venido personalmente a pedírselo y les unía una gran amistad. Gayoso no omitió razón alguna para hacerle ver la necesidad en que se hallaban los indios de tener un establecimiento español, tanto para su propia defensa como para la seguridad de su comercio, añadiendo que no venía a comprarles tierras, sino a proponerles algo que les convenía. Especificó que deseaba las tierras que se hallaban entre los ríos de las Casas y Carondelet, sobre el Mississippi, con la profundidad de un estero que corría hasta el Sur, hasta muy cerca del río Carondelet; todo ello tendría una extensión de unos 3.000 arpanes de tierra, terreno muy suficiente para excluir a cualquier otro que no fuera español de este importante puesto.

La importancia de las Barrancas de Margot residía no sólo en que desde ellas se dominaba el paso del río Mississippi, sino que protegería a los habitantes de Akansas, conteniendo a los chicachas que fuesen por allí a cometer robos.

Al día siguiente, Gayoso, gran conocedor del carácter de los indios, fue a hablar con Ugulayacabé y escribió lo siguiente sobre su conversación: «Es costumbre de los Xejes indios que aún quando están determinados a conceder alguna cosa, y aún mismo después de haberlo prometido en particular, hablando delante de sus gentes exponen muchas dificultades; así lo hizo Ugulayacabé de suerte que a la verdad parecía que había mudado de modo de pensar; su proceder sería capaz de impacientar a qualquiera que no conociese el caracter interesado de los indios, y a pesar de concebirlo yo así, recelé tener nuevas dificultades que contrarrestar, pués que las inconsequencias de Ugulayacabé duraban más de tres horas de nuestra conferencia, por lo que me determinó a manifestar una resolución decisiva resumiendo en muy pocas palabras los dos puntos de comisión, y concluí diciéndole que igualmente exigía una contestación clara y terminante, y para que él tuviese proporción de consultar con franqueza á sus considerados que se hallaban presentes, me retiraba hasta que me llamasen...».

Esta medida de autoridad y resolución de Gayoso dio resultado, y una hora más tarde Ugulayacabé le avisó que habían determinado cederle el terreno para construir el Fuerte [57].

Este éxito espectacular de Gayoso con los chicachas alarmó a los americanos, y en septiembre de 1795 el general Wayne escribía una carta de protesta por haberse posesionado los españoles de las Barrancas de Margot y haber construido allí un fuerte, alegando que dichas Barrancas estaban dentro del territorio de los Estados Unidos. Gayoso le contestó diciendo que las amenazas de los republicanos franceses que residían en los Estados Unidos motivaron las preparaciones militares que se hicieron en Luisiana y Florida en 1794, y que un grupo de americanos que abrazaron la causa de los republicanos franceses habían intentado apoderarse de las Barrancas de Margot; que por eso fue él en persona a tratar con los chicachas y éstos le cedieron una pequeña porción de terreno. «Lo que meramente se llama *Chicasaw Bluffs* o Barrancas de Margot, que se extienden como seis millas sobre el río Mississipi desde el río de las Casas hasta el río Carondelet, y á la profundidad de media milla á una corre un pequeño estero al que se ha dado mi nombre, y sirve de límite Este.» Que había visto documentos que demostraban que estas tierras pertenecían a los chicachas y no a los Estados Unidos, y que por eso no había tenido inconveniente en tratar con ellos [58].

Al final del verano de 1795, el fuerte de San Fernando de las Barrancas ya estaba preparado para rechazar cualquier ataque, y al final del mismo año, gracias a los esfuerzos de Carondelet y Gayoso, las defensas de Luisiana y Floridas en el valle del Mississippi eran más fuertes de lo que habían sido nunca desde la revolución americana [59].

La amistad y alianza de los indios era un punto más que inclinaba la balanza de poder a favor de España, pero con la firma del Tratado de San Lorenzo del 27 de octubre de 1795, todos los sacri-

---

[57] Carta de Gayoso a Carondelet, a bordo de la «Vigilante» en el apostadero de la Esperanza, 23 de Mayo, 1795. AHN/E/Leg. 3.899, Ap. 2 C. Res. 53.

[58] Carta de Gayoso a Wayne. Nuevo Madrid, 2 de Octubre, 1795. AHN/E/Leg. 3.899, Ap. 2 C. Res. 62.

[59] Holmes, Gayoso..., pág. 173.
Relación de gastos extraordinarios de las Cajas de Luisiana. Nueva Orleans, 25 de Septiembre, 1795. AHN/E/Leg. 3.899, Ap. 2 C. Res. 59.

ficios, paciente manipulación de fuerzas, tiempo, dinero y los esfuerzos de los gobernantes españoles desde Gálvez hasta Gayoso, fueron tirados por la borda, y prueba de ello son las palabras de Godoy al recibir el parte de Carondelet dando cuenta de haberse ganado para España las Barrancas de Margot sobre el Mississippi, a 420 leguas de la capital, anticipándose a los americanos. Dice Godoy: «Quisiera yo que estos caballeros se dedicasen un poco al cálculo y considerasen si las ventajas que pronostican resarcirán las pérdidas que envuelve en sí el proyecto, y si la subsistencia de sus manías en ganar puntos útiles en países tan dilatados está fundada en las conquistas que para una sola vez, y al abrigo del descuido, puedan hacerse; déjese, pues, este negocio y se le responderá quando esté firmado el Tratado con los americanos, pero póngase al Consejo de Estado con extracto para noticia del Rey y que determine sobre estas solicitudes de grados, etc.» [60].

Estas palabras son un claro exponente de falta de coordinación que existía entre la metrópoli y sus colonias; mientras las autoridades españolas en las Floridas se esforzaban en desarrollar una política indigenista que les permitiese ganar puntos estratégicos y avanzados en la frontera a fin de facilitarle la labor a los diplomáticos en el momento de tratar y fijar los límites con los Estados Unidos, el Ministro Godoy calificaba esta política de «manía», y estos puntos de «poco útiles» y trataba por su cuenta con los americanos olvidando y desaprovechando los esfuerzos de unos hombres que, equivocados o no, habían logrado la alianza y amistad de los indios.

En realidad, podemos considerar como un éxito la política indigenista española desde 1783 a 1795. Quizá este no fuese el único medio para contener el imperioso avance americano, pero no cabe duda de que podía contribuir a retardarlo. Si la atracción de los indígenas podía suponer una ventaja para la barrera defensiva de Luisiana y Floridas, la ventaja para los Estados Unidos fue la falta de coordinación entre ésta y la Corte, que deshizo de un plumazo toda la labor de los gobernadores españoles, y abrió una puerta más a los proyectos americanos de establecimiento en las posesiones españolas.

---

[60] Decreto autógrafo de Godoy, fechado el 18 de Octubre, 1795. AHN/ E/Leg. 3.899, Ap. 2 Ind. C. 52.

## 2. PROYECTOS NORTEAMERICANOS DE ESTABLECIMIENTO Y MEDIDAS ESPAÑOLAS PARA CONTRARRESTARLO

EL CONDADO DE BORBÓN.—El elemento más importante de la frontera americana es el hecho de que va por el límite de las tierras abiertas a la expansión [61].

En el período de 1783 a 1795, la frontera del Sureste de los Estados Unidos sería escenario y objetivo de la energía expansiva de los especuladores de tierras, que a partir de la Revolución americana comenzaron con un vigor creciente a proyectar establecimientos en el valle del Mississippi; del libre uso de este río dependía el éxito de sus esquemas especulativos, pero para conseguirlo tendrían que enfrentarse con España, que en esta época se disputaba con los Estados Unidos la posesión y dominio de todos los territorios situados al Este del Mississippi y al Sur del Ohío.

Las tierras abiertas a la expansión estaban situadas en Florida Occidental, al Norte del paralelo 31º, territorio reclamado por España basándose en su Tratado con Inglaterra y en el derecho de conquista; de ahí que los colonos y especuladores fronterizos tuvieran que enfrentarse con el poder español en el valle del Mississippi para formar establecimientos en las inmediaciones de dicho río.

El Gobierno español empleó cuantos medios tuvo a su alcance para contener el empuje de unos hombres a los que poco importaba el curso de las negociaciones de su Gobierno con España, y cuyo único interés era establecerse en un valle lleno de recursos naturales y regado por un río que daría salida a sus productos comerciales, sin tener que atravesar los montes Apalaches para llegar hasta el Atlántico.

Estos hombres de frontera independientes y audaces encontraron en su camino de expansión a España, que no estaba dispuesta a ceder un ápice de su recién adquirido territorio, y que para defenderlo, había programado la política de atracción de los indígenas, la exclusividad española en la navegación del Mississippi y la reivindicación de unos límites que incluían las tierras deseadas por los «angloamericanos».

El primer intento de formar una colonia o establecimiento dentro de las provincias españolas, tuvo lugar en 1785, cuando el

---

[61] Turner, Frederick Jackson, *La frontera en la historia americana.* Ed. Castilla, Madrid, 1960, pág. 22.

Estado de Georgia publicó un acto para erigir en Condado una porción de territorio comprendida dentro del distrito de Natchez.

El 7 de enero de 1785, Joseph Habersham, representando al Estado de Georgia, firmaba el acto para formar el Condado de Borbón en las tierras situadas sobre el Mississippi, entre el paralelo 31° y la boca del río Yazú. Esta delimitación era una clara afrenta al Gobierno español que poseía Natchez desde 1779 no sólo por la intención de formar allí un establecimiento americano, sino por publicar que estas tierras estaban situadas dentro de los límites de Georgia.

Los georgianos, para ganarse de algún modo a los habitantes de Natchez, nombraron a algunos de ellos Jueces de Paz, con el fin de conseguir juramentos de fidelidad para el Estado de Georgia; los elegidos fueron Tácito Gaillard, Thomas Green, Suton Bankes, Guillermo Devenport, Nicolás Long, Nathaniel Chrismas, Mc Intosh, Ferrer y otros. El Gobernador de San Agustín de la Florida, Céspedes, calificó esta jugada de maquiavélica, ya que Gaillard, Bankes, Mc Intosh y Farrer, tenían fama de ser claramente antigeorgianos [62].

Thomas Green habría de ejercer el cargo de Gobernador del Condado de Borbón y tenía instrucciones de intimar al oficial de la tropa española establecida «dentro de sus límites»; pero si éste hacía alguna objeción debería declinar toda autoridad sobre el Condado y hacerlo saber a la Asamblea de Georgia. Si los españoles no hacían ninguna objeción, serían aceptados dentro del Condado, pero si reclamasen parte de éste, Green debería ejercer su autoridad sólo sobre la parte no reclamada [63].

Ya veremos como Green no cumplió las instrucciones y se excedió en sus poderes, lo que sería un factor muy importante para el fracaso del proyecto; este punto es interesante tenerlo en cuenta, porque lo mismo habría de ocurrir más tarde con O'Fallon en la Compañía de Carolina del Sur, en el Yazú, a cuyo fracaso contribuyó no poco su agente.

Los rumores de la creación del Condado de Borbón llegaron a Miró acompañados de la noticia de que en la desembocadura del

---

[62] Carta de Céspedes a José de Gálvez. San Agustín de la Florida, 19 de Junio, 1785. AHN/E/Leg. 3.885 bis, Exp. 6, n.° 40.

Acto del Estado de Georgia para erigir el Condado de Borbón. Savannah, 7 de Febrero, 1785. AHN/E/Leg. 3.885 bis, Exp. 6, n.° 41.

[63] Instrucciones a Thomas Green dadas por el Estado de Georgia. Casa del Congreso de Georgia, Junio, 1785. AHN/E/Leg. 3.885 bis, Exp. 6, n.° 52.

Ohio había un cuerpo de 2.500 americanos mandados por los generales Mongomery y Clark. Este movimiento de tropas americanas alarmó al Gobernador, quien organizó un plan de defensa de la provincia y dio instrucciones al Comandante de Natchez, Felipe Treviño, para la defensa del fuerte, y para que publicase un bando a los habitantes declarando que se castigaría severamente al que faltase al juramento de fidelidad prestado a S.M.C.

Miró estaba casi seguro de que los americanos no intentaban tomar Natchez por la fuerza, porque sabían que la Corte española había nombrado un enviado cerca del Congreso para tratar la cuestión de límites; por lo tanto estaba claro que su intención era, o formar un establecimiento en la línea divisoria sobre el Mississippi u obrar hostilmente con la ayuda de Inglaterra para conseguir la navegación de dicho río, que les había sido vedada por la Real Orden del 7 de septiembre de 1784 [64].

Thomas Green era un hombre de más de sesenta años, que en mayo de 1782, procedente de los Estados Unidos y huyendo de las calamidades de la guerra, bajó por el río Cumberland y se presentó en Natchez con 12 familias, con cerca de 200 esclavos, y solicitó establecerse bajo la dominación española. Miró le concedió tierras y quedó establecido con los suyos como vasallo de S.M.C. Más tarde solicitó permiso para pasar a Georgia y arreglar asuntos de familia, y le fue concedido; pero dichos asuntos no eran otros que organizar su comisión para Gobernador del Estado de Borbón.

Cuando regresó con estas pretensiones, Miró, que le conocía muy bien, le escribió indignado, recordándole su petición de ayuda a España y diciéndole que no le creía representante del Estado de Georgia [65].

Mientras tanto, Ellis, Gaillard y Bankes, organizaron en Natchez una reunión de carácter sedicioso en casa de Guillermo Brocus, en la que se exhortó a todos a formar un distrito independiente, pero sin aceptar a Thomas Green como Gobernador.

Con motivo de estos sucesos, Miró hizo publicar un bando por el que hacía saber a los habitantes de Natchez que había mandado prender a estos sediosos, y que Thomas Green había reclamado el

---

[64] Carta de Miró al Conde de Gálvez. Nueva Orleans, 14 de Junio, 1785. AHN/E/Leg. 3.885 bis, Exp. 6, núms. 33 al 38.

[65] Carta de Miró al Conde de Gálvez. Nueva Orleans, 20 de Junio, 1785. AHN/E/Leg. 3.885 bis, Exp. 6, n.º 46.
Carta de Miró a Thomas Green. Nueva Orleans, 19 de junio, 1785. AHN/E/Leg. 3.885 bis, Exp. 6, n.º 54.

fuerte Panmure; por ello, les recordaba que todos estaban obligados al juramento de fidelidad a España y que se castigaría por lo militar a cualquier otro que promoviese rebelión [66].

El 22 de junio llegó a Natchez Guillermo Davenport, manifestando ser uno de los cuatro oficiales nombrador por Georgia para fijar y señalar los límites en el Mississippi; los otros tres que debían acompañarle eran Thomas Green, Nicolás Long y Nathaniel Christmas. Los cuatro representantes escribieron a Miró declarando que Natchez estaba dentro de los límites de Georgia y acusando a España de hacer fortificaciones dentro de los límites de los Estados Unidos. Miró les contestó mandándoles salir de las provincias de S.M. en el plazo de quince días [67].

En septiembre, el Virrey de Méjico, Conde de Gálvez, escribió a Miró dándole orden de arrestar a cualquier sedicioso, pues se había tratado a los comisarios de Georgia con demasiado miramiento y no sería bueno que creyesen que se les temía [68].

El encargado de Negocios en Estados Unidos, Gardoqui, escribió un oficio de protesta a Jay alegando que Thomas Green había sido nombrado Gobernador de Natchez perteneciendo este distrito a España, y que además había utilizado unos métodos irregulares dirigiendo sus reclamaciones al Comandante de la plaza en lugar de haber recurrido al Rey de España. Gardoqui pedía que el Congreso tomase las medidas más eficaces para contener al Estado de Georgia, y que si éste tenía algo que objetar, lo hiciese por un conducto regular, y no nombrando comisionados por su cuenta [69].

Este oficio dio resultado, pues el mismo día que los obstinados comisarios de Georgia, Davenport, Christmas y Long, escribían a Miró sosteniendo sus derechos al territorio de Natchez y a permanecer en él, Jay enviaba a Gardoqui la siguiente resolución: «Que aunque el Congreso concibe que tiene indubitable derecho á todos los territorios comprendidos en los límites expresados en los artículos definitivos de paz y amistad entre la Gran Bretaña y estos Estados Unidos, sin embargo, vén con verdadero sentimiento

---

[66] Convocatoria a los habitantes de Natchez, por Ellis, Gaillard y Bankes. Natchez, Junio, 1785. AHN/E/Leg. 3.885 bis, Exp. 6, n.º 55.
Bando de Miró relativo a los sucesos de Natchez. Nueva Orleans, 23 de Junio, 1785. AHN/E/Leg. 3.885 bis, Exp. 6, n.º 97.
[67] AHN/E/Leg. 3.885 bis, Exp. 6, núms. 154 y 155.
[68] AHN/E/Leg. 3.885 bis, Exp. 6, n.º 119.
[69] Carta de Gardoqui a Gay. Nueva York, 23 de Septiembre, 1785. AHN/E/Leg. 3.885 bis, Exp. 6, n.º 166; y Leg. 3.893, Ap. 4, n.º 25.

los aventurados atentados de qualesquiera individuos de estos estados, que inquiete la buena inteligencia, que tan felizmente subsiste entre las dos naciones... Que los representantes del Estado de Georgia (en el Congreso), en nombre de dicho Estado, desaprueban o niegan el nombramiento de Thomas Green, para que obre como gobernador en aquellas partes...»[70].

Aunque esta resolución era un tanto ambivalente, pues al mismo tiempo que desaprobaba el nombramiento de Thomas Green establecía públicamente el derecho de los Estados Unidos al territorio de Natchez, podemos deducir de ella que el Congreso era más paciente que los georgianos, y que esperaba resolver a su favor, por la vía diplomática y contando con el factor tiempo, lo que éstos habían pretendido obrando por su cuenta y adelantándose a cualquier Tratado que pudiera impedirles establecerse cerca del Mississippi.

Por esto, la creación del Condado de Borbón es un hecho muy significativo, y es un episodio típico de la situación de todo el Suroeste en esta época, y revela alguna de sus complejidades. En realidad había tres reclamantes del territorio donde se pretendía erigir el Condado de Borbón: Georgia, España y los Estados Unidos[71]. Por esta resolución del Congreso, los Estados Unidos excluían a Georgia, y ofrecían a España tratar el asunto pacíficamente y por vía diplomática.

Así, a finales de 1785, volvió a reinar la tranquilidad entre los habitantes de Natchez, y según participó su Comandante Francisco Bouligny, el 11 de diciembre emprendieron su marcha los comisarios de Georgia antes de concluirse el plazo de los quince días señalados por Miró[72].

El fracaso del Condado de Borbón no desalentó a los aventureros y especuladores de la frontera, y hasta 1795 las posesiones españolas se verían continuamente amenazadas por proyectos de invasiones y nuevos intentos de establecimientos, como fueron los de la Compañía de Carolina del Sur en el Yazú, la Compañía del

---

[70] Carta de Long, Davenport y Christmas a Miró. Natchez, 13 de Octubre, 1785. AHN/E/Leg. 3.885 bis, Exp. 6, n.º 154.
Resolución del Congreso de los Estados Unidos. Nueva York, 13 de Octubre, 1785. AHN/E/Leg. 3.885 bis, Exp. 6, n.º 167.

[71] Whitaker, Arthur Preston, *The Spanish American Frontier, 1783-1795,* página 56.

[72] Carta de Miró a J. Gálvez. Nueva Orleans, 18 de Diciembre, 1785. AHN/E/Leg. 3.885 bis, Exp. 6, n.º 163.

Tenesí en Muscle Shoals y el proyecto de James Roberston para las Barrancas de Margot.

La compañía de Carolina del Sur en el Yazú. Orígenes.—En 1789, un grupo de especuladores adinerados formaron un ambicioso proyecto bajo el nombre de Compañía de Carolina del Sur en el Yazú. El territorio que eligieron era el situado entre los ríos Mississippi y Dunbigny, en la parte Norte de Florida Occidental, e incluido dentro de las pretensiones territoriales de los chactas, de Georgia y de España. El clima era excelente y sano y su suelo fértil, superior en calidad al de Kentucky: las tierras eran altas y variadas, cortadas por muchos arroyos y manantiales. Los ríos Mississippi y Dunbigny bañaban los extremos Este y Oeste del territorio y su centro era regado por el Coles Creek, el río Perlas, el Biapia, el río Negro, el Yazú y el Pascagoula; el Perlas, Pascagoula y Dunbigny desembocan en el Golfo de Méjico y facilitan la comunicación de este territorio con el mar, y los demás vierten sus aguas en el Mississippi.

De todo lo referido se infiere que dicho territorio tiene la ventaja de su comunicación por agua por todas partes, lo que facilitaría su comercio; esto, añadido a su fertilidad, podría convertirlo en la llave del comercio de todo el país del Oeste, y por eso lo eligieron los dirigentes de la Compañía.

Su plan era formar un establecimiento mercantil con los españoles de Florida Occidental, los indios vecinos al Mississippi y los establecimientos americanos situados más arriba.

Como la emigración al Mississippi se podía verificar desde Kentucky más fácilmente que desde ningún otro lugar, porque podían bajar por el Ohio, los dirigentes de esta empresa decidieron buscar allí un sujeto a propósito para promoverla, y eligieron a Juan Holder, que ofreció llevar 400 familias de Kentucky a Nogales, sitio elegido para el primer establecimiento. Los nuevos colonos debían promover allí la agricultura y el comercio y considerarse ciudadanos del Estado de Georgia. Había que formar un pueblo lo más cerca posible a la boca del Yazú, y cada colono varón recibiría 200 acres de tierra a condición de cultivarlos.

Holder tenía que sostener la colonia a su costa mientras pudiese, a cambio de un 20 por 100 de los intereses y derechos de los proyectistas en las concesiones de tierras que habían conseguido de los chactas.

El 7 de agosto de 1789, Holder firmó el contrato en Charleston y se le entregaron efectos por valor de 2.000 libras esterlinas para atraerse la amistad de los chactas y obtener de ellos concesiones de tierras para nuevos establecimientos; el primero de ellos debería verificarse en diciembre.

Estas eran, en un principio, las intenciones de los proyectistas, pero en noviembre de 1789 ampliaron su proyecto y constituyeron la Compañía de Carolina del Sur en el Yazú.

AMPLIACIÓN PARA ESPECULAR E INCORPORACIÓN DE NUEVOS MIEMBROS.—Esta asociación la formaban originariamente cuatro individuos: Alejandro Moultrie, Guillermo Clay Snipes e Isaak Huger, de la Carolina del Sur, y Thomas Washington, de Gorgia. Moultrie fue nombrado director, y más tarde fueron incorporándose nuevos miembros, entre los que se sospechaba estaba Alejandro Mc Guillivray, aunque no hay evidencias de ello.

En este tiempo, la Compañía había extendido sus miradas, ampliando el plan de comercio que había formado, para el cual habría bastado con un pequeño territorio; pensaron que si pudiesen conseguir que el Estado de Georgia les vendiese una mayor extensión de tierras entre el Mississippi y el Dunbigny (inmediato a la Florida), y si obtuviesen consentimiento de los indios para la posesión pacífica, podrían repartir un tercio o la mitad de dichas tierras gratuitamente en porciones de 300, 400 ó 500 acres a cada familia, así pronto vendrían cantidades de pobladores de Franklin, Cumberland, Kentucky, de las fronteras de Carolina del Norte, Virginia, Maryland y Pensilvania, todos vecinos a los ríos que desembocan en el Mississippi. De este modo revalorizarían el resto de las tierras, que la compañía podría vender a precios altos para su beneficio.

Poco más o menos, al mismo tiempo que se formaba la Compañía de Carolina del Sur, se instituyeron otras dos o tres casi con el mismo objeto: una en Virgina, titulada la Compañía de Virginia en el Yazú, y otra en Georgia, denominada la Compañía del Tenesi.

La Compañía de Carolina del Sur, instituida y organizada de este modo, solicitó de la Legislación de Georgia la concesión del territorio que había destinado para teatro de sus empresas. El 21 de diciembre de 1789, la Asamblea de Georgia pasó un Acto por el que cedía a Moultrie, Snipes, Huger y Washington una extensión de terreno de más de 50.900 millas cuadradas, a cambio de 66.964 pesos (más de 15.000 libras esterlinas). El territorio así vendido estaba contenido dentro de los límites siguientes: Empezando en el Mississippi a la boca de Coles Creek y siguiendo por él hasta cabeza de su nacimiento, y desde allí E. corregido hasta el río Dunbigny, subiendo dicho río hasta la latitud de 33° N. y desde allí O., corregido hasta el Mississippi, y baxando por él hasta la boca de Coles Creek» [73].

Poco después de haberse pasado este Acto, la Compañía recibió una carta del General Wilkinson del Kentucky, hombre de gran influencia en aquel país. En ella hablaba elogiosamente de la grandeza e importancia del proyecto, y recomendaba algunas medidas esenciales para el éxito de la empresa: Primero debían asegurarse el beneplácito del Gobernador español en Nueva Orleans, Esteban Miró, sin cuyo consentimiento, amistad e influencia no conseguirían pactar pacíficamente con los chactas; para ello tendrían que enviar a un sujeto calificado y autorizado para tratar con él en favor de la Compañía. Cuando hubiesen conseguido esto, debían ganar el consentimiento de los chactas, «cuya concesión a Wood —aseguraba el General— no vale un polvo de tabaco». Después debían interesar en la Compañía a algunos personajes de influencia del Kentucky, como Harry Innes o Benjamín Sebastián. Finalmente, Wilkinson ofrecía sus servicios a la Compañía para cooperar con su Agente [74].

Al mismo tiempo, Wilkinson escribió a Miró participándole los proyectos de la Compañía y ofreciéndose como mediador para «añadir su establecimiento a los dominios de S. M.». El Gobernador Miró acogió el asunto con bastante suspicacia y desconfianza, aunque este proyecto se diferenciaba fundamentalmente del anterior intento de Georgia para establecer el Condado de Borbón, en que buscaba la amistad y apoyo de España y no tenía miras hostiles.

---

[73] Resumen de un librito conteniendo apuntes y documentos de la Compañía de Carolina del Sur en el Yazú. Charleston, Enero-Marzo, 1791. AHN/E/Leg. 3.898, Ap. 3, C. Res. 9.

Holmes, Jack D. L., en *Gayoso*, pág. 145, expresa los límites del terreno comprado por la Compañía de Carolina del Sur en el Yazú, como «casi 10 millones de acres limitados por el río Mississippi, el paralelo 31° y el río Tombigee en Alabama». La extensión del territorio de 50.900 millas cuadradas viene citada en carta de Miró a Valdés. Nueva Orleans, 22 de Mayo, 1790. AHN/E/Leg. 3.901, Ap. 3, C. Res. 49.

[74] Carta de Wilkinson a Moultrie, Huges, Snipes y Washington. Lexington, 4 de Enero, 1790. AHN/E/Leg. 3.901, Ap. 3, C. Res. 49, anexo y Leg. 3.898, Ap. 2, C. Res. 1, Anexo 1.

Miró contestó a Wilkinson dejando bien claro que no estaba dispuesto a permitir ningún intento de usurpación, ya que España era dueña de los terrenos cedidos por Georgia a la Compañía de la Carolina del Sur en el Yazú: «...me sería muy doloroso tener que andar con las armas en la mano contra vasallos de los Estados Unidos, con quienes frecuentemente me encarga mi Corte conserve la mexor harmonía, y más estrecha amistad...», y para evitar una vez por todas cualquier disturbio, le rogaba que hiciese saber a Moultrie, Snipes Huger y Washington, que el terreno que ellos habían comprado a Georgia pertenecía a España, porque se lo arrebató a Gran Bretaña en la guerra, y por lo tanto, mientras el arreglo de los límites con los Estados Unidos no estuviese concluido, cualquier intento de posesionarse de territorio español sería considerado como un acto de hostilidad. Asimismo, las concesiones de tierras con que contaban por parte de los chactas, eran una quimera, pues se fundaban en los Tratados de Hopewell y Senecá que no tenían ningún valor, ya que los guerreros fueron embriagados y firmaron sin saber lo que hacían y sin la autorización de los jefes [75].

Así, Miró, escarmentado por el intento del Condado de Borbón, conocedor de la energía expansiva de los americanos y dispuesto a defender sus fronteras a todo evento, pidió instrucciones a la Corte y tomó la determinación de establecer un puesto de defensa en Nogales, cerca de la embocadura del río Yazú, sitio muy ventajoso en Florida Occidental desde el que se dominaba no sólo el paso del Mississippi, sino también las tierras inmediatas.

Las instrucciones de la Corte fueron que, de momento, evitase usar la fuerza, y Floridablanca, que además de la barrera indígena tenía proyectados un programa de población para las posesiones del Rey, con el fin de crear una doble barrera mediante vasallos fieles y leales a S.M., escribió la siguiente postdata en la Minuta de Miró: «Si quisiesen tomar algunos establecimientos de tierras en los dominios del Rei bajo las reglas acordadas y comunicadas a ese Gobierno, podría ser un medio de acallar a los compradores y atraherlos a ser vasallos» [76].

---

[75] Carta de Wilkinson a Miró. Lexington, 26 de Enero, 1790.
Carta de Miró a Wilkinson. Nueva Orleans, 30 de Abril, 1790. AHN/E/Leg. 3.901, Ap. 3, C. Res. 49.
[76] Carta de Miró a Valdés. Nueva Orleans, 22 de Mayo, 1790. C. Res. 49.
Minuta de Real Orden de Estado a Miró. Madrid, 25 de Agosto, 1790. C. Res. 50. AHN/E/Leg. 3.901.

Pero los compradores no serían fáciles de acallar, ni su Agente se atendría a las reglas acordadas.

También recibió la Compañía otra carta del Gobernador del nuevo Estado de Franklin, el General Sevier, interesándose en ser admitido en ella y ofreciendo sus esfuerzos para verificar un establecimiento en su territorio; la Compañía, a su vez, escribió a la de Virginia para ponerse de acuerdo con ella, informando que recelaban oposición por parte del Gobierno Federal. Patrick Henry contestó manifestando sus deseos de cooperar.

De este modo iba configurándose la Compañía de Carolina del Sur en el Yazú, y con la inclusión de ella en Wilkinson, Sevier y Patrick Henry iba extendiéndose sus tentáculos en su intento de abarcar los establecimientos vecinos y de contar con la colaboración de los hombres influyentes en éstos.

Mientras tanto, Juan Holder había faltado a todas las condiciones de su contrata con la Compañía, probablemente por falta de talento. La compañía, dándose cuenta de que sus negocios iban mal en el territorio del Oeste, determinó enviar allí un Agente con plenos poderes para actuar con las naciones indias y con el Gobernador de Nueva Orleans. El Doctor Jaime O'Fallon fue elegido para este intento. En febrero de 1790 salió para el Oeste con el título de Agente General de Negocios de la Compañía, con comisión de actuar por ella en el Kentucky, en todos los establecimientos del Oeste y en Nueva Orleans. Llevaba instrucciones de establecer el más sólido fundamento de un sistema pacífico con los chactas y con los españoles, y de comportarse con unos y con otros del modo más justo y amistoso.

El Doctor O'Fallon llegó a Kentucky en mayo de 1790; en el camino hizo negociaciones con el Coronel Farr (de Carolina del Sur), con el General Mc. Dowell (de Carolina del Norte) y con Sevier (de Franklin); este último admitió el empleo de Subagente en Franklin. En Kentucky nombró Subagente a Wilkinson por su amistad con Miró y le prometió una cantidad de tierra como propietario. También ofreció tierras a Sevier, Mc. Dowell, Farrar, Holder, Scott y Muter, con la condición de que cada uno llevase un número considerable de pobladores al territorio de la Compañía. O'Fallon no tenía autoridad para hacer estas ofertas, pero la Compañía las aprobó. Por medio de Wilkinson abrió correspondencia con el Gobernador de Nueva Orleans, Esteban Miró. Hasta aquí parece prudente y acertada la conducta de O'Fallon; pero poco después de su llegada a Kentucky, en julio de 1790, formó el designio de levantar un batallón de 400 hombres de infantería al servicio de la Compañía, como defensa para el principio del establecimiento. Los preparativos militares de O'Fallon no eran sólo innecesarios, sino perjudiciales, y en ellos se excedió a las instrucciones que tenía; además, no era este el medio de reconciliarse con los indios y con los españoles. El 25 de octubre de 1790, O'Fallon informaba a la Compañía que la formación de su batallón estaba completa y que dentro de pocas semanas saldría de Kentucky y bajaría el río para cumplir su comisión [77].

CAMBIO DE LA ORIENTACIÓN PACÍFICA DE LA COMPAÑÍA POR LA INTERVENCIÓN DE O'FALLON; REACCIÓN DE ESPAÑA.—Volviendo a los primeros contactos de O'Fallon con España, que sería el obstáculo principal para el buen éxito de su empresa, se verá cómo el carácter ligero de este hombre lleno de vanidad pueril, habría de ser uno de los factores determinantes de su fracaso.

El 24 de mayo de 1790, O'Fallon escribía una carta desde Lexington al Gobernador español Miró, anunciándole su próxima visita en junio; en ella se empiezan a notar los primeros indicios de que O'Fallon, autosugestionado y orgulloso con su título de Subagente, proyectaba tomar las riendas del asunto por su cuenta, o al menos presumir de ello: «Este gran proyecto de mucho tiempo á esta parte fué concevido por mi mismo; por medio de mis persuasiones e influencias los Miembros de la Compañía general y particularmente (que son todos sujetos descontentos del actual Gobierno general de la Confederación) se han conformado pronta, y voluntariamente a mi plan, para cuya execución por ser parto mio, me nombraron, como uno de los veinte propietarios de la concesión, diputándome con plenos poderes (como V. S. verá a mi arribo) para completarlo».

En un afán de personalizar cualquier éxito futuro, O'Fallon se atribuía la idea originaria de crear la Compañía y el plan de inducir a sus miembros a ser «esclavos» de España para formar una barrera en los dominios españoles y crear una alianza recíproca ofensiva y defensiva.

No cabe duda de que O'Fallon, a pesar de su carácter fantástico e imaginativo y con una gran tendencia a tergiversar la verdad a su gusto, conocía perfectamente los puntos flacos de

---

[77] Resumen de un librito conteniendo apuntes y documentos de la Compañía de Carolina del Sur en el Yazú. Citado en nota 13.

España y supo, de momento, darse un margen si no de confianza total, al menos de duda.

En esta misma carta le decía a Miró: «Sin la aprobación y consentimiento de V. S. no pienso hacer nada, pues mis designios únicamente se dirigen a promover los intereses de España, á que hereditariamente me hallo aficionado...».

Si todas estas demostraciones de afecto y amistad a España no lograron convencer del todo a Miró, parece que Wilkinson cayó en la trampa, porque el 20 de junio escribía a Miró asegurando que los planes de O'Fallon eran favorables a España, a pesar de su edad de cuarenta y cinco años con muchas canas «deja percibir su ligereza y pueril vanidad» [78].

Pero a medida que iban configurándose los designios hostiles de O'Fallon, Miró comenzó a recibir noticias de ellos: el 6 de diciembre de 1790, Benjamín Sebastián le escribía informándole que O'Fallon pensaba bajar el Mississippi para formar el establecimiento en Nogales, y que, aunque sus intenciones eran pacíficas, se proponía, sin embargo, llevar consigo un cuerpo considerable de infantería y caballería para contrarrestar cualquier oposición de los indios e impedir se apoderasen de Nogales algunas tropas de los Estados Unidos.

Diez días más tarde, Wilkinson escribió a Miró diciendo haber descubierto que O'Fallon era un hombre falso y de mala fe y que intentaba engañar a España y a él mismo. Que su plan era levantar un cuerpo de 750 hombres y tomar violentamente posesión de Nogales, aunque él opinaba que lo más que podría conseguir serían 150 vagabundos; que sabía positivamente que iba a enviar un Agente a los chactas y chicachas para atraerlos a su partido, pero que a pesar de todo esto, España no debería temer nada porque el Presidente Washington y el Congreso habían manifestado que no aprobaban este proyecto y seguramente tomarían medidas para atajarlo.

Al día siguiente de escribir Wilkinson esta carta, el 17 de diciembre de 1790, O'Fallon escribió otra a Miró llena de arrogancia y delatándose a sí mismo, pues decía que en caso de que España no influyese a su favor sobre los chactas y chicachas, se vería obligado a acudir a las armas, y presumía de que encontraría fácilmente otras alianzas en Europa, así como que contaba

---

[78] Carta de O'Fallon a Miró. Lexington, 24 de Mayo, 1790.
Carta de Wilkinson a Miró, Frankfurt, 20 de Junio, 1790. AHN/E/Leg. 3.901, Ap. 3, C. Res. 51, Anexos 2 y 3.

con los Generales Clark y Sevier para mandar sus tropas en caso necesario. Al mismo tiempo, anunciaba su visita a Nueva Orleans para tratar amistosamente estos asuntos, pues era su intención formar un estado libre e independiente del Congreso y aliado de España.

El 8 de febrero de 1791, el Gobernador de Natchez, Gayoso de Lemos, escribió otra carta a Miró en la que analizaba las escritas por O'Fallon a don Pedro Bruin y a don Edmundo Phelon; en ellas hablaba pomposamente del enorme apoyo militar con que contaba para establecer la colonia, y Gayoso deducía por sus contradicciones que su intención, al escribirlas, había sido dar más peso a sus pretensiones con la firme creencia de que serían interceptadas por España. De todo ello deducía Gayoso que aunque no fuesen verdaderos todos los preparativos de que presumía O'Fallon, ni se verificasen en el tiempo señalado, podía temerse que a lo largo del año 1971 se pusiesen en movimiento algunos aventureros alucinados con las promesas del Agente, los cuales podrían alterar la tranquilidad del país; además, si los primeros aventureros no encontrasen resistencia, seguramente les seguirían otros que incomodarían mucho los dominios de S. M. Por lo tanto, Gayoso concluía pidiendo auxilios para establecer sin pérdida de tiempo un puesto en los Nogales y oponerse a cualquier expedición que bajase del Ohio.

Miró dio parte de todas estas noticias a su Capitán General don Luis de las Casas, y éste a la Corte. Así, Floridablanca determinó que Casas auxiliase a Miró y a Gayoso, y «que si Miró puede conducir a O'Fallon a conferenciar le asegure y le remita a La Habana bien guardado» [79].

O'Fallon con su actuación, abuso de poder y alteración de sus instrucciones, había conseguido no sólo desviar la orientación pacífica de la Compañía de Carolina del Sur en el Yazú, sino poner en guardia a España haciendo de ella su mayor oponente, desvaneciendo así su posible colaboración en los proyectos de separa-

---

[79] Extractos de Cartas de: Casas a Campo de Alange, La Habana, 28 de Marzo, 1791, con acuerdo autógrafo de Floridablanca.
— Miró a Casas, 24 de Febrero, 1791.
— Gayoso a Miró, Natchez, 8 de Febrero, 1791.
— O'Fallon a Miró, Luisville, 17 de Diciembre, 1790.
— Benjamín Sebastián a Miró, Belmont en Kentucky, 6 de Diciembre de 1790.
— Wilkinson a Miró, Luisville, 16 de Diciembre, 1790. AHN/E/Leg. 3.887, número 202.

tismo e independencia del Gobierno Federal; logró, sin pretenderlo, que los Estados Unidos y España coincidiesen precisamente en lo que él pretendía hacerles disentir, pues contaba con el apoyo de la segunda para separarse de la Unión; pero cayó en su propia trampa porque tanto una potencia como otra, aunque por distintos motivos, consideraron los designios de O'Fallon perjudiciales y tomaron sus medidas respectivas para neutralizarlos.

El día 13 de abril de 1791, el Capitán General don Luis de las Casas dio instrucciones a Miró para que si O'Fallon verificase su visita a Nueva Orleans, le comunicase que podía ahorrarse el viaje a La Habana para verle, ya que ni las ventajas que propusiese ni las amenazas que hiciese podrían variar en nada la respuesta que había que darle; ésta era que sin Orden de S. M. no se podía consentir ningún establecimiento en territorio conquistado por sus armas y no cedido aún a nadie.

La táctica cambió unos días después, cuando Casas volvió a escribir a Miró aconsejándole persuadir a O'Fallon de que bajase a Nueva Orleans mediante el cebo de que S. M. cedería a la Compañía todos aquellos terrenos de que pudiese deshacerse sin grave inconveniente; así sería más fácil prenderle y enviarle a España [80].

MOTIVOS DEL FRACASO DE LA COMPAÑÍA DE LA CAROLINA DEL SUR. O'Fallon mediante su imprudente actuación consiguió ganarse no sólo la oposición de España, sino del mismo Wilkinson, miembro de la Compañía, y por supuesto del Gobierno Federal.

Wilkinson, cuyo interés en mantener la amistad con España estaba en pleno apogeo, escribió al Gobernador Miró el 17 de marzo de 1791, narrando todos sus esfuerzos para destruir los proyectos de O'Fallon; y lo demostraba con la copia de una carta que había escrito al Director de la Compañía, Alejandro Moultrie, participándole que renunciaba a su cargo de Subagente en Kentucky debido a la patente mala fe de O'Fallon, que había querido apoderarse de los Nogales por la fuerza, separándose de los principios que deben gobernar a un hombre de honor. También se atribuía Wilkinson en esta carta haber deshecho el regimiento de 500 hombres que alistó O'Fallon, y haber conseguido desacreditarle [81].

---

[80] Extractos de Cartas de Casas a Miró. La Habana, 13 de Abril, 1791, y La Habana, 20 de Abril, 1791. AHN/E/Leg. 3.887, núms. 206 y 204.

[81] Carta de Miró a Casas. Nueva Orleans, 8 de Mayo, 1791. AHN/E/Leg. 3.887, n.º 209.

La intervención de Wilkinson contribuyó sin duda a la caída de O'Fallon, pero no en el grado que quería dar a entender en esta carta Miró. Fue sobre todo la intervención de España estableciendo un puesto de defensa en Nogales, y la Proclamación del Presidente Washington del 19 de marzo de 1791 lo que determinó el fracaso de la Compañía; en ella el Presidente de los Estados Unidos prevenía al público en contra de los proyectos ilegales de las compañías especuladoras de tierras [82].

Pero además de la oposición de España y de los Estados Unidos, existía también un fallo de base en el planteamiento del proyecto especulativo que contribuyó a su fracaso; el único fundamento sólido de la propiedad de la Compañía era la concesión o venta del terreno que el Estado de Georgia les había hecho mediante el Acto del 21 de diciembre de 1789; pero este mismo Acto les daba un plazo de dos años, es decir hasta el 21 de diciembre de 1791, para entregar el dinero. Todos creían que el Estado de Georgia admitiría en pago las certificaciones de crédito que formaban la mayor parte de su deuda doméstica, así que prepararon la suma necesaria en certificaciones de crédito y lo llevaron a la Tesorería; pero el tesorero no aceptó el pago en papel y el Gobernador resolvió que sólo se admitiría dinero en efectivo, o bien dinero del Estado en papel con un plazo de entrega.

Así, pues, todo estaba montado sobre una base falsa y especulativa, pues la compañía le compró a Georgia unos terrenos que ésta no tenía derecho a vender. Georgia iba a ser pagada mediante certificaciones de crédito, y España y los Estados Unidos, que reclamaban el territorio con Georgia y la Compañía especulaban, condenaron la empresa.

El 14 de abril de 1791, Wilkinson escribió otra carta a Miró participándole la total caída y destrucción del gran proyecto de la Compañía de Carolina del Sur en el Yazú, por letras protestadas de O'Fallon, y porque Thomas Washington, uno de los directores, había sido procesado y condenado por falsificación de moneda [83]. De ello se deduce que, tanto O'Fallon como Thomas Wash-

[82] Whitaker, Athur Preston, *The Spanish-American Frontier, 1783-1795*, página 133, nota 14.
Carta de Miró a Casas. Nueva Orleans, 17 de Julio, 1791. Incluye cop. de la Proclamación del Presidente de los Estados Unidos para desvanecer los proyectos de O'Fallon. AGS/GM/Leg. 6.928, C. Res. 10.
[83] Carta de Wilkinson a Miró, Frankfurt en Kentucky, 14 de Abril, 1791. AGS/GM/Leg. 6.928, C. Res. 10, Anexo 2.

ington habían hecho lo imposible por encontrar dinero; el primero para pagar los enormes gastos que causaban sus preparativos militares, el segundo quizás para pagar la deuda al Estado de Georgia.

De este modo el antifederalismo de los miembros de la Compañía dio lugar a que el Congreso se opusiese a sus planes; el abuso e incumplimiento de instrucciones de su Agente, al igual que ocurrió con Thomas Green en el Condado de Borbón, originó la contrapartida de España estableciendo el puesto de Nogales y mandando prender a O'Fallon; y la falta de dinero en efectivo, fallo básico de su esquema especulativo, motivó las dificultades de pago al Estado de Georgia, desmoronándose así el único fundamento de tan ambicioso proyecto.

MUSCLE SHOALS Y LAS BARRANCAS DE MARGOT.—Otros dos lugares ambicionados por los americanos para formar establecimientos eran Muscle Shoals sobre el río Tenesi y las Barrancas de Margot sobre el Mississippi.

Casi al mismo tiempo que se formaba la Compañía de Carolina del Sur en el Yazú, se instituyó la Compañía georgiana del Tenesi; su objetivo era formar un establecimiento en el lado Norte de dicho río, cerca de Muscle Shoals, en un paraje llamado «la gran vuelta del Tenesi». Este territorio, aunque no muy fértil, tenía abundante caza, y en consecuencia era el lugar favorito de los indios, quienes mientras pudiesen remediarlo no permitirían que ningún hombre blanco se estableciese allí, aunque hubiera algunos que se atreviesen a intentarlo[84].

Los orígenes de intento de establecimiento en Muscle Shoals se remontan a 1784; la cabeza de la organización era William Blount, y otros miembros implicados eran Richard Caswell, John Sevier, Joseph Martin y Patrick Henry. La primera fase de este proyecto fracasó, pero revivió en 1789 dirigido por Zacarías Cox.

En 1791, el Capitán General de Luisiana y Floridas, recibió varios avisos de que la Compañía georgiana del Tenesi se preparaba para formar un establecimiento en Muscle Shoals[85] y ya en marzo de 1792, Carondelet avisaba a Floridablanca de que habían

---

[84] AHN/E/Leg. 3.898, Ap. 3, C. Res. 9.
[85] Carta de Miró a Casas. Nueva Orleans, 30 de Abril, 1791. AHN/E/Leg. 3.887, n.° 208.
Carta de Casas a Campo de Alange. La Habana, 27 de Octubre, 1791. AGS/GM/Leg. 6.928. C. n.° 118.

bajado 500 americanos a dicho lugar. Mediante el establecimiento en Muscle Shoals los americanos conseguirían indefectiblemente echar a los cheroquis de las tierras entre el río Tenesi y el Cumberland; pero Carondelet, que por entonces estaba planeando la alianza de España con todas las naciones de indios, proyectaba que los creeks, chactas y chicachas colaborasen en favor de los cheroquis para dificultar a los americanos la adquisición de Muscle Shoals [86].

Otro de los establecimientos proyectados y perseguidos con más insistencia nació como consecuencia del plan de James Robertson y otros de Carolina del Norte para formar una colonia en las Barrancas de Margot; este lugar pertenecía a las tierras de caza de los chicachas, con los que Robertson y otros colonos de Cumberland estaban en excelentes términos después de la Revolución americana. El éxito de la empresa parecía probable, pero el Tratado de España con los chicachas en Mobila en 1784 evitó que el plan se llevase a cabo.

La importancia de este proyecto reside en que su descubrimiento llamó la atención del Gobierno español sobre este lugar, aumentó su alarma ante las ambiciones territoriales de los americanos fronterizos, y finalmente, en 1795, llevó al Gobernador de Luisiana a establecer allí un fuerte.

Al igual que ocurrió con Muscle Shoals, las ambiciones sobre las Barrancas de Margot renacieron en 1789, cuando la Compañía de Virginia obtuvo una concesión de terreno en el Mississippi tan cerca de dicho lugar como permitían las reclamaciones territoriales de Georgia [87].

En 1792, neutralizados ya los intentos de la Compañía de Carolina del Sur en el Yazú, Gayoso escribía a Carondelet participándole sus temores de que los americanos pudiesen verificar un establecimiento mercantil en las Barrancas de Margot, a pesar de que el Rey de los chicachas le había prometido no consentirlo [88].

A principios de enero de 1793, Carondelet recibió diversas noticias de los movimientos de los americanos en las fronteras: Juan de la Villebeuvre avisó que los americanos pensaban mandar 1.500 hombres al territorio entre los ríos Tenesi y Cumberland para

---

[86] Carta de Carondelet a Aranda. Nueva Orleans, 8 de Enero, 1793. AHN/E/Leg. 3.898, Ap. 4, C. Res. 26.

[87] Whitaker, op. cit. págs. 54 y 127.

[88] Carta de Gayoso a Carondelet, Natchez, 4 de Junio, 1792. AHN/E/Leg. 3.898, Ap. 3, C. Res. 6, Anexo.

echar de allí a los cheroquis; por otro lado, se preparaba una expedición para la primavera para formar establecimientos en la orilla Este del Mississippi: en Muscle Shoals sobre el Tenesi y sobre el Yazú; igualmente el General Robertson pensaba enviar maíz a los chicachas en primavera, pretexto del que se valdrían los americanos para bajar el Mississippi y formar un establecimiento en las Barrancas de Margot, que era un puesto cómodo y fácil de defender porque dominaba el río.

Ante todas estas noticias intranquilizantes, Carondelet determinó adelantar una escuadrilla a las Barrancas para observar los movimientos de los americanos [89].

Durante el verano de 1793, Gayoso y Carondelet aumentaron sus esfuerzos para negociar con las naciones indias aliadas y preparaban la Asamblea General que culminaría con el Tratado de Nogales el 28 de octubre; Ugulayacabé le había dicho a Gayoso que no permitiría que los americanos se estableciesen en las Barrancas de Margot, y Carondelet, para contrarrestar la acción de Blount y Robertson, anunció que a principios de octubre despacharía una galera con cuarenta hombres de tropa bajo el mando de Pedro Rousseau hacia las Barrancas [90].

Pero las noticias de los movimientos de los americanos seguían siendo alarmantes: enviaron dos cuerpos hacia el Tenesi, uno para formar establecimiento en Muscle Shoals y otro para atacar a los cheroquis; en Georgia se estaba levantando otro cuerpo para invadir el territorio creek, y el sobrino del General Clark entró en el Mississippi por el Ohio mandando treinta carabineros del Kentucky y desembarcó en las Barrancas de Margot, donde proveyó a Payemingo (jefe chicacha contrario a los españoles) con armas, municiones y alimentos.

Por todo esto, Carondelet encontró conveniente apresurar la Asamblea de las cuatro naciones de indios, para evitar mediante la alianza defensiva, la destrucción de la nación cheroqui, la invasión de las tierras de los creeks, y sobre todo el establecimiento de los americanos en el Mississippi [91].

---

[89] Carta de Carondelet a Aranda. Nueva Orleans, 8 de Enero, 1793. AHN/E/Leg. 3.898, Ap. 4, C. Res. 26.
[90] Carta de Carondelet a Gayoso. Nueva Orleans, 15 de Agosto, 1793. AHN/E/Leg. 3.898, Ap. 4, C. Res. 15.
[91] Carta de Carondelet a Alcudia. Nueva Orleans, 27 de Septiembre, 1793. AHN/E/Leg. 3.898, Ap. 4, C. Res. 18.

El Tratado de Nogales supuso un gran éxito para la política indigenista española, cuyo objetivo primordial (como ya se ha visto) era contener el avance de los americanos, y abrió el camino a Gayoso para obtener de los indios la cesión de las Barrancas de Margot, evitando así que se estableciesen allí los americanos.

El 23 de mayo de 1795, Gayoso daba parte a Carondelet de la nueva adquisición de terreno que había conseguido de los indios para España; mediante la cesión de las Barrancas de Margot para construir un fuerte, España obtuvo un lugar estratégico dominando el Mississippi, entre los puestos de Nuevo Madrid y Arkansas, y consiguió adelantarse a los americanos evitando que éstos se estableciesen en Muscle Shoals y en las Barrancas.

Los americanos consideraron la toma de posesión por parte de España de las Barrancas de Margot como una usurpación del territorio de los Estados Unidos, y el General Wayne escribió a Gayoso para protestar por el establecimiento de un fuerte español en dicho lugar; Gayoso le respondió diciendo que el motivo de haber establecido allí un fuerte había sido para evitar el atentado que pensaban cometer los republicanos franceses y algunos americanos contra las posesiones españolas, y que las Barrancas de Margot pertenecían a los chicachas, y no a los Estados Unidos [92].

Y mientras los dos oficiales discutían palmo a palmo el territorio perteneciente a sus respectivos países, Godoy se preparaba para firmar el Tratado de San Lorenzo unos días más tarde, invalidando los esfuerzos de los gobernadores de Luisiana y Floridas para contener los proyectos norteamericanos de establecimiento.

PROYECTOS DE INVASIONES.—La intranquilidad del Gobierno español ante el movimiento americano hacia el Oeste, fue un factor constante en el período de 1783 a 1795, y en realidad tenía motivos sobrados para estar alerta.

Aunque ninguno de los establecimientos proyectados por los americanos llegó a afectuarse antes del Tratado de San Lorenzo, y aunque España se adelantó a los especuladores y a sus agentes estableciendo los fuertes de Nogales y Barrancas de Margot, estos intentos tuvieron gran repercusión en la dinámica de la frontera hispano-americana.

---

[92] Carta de Wayne a Gayoso, Greenville, 10 de Septiembre, 1795, y Carta de Gayoso a Wayne. Madrid, 2 de Octubre, 1795. AHN/E/Leg. 3.899, Ap. 2, C. Res. 62.

La resuelta oposición de España a estos designios supuso un reto y casi una provocación y aliciente para los americanos de las fronteras, que en vista de la resistencia que España les ofrecía, decidieron agotar todas las tácticas posibles para expulsar a los españoles de Luisiana y Floridas porque incomodaban su marcha hacia el Mississippi.

Se prepararon intrigas a favor y en contra de España, pero esta última idea era la que más atraía a la poderosa imaginación de los hombres de frontera; los hombres de George Rogers Clark, John Sullivan, Connolly, y la explosiva combinación de Genet-Clark, están asociados a estos designios de expulsar a los españoles del Valle del Mississippi por la fuerza [93].

Las posesiones españolas se vieron amenazadas a partir de la Revolución americana no sólo por las Compañías especuladoras de tierras, sino por numerosos aventureros y proyectos de expediciones militares, encendidos por la impaciencia y animados por la idea de expulsar a los españoles de Luisiana y Floridas antes de que el Gobierno de los Estados Unidos pudiese negociar con ellos cualquier Tratado que les privase de la navegación del Mississippi.

En 1786 se rumoreaba que George Rogers Clark estaba reclutando una expedición de filibusteros para atacar Natchez, pero como la mayoría de estos proyectos hostiles, no llegó a realizarse [94].

En 1787, el Capitán John Sullivan intentó levantar a los colonos descontentos del Estado de Franklin (Tenesi) para invadir Luisiana y tomar Nueva Orleans. El 17 de agosto de este año se publicó en una Gaceta de Nueva York una carta insolente de Sullivan escrita en Georgia, en las fronteras de la nación creek. En ella decía que a lo largo de todas las fronteras de las Floridas se hallaban unos 50.000 veteranos dispuestos a llevar las armas para defender sus derechos de comercio por todos los ríos del Sureste de los Estados Unidos; según Sullivan, los Estados de Georgia, Franklin, Kentucky, Condado de Borbón y Cumberland, estaban llenos de semilla de guerra y nada podía impedir la invasión de las posesiones españolas hasta el Golfo de Méjico. Inme-

---

[93] Whitaker, op. cit. págs. 58, 59 y 63.
[94] AHN/E/Leg. 3.885 bis, Exp. 6, n.º 181 bis.
Holmes, Jack D. L., «A Spanish Province, 1779-1798», en *A History of Mississippi*, Vol. I, Ed. por Richard Aubrey Mc. Lemore, Hattiesburg, Univ. and College Press of Mississippi, 1793, pág. 158.

diatamente Gardoqui escribió una carta de protesta a Jay por la publicación de semejante afrenta, y el 8 de octubre el Congreso hizo publicar su Acuerdo para que se persiguiese y castigase a Sullivan.

Aunque la expedición de Sullivan no pasó, como la de Clark, de alarma y motivo de intranquilidad, Gardoqui se daba cuenta de que las fronteras españolas estaban en peligro; su idea principal, por tanto, era inculcar al Conde de Gálvez y a los Comandantes de S. M., que la situación de los Estados Unidos y las ambiciosas miras de millares de sus habitantes, exigían que en las posesiones españolas se viviese con la mayor precaución, como si hubiesen de defenderse a viva fuerza [95].

En 1789, el Coronel John Connolly ofreció armas canadienses y dinero a los colonos de Pensilvania y Kentucky para invadir Luisiana.

En 1793 ocurrieron dos hechos sin aparente relación que acentuaron la situación crítica de las fronteras españolas: uno fue la muerte del jefe de los creeks, Alejandro Mc. Guillivray, con el que España perdía un aliado decidido a cooperar con ella para evitar la expansión americana en sus fronteras. El otro fue la repercusión de la Revolución francesa, que alió España con Inglaterra en contra de Francia. Ahora se verá cómo estos sucesos repercutieron en la frontera hispano-americana, y cómo una vez más las posesiones españolas se vieron amenazadas por un proyecto de invasión franco-americano a pesar de la neutralidad de Estados Unidos en este conflicto internacional.

En 1793 llegó a Charleston Edmond Charles Genet, Primer Ministro de la nueva República francesa. Llevaba instrucciones del Gobierno francés para pedir ayuda y colaboración a los Estados Unidos a fin de liberar a América del poder español, asegurar la navegación del Mississippi para el Kentucky y tomar Luisiana y Florida; si los Estados Unidos no estuviesen dispuestos a participar en este programa, debería tomar medidas para sembrar los principios de libertad e independencia en Luisiana y Floridas.

Según estas instrucciones, Genet nombró cónsul francés en Charleston a Bernard de Mangourit, y le encargó planear una expedición con americanos de las fronteras contra Luisiana y Flo-

---

[95] Copia de Gaceta. Nueva York, 17 de Agosto, 1787.
Acuerdo del Congreso, 8 de Octubre, 1787.
Carta de Gardoqui a Floridablanca. Nueva York, 6 de Diciembre, 1787.
AHN/E/Leg. 3.893 bis, n.º 225.

ridas, mientras él preparaba un movimiento similar en Kentucky. La expedición desde Kentucky debía dirigirla George Rogers Clark, que aceptó de buena gana la comisión de servir a Francia en contra del poder español en Nueva Orleans.

El 16 de mayo de 1793 llegó Genet a Filadelfia para presentarle sus credenciales al Presidente Washington, quien le hizo ver su neutralidad y desacuerdo con sus proyectos. El Ministro francés, al darse cuenta que el Gobierno de los Estados Unidos no le secundaría, decidió llevar a cabo su programa con el apoyo del «pueblo» americano.

Mientras tanto el cónsul Mangourit, con la ayuda de William Moultrie, había conseguido alistar a varios oficiales americanos como agentes o jefes de las expediciones proyectadas contra las posesiones españolas. La expedición contra San Agustín de la Florida debía ir mandada por Hammond; Tate y George Rogers Clark debían mandar una expedición de Kentucky contra Nueva Orleans, y Clarke atacaría Florida Occidental al mando de georgianos [96].

Los designios y preparativos de Genet alarmaron sobremanera a Carondelet, que al recibir noticias de Gayoso sobre una expedición de 5.000 franceses y americanos que preparaba el Brigadier Clark en el Ohio, escribió al Duque de Alcudia manifestando que si se verificase el proyecto, se perdería indefectiblemente la Luisiana alta, la baja, y peligraría Nueva España [97].

El plan de ataque a Luisiana incluía también Nogales, Natchez y Baton Rouge, y todos los demás lugares de la provincia donde hubiese habitantes franceses dispuestos a unirse [98].

Clark planeaba marchar contra Nueva Orleans a mediados de febrero de 1794 si Genet le proporcionaba los fondos necesarios, pero éste no pudo obtener nada del dinero que Estados Unidos le debía a Francia debido a la oposición de Hamilton. Entonces Washington pidió al Gobierno francés que llamasen a Genet a Francia, y los jacobinos le reclamaron, deshaciendo así sus designios contra Luisiana y Floridas [99].

---

[96] Caruso, John Anthony, *The Southern Frontier*, Ed. por The Bobbs - Merrill Company, Indianapolis, N. York, 1963, págs. 267-72.

[97] Carta de Gayoso a Carondelet. Natchez, 23 de Diciembre, 1793.
Carta de Carondelet a Alcudia. Nueva Orleans, 1 de Enero, 1794. AHN/ E/Leg. 3.899, Ap. 1, C. Res. 23.

[98] Declaración ante Gayoso de Pis - Ginouux, con el plan de ataque a Luisiana y personas comprometidas en él. Nogales, 5 de Marzo, 1794. AHN/ E/Leg. 3.899, Ap. 1, C. Res. 29.

[99] Caruso, op. cit.

El 23 de abril de 1794, Jáudenes y Viar escribían a Casas notificando la caída de Genet, cuyos secuaces debían hallarse «petardeados» y por consiguiente sin medios para llevar adelante sus proyectos; no obstante, aconsejaban mantener las fronteras fortificadas y vivir con precaución. También Wilkinson dio noticias tranquilizantes a Carondelet, anunciando la total destrucción de los proyectos del General Clark [100].

El sucesor de Genet, Joseph Fauchet, hizo publicar el 6 de marzo una declaración prohibiendo a los franceses violar la neutralidad de los Estados Unidos a fin de terminar con las expediciones contra Luisiana y Floridas. Mangourit, sin embargo, exhortó a sus agentes a proseguir con los planes, pero el movimiento fracasó. Elijah Clarke, que debía haber atacado San Agustín de la Florida, llevó a sus seguidores al Oconi y se estableció en tierras de los creeks. Tate y Hammond huyeron a Isla Amelia y George Rogers Clark no volvió a tomar parte en ningún asunto público [101].

En conclusión, los proyectos del Genet fueron el reflejo de la Revolución francesa sobre la frontera hispano-americana, y un claro exponente del oportunismo de los fronterizos que estaban dispuestos a probar cualquier medio que se les ofreciese para llegar al Mississippi.

---

[100] Carta de Jáudenes y Viar a Casas, Filadelfia, 23 de Abril, 1794. AHN/E/Leg. 3.895 bis, n.º 259.
Carta de Wilkinson a Carondelet. Fuerte Washington, 20 de Junio, 1794. AHN/E/Leg. 3.899, Ap. 1, C. Res. 43.
[101] Carta de Carondelet a Alcudia. Nueva Orleans, 17 de Septiembre, 1794. AHN/E/Leg. 3.899, Ap. 1, C. Res. 46.

## CAPÍTULO III

## LA FRONTERA HUMANA

### 1. EL COMERCIO

FLORIDA OCCIDENTAL: LOS CONGRESOS DE INDIOS.—La apertura oficial del comercio entre los indios de las Floridas y el Gobierno español tuvo lugar en los Congresos de Panzacola y Mobila en mayo y junio de 1784. La particularidad de este comercio residía en el objetivo que el Gobierno español buscaba mediante él y en los métodos a los que tuvo que recurrir para llevarlo a cabo; el objetivo era crear mediante el comercio una esfera de influencia sobre los indios, a fin de convertirles en una barrera o frontera humana que contrarrestase cualquier intento americano de expansión hacia las posesiones españolas; y los métodos a los que tuvo que recurrir para ello fueron las sucesivas concesiones a una Casa de Comercio inglesa que permanecería en las Floridas a lo largo de la Segunda Dominación española, y cuyas exigencias obligarían al Gobierno a hacer con ella numerosas excepciones en materia de regulación comercial.

El comercio con los indios limítrofes de las Floridas debe entenderse como parte de la política general española para salvaguardar estas posesiones, y como índice de su debilidad intrínseca, ya que tanto el cierre de la navegación del Mississippi como el comercio con los indios y la política de poblamiento, denotan una tremenda inseguridad y temor al exterior que había que solucionar creando barreras artificiales, ya que no naturales, y aprovechando cualquier baza que pareciese al alcance del Gobierno español.

Tras la paz de 1783 los oficiales coloniales de Luisiana y Floridas se dieron cuenta que se les presentaban grandes dificultades para fijar la amistad de las naciones indias, ya que carecían de los géneros que se necesitaban para establecer el comercio con los indios a cambio de sus peleterías. El clamor de los indios pidiendo comercio era constante, y no se les podía acallar con regalos debido a la escasez de efectos por haber fracasado el proyecto de don Gilberto Antonio de Maxent, que en un principio, y en combinación con su yerno Bernardo de Gálvez, debía encargarse de la amistad y el comercio de los indios.

La idea de verificar Congresos con los indios para fijar su amistad y entablar comercio con ellos procedía de Bernardo de Gálvez, que en 1783, siendo Capitán General de Cuba, Luisiana y Floridas, instruyó a Maxent (entonces Teniente Gobernador de aquellas provincias) sobre cómo llevar a cabo el trato con los indios; en sus instrucciones decía debían verificarse tres Congresos de indios en Nueva Orleans, Mobila y Panzacola para fomentar el comercio, y explicaba cómo debían realizarse [1]. Pero debido al fracaso de Maxent no se realizaron hasta el año siguiente, y bajo la dirección del Gobernador de Luisiana y Florida Occidental Esteban Miró, y del Intendente Martín Navarro.

El 15 de abril de 1784 escribía Miró a Navarro a propósito de los Congresos lo siguiente: «Los Congresos generales de las Naciones de Indios citados en Panzacola y la Movila para los meses de mayo y junio proximos forman un asunto de la mayor importancia de la que como V. S. no ignora, pende la tranquilidad permanente de estas Provincias; principalmente por ser los primeros que se tienen despues de la última Paz, y por deber concurrir en ellos Naciones que no se han sujetado á una la dominación de nuestro Soberano...». El único objeto de los Congresos era fijar la amistad de las naciones de indios, pero se presentaban grandes dificultades por la falta de efectos propios para el comercio, que proveía las necesidades de los indios a cambio de sus peleterías y que era lo que más pedían los jefes indios en sus arengas. El problema era arduo, ya que no sólo faltaban efectos para el comercio, sino también para el regalo general que el Conde de Gálvez había prometido a los indios para contentarles cuan-

---

[1] Instrucción que Bernardo de Gálvez, Capitán General de Cuba, Luisiana y Floridas, dio al Teniente Gobernador en aquellas provincias, Coronel Gilberto Antonio Maxent, en la que está previsto el trato con los indios. La Habana, 14 de Julio de 1783. AHN/E/Leg. 3.901, Ap. 4, C. 31, Anexo 2 (cop.).

do falló la contrata de Maxent, pero habiendo cesado las facultades de éste, Miró consideró necesario pasar a presidir los Congresos «por ser este el punto más interesante para la conservación y tranquilidad presente y futura de estas Provincias...». Por ello le pedía a Navarro que le acompañase a los Congresos para ayudarle en el regalo general y para que su presencia diese más peso a las arengas a los indios[2]. El mismo día que escribió al Intendente para pedirle que le acompañase a los Congresos, Miró escribió también al Conde de Gálvez remitiéndole dos cartas de Alejandro Mc. Guillivray que demostraban la inminente necesidad y urgencia de que éstos se realizasen, así como el establecimiento de un comercio permanente: En la primera carta, del 1 de enero de 1784, solicitaba Mc. Guillivray en nombre de su nación la protección de S. M. C. para sus individuos y tierras; explicaba que después de publicada la Paz el Congreso americano había publicado la deuda contraída en Europa, que ascendía a más de 42 millones de pesos, cuyo interés anual era de cerca de dos millones y medio de pesos; la Corte de Francia había reclamado a los Estados Unidos el dinero del interés, y éstos, para conseguirlo, habían impuesto derechos y tasas sobre los trece Estados; una gran parte de los habitantes habían huido hacia los bosques y hacia el Mississippi para evitar los impuestos y las emigraciones, que eran cada vez más frecuentes. Por lo tanto, una ola de americanos ansiosos de encontrar un lugar donde establecerse se acercaba peligrosamente hacia las fronteras de las posesiones españolas, y Mc. Guillivray, que como los españoles veía sus tierras en peligro, aprovechó la oportunidad para ofrecerse a los españoles y velar por sus propios intereses.

Según Mc. Guillivray, para frustrar los designios de los americanos, sería oportuno un suplemento completo de efectos de comercio siguiendo el ejemplo del que hicieron los ingleses con los indios. En la segunda carta, del 26 de marzo de 1784, Mc. Guillivray se quejaba de la orden dada al comerciante inglés Mc. Latchy (socio de Panton) de evacuar el puesto Apalache, ya que si eso ocurriera, los indios, al verse desprovistos de comercio, tomarían las armas o se pondrían de parte de los americanos, pues el comercio les era imprescindible[3]. Pero era precisamente

---

[2] Carta del Gobernador Miró al Intendente Navarro. Nueva Orleans, 15 de Abril, 1784. AHN/E/Leg. 3.888, n.º 14 bis.

[3] Carta de Esteban Miró al Conde de Gálvez. Nueva Orleans, 15 de Abril, 1784. AHN/E/Leg. 3.885, Exp. 22, n.º 3 (cop. de la 112).

este punto del comercio el primer obstáculo que había que resolver si se quería que los Congresos tuvieran algún éxito; el problema era encontrar un medio para proporcionarles comercio a los indios en una situación en que no había en la provincia ni uno de los artículos que se necesitaban, pues execeptuando un contratista bajo el aspecto de un trato libre, ningún comerciante había efectuado cargamento alguno de géneros propios para el comercio de indios. Pero según el Intendente Navarro, que velaba por los intereses de las Reales Cajas, establecer este comercio por cuenta de la Real Hacienda, como se hacía en parte en tiempo de los franceses, sería reducirlo a un negocio precario y dependiente, y el Erario sufriría desfalco y perjuicios evidentes; además otro obstáculo era no poder realizarlo con la brevedad requerida, y lo demostraba lo sucedido con Maxent[4], que salió en 1781 con la comisión de compras y en 1784 apenas había 40.000 pesos de mercancías, cuando se necesitaban 180.000 para el regalo de indios.

Otro de los problemas que había que resolver era la falta de tiempo, pues era necesario que los efectos llegasen a Panzacola antes de los Congresos, para los que faltaba poco más de un mes, y por lo tanto habría que traerlos de Francia o de Inglaterra[5].

A pesar de todas las dificultades, los Congresos se celebraron a satisfacción de españoles e indios, pero gracias a la capacidad de improvisación de las autoridades coloniales que presionados por las circunstancias y actuando de modo provisional para salir con bien de una situación crítica, abrieron la pauta de la futura política comercial en las Floridas, haciendo de las excepciones, reglas, y dando lugar a la permanencia y expansión de una casa de Comercio inglesa en las Floridas. Pero conviene ahora ver

---

Carta de Mc. Guillivray a Miró. Pequeño Talasie, 1 de Enero, 1784 y 26 de Marzo, 1784. AHN/E/Leg. 3.885, Exp. 22, n.º 4.

[4] El 1 de Noviembre de 1781 Maxent firmó un contrato con el Rey en San Lorenzo por el que se comprometía a remitir géneros para los indios por valor de 380.000 pesos a Luisiana y Florida Occidental. Maxent embarcó en uno de sus barcos en dirección a Luisiana con mercancías de indios por valor de 278.000 pesos, pero cuando estaba cerca de la costa americana fue capturado por los ingleses y llevado a Jamaica. Por Real Orden de 18 de Marzo de 1782 se limitaron sus funciones, y más tarde las autoridades aduaneras de Luisiana le denunciaron por hacer contrabando de especias de Jamaica a La Habana.

[5] Carta del Intendente Navarro a J. Gálvez. Nueva Orleans, 16 de Abril, 1784. AHN/E/Leg. 3.888, n.º 14 (cop. de la 216).

cómo se desarrollaron los Congresos antes de explicar las medidas que tuvieron que tomar los oficiales coloniales para cumplir lo que en ellos se establecía:

El 7 de mayo de 1784 llegaron a Panzacola Miró y Navarro, y el 30 del mismo mes se celebró la primera apertura del Congreso en dicha plaza, con los indios talapuches, presidido por ellos y por el Gobernador Arturo O'Neill. El día 31 se celebró el Congreso con la formalidad y ceremonias acostumbradas en estos casos, y se les propusieron a los talapuches 13 artículos; de ellos, sólo dos comprometían a los españoles, y los otros 11 eran obligaciones de los indios; de ahí la significación de las ofertas españolas, que eran de comercio permanente y de garantía de posesión de las tierras de los indios; éstos a cambio debían hacer juramento de paz y fidelidad a S. M. C., hacer la paz general con los chactas y chicachas, arrestar a los extranjeros insidiosos contra la Corona de España que se introdujesen en sus aldeas, no admitir ningún blanco sin pasaporte de Florida o Panzacola, entregar al Gobernador General de las Floridas a cualquier prisionero americano, proteger a los tratantes españoles y no permitir que les asesinasen, etc. Como puede verse, los artículos estaban planteados de tal manera que, a cambio de un comercio permanente, los indios caían dentro de la esfera de influencia española, evitando así cualquier intento de infiltración americana.

El 1 de junio, los indios respondieron a los artículos y los aceptaron[6]. Después se les leyó la tarifa establecida para el comercio, es decir, los precios de las pieles que se les pagarían en efectos; los indios tenían que entregar 8 libras de peletería a cambio de una manta de limbourg, 1 libra de peletería por media libra de pólvora, de 4 a 6 libras de peletería a cambio de una camisa lisa, de 16 a 18 libras de peletería por un fusil común, etcétera[7]. Y a continuación se establecieron los puntos o reglas a que debían atenerse los tratantes que se dedicasen al trato con los indios: no podrían emplear subterfugios ni engaño, necesita-

---

[6] Artículos de comercio, trato y pacificación acordados por la nación española con los indios Talapuches en el Congreso celebrado en Panzacola los días 31 de Mayo y 1 de Junio de 1784, firmados por Esteban Miró, Gobernador de la Luisiana Arturo O'Neill, Gobernador de Panzacola, Martín Navarro, Intendente, y Alejandro Mc. Guillivray, representante de los Talapuches. AHN/E/Leg. 3.888, n.º 13 bis, y Leg. 3.885, Exp. 22, n.º 6.

[7] Tarifa arreglada para el Comercio de la Nación Crick o Talapuche. Panzacola, 1 de Junio, 1784. AHN/E/Leg. 3.888, n.º 13 y Leg. 3.885, Exp. 22, número 8.

rían pasaporte del Gobernador de Luisiana o Panzacola para dirigirse a las naciones indias y las licencias serían válidas por un año, los almacenes de trato debían establecerse en las mismas aldeas de los indios, tendrían que respetar las tarifas, se prohibía comerciar con aguardiente o licores, no podían inducir a las indias e indios a seguirles a las poblaciones españolas si no era por su cuenta y riesgo, y todo comerciante que obrase contra estos principios sería castigado [8].

Los días 3 y 4 de junio se emplearon en la distribución de regalos, el 5 se condecoró con medallas a los jefes, y el 6 se les dio aguardiente, pólvora y víveres para el viaje de vuelta.

Después Miró y Navarro se fueron a Mobila, donde comenzó el Congreso el 22 de junio con la nación chicacha «árbitra de la navegación del Mississippi», que como la talapuche, accedió a los artículos propuestos [9]. El 23 de junio se presentaron los indios alibamones «nación de mala fé belicosa, y temible por hallarse situada á la caveza del el Rio de este nombre que domina con bastante inmediación los establecimientos de la Movila...». Oyeron las proposiciones de amistad y también se adhirieron [10]. Siguió a éstos la nación chacta, que tan sólo discrepó en el punto de víveres cuando fuesen a comerciar [11]. A unos y otros se les repartieron regalos abundantes y todos partieron satisfechos.

Mediante estos Congresos, España había conseguido establecer formalmente su influencia sobre cuatro naciones de indios limítrofes, pero a la vez se embarcaba en un asunto que no estaba preparada para resolver por sí sola: cumplir con su compromiso de proporcionarles comercio a los indios a cambio de sus peleterías. Para ello tendría que recurrir a los comerciantes ingleses,

---

[8] Artículos de Comercio. Puntos que deben observar los vasallos de S. M. C. que se empleen en el trato con los Indios Talapuches, conforme a lo estipulado con dicha Nación en el Congreso celebrado en la plaza de Panzacola en los días 31 de Mayo y 1 de Junio de 1784. AHN/E/Leg. 3.888, número 13, y Leg. 3.885, Exp. 22, n.º 7.

[9] Artículos de Amistad, Trato y Comercio convenidos entre la Nación Española y la Nación Chicacha en el Congreso de Mobila el 23 de Junio de 1784. Firmaron, Miró, Navarro y Enrique Gallois de Grimaxent (Comandante del Fuerte Carlota). AHN/E/Leg. 3.885, Exp. 22, n.º 10.

[10] Artículos de Amistad, Trato y Comercio convenidos entre la Nación Española y la Nación Alibamon en el Congreso de la Mobila el 23 de Junio de 1784. AHN/E/Leg. 3.885. Exp. 22, n.º 9.

[11] Artículos convenidos con la Nación Chacta para confirmarlos en nuestra amistad y establecer un comercio sólido y permanente. Mobila, 14 de Julio, 1784. AHN/E/Leg. 3.885, Exp. 22, n.º 11.

y, aunque de mala gana, ir accediendo a las peticiones que éstos hacían a medida que se sabían imprescindibles.

El Intendente Navarro, una vez finalizados los Congresos, escribió al Secretario de Indias don José de Gálvez planteando los problemas que se le presentaban para resolver el futuro comercio: «Terminado felizmente este paso, solo falta para llevarlo á un punto de solidez y perfección, establecer inmediatamente un Comercio para hacerles conocer que son falsas las persuaciones de nuestros rivales, y enemigos, de que no tenemos fábricas de que surtirnos, pues si damos tiempo á que conozcan la ventaxa de el de los americanos, que solicitaban á toda costa, quedarán desvanecidas nuestras esperanzas, y destruido é infructuosos quanto hemos adelantado...». Continuaba el Intendente diciendo que el asunto requería una determinación inmediata, y esperar a la contestación de la superioridad supondría un retardo y sería fatal, pues por mucha prisa que se diesen, no podrían enviar los efectos en el mes de diciembre, tiempo en que los indios tenían las peleterías producto de sus cacerías de invierno, y se enfadarían si no tuviesen tratantes ni efectos para cambiarlas. Había que adelantarse como fuera a los americanos y acomodarse al gusto de los indios, que preferían los géneros ingleses. Practicarlo por cuenta de la Real Hacienda sería exponerla a pérdidas, y ejecutarlo por contrata sería reducirlo a la violenta situación de exclusivo, por lo tanto hacerlo con libertad era el único modo de que floreciese el comercio.

Estas eran las razones que alegaba Navarro para justificar la primera medida, que, dictada por las circunstancias y por la urgencia del momento, contravenía la Real Cédula de 1782. Dicha Cédula, válida por un período de 10 años, permitía a los súbditos españoles de España, Luisiana y Florida Occidental, comerciar libremente entre Nueva Orleans y Panzacola y los puertos de Francia que tuvieran cónsul español. En casos de necesidad urgente, y certificado por el Gobernador e Intendente de dichas provincias, se permitía también el comercio con las Indias Occidentales francesas. Tan sólo las mercancías de origen español podían ser reexportadas de Nueva Orleans y Panzacola a otras colonias españolas, y el comercio en ambos puertos estaba sujeto a un 6 % de derechos sobre importaciones y exportaciones con un 2 % adicional sobre las exportaciones enviadas a otras colonias españolas[12].

---

[12] La Cédula del 22 de Enero de 1782 está publicada en Serrano y Sanz, *España y los Indios Ceroquis y Chactas en la segunda mitad del siglo XVIII*.

Por eso, el Intendente Navarro, escribía a don José de Gálvez lo siguiente: «Para sostener las ofertas convenidas en el Congreso, y fixar el establecimiento de comercio... de comun acuerdo este Gobernador, y yo, hemos determinado, para aprovechar los instantes, é interín que S. M. determine otra cosa, celebrar con D. Santiago Mather vecino de esta ciudad la Contrata n.º 4, a fin de que desatendiendo inconvenientes y que por quantos medios sean imaginables, se establezca por aora un Almacen suficiente á convencer la incredulidad y recelo de los salvages...» [13]. La contrata permitía al comerciante Mather, con los pasaportes y licencias necesarias, traer efectos a crédito de las islas de América o de cualquier puerto de Europa, siempre que los buques llevasen bandera española, pagasen el 6 % de derechos y no extrajesen plata. La Real Hacienda no anticipaba ningún dinero, pero se comprometía a indemnizar de cualquier perjuicio.

Por lo tanto, y aunque como medida provisional, Miró y Navarro abrieron el camino a un comerciante inglés para que llevase géneros ingleses a Florida Occidental procedentes de Londres, cuando la Cédula de 1782 sólo permitía comerciar con los puertos de Francia que tuvieran cónsul español. Eligieron a Mather porque tenía crédito en varias plazas de América y Europa, y no había en toda Florida Occidental un solo negociante capaz de emprender el comercio de indios por falta de plata o frutos, pues con un papel no se podía emprender la más mínima operación comercial fuera de la provincia. Justificaba Navarro el permiso concedido a Mather «convencido de que las urgencias y necesidades son las que determinan las providencias» e insistía en que el comercio con los indios era la baza sobre la cual estribaba la paz y felicidad de estas provincias, ya que, sin él, serían inútiles cuantos gastos se ocasionasen para hacerles regalos a los indios, que siempre estarían del lado de la nación que les cambiase

Sevilla, 1916, págs. 15-18. Véase también Whitaker, *Documents Relating to the Commercial Policy of Spain in the Floridas*, Deland, The Florida State Historical Society, 1931.

[13] Carta del Intendente Navarro a J. Gálvez. Nueva Orleans, 27 de Julio, 1784.

Pliego de condiciones que presenta Santiago Mather, Comerciante de Nueva Orleans, para traer dos buques cargados de efectos para indios, aprobado por Miró y Navarro. AHN/E/Leg. 3.888, n.º 13 (Cop. de la 239) y anexo 4; también el Leg. 3.885, Exp. 22, n.º 13 (cop.).

Carta de Miró al Conde de Gálvez. Nueva Orleans, 1 de Agosto, 1784. AHN/E/Leg. 3.885, Exp. 22, n.º 2.

sus pieles por cuanto necesitasen para su consumo; y el comercio cobraba aún más importancia teniendo en cuenta la necesidad de formar una barrera entre los americanos y las posesiones españolas [14].

CÓMO SE PRACTICABA EL COMERCIO CON LOS INDIOS.—Solamente podía hacerse con géneros propios del consumo de los indios [15]; el armador o negociante de Panzacola o Mobila que lo emprendía, estaba obligado, después de haber establecido sus almacenes, a entregar a crédito los géneros a un tratante, que eran los que inmediata y personalmente comerciaban con los indios. El tratante cargaba los géneros y los llevaba a las aldeas de los indios, tenía que darlos a crédito hasta la conclusión de la caza; de modo que de la buena correspondencia de los indios dependía el cobro del primer y principal fiador. Por esta razón, y dado que el cobro era tardío y dudoso, el comerciante hacía la primera venta con un beneficio de un 100 %; el tratante, por lo mismo, vendía con un aumento de un 50 %, y por lo tanto los géneros llegaban a manos del consumidor, que era el indio, recargados en un 150 %.

Si el indio cumplía el plazo de entrega de sus peleterías con el tratante, y éste con el armador, el último amortizaba su desembolso con ganancias, pero esto no solía suceder y por ello recargaban los precios para asegurar el beneficio. Pero a pesar de todo, el comercio con los indios no era lucrativo y se arriesgaban a considerables pérdidas.

Por lo tanto, y dado que el comercio de indios era distinto a los demás, los oficiales de las Floridas exponían con insistencia y continuidad unos argumentos a la Corte sobre el modo de realizarlo que eran sustancialmente estos:

1) No debía hacerse por cuenta de la Real Hacienda, ya que ésta sufriría pérdidas, pues el que se encargase del comercio cuidaría más de sus propios intereses que de los del Rey.

2) No podía emprenderlo más que una Casa de Comercio que tuviese muchos fondos, porque en los dos primeros años la mayor parte era desembolso y con riesgo de no cobrar.

---

[14] Ver nota 13, carta de Navarro a J. Gálvez.
[15] Para géneros del consumo de indios ver:
Lista de géneros de manufactura inglesa absolutamente necesario a los indios que habitan las fronteras occidentales de ambas Floridas...; AHN/E/Leg. 4.246 (Anexo 2 a carta de Forbes a del Campo del 28 de Septiembre, 1783).

3) El permiso al comerciante no debía ser por tiempo limitado de 1 ó 2 años para que la Casa tuviese el tiempo suficiente para poder cobrar a los tratantes lo que les fiaba, pues éstos nunca pagaban con exactitud y desaparecían de la noche a la mañana para no pagar.

4) Los géneros tenían que ser del gusto de los indios, y éstos preferían los ingleses.

5) Panzacola y Mobila deberían estar servidas por una sola Casa de comercio con la obligación de tener un almacén en cada una, pues la rivalidad entre las dos Casas ocasionaba pérdidas, ya que el indio que contraía deudas en la Mobila se iba luego a Panzacola a vender sus pieles para no pagar la deuda en Mobila.

6) Los géneros debían venderse a los indios según la tarifa establecida en los Congresos de 1784, ya que la alteración de precios producía desconfianza a los indios que solicitarían Congresos que causarían aún más gastos en regalos.

7) Bajo ningún pretexto debía faltarles mercancían ni municiones a los indios, ya que si les faltasen se irían a buscar comercio con los americanos.

8) Sería conveniente interesar a Mc. Guillivray en este comercio por su odio a los americanos y su influencia sobre los indios.

9) Los tratantes eran imprescindibles y había que conservarlos, pues eran ingleses establecidos desde hacía mucho tiempo entre los indios y conocían su idioma, gustos y costumbres [16].

LA CORTE REVISA LAS PROPUESTAS.—El 19 de septiembre de 1783, el Gobernador británico de San Agustín de la Florida, Patricio Tonyn, escribió al Gobernador Español de La Habana, Ezpeleta, al ser cedida Florida Oriental por los ingleses a S. M. C. En la carta, recomendaba a los señores Panton y Leslie, que durante la dominación inglesa se habían ocupado del comercio con los indios, para que pudiesen continuar a cargo de dicho comercio y permanecer en la provincia. Al ser Florida Oriental Gobierno y Capitanía General independiente de la Occidental, Ezpeleta nada podía hacer por sí mismo, y se lo comunicó al nuevo Gobernador de Florida Oriental, Céspedes, que estaba entonces en La Habana; Céspedes escribió al Secretario de Indias incluyendo la recomendación para Panton, y cuando la propuesta llegó a la Corte se consultó al Conde de Gálvez, quien consideró que si Panton y Leslie per-

---

[16] Carta de Navarro a Valdés. Nueva Orleans, 8 de Enero, 1788. AHN/E/Leg. 3.888, n.º 9, C. n.º 30.

manecían en Florida Oriental, sólo debían continuar comerciando con efectos españoles. Así, el 30 de mayo de 1784, se expidió una Real Orden al Conde de Gálvez ordenándole respondiese a Céspedes que si Panton y Leslie habían de continuar comerciando, deberían ejecutarlo sólo con géneros españoles, o de aquellos permitidos en el reglamento de comercio libre del 18 de octubre de 1778 [17].

Pero un mes antes de recibir la contestación de la Corte, Céspedes escribía al Conde de Gálvez participando haber concedido un permiso a Panton para traer efectos para los indios desde Providencia a condición de recibir factura con distinción de los géneros que llevaría a San Marcos de Apalache y a Panzacola, pagando un 6 % de derechos [18]. Así, en 1784, Panton obtuvo ya un permiso para introducir sus géneros en Florida Occidental, cuyas autoridades se habían comprometido con los indios en los Congresos, cuando la Corte tan sólo le autorizaba a comerciar en Florida Oriental y con efectos españoles.

Puede verse por estas representaciones, que los oficiales de las Floridas iban tomando sus determinaciones según los problemas inmediatos que se les iban presentando para resolver, y que las medidas de la Corte eran mucho más conservadoras, aprobando o ampliando las concesiones a los comerciantes cuando éstas eran ya en Florida hecho consumado. Así, cuando Céspedes recibió la Real Orden del 20 de junio de 1784 permitiendo a Panton y Leslie continuar el comercio indio con géneros españoles, no le comunicó la determinación de la Corte a los interesados, ya que si lo hubiera hecho, éstos se habrían negado a continuar, pues como puede verse en su Memorial solicitaban cosas bien distintas [19].

---

[17] Carta de Tonyn a Ezpeleta. San Agustín, 19 de Septiembre, 1784.
Carta de Céspedes al Secretario de Indias, Gálvez. La Habana, 22 de Marzo, 1784.
Carta del Conde de Gálvez a J. Gálvez. Aranjuez, 22 de Mayo, 1784.
Minuta de Real Orden del Secretario de Indias al Conde de Gálvez. Aranjuez, 30 de Mayo, 1784. AHN/E/Leg. 3.901, Ap. 5, C. 4.
[18] Carta de Céspedes al Conde de Gálvez. San Agustín, 21 de Septiembre, 1784.
Pasaporte concedido a Panton por Arturo O'Neill. Panzacola, 17 de Julio, 1784. AHN/E/Leg. 3.901, Ap. 5, C. 22.
[19] Carta n.º 28 de Céspedes al Conde de Gálvez, San Agustín, 21 de Octubre, 1784.
Memorial de Panton, San Agustín, 16 de Agosto, 1784 (en carta n.º 21). AHN/E/Leg. 3.901, Ap. 5.

En 1785, el Conde de Gálvez fue consultado de nuevo, y esta vez, habiendo fracasado totalmente el plan de su suegro de surtir a las Floridas con géneros españoles, recomendó tolerancia con los comerciantes británicos como medida eventual de defensa de las fronteras contra los Estados Unidos; su consejo fue tenido en cuenta, y el 10 de octubre de 1785 se expidió la primera Real Orden de carácter tolerante para Florida Occidental por la que el Rey concedía permiso a los habitantes de Luisiana y Florida Occidental para hacer una o dos expediciones al año a los puertos neutrales sin distinción a buscar efectos para el comercio de indios [20]. Pero por supuesto esta concesión tenía sus limitaciones, siendo la principal y la que más molestaba a los comerciantes británicos el pago del 6 % de derechos sobre las importaciones y exportaciones; así, al día siguiente de ser expedida la Real Orden, el 11 de octubre de 1785, la Secretaría de Indias enviaba una minuta al Intendente Navarro en contestación a una carta del 22 de junio en que solicitaba para Mather la exención del 6 % de derechos, denegando la solicitud [21].

Uno de los principales motivos por los que el Gobierno español consideraba peligrosa la permanencia de los comerciantes ingleses en las Floridas a cargo del comercio de indios, era el temor al comercio clandestino; España en aquella época no estaba en situación de hacer Tratados de comercio con otras naciones, y lo demuestran las reflexiones del Ministerio de Indias en 1786, con motivo del Plan de Tratado de Comercio presentado por Inglaterra: «Los Tratados de Comercio por un tiempo limitado y establecidos sobre la reciprocidad, pueden ser útiles á las Naciones que tienen cierta igualdad en su Industria Artes y Comercio, como sucede á la Francia e Inglaterra... Todo lo contrario sucederá á la España haciendo un Tratado de Comercio con cualquiera nación

---

[20] Carta del Conde de Gálvez a J. Gálvez. La Habana, 6 de Mayo, 1785.
Minuta de Indias al Conde de Gálvez. San Lorenzo, 10 de Octubre, 1785. AHN/E/Leg. 3.898, Ap. 1, desp. 27.
Minuta de Real Orden de Indias a Miró. San Lorenzo, 10 de Octubre, 1785. AHN/E/Leg. 3.901, Ap. 3, c. n.º 126.
Whitaker, en *Documents Relating to the Commercial Policy of Spain in the Floridas*, pág. 32, nota 25, cita esta Real Orden con fecha de Aranjuez, 30 de Marzo, 1786, de Sonora al Gobernador de Luisiana, según el AGI, PC, Leg. 176-2.
[21] Carta de Navarro a J. Gálvez. Nueva Orleans, 22 de Junio, 1785.
Minuta de Real Orden de Indias a Navarro. San Lorenzo, 11 de Octubre, 1785. AHN/E/Leg. 3.901, Ap. 4, c. n.º 295.

industriosa de Europa, pues por ventajoso que sea, quando mas, la conservaría en su actual estado de decadencia, y este sería el mayor mal que pudiera hacersela, porque dedicada aora a fomentar su Marina, Industria, Artes y Comercio, no podrá lograrlo sin una independencia en sus operaciones económicas...» [22]. Por lo tanto, mucho menos podía permitir que los comerciantes ingleses hiciesen contrabando a su costa en las Floridas. El encargado de llamar la atención sobre esta posibilidad fue el Embajador español en Londres, Marqués del Campo, que el 20 de enero de 1786, escribió a Floridablanca avisando que de cuando en cuando llegaban a Londres navíos, suponiéndose españoles, procedentes del Mississippi y de algunos puertos de las Floridas siendo su Capitán y tripulación inglesas, y cargados de frutos y plata. Floridablanca le comunicó el aviso al Marqués de Sonora, y éste escribió al Intendente Navarro y al Gobernador Céspedes ordenándoles informar sobre cuanto pudiesen averiguar sobre los barcos españoles con tripulación inglesa, y vigilar el comercio clandestino que los ingleses hacían en Luisiana y Floridas. El Intendente Navarro contestó que los barcos que habían salido con registro del Mississippi y Panzacola para el puerto de Londres, eran de las Casas Panton y Mather, y daba las razones que justificaban el no haberse presentado al Cónsul español en Londres. El Gobernador Céspedes contestó recordando la demora del Gobernador británico Tonyn en evacuar los transportes del río Santa María (frontera entre Florida Oriental y Georgia), lo que le hacía suponer que los británicos de las Islas Bahamas, o tal vez los americanos vecinos, cuyo país producía los mismos frutos que Florida Oriental, hubiesen fingido ser emigrantes de Florida para, bajo aquel pretexto, entrar cargamentos en Londres libres de derechos [23]. Como puede verse, ninguno de los oficiales de las Floridas tenía la menor sospecha de Panton o de Mather, antes bien intercedían por ellos

---

[22] Reflexiones del Ministerio de Indias sobre el Plan de Tratado de Comercio presentado por Inglaterra, 1786. AHN/E/Leg. 4.217.

[23] Carta del Marqués del Campo a Floridablanca. Londres, 20 de Enero, 1786. AHN/E/Leg. 4.250.
Oficio de Floridablanca a Sonora. El Pardo, 16 de Marzo, 1786.
Minuta de Sonora a Navarro. El Pardo, 21 de Marzo, 1786.
Minuta de Sonora a Céspedes. El Pardo, 21 de Marzo, 1786.
Carta de Navarro a Sonora. Nueva Orleans, 22 de Julio, 1786.
Carta de Céspedes a Sonora, San Agustín, 11 de Agosto, 1786.
AHN/E/Leg. 3.885 bis, Exp. 8, núms. 2, 3, 4, 5 y 7.

justificando su actuación e insistiendo en lo necesarios que eran para continuar el comercio con los indios.

Pero a pesar de los avisos del Marqués del Campo, el año 1786 fue fructífero en concesiones a los comerciantes ingleses, y el 8 de mayo de dicho año se enviaron Reales Ordenes al Conde de Gálvez y al Gobernador de Florida Oriental, Céspedes, permitiendo por fin que la Casa Panton y Leslie continuase haciéndose cargo del comercio con los indios, conforme proponían en su Memorial, pudiendo por lo tanto permanecer en San Agustín de la Florida bajo el juramento de fidelidad a S. M. C.[24]. Y en cuanto a Florida Occidental, el 30 de mayo se envió otra Real Orden al Gobernador y al Intendente de Luisiana previniéndoles que podían ampliar, según la exigencia, las dos expediciones concedidas a los puertos neutrales para buscar géneros del comercio de indios[25].

Pero los avisos de Bernardo del Campo seguían alertando a la Corte, que si por un lado se veía obligada a aceptar el comercio de indios en manos de ingleses, por el otro tenía que atajar el contrabando que sospechaba que éstos hacían; el 5 de septiembre de 1786, volvió a insistir el Embajador en Londres sobre la llegada a dicha ciudad de navíos ingleses con ricos frutos de las Floridas, que habían salido de allí con despachos y banderas españolas, exponiendo su sospecha de que los comerciantes ingleses aprovechaban el surtimiento de los indios para hacer ellos su propio contrabando. En vista de ello el Marqués de Sonora escribió al Intendente Navarro remitiéndole la carta de del Campo y diciendo que al no bastar las medidas tomadas para evitar el comercio ilícito, se privaría a los colonos de Luisiana y Florida Occidental de la gracia de poder despachar navíos de los puertos de Francia, ya que sólo servía para aumentar el comercio entre ésta e Inglaterra, sin provecho alguno para España.

En vista de que proseguía el tráfico directo entre Inglaterra y las dos Floridas, del Campo propuso un plan para atajarlo: los comisarios ingleses debían entregar al Gobernador o al Intenden-

---

[24] Minuta de Indias al Conde de Gálvez. Aranjuez, 8 de Mayo de 1786. AHN/E/Leg. 3.898. Ap. 1 desp. 55.
Minuta de Indias al Gobernador de Florida Occidental, Céspedes. Aranjuez, 8 de Mayo, 1786. AHN/E/Leg. 3.901. Ap. 5, C. 21.
Ver nota 24 de Whitaker en *Documents Relating to the Commercial Policy of Spain in the Floridas*, pág. 32.
[25] Minuta de Real Orden de Indias al Gobernador de Luisiana y al Intendente. Aranjuez, 30 de Mayo, 1786. AHN/E/Leg. 3.901, Ap. 3, C. 160.

te, con anticipación, la lista de géneros que necesitaban para surtir a los indios; esta lista se enviaría a los Agentes del Rey en Inglaterra o a alguna Casa de comercio española, y, en caso de que los efectos se comprasen en Londres, podían pasar por Cádiz para no ir directamente a las Floridas. Pero este plan no pareció ser del gusto de los oficiales coloniales, que eran los que dependían más directamente de los comerciantes ingleses, y Navarro, en respuesta a la Real Orden que prohibía despachar los registros desde los puertos de Francia, contestó al Marqués de Sonora asegurando que en Florida Occidental no había los ricos frutos mencionados por del Campo; por lo tanto, consideraba perjudicial la medida que ordenaba fuesen españoles los que llevasen el comercio de indios, ya que éstos deseaban los ingleses y no eran los ingleses los enemigos de España, sino los americanos que se extendían peligrosamente y a los que había que contrarrestar usando a los indios como barrera [26].

Las restricciones impuestas por el Gobierno español a los comerciantes ingleses eran sobre todo un intento de controlar el comercio ilícito, pero éstos, que se sabían imprescindibles, presionaban a las autoridades de las Floridas mediante amenazas de retirarse y abandonar el comercio de indios. El 15 de febrero de 1787 escribía Panton a Miró y a Navarro quejándose de que la licencia concedida el 23 de enero de dicho año limitaba la importación de efectos permitiéndole sólo comerciar con los talapuches, igualmente protestaba por la Real Orden del 21 de agosto de 1786 expedida aparentemente con el objeto de evitar que los comerciantes franceses tocasen los puertos ingleses durante sus viajes de ida y vuelta al Mississippi; y también le causaba trastorno la medida que ordenaba que los dos tercios de la tripulación y el capitán de sus barcos debían ser españoles, así como la obligación de presentarse al Cónsul General en Londres para recibir los papeles necesarios. En vista de tales trabas, Panton participaba a Miró y Navarro su resolución de retirarse con su familia a Florida Oriental, donde su Casa no estaba sujeta a las restricciones que tenía en Panzacola.

---

[26] Carta de Bernardo del Campo a Floridablanca. Londres, 5 de Septiembre, 1786.

Minuta de Sonora a Navarro. San Ildefonso, 5 de Octubre, 1786.

Carta de del Campo a Floridablanca. Londres, 29 de Diciembre, 1786.

Carta reservada n.º 2 de Navarro a Sonora. Nueva Orleans, 17 de Febrero, 1787. AHN/E/Leg. 3.885 bis, Exp. 8, núms. 9, 10, 14 y 18.

Al recibir tales amenazas, Miró y Navarro escribieron al Marqués de Sonora volviendo a insistir en los inconvenientes que ocasionaría obligar a Panton y a Mather a que se sujetasen a las restricciones prescritas; es conveniente reiterar los argumentos de los oficiales de las Floridas en favor de los comerciantes ingleses, ya que esta era la tónica general de todas sus representaciones, que rayando en la pesadez, surtían sin duda efecto. Decían Miró y Navarro en este despacho que el comercio de indios estribaba en la sucesión de crédito y confianza, y cualquier otra Casa que no conociese a fondo su dinámica interna se expondría a la ruina; además los ingleses no permitían la entrada de peleterías en Londres si no era bajo su propia bandera y tripulación, y obligar a Panton y a Mather a las formalidades prescritas sería lo mismo que decirles que no retornasen a Inglaterra, que era donde les proporcionaban el cargamento; por otra parte, consideraban Miró y Navarro que Panton y Mather aunque fuesen ingleses en Londres eran verdaderos españoles en las Floridas, ya que gracias a ellos se evitaba que los indios conociesen el comercio de los americanos. Y además, era de tener en cuenta que Alejandro Mc. Guillivray estaba muy interesado en este comercio, ya que tenía un poderoso influjo sobre los indios [27].

Ya se ha visto, que una de las medidas para evitar el contrabando era obligar a Panton y a Mather a llevar sus barcos a Londres bajo pabellón español, y Miró y Navarro, no contentos con interceder por éstos ante la Corte, escribieron también al Marqués del Campo pidiendo protección para las fragatas «María» y «Condesa de Gálvez» (propiedad de Panton la primera y de Mather la segunda) para que les evitase las formalidades en lo posible, ya que los ingleses por su parte prohibían la llegada a Londres de barcos cargados de peletería bajo pabellón extranjero. Pero del Campo, con motivo de la llegada a Londres de la «Condesa de Gálvez» y de la «María», escribió a Floridablanca avisando que Panton, a su vuelta de Florida, pensaba tomar primero otros puertos de las Islas Bahamas, y tras el nombramiento de Lord Dunmore como Gobernador de dichas islas, consideraba bien claro que el objeto de los ingleses era el contrabando, ya que el comercio de pieles no les reportaba beneficios; se apoyaba además en la cláusula que permitía a dichos comerciantes retirarse

---

[27] Carta de Navarro y Miró a Sonora. Nueva Orleans, 24 de Marzo, 1787. Carta de Panton a Miró y Navarro. Panzacola, 15 de Febrero, 1787. AHN/E/Leg. 3.901, Ap. 3, C. Res. 6 y Leg. 3.888, núms. 10 y 10 bis.

a donde quisiesen en caso de guerra entre España e Inglaterra, en cuyo caso quedaría España sin la amistad de los indios, ya que eran los ingleses los que comerciaban con ellos [28]. Y no cabía duda de que en el verano de 1787 del Campo tenía graves temores de guerra con Inglaterra [29].

Pero el comercio con los indios estaba y seguiría en manos de ingleses, ya que el único español que lo solicitó fue don José Ramón de Urquijo, a quien en abril de 1787 se le concedió un permiso para llevar a Nueva Orleans desde el puerto de Londres un cargamento de efectos para indios. Pero esto fue una ocasión única, ya que el único comerciante que subsistió, expansionándose además, fue Panton.

El 16 de agosto de 1787, el Marqués de Sonora envió una Real Orden al Intendente Navarro aprobándole los permisos concedidos a Panton, Mather y Urquijo, pero advirtiéndole que en adelante no diese otro sin consultarlo antes con S. M.; y el 14 de diciembre se le ratificó la Orden para que no se concediesen más permisos para el puerto de Londres [30].

LA EXPANSIÓN DE LA CASA PANTON Y LESLIE.—Esta Compañía comenzó su comercio con los indios al servicio español en Florida Oriental en 1784, con sus almacenes de San Agustín de la Florida y Apalache para surtir a los creeks inferiores. En 1785, a raíz de los Congresos de indios, ocupó el comercio de Panzacola con los creeks superiores, y en 1789 sustituyó a Mather y Strother en el comercio de Mobila con los chactas y chicachas.

Ahora se verá como tuvo lugar este cambio, primer paso del monopolio práctico de Panton en el comercio con los indios de las

---

[28] Carta de Miró y Navarro a del Campo. Nueva Orleans, 14 de Marzo, 1787. AHN/E/Leg. 3.901, Ap. 3, C. Res. 6, Leg. 3.888, n.º 10 (4), y Leg. 3.885 bis, Exp. 8, núms. 32 y 37.
Carta de del Campo a Floridablanca, Londres, 13 de Julio de 1787, y 12 de Agosto, 1787. AHN/E/Leg. 3.885 bis, Exp. 8, núms. 30 y 36.
[29] Carta de del Campo a Floridablanca. Londres, 13 de Julio, 1787. AHN/E/Leg. 4.255.
[30] Carta de Navarro a Sonora. Nueva Orleans, 20 de Abril, 1787. Licencia concedida por Miró y Navarro a José Ramón de Urquijo para que pueda traer de Londres un buque con efectos para indios. Nueva Orleans, 17 de Abril, 1787.
Minuta de Sonora a Navarro. San Ildefonso, 16 de Agosto, 1787. AHN/E/Leg. 3.888, núms. 5, 6 y 7.
Minuta de Real Orden de Indias a Navarro, Madrid, 14 de Diciembre, 1787. AHN/E/Leg. 3.901, Ap. 4, C. 525.

Floridas, pues aunque la Corte nunca les concedió el monopolio como tal, sólo ellos obtenían el permiso de los oficiales coloniales.

El 30 de marzo de 1788, Mather yStrother enviaron un Memorial al Rey en el que exponían que, habiendo provisto los almacenes de Mobila desde el año 1784, se habían llenado de consternación al saber que, en virtud de la Orden del 16 de agosto de 1787, Miró y Navarro no podían cocederles otro permiso para seguir el comercio sin permiso de S.M. Continuaban relatando sus pérdidas y problemas económicos, ya que del primer rico cargamento de peletería que expidieron desde Mobila, se perdió la mayor parte por no haberlo podido enviar antes de los calores y porque había bajado el precio de las pieles en Londres. Esto, agregado a tener en deudas y mercancías en la Mobila unos 100.000 pesos, les había impedido hacer las remesas a su corresponsal en Londres para pagarle parte de lo que le debían, y por lo tanto, era muy difícil que éste quisiera enviarles otro cargamento. Por esto, Mather y Strorther suplicaron el 1 de mayo de 1787 que se les permitiese entregar en las Reales Cajas de Nueva Orleans 50.000 pesos en papel para recibirlos en plata de las de Veracruz, que hubieran traído por su cuenta y riesgo y con ellos hubieran comprado añiles y peleterías. Pero como no recibieron respuesta a dicha petición, tuvieron que emplear los 50.000 pesos de papel en añil y peletería, que les costó un 70 por 100 más caro, y por lo tanto no pudieron pagar a su corresponsal. Así, pues, exponían que si S.M. no les concedía la continuación del comercio, quedarían arruinados, y si no les prestaban los 50.000 pesos en plata, su corresponsal no les enviaría otro cargamento, y en ese caso los indios no tendrían mercancías para el año siguiente.

No cabía duda de que Mather y Strother estaban en dificultades, pero al mismo tiempo que éstos se veían obligados a abandonar el comercio de Mobila, Panton envió un Memorial al Marqués del Campo solicitando comerciar no sólo con los creeks, sino también con los chactas y chicachas. En dicho Memorial decía que cuando las Floridas pasaron a manos de los españoles su Compañía solicitó al Rey de España, por medio del Gobernador Céspedes, continuar con el comercio de indios, lo que les fue concedido por la Real Orden del 6 de mayo de 1786; añadía que, al ser firmada la Paz, Apalache pasó a la jurisdicción de Florida Occidental (antes pertenecía a la Oriental) y se quejaba de que no se les permitía desembarcar allí, sino que tenían que pasar por Panzacola y pagar derechos al Rey. Recurría a del Campo porque el Gobernador había recibido la Real Orden y nada podía hacer; por lo tanto, como todo esto suponía una gran pérdida para la Casa Panton, solicitaba se les quitasen las restricciones, lo que equivalía al monopolio del comercio de indios, o tendrían que retirarse.

El Gobernador Miró, por su lado, ya había escrito a Panton el 28 de febrero de 1788 ofreciéndole el comercio de la Mobila con los chactas y chicachas, y tal era su temor a que dicho almacén se quedase sin géneros, que el 1 de abril, junto a Navarro, escribió a Valdés incluyendo la instancia de Mather y Strother intercediendo a favor de éstos: «Lo mucho que importa en el día mas que nunca mantener la amistad de dichas Naciones (de indios), nos impele a manifestar claramente a V.E. que si por mudar de comerciantes llega el caso, como tememos, de que falte almacén de efectos en la Movila, las perderemos indubitablemente, y sera mui dificil recuperarlas, si una vez los Estados Unidos logran atraerlas á su amistad y trato...»

Tal era la insistencia de los jefes españoles de las Floridas a favor de los comerciantes ingleses, que Bernardo del Campo, con motivo de la llegada a Londres de la fragata «María», a la que tuvo que conceder permiso para regresar a dicha provincia, le decía a Floridablanca en una carta lo siguiente: «Veo con dolor confirmado el disyunto de que, ó hemos de dejar que los Comisarios Ingleses nos pongan constantemente el pie sobre el cuello, ó nos hemos de exponer á un rompimiento con los indios...» [31].

Pero Panton seguía poniendo «el pie sobre el cuello» solicitando la exención del 6 por 100 de derechos en San Marcos y Panzacola, y pidiendo licencia exclusiva para proveer a los chactas y chicachas de un modo firme y permanente [32]. Y sin duda Panton sabía

---

[31] Memorial al Rey de los comerciantes Santiago Mather y Arturo Strother. Nueva Orleans, 30 de Marzo, 1788.
Memorial de Panton, Leslie y Cía. a del Campo, Embajador de España en Londres. Factoría de Apalache, 2 de Abril, 1788. AHN/E/Leg. 3.901, Ap. 3, C. n.º 53.
Carta de Miró a Panton. Nueva Orleans, 28 de Febrero, 1788. AHN/E/ Leg. 3.901, Ap. 3, n.º 180.
Carta de Miró y Navarro a Valdés. Nueva Orleans, 1 de Abril, 1788.
Carta de del Campo a Floridablanca. Londres, 4 de Julio, 1788. AHN/ E/Leg. 3.901, Ap. 3, C. n.º 153.
[32] Carta de Miró a Valdés. Nueva Orleans, 7 de Abril, 1788. AHN/E/ Leg. 3.888, n.º 21 (org. 65).
Carta de Panton, Leslie y Cía. a Céspedes. San Marcos de Apalache, 4 de Abril, 1788. AHN/E/Leg. 3.901, Ap. 5, C. Res. 10.

lo que pedía y cuando hacerlo, pues en los primeros meses del verano de 1788 andaban los jefes de las Floridas muy preocupados por la labor de los generales americanos Pickins y Mathews, que planeaban hacer un Tratado de Paz con Alejandro Mc Guillivray, al que habían hecho ofertas de comercio[33].

La exención del 6 por 100 de derechos tardaría todavía algún tiempo en concederse, pero el 29 de agosto de 1788 se envió una Real Orden al Intendente y gobernadores de ambas Floridas concediendo a las Casas Panton y Mather llevar por ese año los cargamentos acostumbrados para el comercio de indios, permitiendo a Panton enviar un segundo navío en lastre a San Marcos de Apalache a condición de pasar antes por Panzacola para ser reconocido por los oficiales[34]. Así, y aunque con medidas que querían ser provisionales, la Corte iba renovando una y otra vez los privilegios a los comerciantes ingleses, más bien ampliándolos que cortándolos. La amplificación más importante del privilegio para el comercio de indios fue la ansiada exención del 6 por 100 de derechos que tuvo lugar por la Real Orden del 23 de marzo de 1789; el día 16 de marzo se reunió la Junta Suprema de Estado y se acordó concederla, y el 23 se expidió la Real Orden[35]. Pero aún no había llegado ésta a Nueva Orleans cuando D. Santiago Mather había ya decidido retirarse del comercio de indios obligado por su situación económica; su corresponsal de Londres, Patricio Morgan, se había embarcado en la «Condesa de Gálvez» para ir a cobrar las deudas que Mather tenía con él, y el navío pasó por Cádiz antes de ir a Nueva Orleans. Cuando Morgan llegó a Cádiz y vio que no se le habían concedido a Mather las gracias que había pedido, sólo llevó a Nueva Orleans efectos por valor de 10.000 pesos, que no bastaban para proveer a los indios. Por lo tanto, Miró no tuvo más remedio que recurrir a Panton y ofrecerle el comercio de la Mobila con los chactas y chicachas. Panton se hizo de

---

[33] Carta de Miró a Valdés. Nueva Orleans, 13 de julio, 1788. AHN/E/Leg. 3.901, Ap. 3, C. Res. 22.

[34] Minuta de Real Orden de la Secretaría de Indias a Céspedes. San Ildefonso, 9 de agosto, 1788. AHN/E/Leg. 3.901, Ap. 5, C. Res. 7.

Minuta del Real Orden de Indias al Gobernador e Intendente de la Luisiana y Florida Occidental. San Ildefonso, 29 de agosto, 1788. AHN/E/Leg. 3.901. Ap. 4, C. n.º 31.

[35] Acta de la Junta Suprema de Estado. Madrid, 16 de marzo, 1789. AHN/E/Leg. 3.888, n.º 23.

Minuta de Real Orden de Valdés a Miró. Madrid, 23 de marzo de 1789. AGS/GM/Leg. 8.148. Fol. 9.

rogar, pues no conocía el privilegio de la exención del 6 por 100 y aprovechó a la coyuntura del aprieto en que se veía Miró por la retirada de Mather para insistir sobre ello[36]. De este modo, ayudado quizá por las circunstancias, por la retirada de Matther, por el apoyo de las autoridades de las Floridas y por la exención del 6 por 100 de derechos, comenzó el monopolio de Panton en el comercio con los indios de las Floridas, que, con sus altos y bajos, duraría hasta el fin de la dominación española.

Cuando Panton recibió noticia de la Real Orden que le eximía de pagar derechos, escribió al Gobernador Miró agradeciendo la concesión, pero planteando algunas dudas que quería puntualizar, ya que a pesar de todo perdía dinero en el comercio de indios; preguntaba si debía o no pagar los derechos de la última importación y exportación del año 88, de los que también pretendía quedar exento, y observaba que la Real Orden omitía el puesto de Apalache, presuponiendo que el permiso lo incluiría también de un modo permanente; pero la pregunta más reveladora de su organización interna como negociante al margen del comercio de indios, que era en realidad lo que le permitía compensar las pérdidas de éste, era la siguiente: deseaba saber si según el espíritu de las Ordenes del Rey se le prohibía vender a las guarniciones de las plazas de las Floridas y a sus habitantes, porque, si era así, no podría subsistir, ya que los indios no tenían dinero y sin él no podía pagar al carnicero y al panadero. Alegaba que por las leyes de Inglaterra «es legítimo todo aquello que no está expresamente prohibido», y pedía le informase si en España sucedía lo mismo.

Miró le contestó que el puesto de Apalache podía continuar del mismo modo que se venía haciendo: llevando los géneros desde Panzacola y cargándose en Apalache de peleterías para Europa; en cuanto a Panzacola, podría vender a su guarnición y empleados los géneros que necesitasen para su uso, pero no a los guerrilleros que comerciaban entre Nueva Orleans y Panzacola, para evitar que se hiciese negocio.

La contestación de la Corte fue extender la exención del 6 por 100 de derechos a los efectos importados en 1788 y exportados en marzo y abril de 1789, y en cuanto a la pregunta de que si

---

[36] Carta de Miró a Valdés. Nueva Orleans, 20 de mayo, 1789.
Carta de Miró a Panton. Nueva Orleans, 28 de febrero, 1789.
Carta de Panton a Miró. Panzacola, 7 de abril, 1789. AHN/E/Leg. 3.901, Ap. 3, C. n.º 180.

era legítimo todo lo que no estaba expresamente prohibido, se ordenó a Miró prevenir a Panton que en cualquier caso no resuelto por las Reales Ordenes, especificase su petición a S.M. [37].

Si es notable la rápida expansión de la Casa Panton y Leslie desde 1784 a 1790, no lo es menos su capacidad de resistir los abatares en la década de los noventa; en 1792, tuvo lugar el asalto del aventurero Bowles a los almacenes de San Marcos de Apalache, desde 1793 a 1795, experimentó considerables pérdidas por causa de los corsarios franceses, y en 1795 se firmó el Tratado de San Lorenzo, que tuvo consecuencias desastrosas para la Casa Panton, ya que por él la mayoría de los indios con los que había estado comerciando cayeron dentro de los límites de los Estados Unidos.

Después de 1789, se hicieron pocas innovaciones de importancia con respecto a la Casa Panton y Leslie, y las que se hicieron son una prueba más de la inhabilidad de España para desembarazarse de la Compañía de comerciantes británicos en una época en que los problemas europeos requerían toda su atención.

No faltaba en la Corte quien se daba cuenta del problema del comercio de Luisiana y Floridas, proponiendo, al mismo tiempo que denunciaba la situación, una solución liberal que no se llevaría a cabo; este era D. Diego Gardoqui, y he aquí su denuncia y sus propuestas: «Es bien claro que por ahora no podemos abastecer á la Luisiana y Floridas, porque siendo del extrangero todos, ó casi todos los renglones de consumo, los unos nos salen alli mui caros, y de otros no está prohibida la introducción en nuestros Puertos. Tampoco podemos dar buena salida á sus retornos; con que por consiguiente nos es imposible tener un comercio directo y exclusivo con aquellas colonias.

Por otra parte, ellas están acostumbradas de mucho tiempo a surtirse de los estrangeros bajo cuya dominación han vivido; y sostenida todavía esta costumbre por el interes, por el gusto, y la comodidad de los consumidores, sera peligroso e inutil querer cortarla de una vez.

---

[37]  Carta de Miró a Valdés. Nueva Orleans, 1 de octubre, 1789.
Carta de Panton a Miró. Panzacola, 31 de julio, 1789.
Carta de Miró a Panton. Nueva Orleans, 20 de agosto, 1789. AHN/E/Leg. 3.901, Ap. 3, C. n.º 250.
Minuta de Real Orden de Indias a Miró. Madrid, 25 de enero, 1790. AHN/E/Leg. 3.901, Ap, 3, C. n.º 180.

Se ha buscado un medio no pudiendo haberlo en este negocio: se ha establecido un comercio directo desde Francia y una comunicación con sus Islas, cuya utilidad ha sido toda para los estrangeros, y para nosotros el perjuicio del contrabando que se hace á su sombra. De manera que el estado presente no puede ser peor, pues ni hacemos el comercio de Luisiana, ni sostenemos el reguardo del de nuestras Américas...»

Para hacer frente a esta situación, proponía Gardoqui que Luisiana y Floridas tuviesen el surtido necesario y diesen salida a sus frutos y productos sin perjudicar el comercio español en América, mientras se iban tomando medidas para comerciar directa y exclusivamente con ellas. Para ello sería conveniente conceder a Luisiana y Floridas una absoluta libertad de comercio en Europa y América con todas las naciones con las que España tuviese Tratado de comercio recíproco, ya que este sería el único modo de proporcionarles el surtido necesario para su consumo y la salida de sus frutos y productos; y al mismo tiempo prohibirles toda comunicación con las posesiones españolas en América y sus islas [38].

Pero esta libertad de comercio propuesta por Gardoqui nunca se conseguiría, ya que en 1793 España se vería involucrada en las guerras europeas, y el 9 de junio de dicho año se expidió una Real Orden por la que se renovaba la Cédula de 1782 para Florida Occidental y se hacía extensiva a la Oriental, hasta ahora sin regular en materia de comercio. Esta Real Orden era temporal, y por ella se permitía comerciar a estas colonias con las naciones amigas y aliadas [39].

CONSECUENCIAS DEL TRATADO DE 1795 EN EL COMERCIO DE INDIOS.— El Tratado de 1795 abriría la pauta para el debate entre el Gobierno y la Intendencia de Luisiana y Floridas a favor y en contra de los privilegios a la Casa Panton. D. Juan Ventura Morales, Intendente interino de la Luisiana, sería el primero de los jefes de la provincia que trataría de restringir los privilegios concedidos a la Casa Panton, fundado, como exponía en sus oficios, en que ha-

---

[38] Dictamen de D. Diego Gardoqui para la formación del reglamento de comercio para Luisiana y Floridas. San Lorenzo, 12 de octubre, 1792. AHN/E/ Leg. 2.863, n.º 15, doc. A. (Consejo de Estado de 16 de noviembre.)

[39] La Real Orden de 9 de julio de 1793 está publicada en Whitaker, *Documents Relating to the Commercial Policy of Spain in the Floridas*, documento n.º XXIII.

biendo logrado los Estados Unidos por el Tratado de 1795 más terreno y libertades para comerciar con los indios, eran ya inútiles los servicios de la Casa Panton. Pero el Gobernador Carondelet no toleró la oposición, y ya en 1794, cuando Panton, alegando sus inmensas pérdidas, proponía que se le indemnizase con 400.000 pesos; el Gobernador escribió al Duque de Alcudia apoyando la solicitud del comerciante inglés [40].

El rompimiento con Gran Bretaña en 1796 originó algunas dudas sobre el permiso que solicitó Panton de usar buques neutrales para su comercio de importación y exportación, pero el convencimiento que tenían los jefes de las Floridas de las ventajas que resultaban de respaldar a Panton, les decidió a concederle este permiso, que fue aprobado por S. M. Pero el Intendente Juan Ventura Morales quiso restringir los privilegios de Panton, recordando que las resoluciones dadas hasta entonces para facilitar el comercio de indios habían sido para impedir que los americanos introduciéndose en las naciones indias, perturbasen la tranquilidad de los dominios de S.M., y sacasen del comercio con los indios un provecho que podía ser para España. Pero por el Tratado de 1795 se cedieron a los americanos no sólo las tierras que hasta entonces S.M. había deseado conservar, sino también les permitió comerciar con las naciones indias establecidas allí. En virtud de dicho Tratado, Morales consideró que, desaparecido el motivo por el que Panton gozaba de la libertad de derechos y de la exclusividad en el comercio indio, sería oportuno suprimir el privilegio obligándole a pagar los derechos de importación y exportación que fijaba el artículo 3.º de la Real Orden del 11 de junio de 1796. Según el Intendente, la exención de derechos de Panton perjudicaría a los súbditos de S.M., tanto por no poder comerciar con las naciones indias como por tener que pagar derechos, lo que les impedían intentar negociación alguna. Por lo tanto, lo consultó con el Gobernador Carondelet quien le contestó que por motivos políticos y reservados, nada se podía innovar de momento respecto al 6 por 100 de derechos, y que estaba esperando la contestación del Ministro de Estado [41]. El 13 de enero de 1797, mientras el Go-

---

[40] Carta de Carondelet a Alcudia. Nueva Orleans, 27 de julio, 1794.
Carta de Panton, Leslie y Cía. a Carondelet. Nueva Orleans, 1794. AHN/E/ Leg. 3.888, n.º 35 y 36.
[41] Carta reservada n.º 3 de Morales a Gardoqui. Nueva Orleans, 1 de diciembre, 1796.
Carta de Morales a Carondelet. Nueva Orleans, 28 de octubre, 1796.

bernador y el Intendente se planteaban la continuación de Panton
y sus privilegios, éste escribió a Morales solicitando enviar su
peletería en barcos neutrales, ya que comenzadas las hostilidades
entre España e Inglaterra, quedaba cerrada toda comunicación
entre los corresponsales de Londres y los establecimientos de las
Floridas, lo que por consiguiente le privaba de los medios de em-
barcar la peletería; el Intendente remitió la carta de Panton al
Gobernador, pidiéndole su opinión para poder contestarle, y expresando la suya, que era contraria a dicha concesión, ya que en
aquellas circunstancias consideraba no debía tenerse comunicación directa ni indirecta con los reinos e individuos de Gran Bretaña; añadía además, que el sistema de las leyes españolas prohibía la entrada de buques extranjeros en los dominios de América.
Pero Carondelet le contestó diciendo que, según la Real Orden del
2 de abril de 1788, Panton tenía derecho a extraer su peletería de
Panzacola y Mobila en barcos neutrales americanos durante un
año, contando desde la declaración de guerra entre España e Inglaterra; opinaba además que la continuación de Panton era completamente necesaria para contemporizar a los indios que estaban exasperados contra los españoles por el Tratado de Amistad,
Límites y Navegación con los Estados Unidos. Y como prueba de
esa exasperación de los indios, envió Carondelet al Príncipe de la
Paz copia de una carta que le había remitido el jefe chicacha Ugulayacabé expresando su descontento por el Tratado: «¿De dónde
viene, pues, hermano, que quieres ahora abandonarnos en el tiempo más precioso? Nuestro Gran Padre de nuestra tierra á los Americanos que no tienen otra ambición que arrojarnos de ellas y
tal vez la de matarnos como Osos para apoderarse de ellas con
más anticipación... Sin embargo, haremos todos nuestros esfuerzos para oponernos a su entrada en nuestros Bosques é impedir
que tomen asiento en nuestras tierras: Sabemos muy bien que se-
remos la víctima; pero moriremos como hombres. Hemos visto
el Tratado, nos lo han leido en nuestra Nación, y vemos que nuestro Padre nos abandona no solo como pequeños animales á las
garras de los tigres y á la boca de los lobos, sino que aun que
obliga á estos mismos Lobos á devorarnos...» Según Carondelet
éste era uno de los gravísimos fundamentos para que Panton siguiese su comercio en barcos neutrales, de él se podía inferir

---

Carta de Carondelet a Morales. Nueva Orleans, 3 de noviembre, 1796. AHN/
E/ Leg. 3.888, núms. 40, 41, 42 y 43.

con cuanta prudencia se había de llevar a cabo la ejecución del Tratado de 1795 en lo referente a los indios, cuyo número no bajaba de 32.000. En su carta, el Príncipe de la Paz decía que pretender en esta situación que la Casa Panton se retirase, sería la medida más impolítica y contraria a los intereses del Rey, ya que éste poseía la confianza de los indios y podría inducirles si quisiera a cometer hostilidades contra los habitantes de Luisiana y Floridas [42].

Así, el 31 de enero de 1797, en una Junta de Hacienda presidida por Morales, se acordó conceder a Panton la continuación de su comercio con los indios de Mobila y Panzacola, y por lo tanto la exportación de peleterías e importación de efectos libres de derechos en barcos americanos [43].

La polémica entre el Gobierno y la Intendencia sobre los privilegios de Panton continuaba, y en mayo de 1797 insistía Carondelet en que la situación política de la Luisiana y Floridas con las fronteras amenazadas por invasiones era el principal motivo por el que convenía que Panton no se retirase. El 13 de marzo, D. Carlos Martínez de Irujo le había avisado sobre un posible ataque contra la alta Luisiana, Panzacola y Mobila; el Capitán General de la Habana le había alertado sobre una expedición contra Nueva Orleans que se preparaba en la Martinica, y el Gobernador de Natchez le había dicho que el Comandante de las tropas americanas llegadas a aquella plaza amenazaba tomarla por la fuerza si no se la entregaban con arreglo al Tratado de Límites. En vista de todo ello escribió al Príncipe de la Paz pidiendo se le permitiese a Panton continuar el comercio de indios y se le despachasen los permisos para remitir sin demora sus peleterías a puertos extranjeros en embarcaciones neutrales mientras durase la guerra con Inglaterra [44].

---

[42] Carta reservada n.º 8 de Carondelet al Príncipe de la Paz. Nueva Orleans, 9 de febrero, 1797.
Carta de Panton a Morales. Panzacola, 13 de enero, 1797.
Carta de Morales a Carondelet. Nueva Orleans, 26 de enero, 1797.
Carta de Carondelet a Morales. Nueva Orleans, 30 de enero 1797.
Arenga entre los jefes de la Nación Chicacha. San Fernando de las Barrancas, 15 de diciembre, 1796. AHN/E/Leg. 3.888, n.º 51, 52, 53, 54 y 55.
[43] Junta de Hacienda. Nueva Orleans, 31 de enero, 1797. AHN/E/Leg. 3.888, números 113 y 116 (doc. 31).
[44] Carta de Carondelet al Príncipe de la Paz. Nueva Orleans, 23 de mayo, 1797. AHN/E/Leg. 3.888, n.º 58, C. Res. 95.

Panton, por su parte, seguía insistiendo en la indemnización que había pedido en 1794, o bien que se le comprasen todas sus fragatas casa y almacenes para poder retirarse, ya que la probable cesión de Luisiana a Francia junto a las restricciones impuestas por España a su comercio le hacían temer una ruina total, y para demostrarlo enviaba una relación de las pérdidas sufridas por su compañía desde el principio de la guerra entre Francia e Inglaterra [45].

En 1798, el Intendente Morales se vio obligado a ampliar las reglas con que se hacía el comercio de la provincia, permitiendo entrasen en Nueva Orleans embarcaciones neutrales, pagando el 6 por 100 de derechos de entrada y salida, y en una carta a Saavedra justificaba así la medida: «En la crisis critica que se hallaba esta Provincia, escasa ya de los géneros ultramarinos necesarios á la subsistencia y vestido de los moradores de las distintas clases que componen su Población, y sin medios para dar salida á sus producciones, el unico recurso que quedaba era abrir su comercio a los Buques de las Naciones neutras...» [46].

España, preocupada con la guerra europea, era incapaz de proporcionar barcos para proveer a Luisiana y Floridas, y, sin embargo, los Estados Unidos, que eran neutrales, tenían barcos que ofrecer; de este modo los Estados Unidos se introdujeron en el comercio de Luisiana y Floridas, cuya absorción gradual había comenzado años atrás.

En 1799, las solicitudes de Panton seguían siendo motivo de polémica entre el Gobierno y la Intendencia; el nuevo Gobernador, Gayoso de Lemos, escribió en enero al Intendente para que concediese a Panton pasaportes para dos buques con géneros de treta que debían ir desde Providencia a Panzacola, para evitar que los ingleses de Providencia formasen establecimientos en la costa de Florida para abastecer a los talapuches. Morales consintió de mala gana [47], pero la tensión con el Gobernador aumentó cuando éste le exigió mandase despachar cuanto antes los dos buques parlamentarios con destino a Gran Bretaña cargados con las pe-

---

[45] Relación de las pérdidas sufridas por la Casa Panton: Anexo 1 a la carta 98 de Carondelet de fecha Nueva Orleans, 20 de junio, 1797. AHN/E/Leg. 3.888, n.º 68.

[46] Carta de Morales a Saavedra. Nueva Orleans, 31 de julio, 1798. AHN/E/Leg. 3.892 bis. Exp. 1, n.º 2 (org. 238).

[47] Carta de Morales a Saavedra. Nueva Orleans, 31 de marzo de 1799. AHN/E/Leg. 3.888, núms 72 y 74, C. n.º 15.

leterías de Panton. La Junta de Real Hacienda se reunió el 9 de febrero y se acordó permitir la salida de Panzacola de los dos buques de Panton libres de derechos; esta vez prevaleció la opinión del Gobernador, que se veía forzado por las circunstancias en que se hallaba la provincia: sin ningún recurso, sin correspondencia de Europa desde el mes de junio pasado, sin correspondencia de La Habana desde hacía cuatro meses, sin otro auxilio que el comercio de los americanos, prevenidos por la Real Orden del 26 de junio sobre ponerse en estado de defensa, y con la noticia de haberse escapado el aventurero Bowles. Por lo tanto, el único recurso que quedaba era tener contentos a los indios, lo que se conseguía gracias a Panton. Pero el Intendente Morales, que disentía de la opinión del Gobernador, escribió a Saavedra exponiendo los motivos por los que consideraba ya inútil vivir a expensas de los caprichos de Panton: los americanos habían tomado ya posesión de los puestos cedidos por el Tratado de 1795, y por lo tanto ya estaban dentro de la demarcación de los Estados Unidos todas las naciones con las que comerciaba Panton menos los talapuches; además, su continuación se oponía a lo convenido en el Tratado, y después de declarada la guerra a Gran Bretaña se fijaron las reglas con las que la Casa Panton podía continuar con el comercio de indios; pero ahora —decía Morales—, «no había necesidad de causar el escándalo de servirse de la Bandera y Barcos enemigos para exportar las peleterías y de dar en ello motivos de murmuración á los individuos de este Comercio, que en virtud de estar sugetos á Contribución, y de no poder contratar con las naciones Indias, Chactas, Chicachas, Alibamones y Talapuches miran con zelos las franquicias y excepciones de Panton...» Añadía el Intendente que no comprendía la protección que el Gobierno le dispensaba a Panton, porque si fuera de verdad que sufría pérdidas, se retiraría sin más miramiento; pero no cesaba de recibir cargamentos, de enviar barcos con peleterías, y tal vez otros artículos cuya exportación, por las circunstancias del puerto de Panzacola, era imposible impedir. Además, no se podía ocultar que Panton, aparte del comercio con los indios, abastecía a los habitantes de Panzacola, Mobila y demás puestos donde tenía sus almacenes, sin pagar derechos [48].

Ante esta disparidad de opiniones del Gobierno y la Intendencia, y renovando la Compañía sus solicitudes, se resolvió en la

---

[48] Carta de Morales a Saavedra. Nueva Orleans, 31 de marzo de 1799. AHN/E/Leg. 3.888, núms 76 y 82, C. n.º 16.

Corte pedir informes sobre todo al nuevo Gobernador Casa Calvo, y al mismo tiempo, y por separado, al Intendente López Angulo. Cuando se esperaba la contestación recurrió de nuevo al apoderado de la Casa Panton, D. Juan Savage, haciéndose cargo de que en aquellas circunstancias no se les podía conceder un préstamo en dinero; pero solicitando otros privilegios que se le habían concedido a los Estados Unidos por los últimos Tratados; es decir, pedía para su Compañía durante el tiempo que durase la guerra con Inglaterra y dos años más permiso para enviar sus navíos a Campeche a cargar palo de tinte y llevarlo al puerto de Nassau y Charleston; e igualmente poder cargar azúcar en La Habana y llevarla a dichos lugares. También solicitaba licencia para establecer una Casa al Oeste del río Mississippi y poder extender el comercio a las naciones indias que habían emigrado hacia aquella parte [49]. Por esto, el 26 de febrero de 1800 se pidieron informes al Gobernador y al Intendente de la Luisiana sobre la Casa Panton.

Mientras tanto, en Nueva Orleans se había recibido la Real Orden del 20 de abril de 1799 que derogaba la del 18 de noviembre de 1797; esta última permitía a todos los vasallos españoles hacer expediciones a Luisiana con géneros no prohibidos en buques nacionales o extranjeros desde los puertos neutrales o desde España. Por lo tanto, la Real Orden del 20 de abril ponía fin al comercio de neutrales. Pero el Gobernador Casa Calvo, temeroso por la próxima venida de Bowles y por el estado de confusión en que se hallaban los indios, agasajados por ingleses y americanos, consideró que cualquier innovación en materia de comercio sería muy perjudicial, y optó por convocar una Junta de Hacienda en la que se resolvió que, a pesar de la Real Orden del 20 de abril, nada se innovase con respecto a la Casa Panton, por no creerse comprendida en esta prohibición, es decir, que Panton podía continuar su comercio en barcos neutrales. Una vez más, las autoridades de las Floridas habían optado por resolver sus problemas guiados por las circunstancias y necesidades del momento, y no por las órdenes que habían recibido de la Corte. El Intendente Morales, en una carta a Soler, justificaba así la continuación del comercio por medio de embarcaciones neutrales: «pués no admite duda que un Pais que no consume lo que produce, y que no tiene lo que necesita, no puede subsistir sin trafico...» [50].

---

[49] Memorial de Juan Savage, apoderado de Panton, Leslie y Forbes al Rey. Madrid, 4 de agosto, 1799. AHN/E/Leg. 3.888, n.º 91.
[50] Carta de Casa Calvo a Morales. Nueva Orleans, 25 de septiembre, 1799.

El 26 de febrero de 1800, el Secretario de Estado, Urquijo, escribió al Gobernador y al Intendente de Luisiana pidiendo informasen detalladamente sobre los puntos siguientes: si la Casa Panton era acreedora de una indemnización, cual podía ser ésta, qué consecuencias podía tener el no dar socorros a esta Compañía, si España podría suplirla y cómo, y de qué medio podrían valerse para atraerse a los indios e indisponerlos contra los Estados Unidos [51].

Las contestaciones fueron un claro ejemplo de la rivalidad y disparidad de opiniones entre el Gobierno y la Intendencia. El Gobernador, Marqués de Casa Calvo, contestó diciendo que la situación de la provincia era tal, y su administración tan conexa y ligada con los indios, que aún a pesar del Tratado de 1795 constituían si se les conservaba el comercio, uno de los principales medios para conservar aquellos dominios. En cuanto a la indemnización solicitada por la Casa Panton, la consideraba acreedora de ella, alegando que la Compañía había sufrido inmensas pérdidas no sólo por los barcos que franceses e ingleses le habían apresado, sino por los excesivos seguros que tenían que pagar, dada la situación irregular sobre la que se hallaba basado su comercio; por ello, no podía ni aumentar el precio de los efectos que vendía a los indios ni bajar el de las peleterías que recibía a cambio. Añadía a este cálculo las averías de sus cargamentos y las depredaciones de Bowles, llegando a un total de 400.000 pesos de pérdidas.

Resaltaba Casa Calvo la importancia de excluir a los americanos de la navegación de los ríos Tombecbé y Tinzás, que desembocaban en la bahía de Mobila y eran navegables para barcos chatos de 30 toneladas en ciertas estaciones del año. Esta navegación proporcionaría tales ventajas a los americanos que se apoderarían del comercio no sólo de los chactas y chicachas, sino de los talapuches, y arruinando a la Casa Panton se introducirían insensiblemente en las Floridas. Y no le faltaba razón a Casa Calvo en cuanto a la navegación de estos ríos, porque desde el Tratado de 1795 en que los Estados Unidos consiguieron la navegación del Mississi-

---

Junta de Hacienda. Nueva Orleans, 26 de septiembre, 1799.
Carta de Morales a Soler. Nueva Orleans, 15 de octubre, 1899 (C. n.º 333).
Carta de Morales a Soler. Nueva Orleans, 15 de octubre, 1799 (C. n.º 335).
Carta de Morales a Soler Nueva Orleans, 30 de noviembre, 1799 (C. n.º 354).
AHN/E/Leg. 3.892 bis. Exp. 1, núms. 16, 17, 10, 15 y 18.
[51] Minuta de Urquijo al Gobernador y al Intendente de Luisiana. Aranjuez, 26 de Febrero, 1800. AHN/E/Leg. 3.888, n.º 93 bis.

ppi, y a raíz de la guerra entre España e Inglaterra en que se recurrió a sus barcos neutrales, había comenzado la absorción del comercio por los americanos, medio indispensable de su gradual introducción en las Floridas.

Continuaba diciendo, que en tales circunstancias la Casa Panton era de absoluta necesidad, ya que mediante ella se manejaban muchos asuntos: servía de instrumento al Gobierno para enterarse de noticias que le interesaban, ya que los tratantes asistían a las conferencias de los indios y avisaban de la llegada de cualquier agente americano o persona sospechosa que se introdujese en sus aldeas.

De los cuatro medios de indemnización que había propuesto Panton, Casa Calvo abogaba por el segundo, que era concederle un préstamo de 400.000 pesos por 10 años sin interés, para seguir el comercio. Y contestando a la pregunta de si sería posible suplir a Panton, relataba la magnitud de su negocio para demostrar que era insustituible: los créditos de la Casa Panton ascendían a unos 120.000 pesos (y en tiempo de paz a unos 180.000); los solares, edificios y utensilios para el trato valdrían unos 40.000 pesos, formando todo esto un capital muerto de 220.000 pesos. A este capital muerto debía añadirse el trabajo de 60 obreros, el valor de dos embarcaciones de 220 a 250 toneladas cada una para la Casa de Panzacola y Mobila, y un bergantín de 150 toneladas para San Agustín, con tres buques menores de 50 a 90 toneladas absolutamente necesarios para el tráfico y comunicación entre las tres citadas factorías. Las mercancías existentes en los almacenes y las que estaban navegando de ida y vuelta de Europa podían valuarse en unos 150.000 pesos, formando con lo anterior un total de 360.000 pesos. A esta suma se añadían otras pérdidas anuales de mesa franca y regalos para los indios que podían valuarse en 180.000 pesos, lo que sumado a lo anterior llegaba a 380.000 pesos. Por lo tanto, decía Casa Calvo, pocos había en la provincia por no decir ninguno, que se atreviesen a arriesgar sus caudales en un tráfico que había causado ya la ruina de varios [52]. Sin embargo, el Intendente López Angulo contestó en términos opuestos al informe que se le pidió el 26 de febrero: Decía que si las circunstancias permitiesen a S. M. hacer un préstamo a la provincia de tan sólo la mitad de lo que pedía Panton, en pocos años prosperarían el comercio y la agricultura hasta ponerse al nivel de la

[52] Carta de Casa Calvo a Urquijo. Nueva Orleans, 8 de Octubre, 1800. ÁHN/E/Leg. 3.888, núms. 99 y 100, C. Res. 8.

colonia más floreciente; su indignación ante la solicitud de Panton sólo puede describirse con sus propias palabras: «Sola la osadía inglesa fomentada con la protección de los Gefes de la Colonia y las Floridas, ganados en sus personas, ó en las de sus Secretarios, y el buen exito qe hasta el dia há logrado por este motivo en todas sus solicitudes por no haber habido un Gefe zeloso qe haya desengañado á S. M. y á sus Ministros haciendoles ver el error en qe hasta aqui se les ha incluido siempre, y los incalculables perjuicios y bochorno qe se siguen á la Colonia y á la Nación en general de la existencia en ella de esta Casa, sola Excmo. Sr. la osadia inglesia, y bajo tales circunstancias sería capaz de hacer una petición tan escandalosa...».

Contestando a las preguntas concretas, decía López Angulo que las pérdidas de la Casa Panton habían sido calculadas por su protector continuo y más acalorado, el Gobierno, influido e inspirado por don Andrés López Armesto, al que calificaba de amigo íntimo y celoso defensor de la dicha Casa. Por lo tanto, consideraba el cálculo exageradísimo e inexacto, y en su opinión, la Casa Panton no sólo no era acreedora de una indemnización, sino que su existencia en el país era tan perjudicial, que inmediatamente debería obligársela a salir de él.

De no dar socorros a Panton —decía el Intendente—, se sacaría el gran provecho de no aumentar sus ganancias, pues era ridículo que ninguna Casa nacional ¡y menos inglesa! continuase 8 ó 10 años un comercio tan arriesgado sólo por complacer al Gobierno. De donde deducía que sus memoriales solicitando retirarse eran ardides para engañar a S. M. y a los ministros, ya que si sus deseos de abandonar el tráfico fueran ciertos, no tendría más que dejarlo. Y dado que no le interesaba abandonar el comercio, puesto que no perdía, aconsejaba López Angulo no ayudarla, de lo que se sacarían las siguientes ventajas:

1) No abrigar S. M. en su seno una Casa de una nación rival innata de España, con un influjo tal en el país, que en cualquier proyecto de Inglaterra contra la colonia, sería más de temer que un ejército.

2) Evitar que sus grandes ganancias saliesen por entero fuera del país.

3) Repartir estas ganancias entre los nacionales, lo que favorecería la agricultura, industria y comercio.

4) Fomentar la navegación española.

5) Evitar los perjuicios que su privilegio de no pagar derechos y su comercio fraudulento hacían a las rentas del Rey.

6) Hacer de Panzacola una plaza interesante de comercio, que hasta ahora había estado reducida al control de la Casa Panton.

7) Satisfacer a todos los comerciantes nacionales de la colonia que estaban descontentos por los privilegios de Panton.

De estos comerciantes alguno había hecho fortuna en lo alto del río Mississippi, y según el Intendente era innegable que más de uno podía suplir a Panton; citaba como ejemplo a don Pablo Second, francés, establecido en Nueva Orleans desde hacía treinta años, que poseía una fortuna de 200.000 pesos y crédito en toda Europa. También citaba a don Francisco Longay y a otros muchos que le habían asegurado que apenas supiesen la salida de Panton de Panzacola trasladarían allí su Casa. Pero consideraba López Angulo que lo mejor sería que la Compañía Nacional de Comércio se encargase del comercio de indios bajo los mismos privilegios de que disfrutaba Panton, ya que, «El Indio estúpido, holgazán y borracho no reconoce otro resorte que le ponga en movimiento que los dos que se han usado hasta aquí...», es decir, el tráfico de peleterías a cambio de objetos de treta.

Recomendaba como otro arbitrio posible las misiones, «tan discretas y políticas como religiosas» [53].

López Angulo, que permaneció a cargo de la Intendencia hasta el 13 de julio de 1801 en que fue sucedido por su antecesor Morales, insistía en todas sus cartas al Secretario de Estado sobre lo perjudicial que era la Casa Panton y la escandalosa protección que le habían dispensado los jefes de la colonia, en particular Morales y Folch; manifestaba que la Casa Panton era el único principio de los movimientos de Bowles, que deseaba apropiarse de sus privilegios mercantiles; y por consiguiente, también era la causa de todos los gastos y perjuicios originados a S. M. y de todo lo que se había gastado en la erección, conservación y defensa del Fuerte de Apalache [54].

William Panton murió el 26 de febrero de 1801, pero a pesar de los informes desfavorables de López Angulo, la Compañía subsistió aún después de su muerte, y sus privilegios fueron confirmados e incluso ampliados; las circunstancias que contribuyeron

---

[53] Carta de López Angulo al Secretario de Estado. Nueva Orleans, 20 de Noviembre, 1800. AHN/E/Leg. 3.888, núms. 103 al 106, C. Res. 3.

[54] Carta de López Angulo al Secretario de Estado. Nueva Orleans, 20 de Noviembre, 1800. AHN/E/Leg. 3.888, núms. 111, 112, 114 y 115, C. Res. 5.

a la continuación de la Casa y a la abolición de las restricciones comerciales estaban íntimamente ligadas a la política internacional. Cuando Luisiana fue cedida a Francia en 1803, las principales regulaciones comerciales que subsistían en Florida Occidental eran las siguientes: Una Orden del 1 de diciembre de 1803 que imponía un 6 % de derechos sobre todos los artículos que se importasen bajo bandera española desde Nueva Orleans a Panzacola, Mobila y Baton Rouge; no se permitía el comercio bajo bandera americana, y a los americanos les estaba prohibida la navegación del río Mobila; la Cédula de 1782 estaba aún vigente, como lo estaban los privilegios concedidos a Panton. Pero durante los cinco años siguientes, las circunstancias obligaron a poner fin a estas restricciones, de manera que, a finales de 1808, los americanos y la Casa Panton manejaban de hecho todo el comercio de la provincia. Estas circunstancias fueron: la enemistad entre Folch y Morales, la guerra europea, la reclamación de los americanos de parte de Florida Occidental, la falta de medios económicos de dicha provincia, que dependía de los EE. UU.

La guerra en Europa forzó a los jefes de las Floridas, al igual que ocurrió en otras colonias, a relajar o ignorar las leyes comerciales para poder subsistir y alimentar y vestir a sus habitantes; la reclamación de Florida Occidental indujo a los Estados Unidos a interpretar sus leyes comerciales de tal manera que se forzó una posterior modificación del sistema español en aquella provincia. Pero la ocasión inmediata para las concesiones españolas en materia de comercio fue la enemistad entre Morales y Folch; este último era más partidario de cubrir las necesidades de los habitantes que de cumplir al pie de la letra las órdenes de la Corte, y el 10 de diciembre de 1804, autorizó a la Compañía Forbes (sucesores de Panton) a tomar parte en el comercio general con los colonos. En el mismo año abolió el 6 % de derecho impuesto por Morales a las embarcaciones que iban desde Nueva Orleans a Florida Occidental bajo bandera española. Aunque la Corte no aprobó esta medida, Morales se vio obligado a volverla a establecer el 10 de marzo de 1806, abriendo el comercio de Florida Occidental a todas las naciones neutrales y aboliendo los derechos de importación y exportación, y esta vez fue aprobada por la Corte.

Desde principios de 1804, Folch permitió a los americanos comerciar entre los establecimientos del Tombigee y Nueva Orleans pagando un 12 % de derechos en Mobila; Morales interrumpió este tráfico en 1806, y Folch lo volvió a abrir en septiembre del mismo año [55].

En cuanto a la Casa Forbes, también era Folch partidario de su subsistencia, y la Real Orden del 8 de septiembre de 1804 que ordenaba el embargo de las propiedades inglesas, suscitó la intervención del Gobernador de Panzacola en su defensa; el 11 de septiembre de 1804, don Juan Forbes escribió una carta desde Londres al Gobernador Folch comunicándole que, por la muerte de don Guillermo Panton y de don Juan Leslie, la Casa se llamaría Juan Forbes y Cía.; y le informaba que habían sido admitidos dos nuevos socios para sustituir a Panton y Leslie; estos eran Ynnerarity y Sympson. Folch, con motivo de la Real Orden del 8 de noviembre de 1804, escribió al Capitán General Someruelos preguntando si debía comprenderse el embargo a la Casa Forbes y Cía., y exponía los inconvenientes que tendría esta confiscación, pues produciría una conmoción entre los indios y la pérdida de un resorte político para conservar las Floridas. Se basaba, para no hacer extensivo el embargo a la Casa Forbes, en la cláusula que establecía que en caso de guerra no se les confiscarían sus bienes y se les daría un año para retirarse. Por ello, el Barón de Carondelet en la guerra pasada no les comprendió en la confiscación que se hizo de los buques ingleses, y la Junta de Real Hacienda determinó esto mismo al 31 de enero de 1797. Cuando Ceballos expuso esta duda al Príncipe de la Paz, éste determinó que, si no había algún motivo particular contra la Casa Forbes, no debía aplicársela la orden general de represalias, sino proceder con ella del mismo modo que en las guerras pasadas [56].

En 1808 estalló la guerra en España, y el Capitán General de las Floridas, Someruelos, tuvo que contestar a una solicitud de la Casa Forbes sin esperar contestación de la Junta Central que se había trasladado a Sevilla con la ausencia de Fernando VII. Don Alejandro Gordon, apoderado de la Casa Forbes, escribió el 10 de noviembre de 1808 a Someruelos solicitando hacer la importación y exportación de géneros como se hacía durante la

---

[55] Whitaker, *Documents Relating to the Commercial Policy of Spain in the Floridas*, págs. LI-LVII.

[56] Carta de Folch a Someruelos. Panzacola, 16 de Febrero, 1805.
Carta de Folch a Someruelos. Panzacola, 6 de Abril, 1805.
Oficio del Príncipe de la Paz a Ceballos. San Lorenzo, 13 de Diciembre, 1805.
Minuta de Ceballos a Someruelos. San Lorenzo, 20 de Diciembre, 1805. AHN/E/Leg. 3.888, núms. 143, 144, 139 y 141.

guerra, es decir, en barcos que iban directamente desde Inglaterra a las Floridas; y Someruelos expidió el siguiente decreto: «Aunque son efectivas las gracias y excepciones concedidas á la Casa por quien representa esta parte; hallandose, como se halla, la España con nuevo Gobierno, á motivo de la ausencia del Rey nuestro Sr. D. Fernando 7.º, se dará cuenta á la Junta Central Suprema y gubernativa del Reyno para resolución que sea de su agrado en este asunto; y entre tanto puede la misma Casa seguir en los propios términos que lo ha estado hasta el presente...». Y aunque esta determinación tenía carácter provisional, como la mayoría de las dadas hasta ahora, el Secretario de Estado, Garay, aprobó la determinación de Someruelos a pesar de hallarse todos los antecedentes en Madrid, con el que estaban incomunicados [57].

Aunque los sucesores de Panton continuaron en las Floridas hasta final de la dominación española, el comercio de pieles fue reduciéndose inexorablemente debido a la confusión que había entre los indios, que empujados por el avance americano, iban emigrando hacia el Oeste del Mississippi. Al mismo tiempo que el comercio de indios pasaba a segundo plano, la Compañía extendía sus actividades a la agricultura, comercio ilícito, proveer a las guarniciones, préstamos a plantadores, transporte de harina, algodón, esclavos, maderas, cultivo de algodón, etc., y eran precisamente estas ramificaciones al margen del comercio indio lo que les permitía compensar las pérdidas de éste. En 1804 se legalizó el comercio con los colonos, que hasta entonces había sido ilegal, y la Compañía pasó, con el consentimiento oficial, a monopolizar prácticamente el comercio de la provincia. De este modo se cumplía lo que el Gobierno español había intentado evitar por todos los medios, tolerando de mala gana las concesiones a Panton y cortapisando éstas dándoles carácter temporal y restringiéndolas; en un principio, las dos limitaciones principales habían sido el impuesto del 6 % de derechos y el permiso para comerciar sólo y exclusivamente con los indios, pero la primera restricción desapareció en su momento al igual que la segunda.

Tras la lectura de este capítulo surge inevitable la pregunta de si fue la Casa Panton la que fracasó en su misión de contemporizar a los indios para hacer de ellos una barrera humana que protegiese las fronteras de las Floridas, o si fue el Gobierno es-

---

[57] Decreto de Someruelos. La Habana, 25 de Noviembre, 1808.
Minuta de Garay a Someruelos. Sevilla, 26 de Marzo, 1809. AHN/E/Leg. 3.888, núms. 151 y 155.

pañol el que fracasó en su planteamiento. Pero al profundizar sobre el tema surge la contestación, y es que una frontera humana no podía tener validez cuando existía una debilidad orgánica e intrínseca que afectaba a la soberanía española y que repercutía en sus colonias de América; las guerras que siguieron a la Revolución francesa y que culminaron en las invasiones napoleónicas, agotaron los recursos de España, que ocupada en resolver sus problemas internos, mal podía atender las necesidades de sus colonias.

## 2. LA POLÍTICA ESPAÑOLA DE POBLAMIENTO

Antes de 1770, las colonias inglesas en América tenían su límite al Oeste de las montañas Apalaches, y el territorio que mediaba entre éstas y el Mississippi se hallaba despoblado exceptuando un corto establecimiento sobre el «Green Brian» y algunos aborígenes errantes.

Muchos habitantes, a pesar de no tener permiso del Gobierno, atravesaron los montes y se establecieron donde más les convenía. En 1775 ya habían tomado gran incremento estos establecimientos, y se formaron varios desde el pie de los montes Apalaches hasta la unión del Conkaway con el río Ohio.

En este tiempo empezó la guerra civil, y muchos realistas, y otros muchos que no querían pagar impuestos, se trasladaron a dichos establecimientos y aumentó el número de pobladores.

El sitio favorito en aquel tiempo era una nueva colonia sobre el río Kentucky, de modo que en tres años se establecieron 3.000 familias. Virginia, que pretendía jurisdicción sobre el Mississippi, extendió su autoridad sobre este establecimiento.

Desde el reconocimiento de la Independencia de los americanos, unas 8.000 familias se unieron a los nuevos pobladores de Kentucky; muchos de éstos eran lealistas disgustados con el cambio de Gobierno, y otros, aventureros sin religión ni ideas políticas.

Una vez que se disolvieron los dos Regimientos ingleses que guarnecían San Agustín, se dispersaron entre San Marcos y el río Flint, y unas 300 familias de lealistas se refugiaron entre los indios del alto Creek [58].

---

[58] Carta de del Campo del 16 de Noviembre de 1783, con breve relación de las fronteras medias de los Estados Unidos de América. AHN/E/Leg. 3.885, Exp. 1, n.º 28.

Esta vencindad formada por lealistas y por olas de emigrantes que querían evadirse de los impuestos de la postguerra o evitar sujetarse al dominio del Congreso era creciente en número; su aumento indefectible suponía un peligro para el Gobierno de la Luisiana en el caso, muy probable, de que pretendiera extender sus miras al mar.

Esta amenaza fue pronto tenida en cuenta por los españoles, y ya en 1783, Bernardo del Campo, escribió a Floridablanca dando noticias de los establecimientos que los descontentos de los Estados americanos formaban al otro lado de los Montes Apalaches hacia lo alto del río Mississippi; hablaba de la utilidad para España de atraerlos, acogiendo en sus dominios a los individuos de las nuevas poblaciones, y de fomentar con sagacidad la desunión existente entre estos establecimientos y Virginia, que por temor de que éstos formaran un nuevo estado poderoso e independiente, habían expedido proclamaciones prohibiendo la emigración. También había muchos irlandeses católicos que vivían en los Estados Unidos y en establecimientos aún bajo dominio inglés, que estarían deseosos de transferirse al dominio español, pero del Campo no consideraba conveniente efectuar el transporte de dichos emigrantes porque, dada su pobreza, saldría muy caro pagarles los gastos, y además supondría una publicidad comprometida para la Corona.

La formación de establecimientos americanos entre el Mississippi y los Apalaches, inquietó también al Encargado de Negocios en Filadelfia, don Francisco Rendón, quien un mes más tarde que del Campo, escribió a don José de Gálvez enviando copia de la petición presentada a la Asamblea de Virginia por los habitantes del país situado al Oeste de los Apalaches para formar un nuevo estado [59].

Un peligro fronterizo amenazaba a Luisiana y Floridas en el caso de que aquellas gentes decidieran obtener la navegación del Mississippi, cuyo uso les había sido prohibido en 1784. La respuesta española a este peligro fue el intento de crear una frontera humana, uno de cuyos aspectos se ha estudiado ya en el comercio con los indios; la otra vertiente de la barrera será la política española de poblamiento, uno de cuyos principales objetivos era

[59] Carta de del Campo a Floridablanca. Londres, 16 de Noviembre, 1783. AHN/E/Leg. 4.246, C. n.° 7.
Carta de Rendón a J. Gálvez. Filadelfia, 16 de Diciembre, 1783. AHN/E/Leg. 3.885, Exp. 20, n.° 1.

llenar las Floridas de vasallos fieles y leales a S. M. C. para contrarrestar el empuje americano hacia el Mississippi.

ENVÍOS DE CLÉRIGOS INGLESES A LAS FLORIDAS.—Tras la cesión de las Floridas a España por los ingleses, el Gobierno español concedió un plazo de dieciocho meses a las familias inglesas allí establecidas para evacuar; éstas eran protestantes en su mayoría y se habían refugiado en las Floridas huyendo de la guerra o pidiendo establecerse. La cuestión de la Religión era el principal problema que se le presentaba a las autoridades españolas para permitirles permanecer en sus posesiones, y para solucionarlo, dada la necesidad de pobladores que había, se decidió intentar convertirles poco a poco a la Religión Católica.

El 6 de septiembre de 1785, el Gobernador de Nueva Orleans, Miró, escribió al Conde de Gálvez solicitando instrucciones sobre lo que debía hacer cuando terminase la prórroga concedida a las familias inglesas establecidas en Baton Rouge, Mobila, Panzacola y Natchez; el Conde de Gálvez, dando su parecer en punto a la Religión, pidió la resolución a don José de Gálvez, quien le contestó el 5 de abril de 1786 con una Real Orden: se resolvió que dichas familias continuasen donde se hallaban establecidas, pero bajo juramento de fidelidad y obediencia a S. M.; esta misma concesión se extendía a los habitantes de Florida Oriental, y tanto en esta provincia como en Natchez, debían establecerse parroquias de clérigos irlandeses para atraer a dichos colonos a la Religión Católica [60]. Con esta misma fecha se previno al Obispo de Salamanca para que escogiese cuatro clérigos irlandeses para ir a las Floridas, y se trasladó la Real resolución a los gobernadores Miró y Céspedes.

Por otro lado, y por indicación del Marqués de Sonora, Floridablanca encargó a Gardoqui que procurase inclinar a cuantos católicos le fuera posible, a establecerse en Florida Oriental, donde se les darían tierras y auxilios [61].

Los clérigos irlandeses escogidos para pasar a las Floridas fueron Guillermo Savage, Miguel Lamport, Gregorio White y Constantino Mc. Kenna, y las condiciones que se les ofrecieron eran las siguientes: sueldo de 40 pesos mensuales, el viaje por cuenta de

---

[60] Real Orden de J. Gálvez al Conde de Gálvez. El Pardo, 5 de Abril de 1786. AHN/E/Leg. 3.888 bis, n.º 3.

[61] Minuta de Floridablanca a Gardoqui. El Pardo, 13 de Marzo, 1786. AHN/E/Leg. 3.893, Ap. 7, min. n.º 3.

la Real Hacienda, 3.000 reales de vellón a cada uno para trasladarse desde Madrid a Cádiz y equiparse, y ningún plazo concreto en cuanto al tiempo de su permanencia en aquel destino ni goce de sueldo alguno si regresasen a España[62].

Los cuatro presbíteros se embarcaron en Cádiz en la fragata «San Juan Nepomuceno», y llegaron a La Habana en julio de 1787, desde donde debían trasladarse a Nueva Orleans; allí les esperaba el Gobernador Miró, que según instrucciones del difunto Conde de Gálvez, debía encargarse de la distribución de las parroquias.

Natchez era el distrito más necesitado de clérigos, ya que su población era predominantemente anglo-americana. Había algunas familias francesas, y según Bouligny, muy raramente había algún español. La mayoría de la gente cultivaba la tierra, y vivían repartidos entre los esteros de Santa Catalina, Second Creek y Coles Creek; en 1785 vivían unas 180 familias junto al estero de Santa Catalina, otras 55 en Second Creek y unas 40 en Coles Creek. Según el censo del distrito de Natchez en 1784 había 1.619 habitantes, incluyendo 498 esclavos negros; en 1792 la población había ascendido a 4.346, y al final del dominio español había 4.500 blancos y 2.400 negros.

El plan de Miró era, pues, establecer dos parroquias en Natchez, una en Mobila y otra en Tinzás, ya que en los demás puestos había menos habitantes de habla inglesa y alguna parroquia ya establecida; pero para ello era necesario comprar por cuenta de la Real Hacienda una casa y 300 acres de terreno inmediato al Fuerte de Natchez, perteneciente a Esteban Minor; y para la otra parroquia del distrito de Natchez habría que comprar unos 300 acres en Coles Creek pertenecientes a Thomas Colbet. Estos gastos eran ineludibles para la Real Hacienda, ya que los feligreses no eran todavía católicos, y por lo tanto no estarían dispuestos a colaborar[63].

---

[62] Minuta del Marqués de Sonora (J. Gálvez) al Obispo de Salamanca. San Lorenzo, 18 de Octubre, 1786. AHN/E/Leg. 3.888 bis, n.º 11.

[63] Carta de Miró a Sonora. Nueva Orleans, 2 de Febrero, 1787. AHN/E/Leg. 3.888 bis, n.º 39, C. n.º 39.

Carta de Miró a Valdés. Nueva Orleans, 8 de Enero, 1788. AHN/E/Leg. 3.888 bis, n.º 80, C. 21.

Sobre población de Natchez ver: Holmes, Jack D. L., «Spanish Provice, 1779-1798», en *A History of Mississippi*, Vol. I, ed. por Richard Aubrey Mc. Lemore, University and College Press of Mississippi, Hattiesburg, 1793, páginas 168-169.

La Corte aprobó el reparto y colocación que Miró había designado para los clérigos irlandeses que habían de ser párrocos de los puestos conquistados, y el 14 de mayo de 1789 Valdés envió a Miró la Real Orden correspondiente: La primera parroquia comprendería los esteros de Santa Catalina y Second Creek, quedando en ella dos clérigos con obligación de enseñar la doctrina y a leer y escribir el español. La segunda se establecería en Coles Creek con el otro clérigo, y se construiría una casa para el Comandante y un pequeño Cuerpo de Guardia. La tercera habría de situarse en el río Tinzá, estableciendo también Comandante si las circunstancias lo exigiesen. Se aprobaba la compra del terreno de Esteban Minor en Natchez por valor de 2.000 pesos y del de Thomas Colbet en Coles Creek, y se recomendaba que en las poblaciones que se delineasen en torno a las parroquias, sólo se estableciesen aquellos habitantes dedicados al comercio o a otros servicios que sirviesen para surtir a los agricultores de las cosas necesarias. Los labradores de profesión deberían situarse en sus respectivas suertes agrarias «así por la mayor vigilancia y cuidado que se proporciona, teniendo siempre sus haciendas a la vista, como por la mayor aplicación, economía y moderación de costumbres que fomenta este sistema» [64].

Por otro lado, Gardoqui desde Nueva York continuaba su labor de atraer emigrantes católicos para las Floridas, al tiempo que avisaba al Gobernador Miró sobre la conveniencia de tener a cubierto las fronteras de las posesiones españolas, dada la falta de poder ejecutivo del Congreso [65].

Durante los años 1787 y 1788 hubo varias ofertas de familias católicas para pasar a establecerse a las Floridas, como las de Bryan Bruin, Fitzgerald, David Carrol Franks, un grupo de católicos de Maryland, etc.

Bryan Bruin era un irlandés católico que en nombre de doce familias solicitó pasar desde Virginia a establecerse en las posesiones españolas; el Gobernador Miró les concedió el permiso el 20 de abril de 1787, además de la exención del pago del 6 % de derechos en la introducción de los útiles de labranza y demás

---

[64] Minuta de Valdés a Miró. Aranjuez, 14 de Mayo, 1789. AHN/E/Leg. 3.888 bis, n.º 84.

[65] Carta de Gardoqui a Miró. Nueva York, 22 de Junio, 1787. AHN/E/Leg. 3.893, n.º 195.
Minuta de Sonora a Miró. Madrid, 14 de Julio, 1787. AHN/E/Leg. 3.888 bis, n.º 41 bis.

cosas necesarias para sus haciendas. La Corte aprobó su admisión, y al año siguiente Gardoqui recibió una solicitud de Peter Bryan Bruin, hijo del anterior, pidiendo 100 pasaportes [66]. Gardoqui le respondió enviándole pasaporte para su familia, esclavos y demás personas, y una carta recomendando a él y a sus asociados al Gobernador de Luisiana o al de Natchez; en esta carta insistía sobre la debilidad de la Confederación de los Estados Unidos y la oposición a la Unión de los estados de Carolina del Norte y Virginia, a los que pertenecían los distritos de Franklin y Kentucky, el último de los cuales había solicitado la independencia de Virginia [67].

Otra de las solicitudes que recibió Gardoqui fue la de Carrol Franks, que, en nombre de unas setenta familias irlandesas (unos 400 individuos en total), pedía recomendación para establecerse en los dominios de S. M. C. [68] Gardoqui le recomendó al Gobernador de San Agustín de la Florida, Céspedes, pero en la Corte hubo dudas sobre la conveniencia de su admisión, ya que dichas familias se hallaban en Europa y los gastos de traslado podían ser excesivos. Pero finalmente fueron admitidas junto con otras familias representadas por el Sr. Fitzgerald [69].

Fitgerald representaba a unas 800 personas católicas, fue recomendado a Gardoqui por un eclesiástico del Condado de Sta. María de Maryland llamado Carlos Wheeland; Gardoqui a su vez le recomendó al Gobernador de Luisiana, pero cuando se embarcó con su familia destino a Florida, sufrieron tantos huracanes en el mar que fueron a parar a Santo Domingo. Fitzgerald escribió desde allí a Gardoqui suplicando les permitiesen quedarse, pues habían sufrido tantas penalidades que no querían volver a embarcarse [70].

---

[66] Carta de Peter Bryan Bruin a Gardoqui. Bath, 1 de Marzo, 1788. AHN/E/Leg. 3.894, n.º 236.

[67] Carta de Gardoqui a Miró. Nueva York, 1 de Abril, 1788. AHN/E/Leg. 3.889, Exp. 6, n.º 82.
Pedro Bryan Bruin llegó a Natchez con varias familias americanas en Junio de 1788: Carta de Miró a Valdés. Nueva Orleans, 28 de Junio, 1788. AHN/E/Leg. 3.888 bis, n.º 141.

[68] Carta de David Carroll Francks a Gardoqui. Nueva York, 2 de Junio, 1788. AHN/E/Leg. 3.885 bis, n.º 45; otra copia en Leg. 3.893 bis, n.º 199.

[69] Carta de Gardoqui a Floridablanca. Nueva York, 18 de Abril de 1788. AHN/E/Leg. 3.894, n.º 236.

[70] Carta de Fitzgerald a Gardoqui. Sto. Domingo, 19 de Junio, 1788. AHN/E/Leg. 3.894, n.º 278.

La labor de Gardoqui en los Estados Unidos, cuyo fin primordial era concluir un Tratado con éstos, duró desde 1785 hasta 1788; este período es esencial en la política española de poblamiento, ya que durante él tuvieron lugar las principales propuestas al Gobierno español por parte de los americanos fronterizos para poblar la Luisiana y Floridas; ahora se verá por qué las ofertas venían precisamente del otro lado de la frontera, y la relación de la misión de Gardoqui con este asunto.

En 1786, el Congreso, dadas las infructuosas negociaciones diplomáticas de Gardoqui con Jay, dio poderes a este último para negociar un Tratado con España por el que los Estados Unidos renunciarían a la navegación del Mississippi durante veinticinco o treinta años. Esta decisión del Congreso, a pesar de que el Tratado no llegaría a negociarse, precipitó un movimiento secesionista en el Oeste, cuyos habitantes no estaban dispuestos a renunciar a la única salida de sus productos al mar, y consideraba que el Congreso desatendía sus necesidades en favor de los estados Atlánticos.

Esta situación dio lugar a las propuestas que Wouves D'Argés, James White y Wilkinson hicieron al Gobierno español, ofreciendo llevar pobladores a Luisiana y Floridas a cambio de concesiones de navegación en el río Mississippi. Así nació la intriga entre los hombres de frontera y España, que antes de apelar al separatismo del Oeste intentó negociar un Tratado con el Congreso en 1787.

PROYECTO DE WOUVES D'ARGÉS.—Pedro Rezard Wouves D'Argés, Caballero de la Orden de San Luis y Capitán de Granaderos del Regimiento de Infantería de Saintonge al servicio de Francia, decidió probar fortuna en América al final de la guerra de Independencia, ya que, según él, en Francia era casi imposible el ascenso a los de su clase. Consiguió algunas tierras sobre los ríos Ohio y Mississippi, y en 1786, molestado por las discordias de los indios con los americanos, determinó dejar las Caídas del Ohio; pero seis o siete semanas antes de su partida muchos moradores de aquellas tierras, la mayor parte alemanes o descendientes de alemanes, acudieron a él para que se encargase de pedir a los jefes de Nueva Orleans que concediesen a cada familia 300 fanegas de tierra sobre el río Mississippi, prometiendo ellas jurar fidelidad a S. M. C.

Esta es la exposición que hizo Wouves en Nueva Orleans a Miró y Navarro, quienes consideraron que no tenían poderes suficientes para aprobar el proyecto y le enviaron a París para exponérselo al Conde de Aranda. El 18 de febrero de 1787, Wouves, ya en París, escribió a Aranda, y el 18 de marzo le presentó una Memoria en la que hacía una relación de su vida y exponía su proyecto de emigración a Natchez; consideraba su propuesta bajo dos aspectos: como defensa de la provincia y como lugar o plaza de comercio, y hacía ver que un Fuerte en Natchez no era un medio de defensa suficiente si no estaba rodeado de pobladores para protegerlo [71].

El 2 de abril de 1787, el Conde de Aranda escribió al de Floridablanca informando de la carta de Wouves y de sus conversaciones con él; éste le había contado que los nuevos pobladores de Kentucky aspiraban a formar por su cuenta una provincia o estado independiente de los Estados Unidos, de los que hasta ahora no se habían querido considerar parte integrante para evitar los impuestos a raíz de la guerra de Independencia.

Aranda consideraba que la idea de formar una gran colonia en Natchez, antemural de Florida Occidental, le daría gran fuerza defensiva a la provincia, ya que a espaldas de los Estados Unidos, sobre los ríos que desaguan en el Mississippi, se iba arraigando una población nueva. Por lo tanto, Natchez, dada su situación, topografía e hidrografía, merecía gran atención del Gobierno español, y estas son sus palabras al respecto:

«La Geografía manifiesta la posición y extensión de aquella Región: La Topografía presenta que median terrenos ásperos con bastante distancia para transitar por las Provincias vecinas hasta el mar; y la Hydrografia al contrario una facilidad de rios, que incorporandose unos en otros van por fin á engrandecer el famoso Mississippi, cuya apreciable orilla ha de ser aun mas atractiva, porque á su hermosura reunirá la concurrencia de todas las partes superiores, acercandose al mismo tiempo por aquella parte con descender el rio á la navegación maritima, que proporciona su desagüe.

De lo expresado resulta que *Natchez* ha de ser el broquel de la Luisiana y de la Florida, el tope contra los pobladores extraños de tierra adentro, y el bocado de golosina de éstos si lo viesen abandonado á sus solas fuerzas de un fuerte y Guarnición regular, sin gentio en sus inmediaciones para sostenerlo.»

Por lo tanto, Aranda miraba también la proposición de Wouves como un medio indirecto de retardar el progreso de la pobla-

[71] Memoria de Wouves d'Argés presentada a Aranda. París, 18 de Marzo, 1787. AHN/E/Leg. 3.889, Exp. 6, n.° 4.

ción y cultivo sobre el Ohio y demás parajes de la zona, al mismo tiempo que aumentaría en Natchez. El único obstáculo que veía era la Religión, según él, salvable con máximas políticas, pues peor sería que los no católicos en vez de ser vasallos del Rey, fuesen dueños y señores de aquellas tierras[72].

Floridablanca, al recibir la carta de Aranda, pidió su dictamen sobre el asunto al Marqués de Sonora, no sin antes advertirle que tuviera presente una carta de Gardoqui sobre la intención de algunos americanos meridionales de ponerse bajo la protección de España si se cerraba la navegación del Mississippi. Sonora opinó que la idea de Wouves podía ser muy ventajosa y que convenía que éste viniera a España para tratarla, y al mismo tiempo, que se ordenase a los gobernadores de Luisiana y Floridas que, mediante juramento de fidelidad, permitiesen a los colonos extranjeros establecerse en aquellas provincias, especialmente cerca de Natchez, Panzacola y Florida, a donde se habían destinado ya clérigos irlandeses para atraerlos al catolicismo[73].

Wouves D'Argés emprendió su viaje a Madrid el 11 de junio de 1787 bajo pretexto de negocios personales, y el 1 de agosto presentaba su Memorial a Floridablanca. En él, tras una narración de su vida y del proyecto citado, exponía que por encima de la Luisiana había unas 60.000 almas cuya existencia y subsistencia dependía absolutamente de la navegación del Mississippi; si se les ofrecía venir a vivir dentro de los límites españoles con un comercio libre de derechos, acudirían muchos sin duda y así se fomentaría la población, comercio y cultura de las posesiones españolas. Así, pues, proponía enviar a una persona al Kentucky, aprovechando su descontento con el Congreso, para que difundiese la noticia de que S. M. C. admitía pobladores en sus posesiones[74].

Cuando Floridablanca remitió a Valdés todos los papeles referentes a la proposición de Wouves para que se tratasen en la Junta de Estado, la negociación de Gardoqui con el Congreso que se hacía cada vez más difícil. Había pocas esperanzas de que el Congreso cediese sobre la navegación del Mississippi, siendo los

---

[72] Carta de Aranda a Floridablanca. París, 2 de Abril, 1787. AHN/E/Leg. 3.889, Exp. 6, n.º 1, C. n.º 594, cop. 8.

[73] Extracto del despacho n.º 594 de Aranda y Acuerdo de Floridablanca. Mayo, Aranjuez, 1787. AHN/E/Leg. 3.889, Exp. 6, n.º 5.
Minuta de Sonora a Floridablanca. Aranjuez, 2 de Junio, 1787. AHN/E/Leg. 3.889, Exp. 6, núms. 7 y 9.

[74] Memoria de Wouves d'Argés a Floridablanca. Madrid, 1 de Agosto, 1787. AHN/E/Leg. 3.889, Exp. 6, n.º 15.

diputados del Estado de Virginia los más acérrimos sobre este punto, quienes decían que, aunque se verificase el Tratado con aquella privación, los habitantes del Kentucky no la respetarían. Por otra parte, Jay no se atrevía a entrar en discusión sobre el asunto, y Gardoqui temía no poder concluirlo en todo el verano. Además, Gardoqui había sostenido una conversación el 26 de septiembre de 1786 con James White, Delegado de Carolina del Norte en el Congreso; éste le había dicho que con pocos alicientes que España concediese a los colonos de Kentucky para bajar a vender los sobrantes de sus cosechas a Nueva Orleans y surtirse allí de lo que necesitasen, S. M. los ganaría como barrera para sus posesiones, pues se harían independientes [75].

Wouves D'Argés proponía que se les concediesen 300 fanegas de tierra sobre el Mississippi a cada una de las 1.582 familias que lo habían solicitado, tolerándoles profesar su religión; que se destinase a Natchez un Gobernador que entendiese el inglés, y que se enviase un comisario de confianza al Kentucky con el encargo aparente de fijar límites, pero con la misión de promover la emigración a Natchez.

Los presupuestos de los que partía Floridablanca al exponerle el proyecto de Wouves a Valdés, teniendo en cuenta su intención primordial de llegar a un acuerdo con el Congreso, eran los siguientes: que el Fuerte y el pueblo de Natchez habían de quedar, si se firmaba el Tratado, dentro del dominio de S. M., bien como parte de Florida o como país independiente pero confinante; y que los americanos no podrían navegar el Mississippi desde el punto donde empezasen las posesiones de S. M., pero que se podría convenir al proporcionarles la salida de sus productos sobrantes por Nueva Orleans a cambio de los efectos que allí tenían [76].

El proyecto de Wouves D'Argés había llegado en un momento en que la negociación para el Tratado con los Estados Unidos parecía no tener solución, existía un grave temor de guerra con Inglaterra, y las fronteras de las Floridas estaban en peligro. Estos factores influyeron sin duda en la aceptación del plan de emigración como una posible solución a los problemas diplomáticos y fronterizos.

---

[75] Extracto sobre proposiciones de Wouves d'Argés para Valdés. San Ildefonso, 4 de Agosto, 1787. AHN/E/Leg. 3.889, Exp. 6, n.º 20.

[76] Oficio de Floridablanca a Valdés. San Ildefonso, 3 de Agosto, 1787. AHN/E/Leg. 3.889, Exp. 6, núms. 18 y 19.

El 9 de agosto de 1787, Sonora envió su dictamen a Floridablanca considerando conveniente la admisión de los emigrantes,
con tal de que éstos fuesen labradores y se acomodasen a las
condiciones impuestas de reparto de tierras; pero antes Wouves
debía hablar con el Gobernador de Luisiana para ver si era factible la concesión de las 300 fanegas. También habría que enviar
un Gobernador a Natchez que hablase inglés para ir admitiendo
a los colonos y promover la religión católica; y mientras se arreglasen los límites con los Estados Unidos, el Comisionado debía
ir a Kentucky a divulgar la noticia de que se permitirían bajar
mercancías por el Mississippi a Nueva Orleans pagando un 25 %,
para tranquilizar los ánimos y promover la emigración [77].

Diez días más tarde, Floridablanca enviaba las instrucciones
a Wouves: debía ir a Kentucky como Comisionado de S. M. para
oír las quejas de la gente contra el Gobierno español y tranquilizar los ánimos, así como para reconocer los terrenos propios para
la fijación de límites. En todo momento debía proceder de acuerdo con Gardoqui, a quien se le darían las instrucciones necesarias,
lo que demuestra la relación de la política de poblamiento con la
negociación diplomática para el Tratado con los Estados Unidos.
Y se les autorizaba para anunciar a los colonos que podrían bajar
por el Mississippi sus frutos y productos hasta Natchez y hasta
Nueva Orleans pagando un 25 % de derechos, que también sería
admitido en especies [78].

El 23 de agosto de 1787, Valdés envió una Real Orden al Gobernador de la Luisiana anunciándole que Wouves se embarcaría
en La Coruña para Nueva York a primeros de septiembre, y que
a su llegada se pondría de acuerdo con Gardoqui sobre el asunto
de la emigración a Natchez. Y el 5 de septiembre, Floridablanca
enviaba otra a Gardoqui instruyéndole de la comisión de Wouves
en estos términos: «Notará V. S. que para nada se autoriza á
Mr. Wouves que no sea procediendo de acuerdo con V. S. y el
gobernador de la Luisiana, ó con uno de los dos...». Las especies
que vertería en aquel pais sobre nta condescendencia á dar salida
á los frutos de sus habitantes podran acaso conducir á facilitar
la negociación de los puntos pendientes...» [79]. Estas palabras son

---

[77] Oficio de Sonora a Floridablanca. San Ildefonso, 9 de Agosto, 1787.
AHN/E/Leg. 3.889, Exp. 6, n.º 23.

[78] Carta de Floridablanca a Wouves d'Argés. San Ildefonso, 19 de Agosto, 1787. AHN/E/Leg. 3.889, Exp. 6, núms. 29 y 30.

[79] Real Orden de Valdés al Gobernador de la Luisiana. San Ildefonso, 23 de Agosto, 1787. AHN/E/Leg. 3.889, Exp. 6, n.º 38.

un claro exponente de la intención de Floridablanca de llegar a un acuerdo con el Congreso para hacer el Tratado, y no de organizar una conspiración con el Oeste a espaldas de los Estados Unidos. Además, Floridablanca no tenía demasiada confianza en Wouves D'Argés, a quien de ahora en adelante el destino pareció volver la espalda y cuyo proyecto fue sustituido por otro que parecía más prometedor.

La primera dificultad que se le presentó a Wouves fue debida a la casualidad: se embarcó para Nueva York en el bergantín correo Galveztown, pero una tormenta rajó el palo mayor y tuvieron que volver a La Coruña el 27 de septiembre; durante su estancia allí en espera de volver a embarcarse, Wouves siguió carteándose con Floridablanca, quien el 6 de octubre escribió a Gardoqui dándole nuevas indicaciones sobre Wouves. Floridablanca había notado que Wouves quería llevar demasiado deprisa el asunto de conceder permisos a los colonos para bajar a los puertos españoles sus frutos y productos, y por lo tanto avisaba a Gardoqui para que tuviese cuidado y le sacase el partido que pudiera [80].

Cuando por fin llegó Wouves a Nueva York, se encontró con la clara oposición de Gardoqui, cuya negociación con el Congreso había sido aplazada hasta la formación de un nuevo Gobierno.

Wouves pidió a Gardoqui ser presentado formalmente como enviado de la Corte para fijar límites, comunicar cuanto antes las concesiones de comercio en el Mississippi, y 600 doblones para su viaje al Oeste. Gardoqui consideró que su misión era «esperanzar» y no hacer concesiones de entrada, y para más seguridad le asignó un asociado, le fijó el itinerario, y decidió darle un sueldo mensual en lugar de la cantidad pedida.

Ante la insistencia de Wouves, que solicitaba licencia para abandonar su misión si no se le concedía lo que pedía, Gardoqui decidió enviarle a Nueva Orleans para ganar tiempo, con la excusa de que en esa época los ríos estaban helados en el Ohio y no podría efectuar todavía su viaje [81].

---

Carta de Floridablanca a Gardoqui. San Ildefonso, 5 de Septiembre, 1787. AHN/E/Leg. 3.889, Exp. 6, n.º 50.

[80]  Carta de Floridablanca a Gardoqui. San Ildefonso, 6 de Octubre, 1787. AHN/E/Leg. 3.889, Exp. 6, n.º 55.

[81]  Carta de Gardoqui a Floridablanca. Nueva York, 16 de Febrero, 1788. AHN/E/Leg. 3.889, Exp. 6, n.º 68, C. n.º 231; correspondencia entre Gardoqui y Wouves d'Argés, n.º 74.

Si Wouves encontró oposición en Nueva York, ésta fue aún mayor en Nueva Orleans; el Gobernador Miró no estaba dispuesto a colaborar con él hasta recibir respuesta de la Corte a una carta que había escrito el 25 de septiembre de 1787 exponiendo otro plan de poblamiento, a su modo de ver mucho más conveniente[82].

Wouves permaneció en Nueva Orleans, y en vista de los retrasos y aplazamientos de su misión, solicitó permiso para pasar a Martinica a visitar a su familia[83], y cuando al fin su proyecto fue sustituido por el de Wilkinson, volvió a París en 1789.

EL PROYECTO DE WILKINSON.—El 3 de septiembre de 1787, cuando Floridablanca escribía a Gardoqui desde Madrid instruyéndole de la comisión de Wouves D'Argés, en Nueva Orleans se maquinaban otros planes que contribuirían al fracaso del citado proyecto. Con esta misma fecha, Jaime Wilkinson, Brigadier de los Estados Unidos durante la Revolución, presentaba un Memorial a Miró y Navarro con un proyecto de emigración al parecer mucho más prometedor.

Comenzaba Wilkinson su Memorial aludiendo a la navegación del Mississippi que los americanos consideraban un derecho indispensable. Las oleadas de emigrantes hacia el Kentucky que habían comenzado antes de la guerra, alcanzaron el número de 15.000 en 1784. Pero el cierre de la navegación del Mississippi por parte de España y la postura del Congreso al respecto, habían llenado de indignación a los habitantes del Oeste americano y la emigración disminuyó de momento. A pesar de ello, los impuestos del gobierno americano después de la guerra obligaron a muchos ciudadanos a huir hacia el Oeste buscando donde establecerse. El número de emigrantes llegó a ser de 10.000 por año, y se esperaban 40.000 en 1787. Estas poblaciones dependían del Estado de Virginia, que dada la distancia que existía, tenía poca autoridad sobre ellas. La decisión de Jay de aceptar la proposición de Gardoqui sobre la prohibición de navegar el Mississippi y la aceptación del Congreso en 1786, les obligó a perder la confianza en la Unión. Por lo tanto, Kentucky pretendía separarse del Estado de Virginia y había presentado un Memorial al Con-

---

[82] Carta de Miró a Valdés. Nueva Orleans, 15 de Mayo, 1788. AHN/E/Leg. 3.889, Exp. 6, núms. 125 y 126, C. n.° 19.
[83] Carta de Wouves d'Argés a Miró. Nueva Orleans, 12 de Agosto, 1788. AHN/E/Leg. 3.889, Exp. 6, n.° 94.

greso declarando que si no protegían sus intereses, se valdrían de sus propios medios.

Continuaba Wilkinson reflexionando sobre la política del Congreso con relación a los establecimientos occidentales, a cuya cabeza estaba Kentucky, y decía:

«Los Estados Unidos así divididos en politica, desunidos en intereses, desconcertados en sus consejos, agoviados con deudas, y sin crédito dentro ni fuera, no pudieron, á pesar de su zelo, tomar medidas activas, para adquirir la navegación del Misisipi, contra la voluntad de la Corte de España, y quando á estos hechos agreguemos la reflexión de que los Estados mas poblados, y poderosos estan decisivamente opuestos á ella, pienso que podremos libremente, y con seguridad concluir que los Memoriales de Kentucky, y otros establecimientos occidentales no producirán variación alguna en las ideas del Congreso.

La evidente consecuencia de esto será una distinta Confederación de los habitantes del Oueste, para su comun bienestar y dicha...»

Expuesta así la situación del Oeste americano, continuaba hablando sobre la política y designios de Gran Bretaña, y hacía saber que si los establecimientos occidentales no llegaban a un acuerdo amigable con España, recurrirían a dicha potencia. Y para mayor claridad resumía a continuación todo lo dicho: Que los establecimientos americanos cuyos ríos desaguaban en el Mississippi eran ya poderosos e irían en aumento; que la navegación del Mississippi era el manantial del que debían esperar su futuro alivio y bienestar y emplearían cualquier medio desesperado para alcanzarla; que para ello estaban trabajando para separarse de la Unión americana y el Congreso no tenía poder ni intención de impedirlo; que los «notables» de estos establecimientos consideraban dos proyectos para conseguir su objetivo: «una amigable composición con la España, ó hostilidades con el auxilio de Gran Bretaña»; que Inglaterra estaba cortejando a dichos establecimientos y procuraba insidiosamente empeñarlos en el ataque de Luisiana; y que dichos establecimientos estaban decididos a hacerle la primera proposición a España, y en caso de no admitirla, abrazar la política de Gran Bretaña.

La situación era, pues, comprometida para España, pero había dos medios de sacarle ventaja; el Gobierno español debía fomentar una revolución en el Kentucky para que se separase de la Unión y se ligase a España a cambio de concesiones comerciales en el Mississippi; o bien adoptar una política inmigratoria con ciertas concesiones en cuanto a religión y política, de manera que los habitantes de Kentucky fuesen a poblar las posesiones españolas.

Wilkinson era partidario del primer proyecto, y se ofrecía como agente de España para llevarlo a cabo. De entrada pidió controlar las exportaciones del Kentucky por el Mississippi basándose en que así podría formar un partido español en Kentucky [84].

Miró y Navarro acogieron este Memorial con gran entusiasmo, y el 25 de septiembre de 1787 escribieron a la Corte su famosa carta reservada número 13 recomendándolo fervientemente.

En su carta, referían que el 2 de julio había llegado a Nueva Orleans procedente de Kentucky don Jaime Wilkinson, Brigadier de los Estados Unidos durante la última guerra. Después de diez o doce días que pidió para descansar, les hizo una extensa relación de todo cuanto contenía la Memoria que entregó el 3 de septiembre; Wilkinson debió causarles muy buena impresión, porque le describían con estas palabras: «Es mozo de unos 33 años, aunque por su aspecto representa mas, de una figura sumamente agradable, casado, y con tres hijos de tierna edad, manifestando en su trato y modales haber tenido muy buena educación, de la qu ha aprovechado su talento no comun, segun evidencia la misma Memoria...»; y además poseía gran influencia en el Kentucky.

Continuaban diciendo que Wilkinson tenía toda la razón en los puntos que exponía en su Memoria, y lo corroboraban afirmando que la alternativa para España era perder la Luisiana barrera natural del reino de Nueva España, o bien aceptar uno de los proyectos de Wilkinson.

Seguidamente pasaban a exponer sus dudas relativas a los dos proyectos en caso de que se verificasen; en cuanto a la adquisición del Kentucky para España, preguntaban si sus habitantes podrían ejercitar su religión, si deberían pagar el 6 % de entrada en las importaciones, si podrían ser gobernados por jueces de paz,

---

[84] Memoria presentada por el Brigadier americano Jaime Wilkinson a Miró y Navarro. Nueva Orleans, 3 de Septiembre, 1787. AHN/E/Leg. 3.888 bis, núms. 52 y 53 (cop. inglesa y castellana) (Anexo a C. Res. 13). Documento publicado por Navarro Latorre y Solano Costa en ¿*Conspiración española? 1787-1789*, Zaragoza, 1949. Tratan ampliamente este tema.

Según A. P. Whitaker, cap. VII, nota 17 de *The Spanish American Frontier*, el documento original de este Memorial está en el AGI/PC/Leg. 2.373, con fecha 5 de Septiembre.

si podrían comerciar con los Estados Unidos, etc. Es decir, planteaban los problemas principales poniendo el dedo en la llaga, ya que en materia de religión y política, el sistema español no era precisamente liberal, y sería difícil que los americanos fronterizos llegaran a adaptarse a él.

Pero antes de efectuarse este proyecto, tenían que ocurrir varias cosas: que Virginia concediese la independencia al Kentucky; que el Kentucky recibiese una respuesta del Congreso negativa o poco satisfactoria sobre la navegación del Mississippi; que en vista de ella el Kentucky se separase de la Unión federativa; y que los Estados Unidos se conformasen con la pérdida del Kentucky.

Como puede verse, el éxito de este proyecto dependía de demasiadas cosas, y por otra parte era comprometido y arriesgado para España.

El segundo proyecto parecía más factible, y consistía en fomentar la emigración a Florida Occidental, invitando a establecerse en ella a los habitantes de Kentucky y de las demás poblaciones sobre los ríos que vertían sus aguas en el Ohio.

Este era un asunto que ya se había meditado, y Miró y Navarro, que eran acérrimos partidarios de ponerlo en marcha, exponían sus dudas y observaciones sobre él. En primer lugar preguntaban si podrían valerse de Wilkinson en caso de que se les autorizase recibir a dichas familias, ya que éste había ofrecido traer a 2.000. En cuanto a religión, proponían que los clérigos irlandeses, sin molestar a los nuevos colonos, procurasen atraerles al catolicismo, y al mismo tiempo, prohibir el libre ejercicio de cualquier secta; con esta medida, coartaban la capacidad de elección, pues aunque no se les obligaba a ser católicos, tampoco se les permitía practicar ninguna otra religión. De manera que, en cada puesto o distrito de 5 a 7 leguas sobre las orillas del Mississippi o sus esteros, habría que fabricar una iglesia, una casa para el cura, otra para el Comandante, y un pequeño cuartel o cuerpo de guardia.

El principal motivo de Miró y Navarro para secundar este proyecto de poblamiento, era el temor y la intranquilidad ante una posible invasión a la Luisiana, cuyas fronteras indefensas eran casi una invitación para los americanos fronterizos que deseaban la navegación del Mississippi; y con estas palabras pretendían demostrarlo:

«Conviene desde luego no perder instantes, y poblar la Luisiana de individuos que se obliguen con juramento á tomar las Armas contra qualquiera invasión intentada por Kentucky, y demas Establecimientos...»; el fin era evitar que el Congreso determinase ayudarlos a adquirir con sus propios medios la navegación del Mississippi al mismo tiempo que desaprobaría su conducta abiertamente para conservar la paz con España.

En favor de Wilkinson decían que fue el primer y principal colaborador de España para destruir la empresa que el Brigadier Clark había meditado contra Natchez. Por lo tanto, le habían permitido hacer un envío por el Mississippi por valor de 30.000 pesos (él lo había solicitado de 60.000) sin pagar derechos de entrada [85].

Mientras Miró esperaba con impaciencia la contestación a su carta reservada número 13, en la Corte se buscaba una solución para modificar la política de Floridablanca de 1787, ya que los Estados Unidos no estaban en condiciones de hacer un Tratado ni de evitar que los hombres de las fronteras atacasen Luisiana. Gardoqui, decepcionado con los resultados de su negociación para el Tratado con el Congreso, escribía con insistencia a Floridablanca acusando a Wouves de intentar abusar de su comisión, y Miró le retenía en Nueva Orleans en espera de la Real resolución.

Wilkinson por su parte, no perdía el contacto con Miró y le daba noticias esperanzadoras sobre la independencia del Kentucky, que, según él, cesaría de depender de Virginia el 1 de enero de 1789 [86].

El Intendente Navarro que abandonó su cargo en mayo de 1788 para volver a España, fue consultado sobre el plan de Wilkinson el 29 de octubre, y el 11 de noviembre le daba a Valdés su opinión y un informe detallado sobre los proyectos de Wouves y Wilkinson.

En este informe recomendaba la adopción del segundo proyecto de Wilkinson con ciertas modificaciones, como único medio de protección para la Luisiana, ya que el cierre del Mississippi, que él mismo había recomendado en 1781, no había dado resultado.

Consideraba que los posibles invasores de la Luisiana serían más peligrosos fuera de ella que dentro, y recordaba que Inglate-

---

[85] Carta reservada de Miró y Navarro a Valdés. Nueva Orleans, 25 de Septiembre, 1787. AHN/E/Leg. 3.888 bis, n.º 51, C. Res. n.º 13. Documento publicado por Navarro y Solana, ver nota 27.

[86] Carta de Wilkinson a Miró y Navarro. Kentucky, 15 de Mayo, 1788. AHN/E/Leg. 3.888 bis, n.º 133 (cop. cast.).

rra esperaba una oportunidad para colaborar con ellos en cualquier plan de invasión a las posesiones españolas.

El único medio que había, pues, para defender la Luisiana, antemural del Reino de Méjico, era con una población numerosa que sirviese de frontera humana; por lo tanto, Navarro recomendaba admitir a los habitantes del Kentucky y sus establecimientos como pobladores de la Luisiana bajo protección española, pero no como vasallos. Esto era para evitar chocar con los Estados Unidos y no tener que ayudarles en caso de que la Unión Federal quisiese someterlos a la fuerza, ya que si fuesen vasallos de España habría que comprometerse a su favor. Además, Inglaterra, interesada como estaba en atraerlos a su partido, intentaría con este ejemplo hacerlos vasallos suyos y España despertaría recelos a las demás potencias.

Por lo tanto, Navarro recomendaba aprovecharse del momento favorable que ofrecía la crisis de los Estados Unidos, la desunión de su Gobierno y provincias, la falta de tropas, crédito y fondos, y los pocos recursos para sostener sus derechos debido al desorden económico. Subrayaba que España era dueña de la navegación del Mississippi, derecho que era indispensable sostener a todo trance, porque el que fuese árbitro de ella y tuviese la llave de su desembocadura, dirigiría las operaciones de la parte superior del río.

Aconsejaba que en caso de admitir S. M. la protección de las gentes del Kentucky, se les permitiese bajar sus frutos a Nueva Orleans pagando un 6 % de derechos, y que se suspendiese la comisión de Wouves D'Argés, ya que bastaba con la de Wilkinson [87].

El 20 de noviembre de 1788 se reunió la Junta de Estado y en ella se acordó que, como el Kentucky no había conseguido aún su independencia, no se admitía la primera proposición de Wilkinson de fomentar allí la revolución para conseguirla, y que el Gobierno español no gastaría un solo peso para ello; pero en cambio, se resolvió aceptar como pobladores en las posesiones españolas a los habitantes del Kentucky y demás establecimientos de los ríos que desaguaban en el Ohio. A estas familias que fuesen a establecerse, se les permitiría el uso privado de su religión, pero no el culto público, ya que las Iglesias habían de ser todas cató-

---

[87]   Carta de Navarro a Valdés. Madrid, 11 de Noviembre, 1788. AHN/E/Leg. 3.888 bis, n.º 167 (documento publicado por Solano y Navarro, op. cit.)

licas y con clérigos irlandeses. Otra de las concesiones a dichas familias era permitirles llevar sus bienes libres de derechos en su primera entrada, y los habitantes que se quedasen en el Kentucky, podrían bajar sus frutos por el Mississippi a Nueva Orleans pagando un 15 % de derechos en lugar del 25 % que pagaban antes.

También se resolvió que, apesar de ser más ventajoso el plan de Wilkinson que el de Wouves D'Argés, no se despidiese a este último, y se encargase a Miró que procurase disuadirle de la idea de llevar familias del Kentucky a Luisiana [88].

El 1 de diciembre de 1788 se envió una Real Orden reservada a Miró comunicándole lo resuelto por la Junta [89], pero esta Orden no llegó a Nueva Orleans hasta marzo de 1789 [90].

Tanto el retraso de la Real Orden como su contenido contribuirían sin duda al fracaso de este plan de inmigración en la medida que ahora se verá.

La primera resolución de la Real Orden, por la que no se admitía tratar con el Kentucky mientras no fuese independiente, demuestra que España no tenía intención de formar una intriga con el Oeste americano, sino más bien contemporizar sin comprometerse, al tiempo que conseguía pobladores para sus posesiones.

La aceptación del segundo proyecto de Wilkinson puede parecer una temeridad por parte de España, ya que consistía prácticamente en alojar a los enemigos dentro de sus posesiones; pero existían en aquel momento varias razones que obligaban a correr el riesgo: España había intentado primero solucionar sus problemas fronterizos con los Estados Unidos mediante la diplomacia, pero esto había fallado. Después cerró el Mississippi al comercio americano y se envió a Gardoqui para negociar un Tratado que fracasó. Por lo tanto, la única solución era intentar aumentar la población de las fronteras españolas y disminuir la de los establecimientos americanos, atrayéndolos a sus dominios.

La importancia de la Real Orden del 1 de diciembre de 1788 reside, pues, en que representa una liberalización en la política española de poblamiento debido a la necesidad de solucionar la tensión fronteriza; y un claro exponente de esta liberación por

---

[88] Junta de Estado. Madrid, 20 de Noviembre, 1788. AHN/E/Leg. 3.888 bis, n.º 61; otro ejemplar en Leg. 3.886, Exp. 1, n.º 12.

[89] Real Orden reservada al Gobernador de la Luisiana. Madrid, 1 de Diciembre, 1788. AHN/E/Leg. 3.888 bis, n.º 63.

[90] Carta de Miró a Wilkinson. Nueva Orleans, 1 de Marzo, 1789. AHN/E/Leg. 3.888 bis, n.º 194.

parte del Gobierno español, es la tolerancia religiosa, sin precedentes en el sistema colonial español.

Pero los privilegios políticos y religiosos ofrecidos a los futuros pobladores de las posesiones españolas por la Real Orden del 1 de diciembre de 1788, eran menores que los que ellos ya gozaban en sus establecimientos, pues aunque se permitía el uso privado de su religión, no se permitía el culto público, y estas gentes acostumbradas al autogobierno, difícilmente podrían adaptarse a las leyes españolas. Por lo tanto, aunque esta Real Orden era liberal en cuanto al sistema español se refiere, no lo era suficiente para los americanos fronterizos, que tenían que trasladar todas sus familias y enseres para adaptarse a un sistema ajeno a ellos.

En marzo de 1789, cuando la Real Orden llegó a Nueva Orleans, el momento propicio para la inmigración del Kentucky había pasado ya, pero Wilkinson no perdió el contacto con el gobernador español esperando que el Kentucky llegase a separarse de la Unión. El 17 de septiembre de 1789 escribió una carta a Miró en la que hablaba de los asuntos que habían perjudicado el plan presentado en su memoria de 1787, e insistía en que se debían poner medios secretos para conseguir la separación del Kentucky de los Estados Unidos. En esta carta decía que el mayor aliciente para los emigrantes era el cultivo del tabaco en la zona de Natchez, que la Real Hacienda compraba a los plantadores [91]. Pero el 25 de diciembre de 1790 se envió una Real Orden al Gobernador de Natchez, Gayoso de Lemos, por la que reducía la cantidad de tabaco comprada por la Real Hacienda para la factoría de Sevilla; se admitían las cosechas de tabaco de 1789 y 1790, pero no la de 1791, de la que no se comprarían más de 40.000 libras [92]. Con esta medida los plantadores perdían un mercado seguro para su producto y que era pagado en efectivo por la Real Hacienda. Según Wilkinson esta fue una de las principales razones para el cese de la emigración del Kentucky a Natchez [93].

---

[91] Carta de Wilkinson a Miró. Nueva Orleans, 17 de Septiembre, 1789. AHN/E/Leg. 3.886, Exp. 1, n.º 29.

[92] Minuta de Real Orden de Estado a Gayoso de Lemos. Madrid, 25 de Diciembre, 1790. AHN/E/Leg. 3.902, Ap. 6, C. S. N. del 10 de Septiembre.
Minuta de Real Orden de Estado a Miró. Madrid, 25 de Diciembre, 1790. AHN/E/Leg. 3.901, Ap. 3, C. Res. 52.

[93] Carta de Wilkinson a Miró. Frankfourt en Kentucky, 4 de Noviembre, 1791. AHN/E/Leg. 3.898, Ap. 3, C. Res. 8.

El Gobernador Miró abandonó su cargo en 1791 para volver a España, y fue sustituido el 30 de diciembre de dicho año por el Barón de Carondelet; con el cambio de Gobernador coincide el final de la primera fase del proyecto de Wilkinson, y el principio de la segunda, que sería reavivada en 1794.

Tras el fracaso del proyecto de 1787, Wilkinson no perdió el contacto con Miró ni con su sucesor Carondelet, quien a su llegada a Luisiana, encontró la situación bastante alarmante: los puestos y fuertes de la provincia carecían de valor defensivo, pues estaban casi en ruinas, el regimiento estaba incompleto, la intriga con el Kentucky estaba prácticamente paralizada y existían graves rumores de una invasión a Luisiana y Florida Occidental.

El 25 de febrero de 1792, Carondelet escribió a Floridablanca manifestando los deseos de los americanos de abrirse paso por el Mississippi, llegando incluso a amenazar franquearlo con dos barcos armados; ante el rumor de que esto ocurriese, repetía lo indefensa que estaba la provincia y proponía un plan general de defensa que costaría un millón de pesos [94]. Por supuesto, las Reales Cajas no estaban en condiciones de desembolsar tales cantidades, y estos planes de Carondelet nunca se llevaron a cabo.

El año de 1793 sería fatídico para las fronteras de Luisiana y Floridas, ya que la Revolución Francesa influyó muy desfavorablemente a España en su conflicto con los Estados Unidos; durante el verano de dicho año aumentó el temor de una invasión a Luisiana, ya que los franceses se aliaron con los descontentos del Oeste americano y nacieron numerosos proyectos de invasiones como los de Clark, Genet, O'Fallon, Clarke, etc. La indignación del Kentucky y el proyecto de Genet aterrorizó a Carondelet, quien, no encontrando otra solución de defensa, revivió la intriga con el Kentucky.

En febrero de 1794, Wilkinson escribió a Carondelet diciendo que había llegado el momento de tomar una determinación sobre las relaciones con el Kentucky; a partir de entonces, Carondelet comenzó a escribir ininterrumpidamente al Duque de Alcudia avisando del peligroso fermento del Oeste y proponiendo negociar secretamente con el Kentucky para separarle de la Unión.

La inquietud de Carondelet era enorme, pues el 14 de febrero le habían escrito Jáudenes y Viar previniéndole contra los mane-

---

[94] Carta de Carondelet a Floridablanca. Nueva Orleans, 25 de Febrero, 1792. AHN/E/Leg. 3.898, Ap. 3, C. Res. 8.

jos de Genet y los franceses; también le había escrito Lacasagne, uno de los agentes de la intriga en Kentucky, hablando de la formación de un ejército al mando de Clark para seguir los proyectos de O'Fallon que había muerto el 12 de enero; y por otro lado la sociedad democrática de Kentucky se había reunido publicando arengas sobre su derecho al libre uso del Mississippi.

Ante tales perspectivas, Carondelet escribió el 7 de abril de 1794 a su Capitán General, Casas, informando que, en 1793 había bajado a Nueva Orleans Mr. Lacasagne procedente de Kentucky con cartas de recomendación de Wilkinson; Carondelet le encargó que ganase partidarios en el Kentucky e influyese para lograr un estado independiente y aliado de España «cuya amistad reciproca quedaria fundada en las ventajas de un comercio igualmente util á ambas potencias, y en un tratado ofensivo, y defensivo que pondria para siempre esta Provincia, fronteriza del Reyno á cubierto de los proyectos ambiciosos de los Estados Unidos...». Continuaba diciendo que la conservación de Luisiana dependía de conseguir que los habitantes del Oeste americano se separasen de la Unión y ayudasen a defenderla, a cambio de un comercio activo, la venta fácil de sus frutos y la abundancia de comestibles.

El mismo día escribió también Carondelet al Duque de Alcudia poniéndole al corriente de todo lo anterior y proponiendo negociar secretamente con el Kentucky para separarlo de los Estados Unidos, valiéndose del General Wilkinson, Mr. Sebastián y Mr. Lacasagne, a los que habría que pagar una pensión de 2.000 pesos [95].

El 1 de mayo volvió a insistir sobre la fermentación existente en el Kentucky y en los establecimientos del Oeste para conseguir la navegación del Mississippi; para contrarrestarlo proponía establecer el comercio libre con todas las naciones amigas y atraer al Kentucky bajo la protección española [96].

El 3 de junio volvió a escribir a Alcudia diciendo que ya que la situación no permitía aumentar el número de tropas que guarnecían Luisiana ni el dinero del situado, juzgaba indispensable entablar una negociación pronta y decisiva con el Kentucky y demás establecimientos del Oeste, «cuyo objeto sera contentarlos con la libre navegación del Rio hasta Nueva Orleans...». Por lo

---

[95] Carta de Carondelet a Alcudia. Nueva Orleans, 7 de Abril, 1794. AHN/ E/Leg. 3.899, Ap. 1, C. Res. 30 (sic) y 31 (dup).

[96] Carta de Carondelet a Alcudia. Nueva Orleans, 1 de Mayo, 1794. AHN/ E/Leg. 3.899, Ap. 1, C. Res. 34.

tanto, proponía entablar una negociación pública con el Congreso y otra secreta con los magnates del Kentucky y relataba las consecuencias que a su modo de ver tendría el aprobar o no su plan: si se les negaba la navegación del Mississippi a los establecimientos del Oeste en unas circunstancias en que la Luisiana no tenía fuerzas para defenderla, la conseguirían a mano armada y recurrirían a Inglaterra para ocupar la provincia. Pero si se les otorgaba la navegación bajo los términos propuestos, España conservaría el dominio del Mississippi y de la Luisiana, y su población serviría de barrera a las posesiones españolas en América[97].

En agosto, Carondelet recibió dos cartas de Wilkinson escritas en mayo y junio respectivamente, en que hablaba del aspecto favorable que ofrecían los asuntos de Kentucky con respecto a España; enviando copia de ellas, volvió a escribir al Duque de Alcudia diciendo que si bajaba Wilkinson a Nueva Orleans en noviembre con dos agentes y para entonces había llegado la aprobación de S. M. para tratar secretamente con aquellos estados, concluiría con ellos la negociación sobre la navegación del Mississippi; mediante ella —decía Carondelet—, se conseguiría separar a los estados del Oeste de los atlánticos, convirtiéndolos en dos potencias rivales, «las que ocupadas durante muchos años de sus zelos, e intereses contradictorios dexarán á la España el tiempo suficiente para formar con una población numerosa, que se entenderá á ambas orillas de los Rios Misisipi, y Misuri una Barrera invencible con la quedarán cubiertas las Provincias internas, y por consiguiente el Reyno de Mexico...».

La única condición para conseguir todo esto era establecer el comercio libre en Nueva Orleans con todas las potencias amigas y el restablecimiento del 6 % de derechos de entrada (que se había aumentado al 15 % con el Nuevo Reglamento de Comercio). De este modo se podría conservar la Luisiana y limitar los progresos y ambición de los Estados Unidos[98].

Mientras Carondelet en Nueva Orleans perfilaba su política de intriga con el Oeste americano como solución defensiva para Luisiana y Floridas, en la Corte se buscaba remedio a la situación internacional, que era aún más crítica.

---

[97] Carta de Carondelet a Alcudia. Nueva Orleans, 3 de Junio de 1794. AHN/E/Leg. 3.899, Ap. 1, C. Res. 36.

[98] Carta de Carondelet a Alcudia. Nueva Orleans, 18 de Agosto, 1794. AHN/E/Leg. 3.899, Ap. 1, C. Res. 43.

España, aislada por las consecuencias de la Revolución Francesa, tuvo que aliarse con Inglaterra, pero el 23 de abril de 1794, Jáudenes y Viar avisaron a Alcudia que Jay había sido enviado por los Estados Unidos a concluir un Tratado con Inglaterra [99]. Alcudia, temiendo una posible alianza anglo-norteamericana, pensó que la única solución para España sería hacer una negociación rápida con los Estados Unidos. Por lo tanto, expuso el caso ante el Consejo de Estado, y el 7 de julio de 1794 el Consejo determinó hacer nuevas ofertas de Tratado al Congreso. Mientras el Duque de Alcudia preparaba las instrucciones para Jáudenes y Viar sobre los términos del Tratado, recibió las cartas de Carondelet proponiendo la intriga con el Kentucky. Este nuevo planteamiento de la política a seguir con los Estados Unidos desconcertó a Alcudia, quien volvió a exponer el asunto ante el Consejo de Estado el 25 de julio de 1794. Este resolvió que se cumpliese lo acordado el 7 de julio, pero que no debía perderse el contacto con el Kentucky para evitar una invasión a Luisiana en caso de que no se firmase el Tratado con los Estados Unidos. Así, Alcudia escribió ese mismo día a Jáudenes y Viar dándoles instrucciones sobre el Tratado: decía que, poco se arriesgaba con fijar los límites con los Estados Unidos y concederles la navegación del Mississippi, ya que los del Kentucky se hallaban dispuesto a separarse del Congreso y a ponerse bajo la protección de España. En cuanto a Inglaterra, decía, convendría adelantarse a su Tratado con los Estados Unidos para asegurar los límites y garantizar las posesiones españolas; pues Inglaterra, «especuladora de intereses», quizás pensase aliarse con los Estados Unidos contra España [100].

Una vez tomada esta determinación, el Duque de Alcudia optó por esperar los resultados de la propuesta de los Encargados de España para el Tratado, a pesar de la insistencia de Canrodelet que continuaba escribiendo sobre el proyecto de independencia de Kentucky [101]. La condición esencial para que dicho estado se pusiese bajo la protección de España era hacer de Nueva Orleans un puerto libre, y esta era una medida demasiado liberal para la

---

[99] Carta de Jáudenes y Viar a Alcudia, 23 de Abril, 1794. AHN/E/Leg. 3.895 bis, C. n.º 200.

[100] Minuta de Alcudia a Jáudenes y Viar. San Ildefonso, 25 de Julio, 1794. AHN/E/Leg. 3.895 bis, n.º 221.

[101] Carta de Carondelet a Alcudia. Nueva Orleans, 1 de Julio, 1795. AHN/E/Leg. 3.899, Ap. 2, C. Res. 54.

Corte española; además existían sospechas contra Wilkinson, que ya era General del Ejército de los Estados Unidos; se temía la guerra con los Estados Unidos y con Inglaterra, y la intriga con el Kentucky supondría unos gastos insostenibles para la Real Hacienda.

La idea de Carondelet difería de la primera fase de la intriga en que su objetivo era formar una revolución en el Kentucky para dividir a los Estados Unidos en dos potencias rivales de modo que dejasen de ser una amenaza para las fronteras españolas; mientras que el objetivo de la primera fase en época de Miró había sido respaldar la negociación con el Congreso y conseguir pobladores para Florida Occidental.

Todas estas razones contribuyeron a rechazar el plan de Carondelet, y con el Tratado de San Lorenzo se puso fin a la intriga y a las esperanzas de poblar las posesiones españolas al Norte del paralelo 31º, que fueron cedidas a los Estados Unidos.

El 27 de octubre de 1795 se firmó en San Lorenzo el Tratado de Amistad, Límites y Navegación con los Estados Unidos, del que se tratará más adelante, y el 25 de noviembre envió una Real Orden a Carondelet informándole de él; por lo tanto, ya no era necesario negociar con el Kentucky ni con los demás estados del Oeste para separarlos de la Unión [102].

Con este Tratado precipitado y producto de las circunstancias, por el que España perdió gran parte de Florida Occidental, concluye la política española de poblamiento que fracasó en su intento de crear una frontera humana que sirviese de barrera a Luisiana y Floridas, antemural del reino de Méjico.

De ahora en adelante, las Floridas quedaron reducidas a una estrecha faja de terreno prácticamente indefensa, que irremisiblemente caería en manos de los americanos; el primer paso fue la cesión del Luisiana a Francia, que vendió esta provincia a los Estados Unidos. Rodeadas las Floridas de americanos por el Norte y el Oeste, despobladas, sin fondos y sin tropas, y afectadas por la crisis de España a causa de las invasiones napoleónicas, serían ocupadas poco a poco de izquierda a derecha hasta tener que renunciar a ellas por el Tratado de 1819.

---

[102] Minuta de Real Orden a Carondelet. San Lorenzo, 25 de Noviembre, 1797. AHN/E/Leg. 3.899, C. n.º 54.

CAPÍTULO IV

## LA POLÍTICA DE SUBVERSIÓN

EL AVENTURERO BOWLES Y PROYECTOS INGLESES DE REVOLUCIONAR
LAS FLORIDAS.—Al firmarse el Tratado de Versailles (septiembre 1783) el futuro de las Floridas, cedidas a España por Inglaterra, parecía más prometedor de lo que luego en realidad sería, pues todavía no se había revelado el curso que seguiría la nueva nación americana.

Puede afirmarse que la segunda dominación española de Florida lo fue tan sólo nominalmente. La situación socio-política de la metrópoli española era de extrema debilidad. La intranquilidad, desasosiego y revolución de las otras colonias españolas en América absorbían las energías de la madre patria, que no podía hacer frente a las necesidades que exigía la defensa de los nuevos territorios.

Los ciudadanos de los Estados Unidos, hambrientos de tierras, emigraban hacia las posesiones españolas respaldadas más o menos abiertamente por su Gobierno, el cual abrigaba la esperanza de que Florida pasara a formar parte algún día de los Estados Unidos.

Aprovechando estas circunstancias, cayeron sobre Florida un cierto número de revolucionarios profesionales, aventureros y libre-navegantes que esperaban sacar provecho de la situación. El último Gobernador británico de Florida, Tonyn, previno a Céspedes de la presencia en las riberas de los ríos San Juan, Nasau y Santa María, de gente que actuaba a su albedrío, como Mc. Girt, Cunningham (acusados ambos de robo) y Mayfield [1].

[1] Oficio Sonora a Antonio Ventura Barranco. Palacio, 14 de Abril, 1786. AHN/C/Leg. 21.067 (n.º 507).

Vicente Manuel Céspedes, nombrado Gobernador de San Agustín de la Florida en 1784, trató de convencer a los colonos ingleses de Florida para que se quedasen en los nuevos dominios españoles jurando fidelidad a S. M. C., pero la mayoría prefirió marcharse. Céspedes llegó a tener a su cargo una población de entre 1.500 y 1.800 personas, de las que 500 eran soldados[2].

Por su parte, los indios totalizaban una población de unas 45.000 personas, entre Creeks, Chicasas, Chactas, Seminolas y Cheroquíes. Esta población india constituía una barrera étnica entre los colonos de las Floridas y los americanos, que no se expandían con fuerza irresistible y presionaban sobre las Floridas desde Georgia.

El marco natural de las relaciones con los indios era el comercio, y éste estaba monopolizado por la firma inglesa Panton & Leslie desde 1783. Los españoles no estaban en condiciones de garantizar el comercio con los indios ni podían competir con el capital, las existencias y la experiencia de la Casa Panton. Además, cuando Florida volvió a poder de España en 1784, los indios, a través de su portavoz Alexander Mc. Guillivray, expresaron su deseo de que la Casa Panton, Leslie y Cía. siguiera detentando el monopolio del comercio con los indios.

Por todas estas razones, Céspedes se vio obligado a reconocer y proteger las actividades monopolistas de Panton y Cía.

Alexander Mc Guillivray, hijo de un terrateniente lealista escocés y de una princesa india, había sido nombrado Jefe de la nación Creek (lo que le correspondía por herencia materna) y consiguió ganarse la confianza de las demás tribus indias gracias a sus dotes de mando y a su talento como negociador y diplomático. Educado por su padre, viejo lealista que prefirió abandonar sus grandes posesiones en Georgia y retornar a Escocia antes que sumarse a la Revolución americana, el joven Alexander regresó a la Florida durante el período de dominación inglesa para ponerse al frente de los Creeks. Colaboró intensamente con los ingleses, que le nombraron Coronel del Ejército inglés y Comisario de S. M. B. ante la nación Creek.

En 1784 Mc Guillivray firmó un Acuerdo por el que aceptaba la protección española a cambio de armas y municiones con las que los indios pudieran defenderse del avance de los americanos.

---

[2] Charlton W. Tebeau, *A History of Florida*, University of Miami Press, 1971, págs. 89 y 90.

España revocó dicho Acuerdo en 1788, conminando a los Creeks a firmar la paz con los americanos.

Pero cuando Mc Guillivray fue a Nueva York en 1970 a discutir por su cuenta los términos de un Acuerdo entre indios y americanos, las autoridades españolas comenzaron a sospechar de él, especialmente cuando, dos años más tarde, comenzó a mostrar una actitud positiva respecto a las ideas de William August Bowles.

Mc Guillivray murió joven y estuvo enfermo durante los últimos años de su vida. Con él desapareció una pieza clave en las relaciones entre los diferentes intereses coincidentes en Florida: Mc Guillivray era Coronel del Ejército de S. M. B., Jefe de la Nación India y Representante suyo ante los españoles y americanos, y tenía, además, intereses económicos en la firma Panton, Leslie y Cía.

Guillermo Augusto Bowles quería poner fin al monopolio de la firma Panton y Leslie y desafiar al Gobierno español; para ello contaba con el apoyo soterrado y no siempre constante de Inglaterra, cuyos intereses en aquella zona eran especialmente contrapuestos a los de España. Bowles, personaje fruto de unas circunstancias geográfico-socio-políticas, iba a ser el encargado de llevar a cabo toda una serie de acciones de hostigamiento contra los españoles en Florida, al frente de partidas más o menos numerosas de indios armados.

Bowles era un inglés de espíritu ambicioso y aventurero que llegó a Florida a la edad de quince años encuadrado en las filas del Regimiento lealista de Maryland que, retrocediendo ante la ofensiva americana, se disponía a defender Panzacola. Dicen las crónicas que Bowles se fue a vivir entre los indios y allí se casó con la hija del Jefe Perriman. Debió abandonar Florida junto con algunos de los colonos ingleses que se marcharon al volver los españoles: Se tiene noticias de que estuvo en las Bahamas en 1785, donde, al parecer, preparaba vuelta a Florida[3].

Tres años más tarde, financiado por comerciantes ingleses competidores de la Casa Panton (que también tenían almacenes en Nueva Providencia), Bowles se embarcó rumbo a Florida. Es seguro que contaba con el apoyo de Lord Dunmore, último Gobernador lealista de Virginia, a la sazón Gobernador de las islas Bahamas[4].

---

[3] Charlton W. Tebeau, *op. cit.*, págs. 95-98.
[4] Ibíd., pág. 97.

Bowles decía que contaba con el respaldo de las naciones indias, pero sus ejércitos quedaron inéditos, pues siempre actuó al frente de grupos no muy numerosos de indios mal armados que también incluían a algunos americanos prófugos de la justicia y a ingleses de Providencia. No parece que tuviese nunca a su favor a toda la nación india, como pretendía, aunque eventualmente contase con el apoyo de más de una tribu, ni que gozase de la confianza depositada por los indios en Mc Guillivray.

Pero si los indios eran una fuerza considerable, realmente, la fuerza pujante que más inquietaba a unos y a otros eran los americanos. Es probable que las declaraciones de Bowles a favor de la creación de una nación india independiente fuesen totalmente sinceras, pero a los españoles no les interesaba ya enfrentarse a los americanos, razón por la que instruyeron a Mc Guillivray para que pactase con ellos [5].

Bowles se entrevistó con Mc. Guillivray para explicarle que él y sus aliados ingleses estaban dispuestos a armar a la nación Creek para impedir que los georgianos prosiguiesen su avance. En dicha entrevista, Bowles prometió también llevar regalos y municiones para los indios durante el otoño a Apalachicola [6].

El Gobernador Céspedes, enterado de los planes de Bowles, escribió al Gobernador de Georgia, George Hanley, y le informó de los planes de Bowles para armar a los indios en contra de los georgianos, guerra de la que esperaban obtener un gran botín, pidiéndole que tomase medidas para contrarrestar «tan vil complot». En otra carta dirigida a Valdés, Céspedes exponía los motivos por los que escribió al Gobernador de Georgia:

> 1) Porque Bowles deseaba poner obstáculos a la paz entre indios y georgianos.
>
> 2) Por creer que, en aquel momento, reinaba una buena correspondencia entre nuestra Corte y los EE. UU.
>
> 3) Para que el Gobierno de Georgia no imaginase que España estaba de acuerdo con dicho complot [7].

---

Carta del Coronel inglés Thomas Brown a Céspedes. Providencia. Octubre, 1788. AHN/E/Leg. 3.887, n.º 140 (copia en castellano).

[5] Carta, Céspedes a Mc Guillivray (copia en castellano). San Agustín de la Florida, 8 de Octubre de 1788. AHN/E/Leg. 3.887, n.º 145.

[6] Charlton W. Tebeau, op. cit., pág. 97.

[7] Carta de el Gobernador Céspedes al del Estado de Georgia, Jorge Hanley. San Agustín de la Florida, 10 de Octubre, 1788.

Pocos días después, en octubre de 1788, Céspedes recibió una carta de Mc Guillivray de cuyo contenido coligió que Bowles había seducido a Mc Guillivray a inclinarse a sus proyectos; en su contestación a dicha carta, Céspedes trataba de disuadir a Mc Guillivray[8].

A pesar de los temores de Céspedes, Mc Guillivray se niega a secundar los planes bélicos de Bowles. Pero éste sigue adelante con sus proyectos prescindiendo, de momento, de la masa de guerreros indios y basándose en una partida que reunía a gente de toda laya que, en general, perseguía su medro personal.

Es interesante, a este respecto, destacar las declaraciones de los súbditos británicos Robert Milligan y William Hopper, desertores de la partida de Bowles, acerca de la expedición organizada por éste. Según el resumen de dichas declaraciones que hace Ezpeleta a Valdés, Milligan y Hopper fueron reclutados por Bowles en Providencia, proponiéndoles éste establecer una colonia en el país de los creeks, donde les daría tierras. Bowles aseguraba que Mc Guillivray le estaba esperando a él para cederle el mando. Además, siempre según las declaraciones de dichos sujetos, Bowles, antes de partir, había almorzado varias veces con el Gobernador de Providencia, Lord Dunmore, de quien sin duda recibía una protección indirecta. Ezpeleta envió estos dos desertores desde La Habana, en donde habían prestado declaración, a España, en donde se interesó por ellos el Embajador de S. M. B., que pidió su libertad por considerarlos víctimas de los engaños de Bowles[9].

Cuatro meses más tarde (29 de junio de 1789) fueron remitidos desde La Habana en el navío «San Hermenegildo» otros doce de-

---

Carta de Céspedes a Valdés. San Agustín de la Florida, 11 de Octubre, 1788. AHN/E/Leg. 3.887, n.º 139.

Carta de Céspedes a Valdés. San Agustín de la Florida, 14 de Octubre, 1788. AHN/E/Leg. 3.887, n.º 141.

[8] Carta de Céspedes a Valdés. San Agustín de la Florida, 18 de Octubre, 1788. AHN/E/Leg. 3.887, n.º 144.

[9] Declaración de los ingleses Roberto Milligan y Guillermo Hop-
Carta de Expeleta a Valdés. La Habana, 12 de Febrero, 1789. AHN/E/Leg. 3.887, n.º 153 (org. 53).

Carta de Ezpeleta a Valdés. La Habana, 9 de Febrero, 1789. AHN/E/Leg. 3.887, n.º 51 (orig. 52).

Carta del Embajador de Inglaterra, Eden, a Floridablanca. Madrid, 2 de Mayo, 1789. AHN/E/Leg. 3.887, n.º 158.

sertores de la partida de Bowles. Ingresados en la prisión de Cádiz, fueron puestos en libertad el 19 de octubre de aquel año [10].

Bowles ensaya la vía diplomática: escribe una carta a Floridablanca en la que se lamenta de la miseria en que viven los indios y acusa a la Casa Panton de explotarlos con el consentimiento del Gobernador O'Neill. En otra carta posterior le dice a Floridablanca que los indios Creeks y Cheroquíes están unidos y que, sólo en la Florida, viven unos 20.000 guerreros; también le dice que los indios, tras la cesión a España de las Floridas, confiaban en que no les iban a faltar provisiones, pero que Panton se ha burlado de ellos y les ha dejado en la miseria aprovechándose de sus privilegios comerciales. Ambas cartas están fechadas en el mes de agosto en Providencia, en donde Bowles esperaba embarcarse rumbo a Inglaterra en busca de apoyo [11].

Entretanto, Antonio Garzón (intérprete de los Crikes) ha regresado de una misión que le había confiado O'Neill (Gobernador de Panzacola) e informa a éste de sus conversaciones: En su opinión, tanto los indios como Mc Guillivray siguen afectos al gobierno de S. M. C., aunque éste, sobre todo, sea afecto a Inglaterra. También se ha enterado Garzón de que Bowles compró un barco en Providencia y zarpó rumbo a Londres: Sin duda, infiere O'Neill, para comunicar allí sus proyectos de tomar San Agustín de la Florida y entregársela a los ingleses.

Prueba de que Mc Guillivray y Bowles actuaban en oposición, es el hecho de que mientras éste negociaba en Londres, aquél firmaba en Nueva York un Acuerdo de Paz con los americanos. Además, Casas, Capitán General de Luisiana y Florida, denuncia al Conde de Campo Alange la presencia en Providencia de tres indios que habían sido vistos anteriormente en compañía de Bowles y que ahora prometen a los ingleses entregarles la Florida Oriental a cambio de su ayuda [12].

---

[10] Carta de Cabello a Valdés. La Habana, 29 de Junio, 1789. AHN/E/Leg. 3.887, n.º 163.

Oficio de Valdés a Floridablanca. San Lorenzo, 19 de Octubre, 1789. AHN/E/Leg. 4.245.

[11] Carta de Bowles a Floridablanca. Nueva Providencia, 21 de Agosto, 7189. AHN/E/Leg. 3.889 bis, Exp. 10, n.º 1.

Carta de Bowles a Floridablanca. Nueva Providencia (Bahamas), 30 de Agosto, 1789. AHN/E/Leg. 3.889 bis, Exp. 10, n.º 2.

[12] Oficio de Arturo O'Neill a Las Casas. Panzacola, 13 de Noviembre, 1790. AHN/E/Leg. 3.898, Ap. 2, Exp. 2-4, n.º 29 (copia) (Anexo 1).

Bowles ha regresado ya a Florida y se apresta a entrar en acción: Su primer objetivo va a ser el almacén que tiene la Casa Panton y Leslie en San Marcos de Apalache.

Fueron muchos los testigos del asalto de Bowles y sus secuaces al almacén de Panton. Según Mr. Hambly, encargado de un almacén indio en el río San Juan que había ido a San Marcos de Apalache a llevar una carta y presenció el asalto, el 16 de enero llegó a Cunningham a las tres de la tarde con cuatro indios, poco después irrumpió Bowles en el almacén con 74 indios y juntos se apoderaron de la caja, fusiles y víveres [13].

Consumado el asalto, Bowles se dispone a partir de nuevo hacia Inglaterra a bordo de una goleta inglesa. El Capitán Baynton, que mandaba la citada goleta, nos ha dejado en su diario una descripción física de Bowles: De gran estatura, bien conformado, ágil y corpulento, es intrépido y emprendedor: Actor, pintor, guerrero, legislador, cazador, pastor, político, etc... Además, Bowles sólo tiene 26 años [14].

Hallándose de nuevo en Londres (marzo de 1971), Bowles escribe al Rey de España, y en nombre de la Confederación de Creeks y Cheroquíes, a los que describe y sitúa geográficamente, le pide que les permita seguir siendo un pueblo libre y les reconozca el derecho a la libre navegación entre la desembocadura del río Apalachicola y el cabo Florida de modo que no puedan ser molestados por los guardacostas. Si S. M. C. no les concede estos derechos, los indios se declararán en guerra. También pide Bowles que se convoque una conferencia en el próximo mes de julio para firmar un Tratado [15].

El Embajador en Londres, Marqués del Campo, escribe a Floridablanca dándole cuenta de las dos visitas que ha hecho Bowles a Londres, durante las que ha acusado a Panton y Leslie de explotar a los indios pagándoles una miseria por sus pieles. En

---

Carta de Arturo O'Neill a Miró. Panzacola, 16 de Noviembre, 1790. AHN/E/Leg. 3.898, Ap. 2, C. n.º 61 (copia).

Carta de Casas al Conde de Campo de Alange. La Habana, 30 de Diciembre, 1790. AHN/E/Leg. 3.898, Ap. 2, C. n.º 29 (orig.).

[13] Auto de declaración de Mr. Hambly en presencia de Quesada, interrogado por Carlos Howard. San Agustín de la Florida, 26 de Enero, 1791. AHN/C/Leg. 21.067 (n.º 507).

[14] Diario de Woodfalls, Febrero, 1971. Descripción de Bowles hecha por el Capitán Baynton. AHN/C/Leg. 21.067 (n.º 507), cuaderno 2.

[15] Memorial de Bowles al Rey. Londres, 25 de Marzo, 1791. AHN/E/Leg. 3.889 bis, Exp. 10, n.º 4.

opinión de del Campo, es evidente que hay una mano oculta que fomenta los manejos de Bowles para convertirlos en ventajas propias de comercio ilícito... se refiere a Dunmore. En otra carta, del Campo califica de «disparatadas» las pretensiones de los indios [16].

El 26 de mayo de 1971, a bordo del navío Mississippi que le lleva de regreso a las Bahamas, Bowles escribe el manifiesto de su vida, del que reproducimos a continuación algunos extractos resumidos:

— Criado por un jefe creek, sirvió en las filas británicas contra los rebeldes americanos... En 1783 abandonó el Ejército de S. M. B. y volvió a la nación Creek. Al encenderse la guerra de los creeks contra los georgianos, Bowles fue a las Bahamas a adquirir armas y municiones (1787).

— Acusa a Mc Guillivray y a Panton de querer la guerra y avivarla para su propio provecho. El 5 de abril de 1787 es nombrado Jefe de Guerra de los creeks.

— Acusa a Mc Guillivray —su rival— de querer asesinarle...

— El 27 de mayo de 1789 partió hacia Canadá a fin de formar una alianza general de todos los indios; luego fue a Inglaterra.

— El 22 de octubre de 1791 es nombrado «Director General» de la nación Creek.

— Toda su vida ha sido aficionado a las artes y a las ciencias. Tiene conocimientos de música, pintura, astronomía, náutica, arquitectura, etc. [17].

Mientras tanto, Aranda, Ministro de Estado, ha escrito al Gobernador de La Habana avisándole de que Bowles ha estado en Londres en compañía de algunos indios y de que ya están todos de regreso, por lo que le aconseja estar alerta y vigilante [18].

Pero Bowles insiste: Estando acampado a orillas del río Apalachicola dirige otra carta a S. M. C. (julio de 1791) implorando su protección y amistad y rogándole que autorice a algún dele-

---

[16] Carta del Marqués del Campo (Embajador en Londres) a Floridablanca. Londres, 15 de Abril, 1791. AHN/E/Leg. 3.889 bis, Exp. 10, n.º 3 (orig. n.º 6).
Carta de del Campo a Floridablanca. Londres, 15 de Abril, 1791. AGS/E/Leg. 8.148, folio 19.

[17] Manifiesto de la vida de Guillermo Bowles (traducción), a bordo del navío «Mississippi», 26 de Mayo, 1791. AHN/C/Leg. 21.067 (n.º 507), páginas 28 y 128.

[18] Minuta de Aranda al Gobernador de La Habana. Aranjuez, 28 de Mayo, 1791. AHN/E/Leg. 3.889 bis, Ex. 10, n.º 5.

gado suyo a asistir al Consejo de las naciones Creek y Cheroqui —peticiones que formula en su calidad de Diputado de dichas naciones indias [19].

Dos meses más tarde, sin embargo, el Capitán General de Luisiana y Florida manda que se destine algún buque del Rey para reconocer los surgideros de la costa de la Florida, especialmente los inmediatos al río Ys, donde parece que se piensa establecer Bowles, para arrestarle a ser posible. Pero Juan de Araoz, Intendente General de la Armada, responde diciendo que no dispone de una embarcación a propósito para despacharla a capturar a Bowles y aconseja que se emplee uno de los navíos corsarios que hay en la Plaza a la orden del Intendente del Ejército.

En efecto, habilitado uno de estos navíos, se forma una expedición al mando de Juan Mc Queen que parte en busca de Guillermo Bowles [20].

Entretanto, Mc Guillivray escribe a Panton denunciando los planes de Bowles de usurpar el comercio con los indios, pero le asegura que la influencia de Bowles sólo se extiende a las aldeas Oufsitduy y Chehavos. Esto nos da una idea de la escasa fuerza real con que estaba Bowles, a pesar de sus gloriosas declaraciones como «Director General de la nación Creek y Cheroqui». No obstante, Panton y Mc Guillivray urden un plan para matarlo que no llega a consumarse porque el jefe Perryman, suegro de Bowles, ayuda a éste [21].

Bowles, incansable, se refugia en Cowetah (Cowelaws) y desde allí escribe dos cartas —fechadas ambas el 4 de diciembre de 1971—. En una, dirigida a S. M. C., hace una descripción geográfica de la ubicación de ambas naciones indias y explica cómo es que han llegado a unirse en alianza. Como director que es de Creeks y Cheroquis, pide en nombre de los indios la libre navegación por las costas de su país y propone una alianza con S. M. C.

---

[19] Memorial a S. M. C. de Bowles, Diputado de las naciones indias de Creeks y Cheroquis. Apalachicola, Julio, 1791. AGS/E/Leg. 8.148.

[20] Carta de Casas a Juan de Araoz. La Habana, 26 de Septiembre, 1791. AHN/E/Leg. 3.889 bis, Exp. 10, n.º 7 (copia).

Carta de Juan de Araoz a Casas. La Habana, 28 de Septiembre, 1791. AHN/C/Leg. 21.067 (n.º 507).

Diario de Juan Mc Queen (copia de un párrafo). San Agustín de la Florida, 12 de Octubre, 1791. AGS/GM/Leg. 6.916, fol. 7 (doc. 1, anexo).

[21] Carta de Mc Guillivray a Panton. Pequeño Talasie, 28 de Octubre, 1791. AHN/C/Leg. 21.067 (n.º 507), Cuaderno 2, pág. 32.

para ayudar a la Corona a defender sus posesiones de los ataques americanos.

Bowles envía una carta parecida a Arturo O'Neill, Gobernador de Panzacola. En ésta, tras pedir la libre navegación, advierte que ha enviado algunos hombres a las bahías y que si son tratados violentamente, en vez de ayudar a España a conservar sus colonias, se aliará con los americanos y declarará la guerra a España [22].

O'Neill escribe inmediatamente a Bajamar: Hace una relación de las actividades de Bowles a lo largo de los tres últimos años. En la actualidad, según sus noticias, Bowles reside en casa del indio Periman, cerca de los Cahuitas, desde donde solivianta a los indios contra Mc Guillivray, acusándole de haber vendido sus tierras a los Estados Unidos. O'Neill ha dado parte de todo al Gobernador de Luisiana para que se impida a Bowles llevar a cabo sus planes [23].

El año de 1792 se inicia con una intensa actividad: El territorio está en ebullición. Se sospecha que Bowles actúa de acuerdo con el Gobernador de Bahamas, Lord Dunmore. Mc Guillivray, por su parte, no está dispuesto a permitir las correrías de Bowles: Quiere ir a la nación de los Talapuches de abajo para expulsar del país al impostor Bowles. También quiere que el Gobernador de Panzacola envíe un barco a la desembocadura del río Apalachicola para impedir que los aventureros capitaneados por Bowles, desembarquen allí e introduzcan la confusión entre los indios [24].

O'Neill, Gobernador de Panzacola, informa al Gobernador de Luisiana, Carondelet, de la situación. Le incluye copia de la carta de Mc Guillivray, otra copia de la carta que le escribió Mc Guillivray el 4 de diciembre y un folleto impreso que recoge los planes de establecimiento de las compañías Yazú y Tenesí. También le comunica sus sospechas de que Bowles se disponga a pasar la desembocadura del río Apalachicola llevando útiles con

[22] Memorial de Bowles a S. M. C. Cowetah, 4 de Diciembre, 1791. AHN/C/Leg. 21.067 (n.° 507).

Carta de Bowles al Gobernador de Panzacola, O'Neill. Cahuitas, 4 de Diciembre, 1791. AHN/C/Leg. 21.067 (n.° 597).

[23] Carta del Gobernador Arturo O'Neill a Bajamar. Panzacola, 16 de Diciembre, 1791. AHN/E/Leg. 3.889, Exp. 10, n.° 14 (cop.).

[24] Carta de Mc Guillivray a O'Neill. Panzacola, 1 de Enero, 1792. AHN/C/Leg. 21.067 (n.° 507), cuaderno 2 (Anexo 3), pág. 8.

que construir almacenes para la recepción de los efectos para indios [25].

Por lo visto, Bowles se dispone a ejecutar sus planes encaminados a romper el monopolio de Panton y Leslie. Escribe al Comandante del Fuerte de San Marcos de Apalache, Guessy, comunicándole sus intenciones: Establecer la libre entrada y salida de los buques de toda nación no enemiga que permita a los indios vivir mejor y de forma más pacífica. Asegura que no tiene intención de molestar a los súbditos de S. M. C. a menos que le molesten a él.

Guessy, tras acusar recibo de su carta, le responde que no tiene órdenes de sus superiores para proceder contra él ni evitarle que *transite* y *se pasee* por donde le acomode, pero que espera que sus acciones sean correlativas a sus buenos deseos [26].

El Gobernador de San Agustín, Quesada, pide noticias a Guessy sobre el paradero de Bowles y de Mc Guillivray. La respuesta del Comandante del Fuerte no se hace esperar y es bastante alarmante: Bowles y 200 hombres se han apoderado de la habitación de Panton en San Marcos de Apalache.

Este segundo asalto al almacén de Panton situado en las inmediaciones del Fuerte de San Marcos de Apalache, se produjo el 16 de enero de 1792. Guessy, Comandante del Fuerte, envió una expedición para repeler el asalto, pero ésta tuvo que regresar al Fuerte cuando Juan Leslie, socio de la firma, informó que eran más de 70 los indios armados que iban en la partida de Bowles [27].

La debilidad de los españoles se ponía de manifiesto una vez más. No obstante, antes de conocerse en Nueva Orleans la noticia

---

[25] Carta de O'Neill a Carondelet. Panzacola, 1 de Enero, 1792. AHN/C/Leg. 21.067 (n.º 507), cuaderno 2.

Carta de O'Neill a Carondelet. Panzacola, 1 de Enero, 1792. AHN/C/Leg. 21.067 (n.º 507), cuaderno 2.

[26] Carta de Bowles a Guessy, 4 de Enero, 1792. AHN/C/Leg. 21.067 (n.º 507).

Declaración de Bowles (Director de los asuntos de los Creeks), 4 de Enero, 1792. AHN/C/Leg. 21.067 (n.º 507).

Carta de Guessy a Bowles. San Marcos de Apalache, 4 de Enero, 1792. AHN/C/Leg. 21.067 (n.º 507).

[27] Carta de Quesada al Comandante de San Marcos de Apalache, Guessy. San Agustín de la Florida, 6 de Enero, 1792. AHN/C/Leg. 21.067 (n.º 507).

Carta de Fco. Javier de Guessy a Quesada. San Marcos de Apalache, 18 de Enero, 1792. AHN/C/Leg. 21.067 (n.º 507).

Carta de Guessy a Quesada. San Marcos de Apalache, Enero, 1792. AHN/C/Leg. 21.067 (n.º 507).

del asalto, el Gobernador Carondelet había ordenado que zarpase inmediatamente un barco que, al mando del Capitán Hevia y en correspondencia de Mc Guillivray y Panton, tenía la misión de cruzar sobre la boca del río Apalachicola, interceptar las embarcaciones que pudiesen acudir en ayuda de Bowles desde Providencia e intentar apoderarse de la persona de éste [28].

A los americanos también les resultaba incómoda la presencia de Bowles y sus actividades nacionalistas, como se deduce de algunos párrafos de la carta de James Seagrove, Agente norteamericano cerca de los indios creeks, al Mayor General Knox, Secretario de Guerra. En ella le informa de las actividades de Bowles en la Florida al frente de una partida de indios que intentaba robar. Sólo Kimard, dice, fue capaz de detener a los indios, pero a Bowles no pudo cogerlo. En su opinión, los españoles de Florida temen a Bowles [29]. Lo anterior parece indicar que los americanos, que buscaban el comercio con los indios como fórmula expansionista, también estaban interesados en anular a Bowles.

Por su parte, Leslie, tras el asalto a su almacén, también organiza una expedición infructuosa en busca de Bowles [30].

Mientras tanto, Carondelet ha ordenado zarpar a la fragatilla «La Galga» de Nueva Orleáns en busca de Bowles. También ha dirigido una carta a Bowles, con fecha de 31 de enero de 1792, en la que le dice que la respuesta de S. M. C. a sus demandas tardará en llegar por lo menos seis meses, por lo que le invita a que vaya a Nueva Orleáns a tratar con él asuntos privados, para lo cual envía a recogerle a la fragata «La Galga», cuya tripulación tiene orden de embarcarle y tratarle con distinción. José Hevia, Capitán de «La Galga», narra en su diario lo acaecido desde que zarparon de Nueva Orleáns el 4 de febrero hasta su regreso el 29 del mismo mes [31].

---

[28] Carta de Carondelet a Floridablanca. Nueva Orleans, 18 de Enero, 1792. AHN/C/Leg. 21.067 (n.º 507), cuaderno 2.

[29] Carta (extracto) de James Seagrove al Mayor General Knox. Santa María, 14 de Enero, 1792. AHN/E/Leg. 3.894, n.º 99.

[30] Carta de Roberto Leslie a su hermano Juan. Fuerte de San Marcos de Apalache, 31 de Enero, 1792. AHN/C/Leg. 21.067 (n.º 507), cuaderno a.

[31] Carta de Carondelet a Floridablanca. Nueva Orleans, 30 de Enero, 1792. AHN/C/Leg. 21.067 (n.º 507), cuaderno 2.
Carta de Carondelet a Bowles. Nueva Orleans, 31 de enero, 1792. AHN/C/Leg. 21.067 (n.º 507).
Carta de Carondelet a Bowles. Nueva Orleans, 2 de Febrero de 1792. AHN/C/Leg. 21.067 (n.º 507), pág. 108.

El Gobierno de Londres había recibido una carta, fechada en Charlestón, en la que Harry Grant daba cuenta del asalto de Bowles y Cunningham, junto con unos 75 indios renegados, al almacén de Panton [32].

Bowles explicará las razones del asalto en una carta a Jaime Burgefs, escudero en el río Flint: Según Bowles, al evacuar los ingleses San Agustín, Panton se apoderó de un número de almacenes pertenecientes al Gobierno para su propio uso. Por eso, si los españoles le provocan no dudará en obrar contra ellos: «Conduciré los asuntos en este país exponiéndome a una guerra contra España o cualquier otra potencia que se oponga». La carta está fechada en San Luis el 7 de febrero de 1792, es decir, tres semanas después de efectuado el asalto [33].

Apresado William Cunningham, uno de los cómplices en el asalto, declara ante el Comandante del puesto de Apalache y narra los pormenores del asalto al almacén de Panton y Leslie. Según dicha declaración, Bowles iba a recibir ayuda de un comerciante de Providencia llamado Miller y del Gobernador Dunmore. También declara el negro Francisco, propiedad de D. Juan Leslie, que fue apresado en el almacén del que consiguió huir con sus compañeros. Otro testigo que coincide en identificar a Cunningham y a Bowles entre los asaltantes es Eduardo Fóster, dependiente del almacén asaltado [34].

«La Galga», mientras tanto, ha arribado a Panzacola: allí recibe la orden del Comandante de la Plaza, Enrique White, de que vaya en derechura al puesto de San Marcos de Apalache, donde Bowles se ha apoderado de la habitación de Panton, y se ponga en contacto con Julián Carvallo, intérprete de los creeks, que se halla en aquel distrito. «La Galga» fondea cuatro días después en la

---

Diario de José de Hevia, Capitán de la Goleta «La Galga», 4-29 de Febrero, 1792. AHN/C/Leg. 21.067 (n.º 507), págs. 87-96.

[32] Carta de Harry Grant a Strachan y Mc Kenzie. Charleston, 7 de Febrero, 1792. AHN/E/Leg. 3.889 bis, Exp. 10, n.º 9.

[33] Carta de Bowles a Jaime Burgefs (copia traducida), 7 de Febrero, 1792. AHN/E/Leg. 3.898, Exp. 5.

[34] Declaración de William Cunningham en presencia de Robert Leslie, que sirvió de intérprete, y del Comandante del Puesto de Apalache, 10 de Febrero, 1792. AHN/C/Leg. 21.067 (n.º 507), cuaderno 2.

Declaración del negro Francisco, propiedad de D. Juan Leslie. San Agustín de la Florida, 11 de Febrero, 1792. AHN/C/Leg. 21.067 (n.º 507), pág. 109, cuaderno 2.

Declaración de Eduardo Foster, dependiente de la Casa Panton y Leslie. Fuerte de San Marcos, 28 de Febrero, 1792. AHN/C/Leg. 21.067 (n.º 507).

desembocadura del río Apalache y José Hevia, su Capitán, envía una carta a Francisco Guessy, Comandante del puesto de San Marcos, notificándole su presencia y comunicándole que lleva regalos para los indios y otras provisiones. Guessy acusa recibo de dicha misiva y propone a Hevia actuar de acuerdo. Este envía entonces un mensaje a Bowles en el que le dice estar comisionado por el Gobernador de Luisiana para entregarle una carta de la Corte en respuesta a la de Bowles. Le propone verse con él en el Fuerte o en «La Galga» o llevarle a Nueva Orleáns para que trate directamente con el Gobernador [35].

La contestación de Bowles no se hace esperar: Propone una cita para dos días más tarde en la torre de Fort St Mare. Pero José de Hevia le responde diciendo que está enfermo y no puede desplazarse; que tiene una carta para él del Ministro de Estado y que, si quiere, puede acudir al Fuerte de San Marcos llevando consigo cuantos indios estime conveniente. Al mismo tiempo, Hevia envía otra carta a Mc Guillivray dándole noticias del lugar en donde se halla fondeada «La Galga» y pidiéndole que acuda a entrevistarse con él [36].

Por fin, Bowles se persona el 27 de febrero en el Fuerte de San Marcos. Dos días más tarde, poco antes de partir a bordo de «La Galga», pronuncia un discurso a los indios que le acompañaban, en el que les dice que ha sido invitado por el Gobernador de Nueva Orleáns para tratar de paz. Aclara que Mc Guillivray no es el jefe absoluto de los Creeks y recomienda a sus seguidores que no admitan americanos en la nación.

Al abandonar San Marcos, Bowles dejó al cargo de sus asuntos durante su ausencia a William Wellbanks, quien se encargaría

---

[35]  Carta de Enrique White a Hevia. Panzacola, 15 de Febrero, 1792. AHN/C/Leg. 21.067 (n.º 507), pág. 97.

Carta de José de Hevia a Fco. Guessy. Goleta «La Galga» anclada frente a la entrada del río Apalache, 19 de Febrero, 1792. AHN/C/Leg. 21.067 (número 507).

Carta de Guessy a Hevia. San Marcos de Apalache, 20 de Febrero, 1792. AHN/C/Leg. 21.067 (n.º 507), pág. 99.

Carta del Capitán Hevia a Bowles a bordo de «La Galga» en el río Apalache, 22 de Febrero, 1792. AHN/C/Leg. 21.067 (n.º 507).

[36]  Carta de Bowles a Hevia. 22 de Febrero, 1792. AHN/C/Leg. 21.067 (n.º 507).

Carta del Capitán José de Hevia a Bowles. Fuerte de San Marcos, 24 de Febrero, 1792. AHN/C/Leg. 21.067 (n.º 507).

Carta de Hevia a Mc Guillivray. Fuerte de San Marcos, 24 de Febrero, 1792. AHN/C/Leg. 21.067 (n.º 507), pág. 102.

de escribirle a Nueva Orleáns dándole cuenta de la marcha de los acontecimientos [37].

Cuando «La Galga» llega a Nueva Orleáns, el Gobernador Carondelet escribe a Casas informándole del arresto de Bowles, al que se le trata con atención y decencia [38].

Pero Bowles no está, ni mucho menos, de acuerdo con su suerte: envía carta tras carta al Barón de Carondelet explicando su política con respecto a España, acusando a Panton, Mc Guillivray y a otros y expresando sus deseos de amistad. Tras exponer la situación de los Creeks que viven en Florida, afirma que es aliado natural y geográfico de S. M. C. y ofrece sus servicios para establecer una barrera segura entre los Estados Unidos y las posesiones de S. M. C. Advierte también que los Talapuches romperán sus relaciones con España en cuanto se enteren de que él está prisionero. Dice —y parece ser que era cierto— que hay 460 guerreros de los Estados Unidos y 2.000 georgianos en la línea fronteriza dispuestos a aprovechar cualquier ventaja y ratificar el Tratado que firmaron con Mc Guillivray. Si se enteran que estoy prisionero, dice Bowles, aprovecharán para soliviantar a los indios en contra de España [39].

Carondelet le envía a Floridablanca, Ministro de Estado, copias de estas cartas de Bowles. También le describe los pormenores de su captura y le informa de que remite al prisionero a La Habana, donde será juzgado por el asalto al almacén de Panton. En cuanto a las declaraciones del propio Bowles, Carondelet tratará de cerciorarse de si hay o no verdad en ellas, pero estima conveniente que se envíen dos fragatas a recoger y vigilar la costa entre Panzacola y el Cabo San Blas. Describe a Bowles como un joven extraordinario y bien dotado y comenta las pruebas aduci-

---

[37] Discurso de Bowles a su nación. San Marcos, 29 de Febrero, 1792. AHN/C/Leg. 21.067 (n.° 507), pág. 17.
Carta de William Wellbanks a Bowles. Campamento cerca de Ohaklacny, 6 de Marzo, 1792. AHN/C/Leg. 21.067 (n.° 507), pág. 73.
Carta de Guillermo Wellbanks a Carondelet. San Marcos, 8 de Marzo, 1792. AHN/C/Leg. 21.067 (n.° 507), pág. 62.
[38] Carta de Carondelet a Casas. Nueva Orleans, 13 de Marzo, 1792. AHN/C/Leg. 21.067 (n.° 507).
[39] Carta de Bowles a Carondelet. Nueva Orleans, 14 de Marzo de 1792. AHN/C/Leg. 21.067 (n.° 507).
Carta de Bowles a Carondelet. Nueva Orleans, 13 de Marzo, 1792. AHN/C/Leg. 21.067 (n.° 507).
Carta de Bowles a Carondelet. Nueva Orleans, 17 de Marzo, 1792. AHN/C/Leg. 21.067 (n.° 507), pág. 21.

das por éste sobre la parcialidad de Mc Guillivray con respecto a los americanos y contra Panton [40].

Mientras tanto, Cunningham que había estado preso en el castillo de Apalache, es conducido a Nueva Orleáns, donde presta declaración. Después de hacer un relato de su vida y cómo conoció a Bowles, revela los pormenores del asalto al almacén. Cuenta que entre los papeles de Bowles descubrió documentos relativos a un complot tramado por Lord Dunmore, Clark, Blount, etc., para posesionarse de Nogales, Yazu, Tenesí, Panzacola y Nueva Orleáns, abrir la navegación por el Mississipi y hacerse independientes de los Estados Unidos y de Inglaterra. Afirma también que Bowles no goza de la protección de Inglaterra. Describe a los componentes de la partida de Bowles y dice que a los indios no les importa que éste esté prisionero. Según Cunningham, Bowles estaría relacionado con el complot de la Compañía Yazu.

Ante esta evidencia, el Gobernador Carondelet escribe al Capitán General Casas para plantearle la conveniencia de mantener dos fragatas entre el Cabo San Blas y la bahía de Tampa con el fin de interceptar toda comunicación con los ingleses de Providencia. Sin embargo, el Ministro de S. M. B., Mr. Hammond, niega que su corte apoye a Bowles.

En una segunda declaración, Cunningham denuncia una expedición proyectada por Bowles contra Nueva Orleáns con el apoyo del Coronel Simpead, quien le ayudaría con armas y municiones para los habitantes de Kentucky y Cumberland. Este Ejército, unido a los 1.000 indios al mando de Bowles, se concentraría en Natchez dispuesto a marchar sobre Nueva Orleáns [41].

Comprometido por estas declaraciones, Bowles, confinado en el castillo del Morro de La Habana, escribe al Capitán General de Luisiana y Florida haciendo una relación de los últimos acontecimientos: Acusa a Mc Guillivray de haberse aliado con los americanos para atentar contra las posesiones españolas y se queja

---

[40] Carta de Carondelet a Floridablanca. Nueva Orleans, 22 de Marzo, 1792. AHN/C/Leg. 21.067 (n.º 507), cuaderno 2.

[41] Declaración de William Cunnigham. Nueva Orleans, 2 de Abril, 1792. AHN/C/Leg. 21.067 (n.º 507).

Carta de Carondelet a Casas. Nueva Orleans, 26 de Marzo, 1792. AHN/C/Leg. 21.067 (n.º 507).

Carta de Jáudenes y Viar a Floridablanca. Filadelfia, 26 de Marzo, 1792. AHN/E/Leg. 3.894 bis, n.º 72.

Declaración de William Cunningham. Nueva Orleans, 11 de Abril, 1792. AHN/C/Leg. 21.067 (n.º 507), pág. 26.

del trato que recibe, igual al de un vulgar prisionero. Pero la respuesta de Casas es bastante significativa: No tiene nada que tratar con él sobre pacificar a los Creeks, pues España está en paz con ellos. No le reconoce director de dicha nación, sino cabeza de una cuadrilla de aventureros que asaltaron el almacén Panton en San Marcos de Apalache[42].

A modo de ejemplo, es interesante ver dos documentos que corresponden a aquel mes de abril de 1792 que Bowles pasó en El Morro. El primero consiste en unos fragmentos extraídos de un artículo publicado en la Gaceta de Charleston:

> ... Bowles, que se había apoderado de los almacenes de Panton, ha sido apresado por los españoles y se halla en San Agustín.
>
> ... Mc Guillibray ha escrito a Seagrove diciéndole que irá a Rocklanding a principios de mayo para ratificar el Tratado y entablar demarcación de límites.

El segundo documento es una declaración de Benjamín Watkins ante Quesada, Gobernador de San Agustín, por petición de Panton y Leslie: Refiriéndose a Bowles, Watkins dice que su amistad con el Conde de Dunmore, Gobernador de Providencia, y el comerciante Millán (Miller) es indudable. Menciona la posible complicidad de Dunmore y Bowles, patrocinando aquél las expediciones de éste a Florida a bordo de un goleta de su propiedad[43].

Desde El Morro arrecian las declaraciones de inocencia de Bowles y sus peticiones de libertad. Casas decide enviarlo a España: Está convencido de que Bowles es un agente del Gobierno inglés que pretende arrebatarle el puesto a Mc Guillivray y desbancar a Panton para poner en su lugar a sus amigos de Providencia. Por otra parte, el Capitán General no puede rebatir las pretensiones de Bowles en el sentido de que las costas de Florida Occidental y sus puertos pertenecen a las naciones indias porque

---

[42] Carta de Bowles al Capitán General de Luisiana y Florida. La Habana, 14 de Abril, 1792. AHN/C/Leg. 21.067 (n.º 507).
Carta de Casas a Bowles. La Habana, 18 de Abril, 1792. AHN/C/Leg. 21.067 (n.º 507).

[43] Capítulo de una Gaceta. Charleston, 16 de Abril, 1792. AHN/C/Leg. 21.067 (n.º 507).
Declaración (por petición de Panton y Leslie a Quesada) de Benjamín Watkins. San Agustín de la Florida, 19 de Abril, 1792. AHN/E/Leg. 3.889 bis, Exp. 10, n.º 26 bis.

ignora cuáles son los límites que separan las posesiones de S. M. de las de los indios... *. Pero Casas está decidido: No quiere que Bowles se ponga en contacto con su Lugarteniente Wellbanks y va a enviarlo a España.

El 21 de abril de 1792, Bowles parte rumbo a España a bordo de la fragata «Misisipi»: La Habana queda atrás... [44].

Bernardo del Campo, Embajador en Londres, exibe documentos que representan a Bowles como un vulgar malhechor y exige al Gobierno de S. M. B. que desmienta de modo rotundo su apoyo a dicho tuno, de forma que las naciones indias entiendan que no es verdad que Bowles esté respaldado por Inglaterra. Por otra parte, Knox, Secretario de Guerra americano, escribe a Seagrove, agente suyo ante los Creeks, y le conmina a comunicar inmediatamente al agente del Rey más cercano todo tipo de intenciones hostiles a España por parte de algún aventurero como Bowles o de los indios [45].

En la colonia española de San Agustín de la Florida reina la calma tras la detención de Bowles. En opinión del Gobernador Quesada, exceptuando las cuatro poblaciones indias que son adictas a Bowles, la gran parte de los indios han recibido la noticia unos con gusto y otros con indiferencia. Mc Guillivray que no está del todo satisfecho con el Tratado firmado en Nueva York, ordena a los creeks inferiores que no crucen el río Oconi a conferenciar con los americanos hasta que él no haya hablado antes con Seagrove: El no ha podido ir personalmente a fijar la línea

---

* Según un documento inglés que define las varias cesiones hechas en distintos tiempos y parajes por la nación india Creek al Gobierno de S.M.B,. éstas fueron:
— Congreso en Augusta, 10 de noviembre 1763.
— Congreso en Picolata (Florida Oriental), 18 de noviembre 1765.
— Congreso en Cherhaw, 18 de septiembre 1768 [46].

[44] Carta de Bowles al Capitán General de Luisiana y Florida. El Morro, 20 de Abril, 1792. AHN/C/Leg. 21.067 (n.º 507).
Carta de Casas a Floridablanca (acompaña documentos). La Habana, 21 de Abril, 1792. AHN/C/Leg. 21.067 (n.º 507), pág. 48.
Carta e índice de Casas a Campo de Alange. La Habana, 21 de Abril, 1792. AHN/C/Leg. 21.067 (n.º 507). También AGS/GM/Leg. 6.916, fol. 7, doc. 6.

[45] Carta del Embajador del Campo a Aranda, Secretario de Estado. Londres, 25 de Abril, 1792. AHN/E/Leg. 3.889 bis, Exp. 10, n.º 8. También AGS/GM/Leg. 6.916, fol. 7, doc. 7.
Orden de el Secretario de Guerra de EE. UU., Knox, a Seagrove (Agente ante los Creeks). Filadelfia, 29 de Abril, 1792. AHN/E/Leg. 3.894 bis, n.º 99 (copia).

a dicho río porque sufre de reumatismo; además, le preocupa la confusión que reina entre los talapuches de abajo, partidarios de Bowles. Mc Guillivray no quiere tratar con los americanos sin llevar los documentos que Bowles confió a Wellbanks, pero éste no quiere entregárselos[47].

Sin embargo, parece que algunos indios han reaccionado desfavorablemente ante la noticia de la detención de Bowles; noticia que ya ha llegado a Nueva York y ha satisfecho mucho a los americanos. A consecuencia de estas divergencias se produce un enfrentamiento en las proximidades del río Oconi (Okonnee), en el que mueren dos indios y dos georgianos. En opinión de Quesada, Gobernador de San Agustín, dicho enfrentamiento puede inutilizar las actuales conferencias que se mantienen sobre las líneas del río Oconi[48].

La fragata «Confianza» zarpa de La Habana el 2 de junio de 1792 con destino a Cádiz. A bordo viaja Cunningham, a quien Casas envía a España para que comparezca junto con Bowles ante la justicia[49].

Por su parte, la fragata «Misisipi» fondea en la bahía de Cádiz a mediados del mes de junio. Bowles escribe al Conde de Floridablanca: Según dicha carta las potencias han dividido de un plumazo el país de los creeks para apoderarse de sus tierras. Tras reiterar sus acusaciones contra Mc Guillivray, Panton y los americanos —viles calumniadores— afirma que Mc Guillivray es amigo de O'Neill, Gobernador de Panzacola, y que entre los dos han puesto precio a su cabeza. Bowles cree que el territorio de San Marcos de Apalache pertenece a los creeks; se lamenta de

---

[46]  Trad. de un doc. inglés. AHN/C/Leg. 21.067 (n.º 507), pág. 69.

[47]  Carta de Quesada a Casas. San Agustín de la Florida, 8 de Mayo, 1792. AHN/E/Leg. 3.889 bis, Exp. 10, n.º 24.
Carta de Mc Guillivray a Arturo O'Neill (copia trad.). Pequeño Talasie, 12 de Mayo, 1792. AHN/E/Leg. 3.898, Exp. 5.

[48]  Carta de Quesada a Casas. San Agustín de la Florida, 14 de Mayo, 1792. AHN/E/Leg. 3.889 bis, Exp. 10, n.º 27.

[49]  Nota del Consejo de Estado para la Secretaría de Estado en relación con el aventurero Bowles. Aranjuez, 28 de Mayo, 1792. AHN/E/Leg. 3.889 bis, Exp. 10, n.º 35.
Consejo de Estado sobre Bowles. 28 de Mayo, 1792. AGS/GM/Leg. 6.916, folio 7, doc. 10.
Carta de Casas a Campo de Alange. La Habana, 2 de Junio, 1792. AGS/GM/Leg. 6.916, fol. 7, doc. 14.
Carta de Casas a Aranda. La Habana, 2 de Junio, 1792. AHN/E/Leg. 3.889 bis, Exp. 10, n.º 19.

ser la víctima de un engaño y termina denunciando las intrigas de los americanos, de Mc Gullivray y de las compañías Yazu y Tenesí para apoderarse del país Creek [50].

Como ya se ha dicho, los americanos se habían alegrado bastante de la detención de Bowles, pues éste, al fin y al cabo, sí debía ser un obstáculo para su expansión por tierras de Florida. El Gobierno americano nombró comisionados suyos ante los indios a Carmichael y Short [51].

Sin embargo, el Gobierno español parecía mucho más preocupado con la actitud de Inglaterra. El Embajador en Londres, Bernardo del Campo, recibe una vez más instrucciones de su Corte para que explique y demuestre claramente qué clase de persona es el tal Bowles, con objeto de que el Gobierno de S. M. B. haga cuanto esté en su mano por convencer a los indios de que Inglaterra no respalda las actividades de ese maleante [52].

El Gobernador de Cádiz decide encerrar a Bowles en la cárcel Real, porque considera que los castillos no reúnen las suficientes condiciones de seguridad, y da instrucciones para que se trate al prisionero con toda la decencia posible. A pesar de todo, Bowles se queja del trato que recibe, más digno de un criminal que de un hombre de honor, y pide hablar con los ministros de S. M.; solicita también su traslado a algún cuartel donde pueda respirar aire fresco. Entretanto, en la Corte se recuperaban los documentos y testimonios que iban a servir de evidencia en contra de Bowles [53].

---

[50] Carta de Bowles a Floridablanca. Cádiz, 18 de Junio, 1792. AHN/ C/Leg. 21.067 (n.° 507), pág. 37.

[51] Carta de Casas a Aranda. La Habana, 2 de Junio, 1792. AHN/E/Leg. 3.889 bis, Exp. 10, n.° 41.
Carta de Jáudenes y Viar al Gobernador de la Florida, Quesada. Filadelfia, 5 de Junio, 1792. AHN/E/Leg. 3.894 bis, n.° 110.

[52] Carta de del Campo a Aranda. Londres, 8 de Junio, 1972. AHN/ E/Leg. 3.889 bis, Exp. 10, n.° 20.
Carta del Embajador del Campo a Aranda. Londres, 16 de Junio, 1792. AHN/E/Leg. 3.889 bis, Exp. 10, n.° 21.
Carta de Bernardo del Campo a Aranda. Londres, 18 de Junio, 1792. AGS/ E/leg. 8.148, fol. 15.

[53] Carta de Joaquín Esquivel a Campo de Alange. Cádiz, 19 de Junio, 1792. AHN/E/Leg. 3.889 bis, Exp. 10, n.° 22.
Carta del Gobernador de Cádiz a Aranda. Cádiz, 19 de Junio, 1792. AHN/ C/Leg. 21.067 (n.° 507), cuaderno 2, pág. 76.
Carta de Bowles al Gobernador de Cádiz. Cádiz, 20 de Junio, 1792. AHN/ C/Leg. 21.067 (n.° 507), cuaderno 2, págs. 86-87.

En Florida, mientras tanto, las autoridades españolas consideran que la noticia de la detención de Bowles no ha causado especial sensación entre los indios. Pero Olivier, enviado a recorrer el país de los indios por el Barón de Carondelet, notifica haber efectuado su viaje por los pueblos de abajo, donde le informaron que los indios, inducidos por Mc Guillivray, habían vendido tierras a los americanos a cambio de gran cantidad de oro y plata que entregaron a éste. Olivier sospecha de Mc Guillivray y se lo hace saber al Gobernador de Luisiana y Florida, a quien también le cuenta su entrevista con Wellbank: El Lugarteniente de Bowles asegura que éste había obrado según las órdenes que recibía de Providencia. Poco después (3 de Junio de 1792), Olivier se reúne en Cahuita con los Reyes, jefes y guerreros de los Talapuches de abajo y éstos comunican al comisionado español que, mientras no devuelvan a Bowles, ellos no le escucharán a él ni a los españoles[54].

Wellbank y algunos indios roban una piragua y se dirigen a Providencia. El nuevo Comandante del Fuerte de Apalache, Francisco Montreuill, aposta algunos hombres en Monte Gordo para tratar de prender a Wellbank a su regreso[55].

Bowles sigue luchando denodadamente por su libertad en la cárcel de Cádiz. Escribe a Aranda, al Gobernador de Cádiz y al alcaide de la prisión repitiendo su historia: Los americanos son el verdadero peligro; Mc Guillivray es un auténtico traidor que pacta con los americanos y que tiene intereses en las compañías de Yazu y Tenesí, por lo que ha urdido un plan para apoderarse de todo el Mississipi. Se queja del trato que recibe como prisionero en la cárcel pública y pide el traslado a Madrid para poder

---

Carta de Bowles a Aranda. Cádiz, 23 de Junio, 1792. AHN/C/Leg. 21.067 (n.º 507), pág. 74.

Oficio de Campo de Alange a Aranda. Aranjuez, 26 de Junio, 1792. AHN/C/Leg. 21.067 (n.º 507), cuaderno 2, pág. 82.

Expediente sobre Guillermo Bowles. Aranjuez, 26 de Junio, 1792. AGS/GM/Leg. 6.916, fol. 7 (20 documentos).

[54] Carta de Casas a Aranda. La Habana, 30 de Junio, 1792. AHN/E/Leg. 3.889 bis, Exp. 10, n.º 23.

Carta de Pedro Olivier a Carondelet. Pequeño Talasie, 30 de Junio, 1792. AHN/E/Leg. 3.898, Exp. 5.

Palabras de los Reyes, Jefes y Guerreros de los Talapuches de abajo al Comisionado español Pedro Olivier. Cahuita, 3 de Julio, 1792. AHN/E/Leg. 3.898, Ap. 3.

[55] Carta de Francisco Montreuil, Comandante de Fuerte, a O'Neill San Marcos de Apalache, 10 de Julio, 1792. AHN/E/Leg. 3.898.

defenderse mejor. En una carta fechada el 13 de julio, Bowles revela a Aranda algo que cree va a impresionar mucho al Ministro de Estado: Los habitantes de Cumberland y Kentucky, que forman un ejército de 7.000 hombres al mando del General Wilkinson, están dispuestos a ocupar Florida [56].

Entretanto, la burocracia trataba de decidir la suerte de Bowles. El Consejo de Estado recomienda que se le forme Consejo de Guerra a través del Capitán General de Luisiana. No obstante, la causa de Bowles pasa del Ministerio de Guerra al de Estado, que la remite primero a La Habana y luego a Cádiz; por último, S. M. resuelve que pase al Consejo de Indias, y éste se hace cargo del expediente el 20 de julio de 1792 [57].

Bowles, que no puede hacer más que escribir cartas, insiste en los términos ya conocidos. Para él, la política de S. M. en la Florida ha sido varia e inconsecuente con respecto a los Creeks, pues unas veces lo instigaban en contra de los americanos y otras les recomendaban la paz y amistad. Sus protestas no son escuchadas: Se remiten al Consejo de Indias todos los documentos relativos al caso [58].

Los americanos aseguran una y otra vez que ellos no hacen planes para la guerra; están satisfechos por la detención de Bowles y sólo tratan con Mc Guillivray. Por otra parte, el Secretario de Estado inglés notifica en nombre del Rey de Inglaterra al Embajador español que es absolutamente falso que su país preste apoyo alguno a Bowles, lo que sería contrario a las leyes de la humanidad... [59].

---

[56] Carta de Bowles a Aranda. Cádiz, 10 de Julio, 1792. AHN/C/Leg. 21.067 (n.° 507), pág. 60.

Carta de Bowles a la autoridad de Cádiz. 11 de Julio, 1792. Cádiz. AHN/C/Leg. 21.067 (n.° 507), pág. 87.

Carta de Bowles a Aranda. Cádiz, 14 de Julio, 1792. AHN/C/Leg. 21.067 (n.° 507), pág. 57.

[57] Extractos del expediente de Bowles para el Consejo de Estado. Madrid, 14 de Julio, 1792. AHN/E/Leg. 3.889 bis, Exp. 10, núms. 31, 32 y 33.

Consejo de Estado sobre Bowles, preso en Cádiz. Madrid, 16 de Julio, 1792. AHN/E/Leg. 3.889 bis, Exp. 10, n.° 34.

Minuta de Aranda al Gobernador de Cádiz, Esquivel. Madrid, 20 de Julio, 1792. AHN/E/Leg. 3.889 bis, Exp. 10, n.° 36.

[58] Carta de Bowles a Aranda. Cádiz, 20 de Julio, 1792. AHN/C/Leg. 21.067.

Minuta de Aranda a Antonio Ventura Taranco, Secretario del Consejo de Indias. Palacio, 21 de Julio, 1792. AHN/E/Leg. 3.889 bis, Exp. 10, n.° 37.

[59] Carta de Jáudenes y Viar a Casas. Filadelfia, 16 de Julio, 1792. AHN/E/Leg. 3.894 bis, n.° 110.

Pero Lord Dunmore, al parecer, seguía fomentando el partido que Bowles había formado con los bajos creeks. Los Talapuches de abajo, fomentados por Dunmore y otros ingleses, intentaban abrir una vía para el comercio marítimo por el río Ocolaguy [60].

El expediente de Bowles engrosa con la declaración ante el Gobernador O'Neill, del capitán y un pasajero de la goleta inglesa «Juana», quienes testifican sobre la conducción de Bowles a bordo de dicha goleta desde la isla de Providencia y sobre el subsiguiente robo de los almacenes de Panton. Ambas declaraciones son remitidas al Consejo de Indias, que entiende en la causa seguida contra Guillermo Augusto Bowles [61].

Cunningham llega a Cádiz a bordo de la «Confianza» en el mes de agosto. El Gobernador de Cádiz ordena confinarlo en el Castillo de Sta. Catalina. A los pocos días, Bowles es trasladado a la cárcel de la Villa de Madrid. Taranco, Secretario del Consejo de Indias, pide el expediente de Cunningham [62].

En San Agustín de la Florida parece haber remitido un tanto la ola de descontento que siguió a la captura de Bowles; según el Gobernador Quesada, los indios se van convenciendo poco a poco de la buena fe española. Pero los Estados Unidos han empezado a recelar de las intenciones del Gobierno de Florida al observar los preparativos de defensa, y se producen amagos de guerra entre indios y americanos: Quesada opina que es posible que tenga que intervenir España [63].

El territorio está todo menos tranquilo. El 24 de octubre de 1792 se reúnen en Cowetah los Reyes, Jefes y guerreros de la nación Creek y piden al Rey la inmediata puesta en libertad y devolución a su país de Bowles. Sin embargo, el Gobernador

---

Carta de Grenville, Secretario de Estado inglés, a Campo. Whitehall, 16 de Julio, 1792. AHN/E/Leg. 3.889 bis, Exp. 10, n.º 30 (copia francesa).

[60] Carta de Carondelet a Aranda. Nueva Orleans, 31 de Julio, 1792. AHN/E/Leg. 3.898, Ap. 3 (Exp. 5, libro 7).

Carta de Carondelet a Aranda. Nueva Orleans, 20 de Agosto, 1792. AHN/E/Leg. 3.898, Ap. 3 (libro 7, Exp. 5).

[61] Declaración del Capitán Thomas Young y del pasajero Juan Harrison, a instancia de Guillermo Panton, recibida por el Gobernador Arturo O'Neill. Panzacola, 27 de Agosto, 1792. AHN/E/Leg. 3.898, Ap. 3.

[62] Carta de Esquivel a Aranda. Cádiz, 28 de Agosto, 1792. AHN/E/Leg. 3.889 bis, Exp. 10, n.º 40.

Oficio de Taranco a Aranda. Madrid, 22 de Septiembre, 1792. AHN/E/Leg. 3.889 bis, Exp. 10, n.º 45.

[63] Carta de Quesada a Bajamar. San Agustín de la Florida, 10 de Octubre, 1792. AHN/E/Leg. 3.889, Exp. 10, n.º 50.

de Luisiana dice, comentando la anterior declaración, que se trata de los indios Semínolas y no de todos los Jefes creeks; en su opinión, es probable que la declaración esté redactada a instancias de Wellbank (pretendido Mayor General de Bowles) [64].

Wellbank, al parecer, instigado por Lord Dunmore, tiene el proyecto de establecer una aldea en Ocolagne con los indios, para lo que tendría que expulsar de aquellos contornos a los españoles, y esperar allí noticias de Bowles. El Comandante del Fuerte de San Marcos de Apalache, Francisco Montreuill, toma medidas encaminadas a prender a Wellbank en caso de que éste intente escapar de Florida.

El jefe Periman es confidente de Montreuill; por él se entera éste del contenido de una carta que ha enviado Dunmore desde Nassau a Wellbank proponiéndole que se apodere del Comandante de San Marcos y de Panton con objeto de lograr la vuelta de Bowles [65].

Con la entrada del nuevo año de 1793 se hace evidente que las fuerzas que se disputan la Florida van a hacer todo lo posible por apoderarse de ella. Los más débiles son los españoles, pero los que tienen todas las de perder son los indios. Además, Mc Guillivray, que apenas actuaba ya, acaba de morir.

Probablemente sin relaciones con los planes que acabamos de exponer, aparece un tal Charles Lewis que se pone a vivir en el río Nuevo (Florida Oriental cerca del río San Juan), a unas quince millas del mar, y en opinión de Quesada, dentro del territorio de S. M. El Gobernador de San Agustín propone la captura de Lewis a Casas, Capitán General. Envía una falúa de reconocimiento al mando de Sebastián Berazaluce con la misión de reconocer la costa hasta los Mártires y reconocer el río Nuevo. Con el informe de Berazaluce, Quesada pide instrucciones a Casas para acabar con «ese nido de intrusos del río Nuevo», pero el Capitán General de Luisiana y Florida responde diciendo que no se puede prender a Lewis porque habita en territorio no perteneciente a S. M. y que conviene esperar una decisión de la Corte.

---

[64] Plática de los Reyes, Jefes y Guerreros de la Nación Creek al Rey. Cowetah, 24 de Octubre, 1792. AHN/E/Leg. 3.889 bis, Exp. 10, núms. 56 y 57.

[65] Carta de Francisco Montreuil, Capitán, a O'Neill. San Marcos de Apalache, 24 de Noviembre, 1792. AHN/E/Leg. 3.898 (libro 9, Exp. 5).

Carta de Lord Dunmore a Jorge Wellbanks. Nassau, 1793. AHN/E/Leg. 3.898, Ap. 4.

Casas consulta con Madrid: En su opinión, la mejor manera de evitar la penetración de aventureros ingleses procedentes de Providencia, es poner algunos buques menores a las embocaduras de los ríos por donde entran y salen esos aventureros para apresar sus buques y llevarlos a las orillas pertenecientes a S. M. [66].

En Madrid prosiguen las actuaciones del Consejo de Indias: Se nombra intérpretes de los acusados a D. Antonio Carbonell, maestro de lengua inglesa del Seminario de Nobles. El Presidente de la Sala de Justicia del Consejo, Jorge Escobedo, pide el original del manifiesto que Bowles escribió sobre su vida durante su conducción a Cádiz a bordo de la fragata «Misisipi» [67].

En la causa incoada a Bowles y Cunningham se hace un relato de sus vidas y de los actos por los que se les acusa «para que el Consejo determine lo que tenga por más arreglado a la justicia». El alcaide de la cárcel hace llegar al Juez Comisionado, José Agustín Castaño, todas las notas de protesta y cartas que escribe Bowles. La causa es importante y progresa lentamente. Por fin, de Palacio llega un Acuerdo firmado por el Duque de Alcudia en el que se pide el pronunciamiento del Consejo de Indias al respecto de la causa que se sigue contra Bowles y Cunningham; también se incluye un extracto relativo a las cartas de Bowles en el que se recogen sus quejas por la forma que fue detenido, sus alegatos y sus ofrecimientos de amistad [68].

---

[66] Carta de Quesada a Casas. San Agustín de la Florida, 13 de Enero, 1793. AGS/GM/Leg. 6.928, n.º 339.

Relación hecha por Sebastián Berazaluce. San Agustín de la Florida, 18 de Marzo, 1973.

Carta de Quesada a Casas. La Habana, 18 de Marzo, 1793. AGS/GM/Leg. 6.928.

Carta de contestación de Casas a Quesada. La Habana, 11 de Mayo, 1973. AGS/GM/Leg. 6.928.

[67] Minuta de Alcudia a Bajamar. Aranjuez, 10 de Febrero, 1973. AHN/E/Leg. 3.889 bis, Exp. 10, n.º 62.

Oficio de Jorge Escobedo, Presidente de la Sala de Justicia del Consejo de Indias, a Alcudia. Madrid, 5 de Marzo, 17973. AHN/E/Leg. 3.889 bis, Exp. 10, n.º 64.

Minuta de Alcudia a Miró. Aranjuez, 7 de Marzo, 1793. AHN/E/Leg. 3.889 bis, Exp. 10, n.º 65.

Autobiografía de Bowles dirigida a Esteban Miró, a bordo de la fragata Misisipi. 26 de Mayo, 1972. AGS/GM/Leg. 1972.

[68] Causa de Bowles y Cunningham. Madrid, 8 de Julio, 1793. AHN/C/Leg. 21.067 (n.º 507).

Oficio de el Alcaide de la Cárcel de Madrid a José Agustín Castaño (Juez

El Consejo de Indias halla los hechos confusos y pide «que se corte la causa o se aclare y acelere por algún medio extraordinario». Alcudia consulta al Rey; también le pregunta a Gardoqui si puede ser perjudicial cortar la causa. Gardoqui opina que no merece la pena seguir la causa porque Bowles es un aventurero más, pero tampoco conviene dejarlo en libertad porque «incomodó nuestras fronteras con los Estados Unidos por medio de los Creek...». Lo más conveniente será remitirlo a Filipinas y allí hacerle trabajar para ganar su sustento.

En consonancia con el criterio de Palacio, el Fiscal del Consejo de Indias emite el siguiente dictamen el 3 de diciembre de 1793:

> S. M. ha decidido que se corte la causa seguida a Bowles y Cunningham y se remitan los reos a Cádiz para que desde allí pasen a Filipinas y no se les permita salir de la isla de Luzón, dejándoles trabajar para que ganen su sustento.
>
> Poco después los acusados son conducidos de nuevo a Cádiz [69].

No sospechaba Bowles que su acción le fuese a costar tan largo cautiverio: se siente traicionado por los españoles y empieza a alimentar deseos de venganza.

Un año después del dictamen del Consejo de Indias, el Embajador de S.M.B. envía una carta al Duque de Alcudia. Sabe que se halla preso en Cádiz, desde hace más de tres años, un oficial inglés llamado Patricio Cunnigham, que permanece incomunicado. Suplica le digan los motivos que haya habido para la prisión de dicho súbdito británico y que se disponga que tenga las comunicaciones necesarias para poder hacer los recursos y defensas que le convengan. La respuesta de Alcudia es tajante: Efectivamente, se

---

Comisionado). Madrid, 29 de Julio, 1793. AHN/E/Leg. 3.889 bis, Exp. 10, n.º 74 (copia).

Oficio de Escobedo a Alcudia. Madrid, 29 de Julio, 1793. AHN/E/Leg. 3.889 bis, Exp. 10, n.º 71.

Acuerdo autógrafo de Alcudia. Palacio, 30 de Julio, 1793. AHN/E/Leg. 3.889 bis, Exp. 10, n.º 72.

[69] Extracto de consulta del Consejo de Indias. Palacio, 22 de Agosto, 1793. AHN/E/Leg. 3.889 bis, Exp. 10, n.º 75.

Oficio de Gardoqui a Alcudia. San Lorenzo, 29 de Octubre, 1793. AHN/E/Leg. 3.889 bis, Exp. 10, n.º 80.

Dictamen del Fiscal del Consejo de Indias (copia). Madrid, 3 de Diciembre, 1973. AHN/E/Leg. 3.889 bis, Exp. 10, n.º 77.

halla preso en Cádiz un individuo llamado *Guillermo* Cunnigham y no *Patricio*, a quien se ha seguido causa condenado por varios excesos muy graves cometidos en los dominios de S.M.C., y sólo está esperando el cumplimiento de lo resuelto [70].

En Florida, mientras tanto, continuaban las hostilidades entre indios y americanos. En 1795 se firma el Tratado de «Amistad, Límites y Navegación con los Estados Unidos». Sin embargo, Carlos Martínez de Irujo, Ministro de S.M.C. en los EE.UU., se queja de que esta nación no proteja la paz en territorio indio y permita que una partida de ingleses esté preparando una expedición en territorio americano contra las Floridas. En julio de 1797 informa de que no sólo lo permiten, sino que un grupo de americanos, entre los que se encuentra el Senador por el Estado de Tennessee, Mr. Blount, apoyan y ayudan a los ingleses en su proyectada expedición. Irujo acusa al Secretario de Estado norteamericano, Mr. Pickering, de parcialidad a favor de Inglaterra. El Embajador español cree que esta política está alentada por el partido inglés, cuyos fines son destruir el partido antifederal y al mismo tiempo poner al país a los pies de Inglaterra [71].

En opinión de Irujo, S.M. debe consultar los mapas y explicaciones del General francés Collot, que ha estado recorriendo los territorios y fronteras de los EE.UU. Carondelet, Gobernador Intendente de Luisiana, escribe a Irujo dándole «infinitas gracias por el celo, esmero y acierto con que se ha servido atender a la conservación y defensa de aquella parte tan esencial...».

Pero Pickering, Secretario de Estado, responde a Irujo diciéndole que el Gobierno americano no se halla informado de ninguna expedición inglesa contra las Floridas desde territorio americano, comunicándole el contenido de la declaración del Presidente de los Estados Unidos al respecto, en el sentido de que no se permitirían «que ninguna de las dos partes hagan marchar tropas por el territorio de los EE.UU.». Es posible que Pickering no conociese los planes que el Senador Blount confió al intérprete de indios, Carey,

---

[70]  Oficio, Jackson (por ausencia del Embajador St. Helens) al Duque de Alcudia. Madrid, 29 de Noviembre, 1794. AHN/E/Leg. 4.240 (caja 1).

Oficio de el Duque de Alcudia a Jackson (Embajador de Inglaterra en España). San Lorenzo, 1 de Diciembre, 1794. AHN/E/Leg. 4.240 (caja 1).

[71]  Carta de Ministro de S. M. C. al Príncipe de la Paz. Filadelfia, 6 de Abri, 1797. AHN/E/Leg. 3.889 bis.

Carta de Irujo al Príncipe de la Paz. Filadelfia, 15 de Julio, 1797.

Carta de Carlos Martínez de Irujo, Ministro en EE. UU., al Príncipe de la Paz. AHN/E/Leg. 3.889 bis.

relativos a una alianza con los ingleses y contra España, pues Blount recomendó el mayor sigilo a Carey durante sus conversaciones con los indios para tratar de convencerlos [72].

Bowles llegó el 26 de noviembre de 1795 a Manila. Su Gobernador comunica que fue dejado en libertad sin más restricción que la de presentarse diariamente al Corregidor de Tondo, pero que no es posible hacérselo cumplir. Además, se insubordina contra S.M.C. y su Gobierno, a través de sus escritos y palabras, y se ha hecho muy popular entre los indios de allí, que le llaman «Caballero General» [73].

En los años que Bowles pasa en Luzón, la cotización de las Floridas aumenta a ojos vista y son objeto de toda clase de intrigas diplomáticas y escenario de numerosas escaramuzas.

Irujo, como Embajador en EE.UU., prosigue en su empeño de desenmascarar los planes de ingleses y americanos: Ya hemos citado algunas intervenciones suyas acerca del Secretario de Estado. A juzgar por las pruebas que iremos ofreciendo, el Embajador de España no andaba descaminado. El fundamento de sus últimas protestas era su convencimiento de que había un grupo de ingleses que intentaban atacar la isla de Amalia, entre los que se encontraba el Agente americano Seagrove. Pero Pickering replica que las acusaciones contra Seagrove son muy vagas y que, a su entender, no existe un delito positivo. A pesar de todo, Irujo insiste; Seagrove ha estado varias veces a sueldo del Gobierno inglés y su conducta resulta sospechosa en extremo, pues ha llegado a mantener conversaciones íntimas con el Comandante de fragata inglesa fondeada en el río Santa María [74].

---

[72] Minuta de el Príncipe de la Paz a Irujo. Madrid, 17 de Abril, 1797. AHN/E/Leg. 3.889 bis, Exp. 10, n.° 85.
Extracto de carta de Carondelet a Irujo. Nueva Orleans, 20 de Abril, 1797. AHN/E/Leg. 3.889 bis, Exp. 10, n.° 105.
Carta de Contestación del Secretario de Estado americano, Pickering, a Irujo. Nueva York, 28 de Abril, 1797. AHN/E/Leg. 3.889 bis, Exp. 10, n.° 88.
Carta del Senador por el Estado de Tennessee, William Blount, al intérprete de indios Carey. Ferrería del Coronel King, 21 de Abril, 1797. AHN/E/Leg. 3.889 bis, Exp. 10, núms. 91 y 97.
[73] Ver nota 77.
[74] Carta de Irujo a Pickering. Filadelfia, 3 de Junio, 1797. AHN/E/Leg. 3.889 bis, Exp. 10, n.° 88.
Carta de Pickering a Irujo. Secretaría de Estado, 7 de Junio, 1797. AHN/E/Leg. 3.889 bis, Exp. 10, n.° 88.
Carta de Irujo al Príncipe de la Paz. Filadelfia, 12 de Junio, 1797. AHN/E/Leg. 3.889 bis, Exp. 10, n.° 87.

Pickering eleva un informe al Presidente de los EE.UU. sobre el proceder de los oficiales españoles en la línea divisoria. Según dicho informe, los españoles aducen ahora nuevos motivos para retener en su posesión Natchez y Nogales y para aumentar sus fortificaciones: defenderse de un ataque de los ingleses desde el Canadá. Acto seguido (julio de 1797) redacta un impreso en el que acusa a España de mala fe, de soliviantar a los indios, incumplir el Tratado, etc. Irujo no tarda en enviarle una réplica a su impreso, dándole noticias concretas que justificaban sobradamente sus recelos: Si acusa a Pickering es porque éste se lo dijo a Liston, Ministro de S.M.B.; además, cree que el Presidente Adams desconoce el asunto. El Ministro español tiene noticias de que un tal Mr. Ellicot ha tratado de apoderarse de Natchez sin ser portador de ningún documento oficial de los EE.UU. Los puestos fronterizos españoles no se han evacuado porque se teme el ataque de los ingleses. La acusación de que los españoles instigan a los indios contra los americanos no tiene fundamento [75].

Irujo presenta evidencias: una carta del Senador por Tennessee, Blount, que prueba que él y otros americanos iban a ayudar a los ingleses en su expedición contra las Floridas. El citado Blount había sido acusado por la Cámara de Representantes y expulsados del Senado. Además, Irujo está convencido de que el Gobierno norteamericano se inclina del lado de Inglaterra y denuncia la escandalosa parcialidad del Secretario de Estado. Pickering está harto del Ministro español y quiere pedir a S.M.C. el relevo de Irujo. El proceder de americanos e ingleses se debe, según Irujo, a que temen que España ceda la Luisiana a Francia [76].

Pickering estaba molesto con un impreso que había hecho público Irujo en Filadelfia, «A letter to Thimothy Pickering, esq. Secretary of State, from the chevalier de Irujo, Minister Plenipotentiary of his Catholic Majesty», con fecha de 11 de julio de 1797. Por las mismas fechas y en la misma ciudad, apareció también un fo-

---

[75] Informe adicional de Pickering al Presidente de EE. UU. Secretaría de Estado, 3 de Julio, 1797. AHN/E/Leg. 3.889 bis, Exp. 10, núms. 93 y 96.
Carta de Irujo a Pickering. Filadelfia, 11 de Julio, 1797. AHN/E/Leg. 3.889 bis, Exp. 10, núms. 92 y 98.
[76] Carta de Irujo al Príncipe de la Paz. Filadelfia, 15 de Julio, 1797. AHN/E/Leg. 3.889 bis, Exp. 10, n.° 90.
Carta de Irujo al Príncipe de la Paz. Filadelfia, 20 de Julio, 1797. AHN/E/Leg. 3.889 bis, Exp. 10, n.° 95.
Carta particular de Irujo al Príncipe de la Paz. Filadelfia, 20 de Julio, 1797. AHN/E/Leg. 3.889 bis, Exp. 10, n.° 101.

lleto impreso de 85 páginas editado por W. Ros, bajo el título «Correspondence qui devoile la trahison du Senateur Americain *Blount*, les intrigues du Ministre Anglais *Liston*, et l'étrange neutralité observée par le Secretaire d'Etat des Etats Unis, Thimothy *Pickering, Ecuyer*» [77].

El asunto Blount se esclareció a lo largo de la investigación oficial del Congreso americano, que terminó con su expulsión del Senado. Uno de los que testificaron, Juan Felipe Ripley, declara que había oído decir al Capitán Eaton que se habían encontrado en poder del Dr. Romayne (conocido Agente inglés) varias cartas de importancia conteniendo pruebas positivas de que el Gobierno británico estaba interesado en la conspiración que se ha descubierto últimamente, con el fin de violar la neutralidad de los Estados Unidos y obligarlos a entrar en una guerra junto a la Gran Bretaña contra España y Francia. Algunas de las cartas estaban firmadas por Liston...

La situación política en Estados Unidos al comenzar aquel año de 1798 era incierta. Dos partidos luchaban por el poder: el Federalista, que quería la ruptura con Francia y la unión con Inglaterra, y el Antifederalista, que era partidario de medidas paliativas. La administración guardaba silencio. Blount, al parecer, había huído y se había refugiado en Charleston.

Los acontecimientos habían dado la razón a Irujo. Desenmascarado Blount, el peligro de una invasión inglesa se alejaba momentáneamente de las costas de la Florida. La actuación del incansable Embajador español fue bastante decisiva; así lo reconocían White (Gobernador de San Agustín de la Florida) y Carondelet (Gobernador de Luisiana), en sendas cartas de felicitación que enviaron a Irujo [78].

Pero volvamos a Bowles, a quien habíamos dejado al cargo del Gobernador de Filipinas, que se queja de su insubordinación. Ade-

---

[77] Folleto impreso, «A letter to Thimothy Pickering...». Filadelfia, 11 de Julio, 1797. AHN/E/Leg. 3.889 bis, Exp. 10, n.º 100.
Folleto impreso, «Correspondance qui devoile...». Filadelfia, Julio, 1797. AHN/E/Leg. 3.889 bis, Exp. 10, n.º 99.
[78] Declaración de Juan Felipe Ripley (asunto Blount). Filadelfia, 24 de Julio, 1797. AHN/E/Leg. 3.889 bis, Exp. 10, n.º 102.
Carta de Irujo al Príncipe de la Paz. Filadelfia, 12 de Enero, 1798. AHN/E/Leg. 3.889 bis, Exp. 10, 103.
Carta de White a Irujo (copia de extracto). San Agustín de la Florida, 19 de Agosto, 1797. AHN/E/Leg. 3.889 bis, Exp. 10, n.º 106.
Carta (extracto) de Carondelet a Irujo. Nueva Orleans, 30 de Agosto, 1797. AHN/E/Leg. 3.889 bis, 10, n.º 105.

más, como Manila es puerto franco, teme el Gobernador que Bowles huya a bordo de alguno de los barcos ingleses o americanos que frecuentan dicho puerto, por lo que decide remitirlo de nuevo a Cádiz. Con tal fin, lo embarca en la fragata «Concepción», en el mes de agosto de 1798, para que S.M. se digne destinar a ese reo a otra parte de sus dominios [79].

El 22 de octubre llega la «Concepción» a Canarias. Su Capitán, D. Juan Martínez, comunica a las autoridades la fuga de Bowles desde Tenerife. Según el testimonio del Capitán Martínez, Bowles había formado una conspiración para asesinarle junto con algunos franceses que también viajaban a bordo de la «Concepción». El Capitán decidió entonces trasbordar a Bowles a otro navío de Tenerife, momento que aprovecho éste para escapar... [80].

Irujo se inquieta: En su opinión, es urgente reforzar las guarniciones de Luisiana y Florida. El Cónsul francés le ha informado de que el General inglés Simcoe pasaba a su Gobierno del alto Canadá para atacar desde allí la Luisiana. Además, la fuga de Bowles no presagia nada bueno para las Floridas [81].

Tras su fuga, Bowles se dirige a Londres. Allí es bien recibido por los ingleses, que le nombran Teniente Coronel con sueldo de General. De Londres pasa a Jamaica, donde el Gobierno le habilita un barco a sus órdenes para pasar al país indio con una compañía de 25 soldados artilleros holandeses al servicio de Inglaterra y un secretario de nacionalidad inglesa que habla francés y español. Al parecer, lleva a bordo gran cantidad de regalos para los indios, fusiles y municiones.

---

[79] Oficio del Presidente de la Sala de Justicia del Consejo de Indias, Francisco Cerdá, a Saavedra. Madrid, 29 de Septiembre, 1798. AHN/E/Leg. 3.889 bis, Exp. 10, n.º 109.
Dictamen del Consejo de Indias. Madrid, 30 de Agosto, 1798. AHN/E/Leg. 3.889 bis, Exp. 10, n.º 110.
Extracto hecho por la Secretaría de Estado de los antecedentes que poseía relativos a la causa contra Bowles y Cunningham. Madrid, 2 de Octubre, 1798. AHN/E/Leg. 3.889 bis, Exp. 10, n.º 108.
Dictamen del Fiscal del Consejo de Indias acerca de la fuga de Bowles en Tenerife. Madrid, 31 de Diciembre, 1798. AHN/E/Leg. 3.889 bis, Exp. 10, número 115.

[80] Carta de Francisco Cerdá a Urquijo. Madrid, 8 de Marzo de 1799. AHN/E/Leg. 3.889 bis, Exp. 10, n.º 14.

[81] Carta particular de Irujo a Saavedra. Filadelfia, 3 de Marzo, 1799. AHN/E/Leg. 3.889 bis, Exp. 10, n.º 111.
Minuta del Rey a Irujo. Aranjuez, 25 de Junio, 1799. AHN/E/Leg. 3.889 bis, Exp. 10, n.º 113.

Durante su estancia en Jamaica, Bowles no cesa de despotricar contra los españoles; su plan es atacar las posesiones españolas y fundar establecimientos para los ingleses. Mantiene largas conversaciones con el Gobernador, jefes y corsarios, en las que, en opinión del Oidor de la Audiencia de Puerto Príncipe, quizá se traten posibles alianzas en el Continente entre los ingleses y los indios [82].

Un periódico de Filadelfia publica un artículo en el que se dice que Bowles azuzará a los indios si consigue pasar el Continente, lo que podría comprometer la neutralidad americana. Además, continúa el mismo artículo, el envío de una escuadra inglesa al Golfo de México puede estar relacionado con los planes de Bowles [83].

Enterados de estos preparativos, los gobernadores españoles se disponen a impedir que Bowles desembarque en las costas de Florida. Vicente Folch, Gobernador de Panzacola, propone a Gayoso, Gobernador General de Luisiana, un plan para el que convendría contar con la colaboración de Panton: Se trata de destacar dos barcos chicos bien armados a la bahía de Tampa y otros dos a la desembocadura del Apalachicola, además de la fragata propiedad de Panton.

En Nueva Orleans, la Junta de Guerra accede a la proposición de Folch y acuerda solicitar de Panton que envíe la goleta de su propiedad a Providencia para comprobar si Bowles está allí y enterarse de cuáles son sus planes. La citada Junta acuerda también ofrecer una recompensa de 1.000 libras esterlinas o 4.500 pesos de plata por la captura de Bowles [84].

La Junta de Guerra estaba presidida por el Coronel Francisco Bouligny, y tras la muerte de Gayoso, ocupaba interinamente el cargo de Gobernador General de Luisiana y Florida, el Marqués de Casa Calvo. A Bouligny le preocupaba mucho la situación de Panzacola, casi indefensa, especialmente desde que tuvo noticias de que el Gobierno inglés había nombrado a Bowles Agente suyo ante las naciones Creek.

---

[82] Carta de Andrés Alvarez Calderón, Oidor de la Audiencia de La Habana, prisionero, al Virrey de Nueva España, Miguel de Azanza. Nassau, 2 de Septiembre, 1799. AHN/E/Leg. 3.889 bis, Exp. 10, núms. 121 y 124.

[83] Artículo de la *Gaceta de Filadelfia*, Filadelfia, 3 de Mayo, 1799. AHN/E/Leg. 3.889 bis, Exp. 10, n.º 119.

[84] Carta del Gobernador Vicente Folch a Gayoso. Panzacola, 10 de Julio, 1799. AHN/E/Leg. 3.889 bis, Exp. 10, n.º 119.

Carta del Gobernador, por indisposición de Bouligny, Nicolás Daunay a Vicente Folch. Nueva Orleans, 29 de Julio, 1799. AHN/E/Leg. 3.889 bis, Exp. 10, número 119.

Poco después, el 5 de septiembre de 1799, la Junta de Guerra acuerda enviar un Oficio al Capitán Portele, Comandante del Fuerte de San Marcos de Apalache, para que, de acuerdo con la Casa Panton, alquile 20 hombres y los aposte en los ríos para interceptar a Bowles [85].

Las noticias sobre Bowles son alarmantes: Se sabe que ha llegado a Providencia, procedente de Jamaica, a bordo de una goleta armada con 16 cañones, en la que piensa dirigirse a Apalache para vengarse del Gobierno español. Por otra parte, Someruelos, Capitán General de La Habana, remite al Gobernador de Luisiana el Oficio que le ha enviado el Comandante de Marina Juan de Araoz, en respuesta de su solicitud de ayuda naval: Dice Araoz que no tiene buque alguno apropiado para mandar a la bahía de Apalache porque dicho puerto es de poco fondo, pero que en Nueva Orleans hay once embarcaciones menores que podrían actuar al abrigo del bergatín «Habanero», que se encuentra en Panzacola [86].

Los indios, por su parte, habían comenzado ya las hostilidades. El intérprete Jaime Dorousseau le cuenta a Folch que los indios han asaltado a los comisarios de límites y les han dicho que perderán todas sus tierras, porque ellos no reconocen la actual demarcación. A poco de recibirse esta noticia, llega a Panzacola procedente de Providencia el bergatín «Sheerwatetr», de la Casa Panton, con noticias de Bowles. Según dichas noticias, Bowles se dispone a zarpar hacia Florida.

Folch informa inmediatamente al Gobernador de Luisiana. Casa Calvo teme que Apalache sea víctima del furor de Bowles, pues se carecen de medios con que defender la bahía. No obstante, está dispuesto a enviar a Bowles una galera con 20 hombres escogidos. Folch, Gobernador dé Panzacola, cree que el desembarco de Bowles es inminente, a juzgar por la conducta de los indios, que, ade-

---

[85]  Carta-Oficio del Gobernador Bouligny a Someruelos. Nueva Orleans, 12 de Agosto, 1799. AHN/E/Leg. 3.889 bis, Exp. 10, n.º 119.
Acta, Junta de Guerra presidida por el Coronel Francisco Bouligny. Nueva Orleans, 5 de Septiembre, 1799. AHN/E/Leg. 3.888, núms. 113 y 116.

[86]  Carta de Smeruelos al Gobernador Militar de Luisiana. La Habana, 9 de Septiembre, 1799. AHN/E/Leg. núms. 113 y 116.
Carta de Someruelos al Gobernador Militar de Luisiana. La Habana, 10 de Septiembre, 1799. AHN/E/Leg. 3.888, núms. 113 y 116.
Carta del Comandante de Marina Juan de Araoz a Someruelos. La Habana, 10 de Septiembre, 1799. AHN/E/Leg. 3.889 bis, Exp. 10, n.º 120.

más de atacar a las comisiones americana y española que se hallan demarcando la línea de límites, han dejado de ir a Panzacola [87].

En efecto, a pesar de la buena voluntad de los españoles y de las medidas defensivas que nunca llegaron a poner en práctica, Bowles desembarcó en la desembocadura del río Pedernales, punto inmediato al Oeste del Cabo San Blas.

Pero la suerte no acompañó esta vez a Guillermo Augusto Bowles: Su goleta naufragó en las costas de Florida. Dos meses más tarde, Thomas Portell declara lo siguiente en San Marcos de Apalache: «El 30 de septiembre último (1799) había un barco perdido sobre la costa de San Jorge. Era una goleta grande de S.M.B. armada con diez cañones y 75 hombres de tripulación: en ella venia Bowles. Los indios, seguramente, no se han unido a él en gran número porque salvó poco del naufragio y no les ha regalado bastante, pero si recibe ayuda, como espera, mudarán de parecer. El se halla con tres blancos y dos negros, pues la oficialidad y la tripulación se embarcaron el 17 de octubre en un corsario de Providencia. Parece que Bowles espera algo, pues todas las noches viene alguno de sus indios a la isla a encender varias hogueras.» Esto se lo han referido a Portell los indios que suele enviar a observar [88].

Muy seguro de sí mismo tiene que sentirse Bowles: el 30 de octubre de 1799 promulga un Edicto a los habitantes de Muskogee, como Director General de dicha nación, el que manda que todas las personas residentes en ese territorio y empleadas por EE.UU. o S.M.C., salgan de allí antes del 8 de noviembre próximo, de lo contrario serán arrestados y juzgados, acusados de sembrar discordia entre los indios.

En efecto, White, Gobernador de San Agustín, escribe al Capitán General de La Habana confirmando la noticia de que el Gabinete británico ha nombrado a Bowles Director General de los Creeks. El hecho es muy grave —opina White—, pues como Bowles cuenta ahora con el apoyo de una nación poderosa puede te-

---

[87] Carta del intérprete Jaime Durousseau a Vicente Folch. Caswitas, 28 de Septiembre, 1799. AHN/E/Leg. 3.889 bis, Exp. 10, n.º 130.
Carta de Casa Calvo a Someruelos. Nueva Orleans, 22 de Octubre, 1799. AHN/E/Leg. 3.889 bis, Exp. 10, n.º 130.
[88] Carta de Thomas Portell al Gobernador de la Florida, White. San Marcos de Apalache, 30 de Noviembre, 1799. AHN/E/Leg. 3.889 bis, Exp. 10, número 146.

merse la total ruina del fomento de población en Florida si no se toman medidas para evitarlo [89].

Como España no estaba en condiciones de repeler por la fuerza la invasión de Bowles, recurre a la vía diplomática: Irujo escribe a Pickering, Secretario de Estado americano, en estos términos:

> Como Bowles tendrá que pasar por territorio americano para soliviantar a los indios fronterizos, en virtud del Artículo 5.º del Tratado de Amistad, Límites y Navegación entre España y Estados Unidos, el Gobierno de S.M.B. espera del de los EE.UU. que tome las medidas correspondientes para hacer respetar su neutralidad.
>
> Filadelfia, 23 de noviembre de 1799 [90].

Por otra parte, el Capitán General de La Habana promete al Gobernador de Luisiana el envío de una galera, aconsejándole que envíe regalos a los indios para ganárselos [91].

Guillermo Bowles, en su papel de Director General de Muskogee, no ahorra proclamas. En una ofrece entregar 100 acres de tierra a todos los europeos que reclamen su protección, estos terrenos se encuentran en las 30 millas que hay tierra adentro desde la costa en la extensión que media entre Apalachicola y el Cabo de Arenas. También ofrece vender extensiones mayores a quien lo desee. Pocos días después lanza otra proclama en la que declara libre el puerto de Apalachicola —en la bahía de San Jorge— para todas las naciones que no se hallen en guerra con Muskogee, bajo la condición de pagar derechos por la importación de licor y mercancías extranjeras (29 de noviembre de 1799).

Para organizar su «Estado de Muskogee», Bowles hace lo posible para atraerse al mayor número de indios. Además, nombra para distintos cargos del nuevo Estado a algunos aventureros extranjeros que le habían acompañado en el desembarco o que se

---

[89] Edicto de Bowles a los habitantes de Muscogee. Wickieva, 30 de Octubre, 1799. AHN/E/Leg. 3.889 bis, Exp. 10, n.º 146.

Proclama de Bowles, Director General de Muscogee. Wickieva, 31 de Octubre, 1799. AHN/E/Leg. 3.889 bis, Exp. 10, n.º 143.

Carta del Gobernador White a Someruelos. San Agustín de la Florida, 2 de Noviembre, 1799. AHN/E/Leg. 3.889 bis, Exp. 10, n.º 131.

[90] Carta de Irujo a Pickering. Filadelfia, 7 de Noviembre, 1799. AHN/E/Leg. 3.889 bis, Exp. 10, n.º 127.

[91] Carta de Someruelos a Casa Calvo. La Habana, 23 de Noviembre, 1799. AHN/E/Leg. 3.889 bis, Exp. 10, n.º 130.

le unieron posteriormente. Por ejemplo, nombra «Primer Oficial de Marina» a un tal Richard Power y «Comisario de Marina» y «Juez del Almirantazgo» a William Mc Girtth [92]. No obstante, a tenor de las noticias que recibe el Secretario de Estado americano, Bowles no ha sido bien recibido entre los Creeks: sólo le ha seguido un corto grupo con el que se halla en Florida Occidental, dentro de los límites españoles.

Bowles, por lo visto, se encuentra en tierras de los Seminolas y quiere tomar Apalache, Mobila y Panzacola, pero los indios Uchizes se niegan a segundar sus planes, y lo mismo ocurre con los Talapuches. Estos últimos celebraron un congreso a finales de noviembre de 1799 en el que «Perro Rabioso» habló en contra de Bowles y dijo que su nación no estaba dispuesta a ayudarle [93].

Mientras tanto, enterada la Corte del desembarco de Bowles, S.M. ordena al Capitán General de Luisiana que tome las providencias necesarias para prender a Bowles. Temiendo un ataque al Fuerte de Apalache, el Capitán General Someruelos ordena que se le refuerce inmediatamente y que se mande una expedición de auxilio a Panzacola compuesta de dos galeras y dos lanchones cañoneros con 102 hombres de tropa.

En el mes de febrero, un destacamento de 200 soldados españoles, al mando del Capitán Olivier asalta el campamento que había establecido Bowles en las proximidades del río Okolockny. Este, que estaba en la cama, «quasi desnudo pudo escaparse», dejando sus gentes, papeles y pertrechos en poder de los españoles. Entre su gente había dos capitanes, con patentes de tales, al servicio de Inglaterra: uno, escocés, hacía de secretario, el otro de ayudante [94].

---

[92] Proclama de Guillermo Augusto Bowles, Director General de Muskogee. Apalachicola, 26 de Noviembre, 1799. AHN/E/Leg. 3.888, núms. 113 y 116.

[93] Carta de Pickering a Irujo. Filadelfia, 27 de Diciembre, 1799. AHN/E/Leg. 3.889 bis, Exp. 10, n.º 135.
Carta de Someruelos a Urquijo. La Habana, 22 de Enero, 1800. AHN/E/Leg. 3.889 bis, Exp. 10, n.º 138.
Carta de Someruelos a Urquijo. La Habana, 30 de Enero, 1800. AHN/E/Leg. 3.889 bis, Exp. 10, n.º 139.

[94] Minuta de Mariano Luis de Urquijo al Gobernador de Luisiana. Aranjuez, 14 de Febrero, 1800. AHN/E/Leg. 3.888, núms. 113 y 116.
Minuta de Urquijo a Someruelos. Aranjuez, 22 de Marzo, 1800. AHN/E/Leg. 3.889 bis, Exp. 10, n.º 122.
Carta de Irujo a Urquijo. Filadelfia, 22 de Abril, 1800. AHN/E/Leg. 3.889 bis, Exp. 10, n.º 147.

Mientras tanto, en Filadelfia, Irujo —que seguía de Embajador en EE.UU., a pesar de que el Gobierno americano había pedido su relevo oficialmente en un mes antes— se entera de un segundo proyecto del ex senador Blount para hacerse con la Luisiana con la colaboración del Dr. Romayne. Su interés es implicar a Inglaterra, pero Mr. Liston les ha dicho que no podría apoyarles abiertamente si pensaban utilizar a los indios o tener disgustos con el Gobierno de EE.UU., aunque si se evitan esas dos cosas, el Ministro inglés no tendrá inconveniente en apoyarles y escribir a su Corte [95].

Bowles, por su parte, está dispuesto a empezar abiertamente las hostilidades con España. Antes de ello, y de acuerdo con los usos internacionales, publica una «Declaración de Guerra» de la que reproducimos algunos trozos que dan idea de los ambiciosos planes del «Director General del Estado de Muskogee» y del tono grandilocuente que empleaba. La declaración de guerra la hace Bowles el 5 de abril de 1800 en la aldea india de Estinipinalgo:

> Por cuanto que Su Majestad Católica ha abrigado durante muchos años intenciones malignas contra esta Nación... Violando a capricho los Derechos que nos corresponden como Pueblo libre e independiente... No ha hecho caso de nuestras protestas... Ha engañado a nuestros representantes... Ha firmado un tratado con los Estados Unidos que revela claramente la maldad de su corazón: que sus intenciones eran usurpar la soberanía de nuestro País y destruir totalmente nuestro propio nombre como Pueblo. Para ese fin, a través de sus emisarios, ha tratado de sembrar la discordia entre nuestras gentes y, mediante el soborno y la corrupción, hacer un partido que defendiera y llevara a efecto sus diabólicos designios. Ultimamente, en el mes de febrero de 1800, una fuerza armada nos atacó y redujo a cenizas nuestra aldea de Achachwheethle, llevándose prisioneros a los nuestros..., blo-

---

Carta de Someruelos a Urquijo. La Habana, 22 de Abril, 1800. AHN/E/Leg. 3.889 bis, Exp. 10, n.º 149.

[95] Nota de Humphreys a Urquijo, pidiendo el relevo de Irujo. Madrid, 17 de Febrero, 1800. AHN/E/Leg. 3.889 bis, Exp. 10, núms. 140 y 141.

Carta anónima a Irujo, acerca de Blount. Filadelfia, 6 de Marzo, 1800. AHN/E/Leg. 3.889 bis, Exp. 10, n.º 144.

Carta de Irujo a Urquijo. Filadelfia, 6 de Marzo, 1800. AHN/E/Leg. 3.889 bis, Exp. 10, n.º 142.

queando nuestros puertos..., lo que nos deja ante la elección de tomar nuestras armas para defender nuestros sagrados Derechos, nuestro País, todo lo que no es querido o rendírselos dócilmente (y rendirnos nosotros) y someternos para siempre a la despótica voluntad de Su Majestad Católica.

Nosotros..., que no le hemos dado motivo a S.M. para que comience las hostilidades..., defenderemos nuestro País mientras corra sangre por nuestras venas...

Por consiguiente, hágase saber a todos los Hombres que NOS, DIRECTOR GENERAL DE MUSKOGEE..., en virtud de nuestra autoridad y Alto cargo..., declaramos la guerra a Su Majestad Católica y sus súbditos, y ordenamos una represalia general contra todos sus bienes, barcos y súbditos...

Ordenamos la proclamación de esta declaración... Y oramos a Dios, que ha dispuesto todas las cosas y conoce la maldad de nuestros enemigos y la justicia de nuestra causa, para que favorezca nuestras intenciones.

GOD SAVE MUSKOGEE. Firmado: William Augusto Bowles [96].

El 21 de ese mismo mes, Bowles y sus hombres toman por asalto el Fuerte de San Marcos de Apalache. La guarnición española, sin duda creyendo que era atacada por toda la nación Creek, abandonó el Fuerte en dirección a Nueva Orleans a bordo de dos navíos menores. Según Benjamín Hawkins, Superintendente americano ante los indios, la fuerza de los sitiadores consistía en el General y diez blancos, sin armas, y algunos Seminolas muy mal armados y de toda edad y sexo, y con poquísimos viveres y municiones.

Al ver que el Fuerte se le rendía sin resistencia alguna, Bowles se admiró y burló del suceso y dijo a los que le rodeaban que, sin duda. S.M., cansado de poseerlo, había dado orden a su Comandante para que se le entregase, rompiendo a reír a carcajadas al ver hacerse a la vela la goleta que conducía a su guarnición [97].

---

[96] A. G. I. PC, Leg. 2.372 (transcrito en The Lockey Papers). Lyle Mc Alister, «Marine Forces of W. A. Bowles», en *Florida Historical Quarterly*, volumen XXXIII, n.° 1.

[97] Carta de Benjamín Hawkings a Rengil, Vicecónsul de España en Savannah. Cowetah, Tallahasie, 12 de Junio, 1800. AHN/E/Leg. 3.889 bis, Exp. 10, número 161.

La conquista del Fuerte debió darle mucha popularidad a Bowles y aumentar el número de sus adeptos entre los indios.

Manuel Rengil, Vicecónsul de España para las Carolinas y Georgia, envía una carta a los Reyes, Jefes y guerreros de los indios Creeks pidiéndoles que le entreguen a Bowles, que se halla atrincherado cerca del Fuerte de San Marcos. Tras hacer una relación del mal comportamiento de Bowles, denuncia su alianza con los ingleses (con quien España está en guerra) y promete una recompensa a quien lo entregue en San Agustín o Panzacola.

Bowles, al parecer, espera la llegada de un barco que viene con armas desde Nueva Providencia, pero el Gobernador de Panzacola anuncia a Irujo que «nuestras galeras han apresado un barco que le enviaban a Bowles desde Providencia cargado con mercancías para los indios..., el cargador de llama Hunter...».

Bowles se había atrincherado cerca del Fuerte de San Marcos y había cerrado la entrada al río Apalache con objeto de impedir que por él llegasen auxilios al Fuerte. De este modo se apoderó de una balandra correo que llevaba documentos al Fuerte de San Marcos, ignorante su Capitán de que estuviese en manos de Bowles.

El Comandante Vicente Folch, encargado de la recuperación del Fuerte, solicita del Marqués de Casa Calvo 250 hombres para reforzar la escuadra de galeras, víveres en el mejor estado posible para dos meses y una gran lista de pedidos. Todo ello a cuenta de la Real Hacienda.

El 23 de junio, el Fuerte caía de nuevo en manos de los españoles. Según algunas versiones, los indios ya lo habían abandonado antes de que llegase la escuadra de Folch y sólo quedaban diez o doce desertores españoles [98].

Un mestizo llamado Juan Galphin propone a Vicente Folch un plan para atraer a los indios a favor de España. Casi simultáneamente, en Natchez, se presentan dos americanos ante el Capitán José Vidal ofreciendo unos 200 hombres para luchar contra los

---

Carta del Gobernador Intendente al Secretario de Estado, según relato del Secretario de Bowles. Nueva Orleans, 20 de Noviembre, 1800. AHN/E/Leg. 3.888.

[98] Mensaje del Vicecónsul de España para las Carolinas y Georgia, Manuel Rengil, a los Reyes, Jefes y guerreros de los indios Creeks. Savannah, 30 de Mayo, 1800. AHN/E/Leg. 3.889 bis, Exp. 10, n.º 151.

Carta de Irujo a Urquijo. Filadelfia, 3 de Junio, 1800. AHN/E/Leg. 3.889 bis, Exp. 10, n.º 186.

Carta e índice de Casa Calvo a Urquijo. Nueva Orleans, 8 de Agosto, 1800. AHN/E/Leg. 3.889 bis, Exp. 10, núms. 168 y 169.

ingleses y pidiendo protección española. Vidal escribe a Casa Calvo, Gobernador General, diciendo que, en general, el asalto de Bowles al Fuerte ha causado un gran impacto entre la población y ha levantado una ola de indignación contra él y contra los ingleses.

Al poco tiempo, Bowles, desde su cuartel general de Mickasukee, retorna a su política de hace diez años: Ofrece, en carta a Vicente Folch, un Tratado de Amistad con España en contra de los EE.UU., para conseguir que los americanos vuelvan a sus primeros establecimientos y retrocedan en el límite de demarcación.

Pero la actitud de los indios no era tan favorable a Bowles, especialmente entre los Creeks, que desaprobaban la actuación de los Seminolas en apoyo de Bowles. Sin embargo, era grande el número de indios que, sin seguir a Bowles, eran indiferentes a España y, por otra parte, conservaban un gran amor a los ingleses. Esto último era, sin duda, fruto de la política seguida por la Corona inglesa respecto a los indios, consistente en colmarles de regalos y dedicar grandes sumas a tal fin [99].

Irujo, desde Filadelfia, sigue empeñado en comprometer a los americanos y obtener su colaboración. Le interesa especialmente que los americanos no permitan las incursiones de Bowles entre los indios fronterizos. Con ese fin, dirige sendas cartas al nuevo Secretario de Estado, John Marshall, y al Presidente Adams, exigiendo el cumplimiento del Artículo 5.º del Tratado de Amistad, etcétera...

España, en virtud del citado Tratado, no podía establecer contacto directo con los indios, a través de emisarios e intérpretes, sin enemistarse con los Estados Unidos, pues en él no se reconocía la existencia de una población india en nuestro territorio [100].

---

[99] Carta del mestizo Juan Galphin a Vicente Folch. San Marcos de Apalache, 26 de Junio, 1800. AHN/E/Leg. 3.889 bis, Exp. 10, n.º 170.
Carta de Vicente Folch a Juan Galphin. Fuerte de San Marcos de Apalache, 26 de Junio, 1800. AHN/E/Leg. 3.889, Exp. 10, n.º 172.
Carta del Capitán José Vidal a Casa Calvo. Natchez, 14 de Julio, 1800. AHN/E/Leg. 3.889 bis, Exp. 10, n.º 182.
Carta de Bowles a Vicente Folch. Cuartel General de Mickasukee, 2 de Julio, 1800. AHN/E/Leg. 3.889 bis, Exp. 10, n.º 171.
Carta de Manuel Rengil, Vicecónsul español en Savannah, a Irujo. Savannah, 4 de Julio, 1800. AHN/E/Leg. 3.889 bis, Exp. 10, núms. 159 y 160.
[100] Carta de Irujo al Secretario de Estado americano, Juan Marshall. Filadelfia, 8 de Junio, 1800. AHN/E/Leg. 3.889 bis, Exp. 10, n.º 153.
Carta de Irujo a Urquijo. Filadelfia, 13 de Julio, 1800. AHN/E/Leg. 3.889 bis, Exp. 10, n.º 152.

Bowles, mientras tanto, prosigue sus actividades de hostigamiento al frente de una partida de indios armados, sembrando la confusión con ataques y robos a varios poblados. Sus incursiones son cada vez más audaces: según la «Gaceta de Savannah», indios enviados por Bowles mataron a un hombre a media milla de distancia de San Agustín [101].

Nuestro personaje opera durante estos últimos meses con gran confianza en sí mismo. Además, cuenta con el apoyo decidido de súbditos británicos residentes en Providencia. Por otra parte, Bowles está dando publicidad con cierta malicia a algunos de los extremos contenidos en los pliegos de Oficio que se apoderó cuando estaba en posesión del Fuerte de San Marcos de Apalache, documentos que viajaban a bordo de la balandra correo y habían sido encomendados a la custodia de D. Ursino Durell. Dichos pliegos incluían una última cláusula conteniendo la Real Orden del 26 de febrero sobre Panton. Bowles aireó este documento a título de prueba de una supuesta conspiración entre S.M.C. y Panton para aprovecharse de los indios.

Así las cosas, el Gobernador de Florida Occidental ofrece un premio de 4.500 duros a quien entregue a Bowles [102].

Pero Bowles sigue ensayando la guerra psicológica: envía un Manifiesto al editor de la Gaceta de Nassau, Mr. Eve —quien rehúsa editarlo—, en el que, bajo el título de «Artículo sobre las condiciones del Estado de Muskogee», hace una extensa relación de la fuerza militar y naval de su Estado; dice que éste nunca fue tan poderoso y que cuenta con un gran número de jóvenes y prometedores hombres americanos que se unen todos los días para servir como voluntarios contra los españoles, también cuenta con un gran número de soldados y marinos licenciados ingleses... [103].

---

Carta de Irujo al Presidente de los EE. UU., Adams. Filadelfia, 22 de Julio, 1800. AHN/E/Leg. 3.889 bis, Exp. 10, n.º 166.

Carta de Irujo a Urquijo. Filadelfia, 31 de Julio, 1800. AHN/E/Leg. 3.889 bis, Exp. 10, n.º 158.

[101] Carta de Someruelos a Urquijo. La Habana, 16 de Agosto, 1800. AHN/E/Leg. 3.889 bis, Exp. 10, n.º 175.

Traducción de un artículo de la *Gaceta de Savannah*. 24 de Junio de 1800. AHN/E/Leg. 3.889 bis, Exp. 10, n.º 165.

[102] Carta de Casa Calvo a Martínez de Irujo. Nueva Orleans, 8 de Agosto, 1800. AHN/E/Leg. 3.889 bis, Exp. 10, n.º 174.

Carta de Manuel Rengil, Vicecónsul. Savannah, 25 de Agosto, 1800. AHN/E/Leg. 3.897, n.º 188.

[103] Cruzat Papers (reproducido por Lyle Mc Alister, en *Florida Historical Quarterly*, vol. XXXIII, n.º 1).

Sin embargo, Hawkins, agente americano ante los indios, asegura que el número de seguidores de Bowles no pasa de 60 indios indisciplinados.

Pero el Gobierno español le preocupa el asunto de los indios. El Gobernador Militar interino, Marqués de Casa Calvo, propone desde Nueva Orleans un plan para ganarse la amistad de los indios:

1) Hacerles regalos, porque después de hecho el comercio al indio le gusta recibir gratuitamente pólvora, balas, escopetas, quincallerías, pinturas, etc.

2) Facilitar en lo posible su comercio.

3) Admitirles frecuentemente en nuestras posesiones y escuchar con atención sus demandas.

Plan que, como se ve, era calcado al que siguieron los ingleses con los indios durante su dominación de Florida y que tan buenos resultados les dio —a juzgar por el prestigio que tenía Inglaterra entre los indios—. Pero el asunto era delicado, pues, como ya se ha dicho, toda actividad por parte española para ganarse a los indios podía redundar en roces con los americanos, cuya enemistad no le interesaba nada a España [104].

De hecho, un destacamento de españoles y otro de americanos, unidos en la ciudad de Newton, sorprendieron a Bowles en la orilla del río Santa María, pero éste logró escapar arrojándose al agua y al amparo de la espesura. Se cogió prisionero a un negro que iba con él, quien declaró que toda su comitiva se reducía a ocho blancos y siete negros. En este testimonio se basó White, Gobernador de San Agustín, para descartar cualquier plan de ataque por parte de Bowles a Panzacola.

Mientras tanto, el plan de Casa Calvo se estudia en Palacio, pero el Coronel, Secretario del Despacho de Guerra, comunica lacónicamente que al mismo tiempo que han aumentado las dificultades para poder mantener en seguridad la Luisiana y Floridas, han disminuido los arbitrios para poder socorrerlas... El Oficio lleva fecha de 31 de diciembre de 1800.

Casa Calvo recibe la respuesta de la Corte: contesta S.M. que ahora no es posible enviar socorros de la Península y que se las maneje con tiento..., para no comprometerse [105].

---

[104] Carta del Gobernador Casa Calvo a Urquijo. Nueva Orleans, 8 de Octubre, 1800. AHN/E/Leg. 3.889 bis, Exp. 10, n.º 177.

[105] Carta del Gobernador White a Urquijo. San Agustín de la Florida, 14 de Noviembre, 1800. AHN/E/Leg. 3.889 bis, Exp. 10, n.º 185.

Pero los americanos estaban ahora más dispuestos a facilitar las cosas a los españoles. En opinión de Irujo, el nuevo Secretario de Estado americano parece haberse tomado el asunto con más calor.

En efecto, Mr. Derbone (Secretario de Estado) ordena a su Agente ante los indios, Hawkins, que detenga a Bowles si entra en territorio de los EE.UU. Al mismo tiempo el Gobernador de Georgia —Jackson— dice de Bowles que es un saqueador y vulgar vagabundo que disturba la paz de los pueblos. Hawkings, por su parte, ha comunicado que los indios habían acordado vivir en amistad con España.

Irujo se siente optimista: firmada la paz con los ingleses, cree que Bowles dejará de recibir ayuda desde Providencia y que será más fácil prenderle si se envía un buen refuerzo de gente a Florida desde la isla de Cuba [106].

Hay que recordar aquí que Luisiana ha vuelto a Francia (año 1800) y las Floridas han pasado a depender de la Capitanía de Cuba.

Bowles, entretanto, seguía haciendo todo el daño posible: sus correrías por Florida Oriental incluyen robos, asesinatos, molestias a los pescadores de Tampa, etc. En dicha bahía, valiéndose de un barco de pesca que había robado, apresó una goleta que se dirigía al puerto de Apalache cargada de municiones y víveres por cuenta de la Real Hacienda.

En esta última hazaña intervino, al parecer, un Capitán inglés llamado Gibson que había mandado el corsario de Providencia «The Park» y que, al verse privado, con motivo de la paz entre Inglaterra y España, de hacer la guerra bajo bandera inglesa, se había incorporado a Bowles y atacaba a las embarcaciones españolas bajo bandera de Muskogee. Esta presencia de ciudadanos ingleses procedentes de Providencia entre las filas de Bowles motiva una nueva protesta de Irujo, que envía un Oficio al Encargado de Negocios de Inglaterra a fin de que el Gobernador de

---

Minuta de Ceballos al Secretario del Despacho de Guerra, Cornel. Palacio, 28 de Noviembre, 1800.

Oficio de Cornel a Ceballos. Palacio, 31 de Diciembre, 1800. AHN/E/Leg. 3.889 bis, Exp. 10, n.º 184.

Minuta de Ceballos al Gobernador de Luisiana, Casa Calvo. Palacio, 20 de Enero, 1801. AHN/E/Leg. 3.889 bis, Exp. 10, n.º 183.

[106] Carta de Irujo a Ceballos. Filadelfia, 29 de Junio de 1801. AHN/E/Leg. 3.889 bis, Exp. 10, n.º 187.

Carta del Embajador Martínez de Irujo a Ceballos. Washington, 26 de Abril, 1802. AHN/E/Leg. 3.889 bis, Exp. 10, núms. 188 y 189.

Providencia impida que se envíen desde las islas a su mando armas y municiones para Bowles [107].

En este contexto de operaciones marítimas durante lo que iba a ser la última época de Bowles, hubo una, por él denominada «State Cutter», que le reportó grandes éxitos.

El capitán William Power, al mando de la operación «State Cutter», recibe instrucciones por escrito del Director General de Muskogee ordenándole que navegue cerca de la costa y capture cuantos enemigos y barcos pueda, dirigiéndose con ellos al río Delaware, que será su base secreta [108].

Power apresó algunas goletas, entre ellas estaban «La Guadalupe» y «La Concepción», que pertenecían a Juan Madraz, comerciante de La Habana. La goleta «Guadalupe» fue incorporada al servicio del Estado de Muskogee bajo el nuevo nombre de «Makisucky», en declaración solemne que hizo el Comisario de Marina de dicho Estado, William Mc Gith.

Pero Juan Madraz lleva a William Power a los tribunales ingleses y denuncia los hechos en el Juzgado del Vice-Almirantazgo de las Islas. La sentencia del órgano jurisdiccional inglés declara probado que la goleta de Madraz había sido abordada y apresada por un barco al mando del Capitán Power y otros ingleses y americanos asociados con los indios Creeks, a pesar de la paz que existe entre el Rey Católico y S. M. Británica; que obraron los acusados bajo el poder y la pretendida autoridad de un tal Wm. A. Bowles, inglés renegado, y anteriormente oficial militar al servicio de Gran Bretaña, pero que ahora vive asociado con los indios salvajes con el propósito de saquear y piratear los barcos sin protección, bajo la pretensión de una guerra entre los indios salvajes y el Rey de España. Por tanto, el citado William Power ha sido arrestado por orden de Su Excelencia el Gobernador, por llevar su buque armado y por sus actos, contrario todo a la Ley de las Naciones [109].

---

[107] Carta de Irujo a Ceballos. Montplaisant, 16 de Julio, 1802. AHN/E/Leg. 3.889 bis, Exp. 10, núms. 192 y 194.

Minuta de Ceballos a Irujo, Ministro de S. M. en EE. UU. Murcia, 21 de Diciembre, 1802. AHN/E/Leg. 3.889 bis, Exp. 10, n.º 195.

Carta de Irujo a Ceballos. Mount Pleasant (cerca de Filadelfia), 8 de Agosto, 1802. AHN/E/Leg. 3.884, Exp. 10, n.º 196.

[108] A. G. I., PC, Leg. 2.372 (reproducido por Lyle Mc Alister en *Florida Historical Quarterly*, vol. XXXII, n.º 1).

[109] «The Marine Forces of W. A. Bowles», Lyle Mc Alister, en *Florida Historical Quarterly*, vol. XXXII, n.º 1).

De este modo, el legalismo inglés ponía fin oficialmente a lo que hasta poco antes había sido un apoyo decidido y declaraba fuera de la ley a las operaciones marítimas del llamado Estado de Muskogee. Además de Londres llegaron instrucciones para los gobernadores de las colonias británicas para que se abstuvieran de ayudar o alentar a Bowles. El Gobierno inglés abandonaba a Bowles a su suerte, sin duda porque ya no le servía, y la Justicia le declaraba «inglés renegado».

Extinta su estrella, Bowles fue capturado por los españoles. Manuel Salcedo, Gobernador de Florida, hace una descripción de su captura:

> Se dirigió a Bowles a la aldea de Tehiapofa, residencia del Gran Jefe Mongoulachahoupayé, donde se celebraba el «Consejo General de la Nación», que duró tres días, con objeto de nombrar representantes de las naciones Talapuches, Cheroqui, Chicasa y Chacta. Pero a Bowles le fue prohibida la entrada por algunos indios que le invitaron a ir a la aldea de Ouctiayé para comer con ellos. Allí, el mestizo Samuel Maniac y el jefe Noumatimatka, por orden del Gran Jefe de Tehiapofa lo arrestaron y condujeron a la aldea de Tariki. Llegaron allí John Forbes (por entonces socio principal de Panton), el cadete Esteban Foch (hijo del Comandante de Panzacola) y varios tratantes a quienes fue entregado Bowles maniatado. Continuaron el viaje embarcados, pero hicieron noche en una isleta y Bowles, rompiendo sus ligaduras, se escapó en una piragua; sin embargo, lo cogieron al amanecer y lo llevaron a Mobila. El arresto debió tener lugar aproximadamente a finales del mes de mayo de 1803 [110].

Joaquín de Osorno, Comandante del Fuerte de Mobila, fletó una goleta que condujo al prisionero a Nueva Orleans. Desde aquí, Manuel Salcedo, hijo del Gobernador de Luisiana, se encargó del traslado de Bowles a La Habana a bordo de la goleta «El Aguila».

Bowles murió en la más completa miseria en los calabozos del castillo de el Morro.

¿Fue Bowles una víctima de su propio idealismo o un agente de Inglaterra? Probablemente fuese ambas cosas, pero sobre todo,

---

[110] Carta e índice de el Gobernador de Luisiana y Florida Occidental, Manuel Salcedo, a Ceballos. Nueva Orleans, 11 de Junio, 1803. AHN/E/Leg. 3.889 bis, Exp. 10, núms. 197 y 198.

fue el prototipo de un aventurero de la época. A pesar de sus esfuerzos, no logró reunir en torno suyo a los pueblos indios que habitaban en Florida. Es posible que los indios barruntasen algo extraño en aquel inglés que pretendía ser paladín de sus derechos. También es probable que sus declaraciones en defensa de los indios fuesen sinceras, en cuyo caso, Bowles habría sido el primer hombre blanco del que tenemos noticias que quiso fundar una nación india independiente: una nación separada de lo que ya empezaba a configurarse como el gran Estado de los EE. UU. La historia, por otra parte, ha demostrado que los indios fueron las únicas víctimas del afán de dominación de unos y otros.

Entre la marioneta de los intereses comerciales y políticos de una gran potencia como Inglaterra y el revolucionario libertador de los pueblos indios no tiene por qué haber diferencias, la prueba está en el propio Bowles.

Lo que es evidente es que España no era el principal enemigo de los indios. La verdadera fuerza expansionista eran los americanos, y huelga todo comentario sobre los métodos con que éstos solucionaron el problema de los indios.

Por su parte, España no se quitaba un problema de encima con la muerte de aquel hombre de espíritu aventurero y fecunda imaginación, y se aprestaba a sucumbir definitivamente en aquella zona frente a potencias mucho más peligrosas que las naciones indias: Los Estados Unidos.

## CAPÍTULO V

# LA CUESTIÓN DIPLOMÁTICA

## 1. EL TRATADO DE 1795

La prolongada disputa entre españoles y americanos por el territorio situado al Norte del paralelo 31°, continuó hasta que Godoy bruscamente firmó el Tratado de San Lorenzo de el Escorial el 27 de octubre de 1795; por él, España renunciaba al territorio limitado por el paralelo 31° y el río Yazú, paralelo 32° 28: De este modo, la Florida quedó reducida a una franja estrecha de difícil defensa.

En este capítulo se analizarán las causas del Tratado, sus consecuencias y el proceso seguido por España en las tramitaciones, los intereses de Estados Unidos en la libre navegación del río Mississippi y la importancia internacional de dichas negociaciones.

Con el Tratado de Amistad firmado por Estados Unidos e Inglaterra el 19 de noviembre de 1794 en Londres, Inglaterra lograba el acceso a la navegación del Mississippi. En el artículo 3.° de este Tratado de Amistad, Comercio y Navegación se estipulaba que dicho río quedaría enteramente abierto para ambos contratantes, y lo firmaban Grenville y John Jay.

El 29 de julio de 1795, Ruiz de Santayana, por ausencia de Jáudenes, remitía desde Filadelfia al Duque de Alcudia la traducción del Tratado firmado entre Estados Unidos y Gran Bretaña [1]

---

[1] Tratado de Amistad, Comercio y Navegación entre S. M. B. y los Estados Unidos de América. Firmado por los Plenipotenciarios Greenville y Jay. Londres, 19 de Noviembre, 1794. AHN/E/Leg. 4.231; Leg. 3.896, n.º 314 (copia); Leg. 3.890, Exp. 15, n.º 1.

y el 22 de diciembre de dicho año, Simón de las Casas escribía desde Londres comunicando que acababa de ser impreso por la Corte de Inglaterra el nuevo Tratado entre Gran Bretaña y los Estados Unidos.

Tan sólo un mes antes, el Príncipe de la Paz había escrito a Simón de las Casas comunicándole haber firmado con el Sr. Pinckney, enviado de los Estados Unidos, un Tratado de Amistad, Límites y Navegación; en dicha carta le prevenía que Pinckney había partido ya para Francia y se detendría algunos días en París antes de volver a su destino en Londres, «donde convendrá que Vd esté muy á la mira de su conducta e intimidad con el Ministerio Británico, y me avise cuanto pueda averiguar Vd relativo á la impresión que dicho Tratado haya causado en ese Gavinete, y sus miras» [2].

El Tratado firmado entre Godoy y Pinckney ponía fin a todas las anteriores tramitaciones y sorprendió también a los españoles destacados en América, como se desprende de la carta del Príncipe de la Paz a Pinckney, en que le informaba que S. M. C. había mandado prevenir al Gobernador de la Luisiana suspendiese toda hostilidad en caso de haberse cometido, con motivo de la ocupación de las Barrancas de Margot por los españoles [3].

Es evidente que las negociaciones sobre la cuestión de límites con los Estados Unidos tomaron un camino trazado desde la Metrópoli a partir del Tratado entre Estados Unidos y Gran Bretaña, y que Pinckney manejaba la tramitación diplomática en la Corte española; el proyecto de Tratado presentado por él, evidencia la forma de diplomática presión ejercida sobre la voluntad del Ministro Godoy; en el artículo 2.º de este proyecto se determinaba el límite Sureste de los Estados Unidos en el paralelo 31º [4]. Como argumentos adicionales a la memoria presentada por Carmichael y Short sobre límites, Pinckney defendía la delimitación que se dio en 1763, por su Tratado con Inglaterra en noviembre

Carta de Ruiz de Santayana al Duque de Alcudia. Filadelfia, 29 de Julio, 1795. AHN/E/Leg. 3.896, n.º 314.

[2] Carta de Simón de las Casas al Príncipe de la Paz. Londres, 22 de Diciembre, 1795. AHN/E/Leg. 4.231.

Carta del Príncipe de la Paz a Simón de las Casas. San Lorenzo, 17 de Noviembre, 1795. AHN/E/Leg. 4.231.

[3] Carta del Príncipe de la Paz a Pinckney. San Lorenzo, 28 de Octubre, 1795. AHN/E/Leg. 3.384.

[4] Proyecto de Tratado presentado por Pinckney. Agosto, 1795. AHN/E/Leg. 3.384 (una copia en español y otra en francés).

de 1782, que fijaba el límite Sureste de los Estados Unidos en el paralelo 31°; y continuaba defendiendo el derecho de Estados Unidos a la navegación del río Mississippi [5].

En el artículo 3.° de su proyecto de Tratado, Pinckney hablaba de la designación de un comisario y un geómetra para encontrarse en Natchez, a la orilla izquierda del Mississippi; en el artículo 4.° establecía que la navegación del Mississippi sería libre para los súbditos y ciudadanos de las dos potencias [6].

El 7 de octubre Godoy devolvía a Pinckney el proyecto de Tratado con algunas observaciones, y veinte días más tarde se firmaba el Tratado en San Lorenzo [7].

Este Tratado se firmaba mientras Jáudenes se encontraba tramitando las cuestiones de límites en Estados Unidos, en base al informe elevado por el Duque de Alcudia en Madrid; el 2 de noviembre, la Secretaría de Estado le enviaba una Minuta de Real Orden remitiéndole el Tratado firmado el 27 de octubre para su ratificación; y en otra Minuta del 17 de diciembre, se agradecía su celo y se le informaba que sus observaciones ya no podían servir de nada, habiéndose firmado ya el Tratado [8].

El Tratado de San Lorenzo, que daba acceso a los ciudadanos americanos a la libre navegación del Mississippi, era el resultado de las largas tramitaciones y de la habilidad diplomática de Pinckney, destacado en Madrid para tramitarlo. Posteriormente al Tratado se produjo una etapa de ajuste de derechos, ya que Estados Unidos había extendido el derecho de navegación a los ingleses, como resultado de la preferencia de sus productos en América del Norte.

Carlos Martínez de Irujo, que el 24 de agosto de 1796 entregó sus credenciales al Presidente de los Estados Unidos como Ministro Plenipotenciario de España, escribía poco más tarde al Príncipe de la Paz informando que había hablado con el Secretario de Estado americano; el objeto de la conversación había sido aclarar la discrepancia entre lo ajustado con Inglaterra y con España referente a la navegación del Mississippi, ya que los Estados

[5] Carta de Pinckney al Duque de Alcudia. San Ildefonso, 10 de Agosto, 1795. AHN/E/Leg. 3.384 (en francés).

[6] Ver nota 4.

[7] Tratado de Amistad, Límites y Navegación entre España y los Estados Unidos de América. San Lorenzo, 27 de Octubre, 1795. AHN/E/Leg. 3.384.

[8] Minuta de Real Orden de la Secretaría de Estado a Jáudenes. San Lorenzo, 17 de Diciembre, 1795. AHN/E/Leg. 3.896, en el desp. del 29 de Julio sin número.

Unidos habían extendido el derecho de navegación a los ingleses [9]. Estas discrepancias de origen comercial se suceden como lo evidencia la carta dirigida por el Intendente Morales a Gardoqui, en la que propone dudas que se le ocurren de resultas del nuevo Tratado, y menciona sobre todo el artículo 4.º que concede a los ciudadanos la libre navegación del Mississippi en toda su extensión, «lo que causará la ruina del comercio en Lousiana y Floridas...» [10].

Evidentemente, la competencia en el comercio se hace el punto clave de la cuestión, ya que España no podría colocar libremente sus productos presionando con su soberanía sobre el río, y esto se hacía aún más dificultoso al preferir los ciudadanos americanos los productos ingleses.

Este proceso de antagonismo cuyas raíces se encuentran en Europa, tiene aquí su razón política, debido a la crisis de la alianza borbónica, Pacto de Familia con Francia para contrarrestar el poderío de Inglaterra en América. A raíz de la Revolución Francesa en 1789, Carlos IV hace causa común con la Europa legitimista en contra de la revolución (1793-1795). Firmada la paz de Basilea con el Gobierno francés, España se encuentra frente a un dilema: cooperar con Francia en la lucha contra Inglaterra, siguiendo los imperativos estratégicos, o ayudar a su enemiga tradicional de los mares, Inglaterra, por motivaciones ideológicas. El resultado es inclinarse a favor de Francia, viéndose arrastrada España a las guerras contra Inglaterra de 1797-1801, y de 1804-1808. El primer Tratado de San Ildefonso de 1796, involucró a España en la lucha que Francia venía sosteniendo contra Inglaterra.

El 5 de octubre de 1796, Godoy elevaba una Memoria al Embajador inglés en España, Mr. Butte, sobre los motivos que tenía España para declararle la guerra a Inglaterra [11].

Las protestas a raíz del Tratado de Navegación continúan durante todo este lapso, de modo que en enero de 1797 la Secretaría de Estado envió una Minuta a Irujo de donde se deducen las dudas de España con respecto a lo pactado con los ameri-

---

[9] Carta de Carlos Martínez de Irujo al Príncipe de a Paz. Filadelfia, 8 de Septiembre, 1796. AHN/E/Leg. 3.896 bis, Exp. 2, n.º 4.

[10] Carta de Morales a Gardoqui. Nueva Orleans, 31 de Octubre, 1796. AHN/E/Leg. 3.902, Ap. 2, c. n.º 43.

[11] Memoria del Príncipe de la Paz al Embajador de Inglaterra, Mr. Butte. San Lorenzo, 5 de Octubre, 1796. AHN/E/Leg. 4.239.

canos; en ella se le ordenaba pedir explicaciones sobre el Tratado a los americanos y si estaban en ánimo de cumplirlo, ya que en él se estipulaba la libre navegación del Mississippi para españoles y americanos, y éstos a su vez la habían extendido a los ingleses en su Tratado con ellos [12].

## 2. EFECTOS DEL TRATADO EN LA FRONTERA

Si bien el conflicto del comercio y navegación del Mississippi debió de ajustarse después del Tratado, y a expensas de largas negociaciones y protestas, no menos sucedió con la frontera, ya que ésta, no determinada anteriormente, debía ahora ajustarse al Tratado.

El caso de las Barrancas de Margot originó una larga disputa, ya que las mismas habían sido ocupadas por los españoles justo antes de ser firmado el Tratado, y se hallaban en territorio cedido por los indios chicachas; a pesar de la carta enviada por Godoy a Pinckney el 28 de octubre de 1795 informándole que había ordenado al Gobernador de Luisiana suspendiese toda hostilidad en caso de haberse cometido [13], surgieron problemas entre los oficiales españoles y americanos en la frontera. El 1 de noviembre, el Gobernador de Luisiana, Barón de Carondelet, escribía al Duque de Alcudia trasladando el oficio que le había remitido el Capitán General Las Casas. Participaba con documentos la reclamación que el General del ejército americano, Wayne, había hecho sobre la toma de posesión de las Barrancas de Margot por los españoles, e incluía la respuesta dada por Gayoso a Wayne [14].

El 9 de noviembre, Blount escribía a Gayoso diciéndole que el establecimiento de un puesto militar español en las Barrancas de Margot se consideraba como una usurpación del derecho territorial de los Estados Unidos, y que el Gobierno americano esperaba que demoliera el Fuerte y retirara las tropas dentro de sus límites [15].

---

[12] Minuta de la Secretaría de Estado a Irujo. Aranjuez, 16 de Enero, 1797. AHN/E/Leg. 3.896 bis, Exp. 2, n.º 4.

[13] Ver nota 3.

[14] Carta de Carondelet a Alcudia. Nueva Orleans, 1 de Noviembre, 1795. AHN/E/Leg. 3.899, Ap. 2, C. Res. 62.

[15] Carta de Guillermo Blount a Gayoso de Lemos. Knoxville, 9 de Noviembre, 1795. AHN/E/Leg. 3.900, Ap. 1, C. Res. 68, Anexo 2 (copia).

Las Barrancas de Margot habían sido conquistadas por los españoles poco antes de la firma del Tratado con los americanos, al mando de Gayoso de Lemos, quien el 4 de febrero de 1796 escribía al Príncipe de la Paz dando cuenta de haberse concluido la campaña en las Barrancas de San Fernando y el reconocimiento de lo alto de la provincia [16]. Por el mérito contraído en la misión, Gayoso obtuvo el grado de Brigadier, que le fue otorgado por Minuta del 14 de febrero de 1795, es decir, pocos días después de firmado el Tratado [17]. No obstante, el 25 de noviembre de 1795, la Secretaría de Estado enviaba una Real Orden a Carondelet diciendo que después de firmado en Tratado de Amistad, Límites y Navegación con los Estados Unidos, ya no había ninguna necesidad de tratar ni acordar providencia alguna sobre contener a los americanos en la cruel guerra que hacían a los indios para apoderarse de sus territorios [18].

Por otro lado, los americanos trataban de subsanar las diferencias directamente con Carondelet, pues la detención del Coronel Mc Kee por gente de Vicente Folch en el camino del Fuerte de San Fernando, tuvo lugar cuando Mc Kee traía una carta del General Blount [19]. Folch informó a Carondelet de lo sucedido, y éste contestó a la carta en que Blount requería que España abandonase el puesto de San Fernando de las Barrancas; la postura de Carondelet divergía de lo acordado en el Tratado de 1795, pues en dicha carta exponía los motivos por los que España no tenía por qué, ni quería, abandonar ese Fuerte, apoyándose en cesiones legales de los chicachas [20].

Una vez ratificado el Tratado, el Comandante de Nuevo Madrid, Carlos Dehault, escribía al Teniente americano Taylor informando que la evacuación de los puestos españoles no podía tener lugar

---

[16] Carta de Gayoso de Lemos al Príncipe de la Paz. Nueva Orleans, 4 de Febrero, 1796. AHN/E/Leg. 3.902, Ap. 6, C. Res. 4.

[17] Minuta de la Secretaría de Estado a Guerra, Conde de Campo de Alange. San Lorenzo, 14 de Noviembre, 1795. AHN/E/Leg. 3.899, Ap. 2, C. Res. 56.

[18] Minuta de Real Orden de Estado a Carondelet. San Lorenzo, 25 de Noviembre, 1795. AHN/E/Leg. 3.899, Ap. 2, C. Res. 54.

[19] Carta de Vicente Folch a Carondelet. San Fernando, 22 de Diciembre, 1795. AHN/E/Leg. 3.900, Ap. 1, C. Res. 68 (copia).

[20] Carta de Carondelet a Guillermo Blount, Gobernador del territorio al Sur de Ohio en Knoxville. Nueva Orleans, 6 de Enero, 1796. AHN/E/Leg. 3.900, Ap. 1, C. Res. 68 (copia).

hasta las aguas altas [21]. Indudablemente España necesitaba argumentos para retrasar la demarcación de límites, lo que, añadido a la rivalidad entre el Gobernador Carondelet y el Intendente Morales, prolongaría la demora de la apertura del Mississippi, así como originaría controversias sobre la interpretación del Tratado en cuanto a la circulación de los barcos americanos, sus deberes y sus derechos.

Todo esto se debe fundamentalmente a la falta de voluntad de las autoridades españolas en América, apoyadas desde España por Godoy para dilatar la ratificación y cumplimiento de lo tratado.

Los puestos de Nogales y Natchez debían ser evacuados en febrero de 1797 según la carta de Carondelet a Morales del 13 de dicho mes, en que le informaba de un Oficio del General Waine preguntando por la evacuación de dichos puestos. Carondelet había contestado que estaba presto a ello, y que había dispuesto que una vez se evacuase y arrasase Nogales, se reuniese en Natchez la tropa, empleados, artillería, munición, etc. Y el 14 de febrero, Carondelet pedía a Morales dos o tres lanchones y alguna goleta para ayudar a transportar la artillería, pertrechos y municiones a Baton Rouge [22].

Aparentemente todo estaba dispuesto para la evacuación, pero el 24 de marzo de 1797 Carondelet escribía a Gayoso informándole de la Real Orden muy reservada del 29 de octubre de 1796, por la que S. M. quería que se dilatase con pretextos naturales la evacuación; y le daba instrucciones sobre los pretextos que debía utilizar, apoyándose en el artículo 2.º del Tratado. El 29 de marzo Carondelet contestaba a la Real Orden haciendo ver que dos de ellos se hallaban ya evacuados y manifestando las disposiciones que había tomado para dilatar la entrega de los demás; proponía quedarse con Nogales y el Yazú por barrera, y mencionaba las providencias que había tomado en favor de los Kentukeses para un caso de rompimiento [23].

---

[21] Carta del Comandante de Nuevo Madrid, Carlos Dehault, al Teniente Taylor. Nuevo Madrid, 12 de Diciembre, 1796. AHN/E/Leg. 3.900, Ap. 3, C. número 4.

[22] Carta de Carondelet a Morales. Nueva Orleans, 13 de Febrero, 1797. Carta de Carondelet a Morales. Nueva Orleans, 14 de Febrero, 1797. AHN/E/Leg. 3.902, Ap. 3, C. Res. 7, Anexos 1 y 2.

[23] Carta de Carondelet a Gayoso de Lemos. Nueva Orleans, 24 de Marzo, 1797. Carta de Carondelet al Príncipe de la Paz. Nueva Orleans, 29 de Marzo, 1797. AHN/E/Leg. 3.900, Ap. 2, C. Res. 91.

Es evidente el carácter solapado de toda esta tramitación a espaldas de lo que se debería haber cumplido en razón del Tratado firmado; de ahí el descontento de los habitantes angloamericanos de Natchez al no evacuar el puesto los españoles.

En 1797 el Comisario y Comandante de las tropas americanas hicieron circular entre las gentes de Natchez el siguiente manifiesto: «Nosotros los infraescritos habitantes de Natchez desde la latitud de 31° conforme al Tratado convenido entre S. M. C. y los Estados Unidos, siendo ciudadanos de estos, nos hallamos prontos a defender la Constitución de los Estados Unidos para evitar la tiranía del Gobierno español»[24]. Detrás de esta protesta estaba el Comisario Ellicot, que finalmente promovió la sublevación en Natchez, y que por lo tanto era vigilado y controlado por las autoridades españolas; así Gayoso, en una carta a Carondelet, le informaba de sus conversaciones con Ellicot para descubrir su opinión y la del Gobierno americano sobre la cuestión de límites. Y el 23 de marzo del mismo año volvía a dirigirse a Carondelet para referirle las irregularidades de Andrés Ellicot, que trataba de sublevar a la gente para apoderarse del distrito de Natchez violentamente[25].

La intranquilidad crecía en Natchez a raíz de las medidas tomadas por Gayoso para contrarrestar la acción de Ellicot; había colocado cañones en el Fuerte, objetado al arrivo de tropas americanas enviando a Minor, y había hecho circular un bando entre los habitantes. Esto produjo la protesta de Ellicot a Gayoso el 31 de marzo, en que le remitía una representación de algunos habitantes de Natchez que querían pasarse a los Estados Unidos, pues estaban inquietos por las medidas de Gayoso[26].

El mismo día en que Ellicot cursaba su protesta, Carondelet escribía a Gayoso dándole instrucciones sobre cómo comportarse con el americano sin comprometer los intereses de S. M. ni llegar a un rompimiento: debía decirle que no se evacuarían los puestos hasta la determinación de S. M. y del Congreso sobre el modo en que había de entenderse el artículo 2.° del Tratado de límites.

[24] Encabezamiento del papel que el Comisario y el Comandante de las tropas americanas hacían circular entre las gentes de Natchez. Natchez, 1797. AHN/E/Leg. 3.900, Ap. 2, C. Res. 99, Anexo 5.

[25] Carta de Gayoso de Lemos a Carondelet. Natchez, 28 de Febrero, 1797. Carta de Gayoso de Lemos a Carondelet. Natchez, 23 de Marzo, 1797. AHN/E/Leg. 3.900, Ap. 2, C. Res. 91 y 92.

[26] Carta de Andrés Ellicot a Gayoso de Lemos. Natchez, 31 de Marzo, 1797. AHN/E/Leg. 3.900, Ap. 3, C. n.° 6, Anexo 1 (cop. trad.).

Esto, en caso de que el partido español fuese superior al americano en Natchez; pero si era inferior, y Ellicot insistía por la fuerza, debía disponerse a evacuar Natchez y Nogales[27].

En el mes de mayo llegó Ellicot a Natchez con cuarenta hombres. No obstante, Gayoso se aprestaba a la evacuación del Fuerte de San Fernando y empezaba a retirar la artillería de Nogales, según consta en la carta que le escribió a Carondelet el 30 de marzo de 1797; en ella exponía un plan para confundir a Ellicot: haría correr la voz de que iba a enviar un fuerte destacamento a Arkansas y Nuevo Madrid como si fuesen para escolta sobre la línea[28]. El 31 de marzo de 1797 ya se habían evacuado los puestos de San Fernando de las Barrancas y el de Confederación, habiéndose arrasado y destruido las fortificaciones, y embarcado la tropa, artillería y municiones[29]. Un mes más tarde, el 30 de abril, Wilkinson, Brigadier General y Comandante en Jefe de las tropas de los Estados Unidos, escribía al Comandante de Nuevo Madrid; le informaba que estaba preparando un destacamento de tropas destinado a tomar posesión de Nogales y Natchez en nombre de los Estados Unidos, conforme a lo estipulado en el Tratado de 1795[30]. Pero durante el mes de mayo, las tramitaciones de evacuación se paralizaron; la réplica de Wilkinson no se hizo esperar amenazando con la toma de los puestos por la fuerza. Carondelet, en carta dirigida al Secretario de Guerra Juan Manuel Alvarez, le remitía copia del aviso de Wilkinson, con cuyo motivo exponía el plan que se había propuesto para alejar la entrega de los puestos y la demarcación de límites[31].

Por otro lado, Carondelet intentaba intrigar en los pueblos del Oeste tratando de convencerles de que la entrega de los puestos españoles era contraria a sus intereses, pero su intento de separación de los estados del Oeste de la Unión, no dio resultado. Para ello destacó a un agente secreto, Tomás Power, encargándole llevar una carta al Comandante del destacamento americano

---

[27] Carta de Carondelet a Gayoso de Lemos. Nueva Orleans, 3 de Abril, 1797. AHN/E/Leg. 3.900, Ap. 2, C. Res. 92, Anexo 3.

[28] Carta de Gayoso de Lemos a Carondelet. Natchez, 30 de Marzo, 1797. AHN/E/Leg. 3.900, Ap. 2, C. Res. 92.

[29] Carta de Morales a Varela, Secretario de Hacienda. Nueva Orleans, 31 de Marzo, 1797. AHN/E/Leg. 3.902, Ap. 3, C. Res. 9.

[30] Carta de Wilkinson al Comandante del puesto de Nuevo Madrid. Fuerte Washington, 30 de Abril, 1797. AHN/E/Leg. 3.900, Ap. 2, C. Res. 2, Anexo 1.

[31] Carta de Carondelet a Juan Manuel Alvarez. Nueva Orleans, 23 de Mayo, 1797. AHN/E/Leg. 3.900, Ap. 2, C. Res. 2.

que iba a tomar Natchez y Nogales, explicando los motivos por los que aún no habían sido evacuados. El segundo objeto de su misión era sondar y examinar la actitud del pueblo de los estados del Oeste, y hacerles entender que la entrega de los puestos españoles en el Mississippi era opuesta a sus intereses[32].

Mientras Carondelet buscaba el modo de retrasar la evacuación y organizar una secesión en el Oeste, en Natchez germinaba una sublevación antiespañola respaldada por el comisario Ellicot.

El 6 de junio de 1797, Gayoso de Lemos escribía desde Natchez al Príncipe de la Paz avisándole que si se perdía la Luisiana se perdería también México; por lo tanto —decía— convendría conservar toda la Florida Occidental e incluso extender las pretensiones de S. M. a conservar los derechos que tenía hasta el Tenessee, reteniendo así el distrito de Natchez, para seguir España dominando sobre el Mississippi. Añadía una explicación geográfica que había causado las equivocaciones políticas desde 1783; decía Gayoso que Inglaterra había cedido a España toda Florida Occidental, que, aunque en las descripciones geográficas apareció limitada por el paralelo 31°, comprendía también Natchez, pues los españoles lo habían tomado por las armas. Por lo tanto, los ingleses no tenían derecho a cedérselo a los americanos; de ahí que ahora S. M. tampoco tenía que cedérselo a los americanos, pues el límite era el paralelo 32° y medio y no el 31°[33].

Es insólita esta especulación dos años después de firmado el Tratado, lo cual da referencia de la desconexión entre América y la metrópoli, como así también de la forma divergente de las dos políticas que se seguían.

Carondelet continuaba actuando por su cuenta, y en una carta a Godoy del 15 de junio de 1797 participaba las providencias que había tomado para evitar que las milicias de los Estados Unidos del Oeste tomasen parte en la suspensión de la evacuación de Nogales y Natchez, y solicitaba la aprobación de un gasto de 1.000 pesos para un agente secreto que había tomado[34].

Los sucesos de junio en Natchez habían tomado un cariz serio, y el Presidente Adams trató de ellos en el Senado y en el Con-

---

[32] Carta de Carondelet a su agente secreto, Tomás Power. Nueva Orleans, 26 de Mayo, 1797. AHN/E/Leg. 3.900, Ap. 2, C. Res. 96.

[33] Carta de Gayoso de Lemos al Príncipe de la Paz. Natchez, 6 de Junio, 1797. AHN/E/Leg. 3.902, Ap. 6, C. sin número.

[34] Carta de Carondelet al Príncipe de la Paz. Nueva Orleans, 15 de Junio, 1797. AHN/E/Leg. 3.900, Ap. 2, C. Res. 96.

greso; es decir, el problema fue atacado ya a nivel de poderes. No obstante, España trataba de apaciguar las cosas tratando a los insurrectos de forma blanda, perdonándoles y considerando como neutrales a todos los habitantes que vivieran al Norte del paralelo 31° [35].

El 12 de junio de 1797, el Presidente Adams elevaba un mensaje al Senado y al Congreso sobre los sucesos de Natchez y medidas para cuando evacuasen los españoles. Ese mismo día, Ellicot dirigía una proclama al pueblo de Natchez declarando que, a todo riesgo protegería a los ciudadanos de los Estados Unidos, es decir, a todos los que residiesen al Norte del paralelo 31° en las 39 millas al Sur de Natchez. Lo firmaba el Comandante de las tropas de los Estados Unidos en Natchez, Piercy Smith Pope, y lo aprobaba Ellicot [36].

Al día siguiente, el 13 de junio, Gayoso informaba a Ellicot que un número de habitantes de Natchez se hallaban en rebelión y con designios hostiles de atacar el Fuerte de Nogales; le preguntaba si él había comisionado a un número de sujetos para hacer una lista de personas, que, aunque vasallos de S. M. C., quieran pasarse a ser ciudadanos americanos; y le pedía una respuesta categórica. El mismo día, y con el mismo objeto, escribió también al Capitán Percy Smith Pope. Pope le contestó que él no había instigado al pueblo de Natchez en contra de España, pero que el desembarco de cualquier tropa española o la reparación de las fortificaciones, se consideraría como un ataque a la dignidad de los Estados Unidos.

La tensión aumentaba en Natchez como consecuencia del forcejeo por el poder entre Gayoso y Ellicot; también, el 13 de junio, Pope y Ellicot redactaron una proclama avisando a los ciudadanos americanos que los preparativos hostiles de los oficiales de S. M. C. les inducían a creer que la guerra no estaba muy distante. Y al día siguiente Gayoso replicaba con otra proclama a los

---

[35] Proclama de Carondelet sobre Natchez. Nueva Orleans, 31 de Mayo, 1797. AHN/E/Leg. 3.896 bis, Ap. 3, C. sin número. AHN/E/Leg. 3.900, Ap. 2, C. Res. 96.

[36] Mensaje del Presidente Adams al Senado y al Congreso. Filadelfia, 12 de Junio, 1797. AHN/E/Leg. 3.896 bis, n.° 62.
Proclama de Ellicot a los habitantes de Natchez. Natchez, 12 de Junio, 1797. AHN/E/Leg. 3.900, Ap. 3, C. n.° 6.

habitantes de Natchez prohibiendo las asociaciones y tranquilizando sobre los rumores de guerra [37].

Todos estos incidentes demuestran que España no pretendía enfrentarse directamente a los Estados Unidos, pero tampoco era su intención cumplir con lo pactado en el Tratado de 1795 y evacuar los puestos al Norte del paralelo 31°. El 16 de junio, Irujo escribía al Príncipe de la Paz desde Filadelfia informando del mensaje del Presidente a la Cámara de Representantes con motivo de las desavenencias entre Ellicot y Gayoso; y al día siguiente, Gayoso escribía a Carondelet relatando la situación de Natchez, que iba de mal en peor por la intervención de Ellicot y Pope. Decía que había tenido conversaciones reservadas con Ellicot para intentar llegar a un acuerdo, pero que, en caso de ataque, el Fuerte se hallaba en muy malestado de defensa [38].

Si por un lado estaba clara la idea de acabar cediendo los puestos, estaba aún más clara la intención de dilatar la tramitación. A partir del 20 de junio comenzaron los intentos para promover la paz; varias personas fueron designadas al efecto y enviaron un escrito a Gayoso, quien les contestó citándoles al día siguiente en la Casa de Gobierno. Allí firmaron un convenio aprobado por Gayoso en el que se establecía:

— Absolución a los ciudadanos de Natchez que se hubiesen asociado bajo la creencia de ser ciudadanos de los Estados Unidos.

— Que no habría milicia salvo en caso de invasión de los indios.

— Los habitantes serían considerados neutrales mientras durase la incertidumbre.

---

[37] Carta de Gayoso de Lemos al Honorable Andrés Ellicot. Nogales, 13 de Junio, 1797.

Carta de Gayoso de Lemos al Capitán Percy Smith Pope. Nogales, 13 de Junio, 1797.

Carta de Smith Pope a Gayoso de Lemos. Natchez, 13 de Junio, 1797.

Proclama firmada por Ellicot, Comisario de los Estados Unidos, y Pope, Comandante de las tropas de los Estados Unidos sobre el Mississippi. Natchez, 13 de Junio, 1797.

Proclama de Gayoso de Lemos a los habitantes de Natchez. Natchez, 14 de Junio, 1797. AHN/E/Leg. 3.900, Ap. 2, C. Res. 99.

[38] Carta de Irujo al Príncipe de la Paz. Filadelfia, 16 de Junio, 1797. AHN/E/Leg. 3.896 bis, n.° 62.

Carta de Gayoso de Lemos a Carondelet. Natchez, 17 de Junio, 1797. AHN/E/Leg. 3.900, Ap. 2, C. Res. 99.

— Que no volverían a asociarse ni a promover disturbios.

De este convenio salieron las proposiciones que la Junta presentó a las autoridades, una de las cuales era que se seguirían observando las leyes de España en el distrito de Natchez, ejecutadas con suavidad y moderación. Estas proposiciones fueron aprobadas por Carondelet, Ellicot y Pope, y una vez más Gayoso, con su diplomática actuación, conseguía contemporizar en momentos de tensión tan difíciles como los que ocasionaba la convivencia de dos poderes antagónicos. El 23 de junio Gayoso escribía a Carondelet relatando los últimos sucesos de Natchez, ensalzando el comportamiento de don Gabriel Benoist, representante elegido de la Junta para remitir el informe de lo ocurrido. El 26 de junio Carondelet aprobaba las proposiciones de la Junta de Paz con una sola excepción al artículo 3.º, que decía: «Ninguno de los habitantes será transportado en calidad de preso fuera de este gobierno por pretexto que sea». A ello replicaba Carondelet que no debía entenderse en cuanto a los crímenes capitales, en cuyo caso el proceso se instruiría públicamente, y se seguiría en el distrito de Natchez, debiendo pronunciarse la sentencia por el Comandante General de la provincia. De este modo, España no renunciaba totalmente a su soberanía sobre el distrito que tanto le costaba entregar. Y prueba de la intención de Carondelet, es la carta que el 27 de junio le escribía a Gayoso con motivo de los sucesos de Natchez, diciéndole que era tiempo de disimular y de acomodarse a las circunstancias [39]. Pero el 15 de agosto de 1797, Carondelet le entregaba el mando de Luisiana y Florida Occidental a Gayoso de Lemos, bajo cuyo Gobierno por fin se evacuaría Natchez.

El 19 de agosto Gayoso escribía a Wilkinson, ya como Gobernador General, informándole que, por dificultades políticas tenía orden de suspender la evacuación de los puestos españoles a pesar del Tratado de 1795, y se quejaba de la conducta de Ellicot y Pope, que habían inducido al pueblo de Natchez a atacar el Fuerte [40]. Ellicot escribió a Gayoso el 6 de septiembre refutando la acusación que se le hacía y preguntando cuándo se podría proce-

---

[39] Carta de Carondelet a Martínez de Irujo. Nueva Orleans, 20 de Julio, 1797. AHN/E/Leg. 3.900, Ap. 2, C. Res. 99.
[40] Carta de Gayoso de Lemos a Wilkinson. Nueva Orleans, 19 de Agosto, 1797. AHN/E/Leg. 3.900, Ap. 3, C. n.º 4 (sic).

der a la demarcación de límites, a lo que Gayoso le contestó diciendo que las dificultades para la ejecución del Tratado entre España y los Estados Unidos subsistían aún, y que la conducta de los oficiales españoles estaba justificada por la publicación de la carta de Blount y la correspondencia entre Pickering y Liston. Por lo tanto, y mientras las disposiciones no fuesen de absoluta tranquilidad, no se podría proceder a la demarcación de límites.

Las causas que España había alegado para suspender el Tratado y retrasar la evacuación de los puestos y la demarcación de límites, habían sido las intrigas de Blount y los rumores de una expedición de los ingleses desde el Canadá para atacar los establecimientos españoles en Ilinoa. Habiendo desaparecido estas causas, y recobrada la calma en Natchez, Ellicot escribió a Gayoso el 6 de octubre recordándole la necesidad de dar cumplimiento al Tratado, a lo que Gayoso le contestó que aún no había recibido noticias del Encargado en Filadelfia ni de la Corte. El 20 de octubre Gayoso escribió a Irujo confiándole sus sospechas de que Ellicot tenía conexiones en el Estado de Tennessee y con Blount, y le informaba de la llegada a Natchez de Mathews y Miller como comisionados de una Compañía de Nueva Inglaterra, pero quizás con una misión reservada para averiguar la conducta de Ellicot y Pope en la sublevación de Natchez [41].

Finalmente, el 22 de septiembre de 1797, se envió a Gayoso una Real Orden previniéndole que S. M. había resuelto que se entregasen a los americanos los puestos de Nogales y Natchez, y el 15 de enero de 1798, a más de dos años de firmado el Tratado, se empezaron a tomar medidas al efecto; Gayoso escribió a Morales pidiéndole enviase cuatro lanchones a Nogales para depositar los efectos en Baton Rouge [42].

El 19 de enero de 1798, Gayoso enviaba a Esteban Minor, Comandante del distrito de Natchez, las instrucciones para la evacuación de la plaza, entre las que incluía la absolución del juramento de fidelidad a S. M. C. a los habitantes del Norte del paralelo 31º desde el momento en que embarcase la tropa. Ese mismo día escribía también a Elías Beauregard con instrucciones para

---

[41] Carta de Gayoso de Lemos al Príncipe de la Paz. Nueva Orleans, 20 de Octubre, 1797. AHN/E/Leg. 3.900, Ap. 3, C. n.º 6.
[42] Carta de Gayoso de Lemos a Morales. Nueva Orleans, 15 de Enero, 1798. AHN/E/Leg. 3.902, Ap. 4, C. Res. 19.

la evacuación de Nogales, y con órdenes de llevar todos los efectos posibles a Baton Rouge [43].

Y por fin, la evacuación de Nogales tuvo lugar el 23 de marzo de 1798, y la de Natchez el 29 del mismo mes [44].

INTRANQUILIDAD EN LA FRONTERA: KENTUCKY.—Como anteriormente se había hecho resaltar, el problema que se planteaba España con la libre navegación del Mississippi, era un problema principalmente comercial, además de otro de soberanía, que, a raíz del Tratado de 1795 perdió totalmente. La instalación de compañías extranjeras de comercio y la libre competencia, harían imposible la ubicación de los productos españoles, que hasta entonces habían sido colocados a expensas del monopolio ejercido por España en sus colonias.

El 17 de junio de 1796, Simón de las Casas escribía al Príncipe de la Paz desde Londres, con noticias que le había dado una Casa de Comercio de Panzacola (Panton) sobre los procedimientos de Washington y del Congreso para la frontera de la Florida, en perjuicio de los intereses españoles; según estas noticias, 300 hombres de tropas americanas se hallaban en el margen del río Santa María, y Washington había mandado géneros por valor de 10.000 dólares para traficar con los indios, y pensaba enviar géneros por valor de 150.000 dólares para dicho comercio [45].

España, además del problema esbozado por las Casas, temía el ataque de los ingleses en las posesiones que ahora se le hacía muy difícil defender, sumándose a esto el Tratado ajustado en Colerain el 27 de junio de 1796 entre los Estados Unidos y la nación Creek; en él se estipulaba el derecho de los americanos a poner puestos de comercio o militares entre dichos indios [46]. De este modo, España perdía su antiguo monopolio sobre el comercio de los creeks, y con él, el control de las fronteras.

Carondelet, sensible a la intranquilidad fronteriza, y temiendo un ataque de los ingleses desde el Canadá, escribía el 1 de di-

---

[43] Carta de Morales a Hormazas. Nueva Orleans, 3 de Marzo, 1798. AHN/E/Leg. 3.902, Ap. 4, C. n.º 208.

[44] Carta de Morales a Hormazas. Nueva Orleans, 27 de Abril, 1798. AHN/E/Leg. 3.902, Ap. 4, C. n.º 219.

[45] Carta de Simón de las Casas al Príncipe de la Paz. Londres, 17 de Junio, 1796. AHN/E/Leg. 4.244, C. n.º 184.

[46] Tratado ajustado entre los Estados Unidos, representados por Benjamín Hawkins, George Clymer y Andrew Pickens, con los jefes y guerreros de la Nación Creek, ratificado por el Presidente el 24 de Marzo de 1797. Colerain, 27 de Junio, 1796. AHN/E/Leg. 3.890 bis, Exp. 13.

ciembre de 1796 al Príncipe de la Paz manifestándole que había destinado con mucho secreto un fuerte destacamento a cubrir San Luis de Illinoa, ya que los ingleses no dudarían en apoderarse de la alta Luisiana para fortificarse sobre el Mississippi[47].

La inquietud sobre los manejos ingleses crecía, y el 23 de febrero de 1797, Diego Morphy, Cónsul de España en Charleston, escribía sobre ellos al Gobernador de San Agustín, White. Avisaba que el Cónsul inglés en Estados Unidos había despachado un expreso para las fronteras de Georgia con el fin de hacer proposiciones al General Clark para reclutar gente contra Florida. Sin embargo, Morphy dudaba que los americanos aceptasen la proposición[48]. Pero días más tarde, el Embajador francés Perignon informaba al Príncipe de la Paz que un agente consular francés había dado noticias al Ministro de relaciones exteriores sobre la necesidad urgente de proteger el puerto de Panzacola contra las tentativas de los ingleses[49].

Las circunstancias de guerra con Inglaterra y la intranquilidad ante un posible ataque angloamericano, llevaron a las autoridades españolas a hacer una relación de las fuerzas defensivas, y a comisionar a Dominique de Assereto para espiar a Clark[50].

Paralelamente estaban sucediendo los enfrentamientos en Natchez, que desembocarían en la evacuación. Una vez devueltos los puestos, se agudiza la situación indefensa y crítica de las Floridas, como lo evidencia la Carta de Gayoso de Lemos al Príncipe de la Paz el 19 de abril de 1798, en que reflexionaba sobre el expuestísimo estado en que quedaba la provincia[51].

Gayoso de Lemos se hizo cargo del Gobierno de Luisiana y Florida Occidental el 5 de agosto de 1797, y el Barón de Carondelet fue promovido a la Presidencia de la Real Audiencia de Quito; a su vez, el cargo ocupado por don Luis de las Casas como Capi-

---

[47] Carta de Carondelet al Príncipe de la Paz. Nueva Orleans, 1 de Diciembre, 1796. AHN/E/Leg. 3.900, Ap. 1, C. Res. 85.

[48] Carta de Diego Morphy a White. Charlestown, 23 de Febrero, 1797. AHN/E/Leg. 3.891, Exp. 3, n.° 2.

[49] Carta de Perignon al Príncipe de la Paz. Aranjuez, 6 de Marzo, 1797. AHN/E/Leg. 3.888, n.° 49.

[50] Carta de Enrique White a D. Miguel José de Azanza. San Agustín de la Florida, 8 de Marzo, 1797. AGS/GM/Leg. 6.919, C. n.° 15.
Carta de Morphy a Enrique White. Charlestown, 27 de Abril, 1797. AHN/E/Leg. 3.890, Exp. 13, n.° 82.

[51] Carta de Gayoso de Lemos al Príncipe de la Paz. Nueva Orleans, 19 de Abril, 1798. AHN/E/Leg. 3.900, Ap. 4, C. Res. 19.

tán General de La Habana, fue cubierto por el Conde de Santa Clara. Fue entonces cuando se planteó un problema de administración sobre si Luisiana y Florida Occidental debían seguir dependiendo de La Habana o no; la Capitanía de Luisiana y Florida, desde su establecimiento había corrido siempre unida a la de la Isla de Cuba, y ambas a cargo del Gobernador de La Habana. El fundamento de esta unión había sido la íntima conexión de dichas provincias, y al ser la plaza de La Habana el punto principal de reunión de fuerzas navales y terrestres de donde se podían esperar con mayor facilidad los socorros de víveres, pertrechos y dinero. Sin embargo, el Capitán General de Luisiana y Floridas, don Luis de las Casas, solicitó el 30 de marzo de 1792, y el 15 de febrero de 1793, que el mando superior de Luisiana y Florida existiese en Nueva Orleans (dadas las circunstancias de la Luisiana entonces), y por supuesto, en su Gobernador, Barón de Carondelet. En este estado de cosas fue promovido Carondelet a la Presidencia de la Real Audiencia de Quito, y relevado el Gobernador de La Habana, Casas, por el Conde de Santa Clara, al cual no se le entregó el mando de Luisiana y Floridas que obtuvieron sus antecesores. Por consiguiente, el mando de dichas provincias recayó interinamente en el Gobernador de Nueva Orleans, Manuel Gayoso de Lemos, por lo que se elevó un Oficio a S. M. para que resolviese si este jefe debía quedar declarado Capitán General de Luisiana y Floridas, o si estas provincias debían continuar a cargo del Capitán General de Cuba [52].

Esta espinosa cuestión, unida al peligro de invasión de los ingleses, y al deseo ya trazado por Carondelet de separar a Kentucky de la Unión, serán los puntos en que se apoyarán las directivas de la política a seguir en adelante.

El 5 de junio de 1798, Gayoso escribía al Conde de Santa Clara narrando el proyecto de su antecesor, Carondelet, para separar al Kentucky de la Unión en 1797; entonces no aceptaron, porque mediante el Tratado de 1795 consiguieron la ansiada navegación del Mississippi, pero ahora estaban descontentos con la Federación por los muchos impuestos que pagaban. Por lo tanto, decía Gayoso, había probabilidades de que al año siguiente quisieran separarse de la Unión. Por dicho motivo pedía poderes y auxilios para tratar con los del Kentucky en caso necesario. El Conde de Santa Clara, a su vez, escribió al Príncipe de la Paz incluyéndole

---

[52]   Oficio a S. M., sin fecha (1797). AGS/GM/Leg. 6.929.

la carta de Gayoso y opinando que el Gobierno de Nueva Orleans no debía desviarse del conducto de su Capitán General para ningún asunto propio, ya que no se sacaría ninguna ventaja de anticiparle asuntos al Rey desde la Luisiana. Decía que quizás esto sólo fuera conveniente para el Gobierno de Florida, pues para llegar a Cuba, y luego volver a Europa, era menester un viaje de retroceso [53].

Por otro lado, las tropas americanas en el Mississippi eran motivos de recelos para Gayoso, así como las noticias que desde Natchez le enviaba José Vidal. Con fecha del 8 de octubre de 1798, Vidal informaba que Wilkinson había dicho que pensaba fijar su cuartel general en Nueva Orleans ese mismo invierno, y que iban a bajar más tropas para incorporarse a las que se hallaban en las Barrancas de Lovelace. También decía que el Gobernador de Natchez había publicado un bando obligando a todos los habitantes a prestar juramento de fidelidad a los Estados Unidos, o a abandonar el país. Dos días más tarde, el 10 de octubre, Vidal informaba que en el Kentucky había habido una conmoción general contra el Congreso, y que diez mil hombres estaban preparados para oponerse a sus resoluciones respecto a la guerra con Francia; también decía que en Bayou Pierre, Coles Creek, y Sandi Creek reinaba la desaprobación hacia los nuevos oficiales de milicias y un descontento general con las leyes publicadas por el Gobernador americano, y que la gente allí quería al Gobierno español y a Gayoso. Así, el 22 de noviembre de 1798, Gayoso escribía a Saavedra informándole de los recelos y hostilidades por parte de los americanos y manifestando la arriesgada situación militar de Luisiana y Floridas, de cuya conservación dependía el reino de México. Hacía ver la importancia del conocimiento de los límites entre España, Gran Bretaña y los Estados Unidos, y proponía los que él consideraba debían ser. Y finalmente trataba de las malas disposiciones de los americanos para cumplir los artículos 2.º y 5.º del Tratado de 1795 [54].

Pero el 18 de julio de 1799 moría Gayoso de Lemos, lo cual configuraba un nuevo conflicto de autoridades, ya que quedaba

---

[53] Carta de Gayoso de Lemos al Conde de Santa Clara. Nueva Orleans, 5 de Junio, 1798.
Carta del Conde de Santa Clara al Príncipe de la Paz. La Habana, 6 de Agosto, 1798. AGS/GM/Leg. 6.929.
[54] Carta de Gayoso de Lemos a Saavedra. Nueva Orleans, 22 de Noviembre, 1798. AHN/E/Leg. 3.900, Ap. 4, C. Res. 1.

en suspenso la designación del nuevo Gobernador de Luisiana; el mando político recayó sobre don Nicolás María Vidal, y el militar sobre don Francisco Bouligny [55].

El 28 de septiembre, Irujo escribía a Urquijo para informarle que dos corsarios se habían apoderado de Isla Amalia, y recomendando a don Enrique White para el cargo de Gobernador de la Luisiana, pero este cargo ya estaba ocupado [56].

### 3. LA NEGOCIACIÓN DIPLOMÁTICA POSTERIOR

La espinosa cuestión diplomática posterior al Tratado de 1795 se planteó fundamentalmente en base a la falta de voluntad de España de cumplir el Tratado, dilatando la demarcación de límites por orden de Godoy; y por otro lado, debido a la desconexión entre el poder central de la metrópoli y sus colonias, a los manejos y desavenencias entre los distintos gobernadores de las mismas, y al enfrentamiento de Irujo, Ministro Plenipotenciario de España en los Estados Unidos, con Pickering al pretender aquél dejar sin efecto el Tratado, como consecuencia de las desavenencias surgidas en las fronteras y de la violación de la soberanía española por algunos ciudadanos de los Estados Unidos. Asimismo, las intrigas suscitadas por el Senador americano Blount, parcialmente inclinado a Inglaterra en un momento en que los Estados Unidos debían mantenerse neutrales, originaron una situación de enfrentamiento poniendo a Martínez de Irujo en una difícil situación. Las quejas por su comportamiento llegaron a ser elevadas por Humphrey a Godoy a raíz de la carta publicada bajo el título «Verus to the Native American». La tensión entre Irujo y Pickering, no era sino reflejo de la tensión fronteriza, en que ambos países trataban de hacer respetar al otro su soberanía territorial. En este ambiente no podían dejar de ocurrir numerosos incidentes que daban lugar continuamente a las protestas de los representantes de España y América. El 10 de enero de 1797, Martínez de Irujo escribía a Pickering acerca de un insulto contra el territorio español, cometido en la frontera de Georgia por Gui-

---

[55] Carta de Bouligny, Gobernador militar de la Luisiana por muerte de Gayoso de Lemos, a Urquijo. Nueva Orleans, 8 de Agosto, 1799. AHN/E/Leg. 3.889 bis, Exp. 10, núms. 116 y 117.

[56] Carta de Irujo a Urquijo. Bordentown, 28 de Septiembre, 1799. AHN/E/Leg. 3.897, n.º 133.

llermo Jones y Juan Jorge Knoll; el problema versaba sobre unos negros pertenecientes a estos dos, que se habían fugado desde Georgia a Isla Amalia, y la búsqueda de los mismos en territorio de la Florida por americanos armados. Y el 12 de enero, Irujo daba cuenta al Príncipe de la Paz del Oficio pasado a Pickering con motivo del insulto hecho en las fronteras de Florida a un oficial español que llevaba pliegos del Gobernador para el Comandante militar de la frontera americana [57].

El problema planteado por los negros prófugos trajo como consecuencia la firma de un convenio entre el Gobernador Enrique White y el Comisionado de los Estados Unidos, Seagrove, en el que se acordaba la mutua entrega de negros prófugos de ambos países. Constaba de tres artículos: 1.°) Que todos los esclavos fugitivos que desde el 2 de septiembre de 1790 se hubiesen refugiado en Florida Oriental, serían entregados al Comisionado de los Estados Unidos. 2.°) Que todos los esclavos de color que escapasen a Florida serían aprehendidos. 3.°) Que todos los caballos, ganados u otra propiedad perteneciente a los ciudadanos de los Estados Unidos que en adelante se extraviasen o hurtasen pasando a Florida Oriental, serían devueltos (y viceversa) [58].

Con este convenio quedaba resuelta una parte de los problemas de frontera, pero subsistían los más importantes.

El 27 de junio de 1797, Irujo escribía al Príncipe de la Paz informando que en vista de la mala impresión que habían causado en el público americano los falsos rumores de las desavenencias entre Gayoso y Ellicot, había hecho publicar un Oficio anónimo en una de las Gacetas. Este Oficio se lo pasó también a Pickering, y trataba sobre los motivos que tuvo Gayoso para no evacuar Natchez —ya que se temía un ataque de los ingleses desde Canadá contra Luisiana y Floridas—, y sobre la imprudencia que cometió Ellicot pretendiendo tomar Natchez incluso por la fuerza [59].

El mes de julio de 1797 fue pródigo en polémicas diplomáticas; en dicho mes se publicó en Filadelfia un folleto de 85 pági-

[57] Carta de Irujo al Príncipe de la Paz. Filadelfia, 13 de Enero, 1797. AHN/E/Leg. 3.896 bis, n.° 27.

[58] Convenio entre el Gobernador Enrique White y el Comisionado de los Estados Unidos, Seagrove, sobre mutua entrega de negros prófugos de ambos países. San Agustín de la Florida, 19 de Mayo, 1797. AHN/E/Leg. 3.890 bis, Exp. 12, n.° 1 (copia).

[59] Carta de Irujo al Príncipe de la Paz. Filadelfia, 27 de Junio, 1797. AHN/E/Leg. 3.896 bis, Ap. 3, n.° 64.

nas con la correspondencia que revelaba la traición del Senador americano Blount, las intrigas del Ministro inglés Liston, y «la extraña neutralidad observada por el Secretario de los Estados Unidos, Thimothy Pickering» [60]. Esta «extraña neutralidad» de Pickering era lo que más irritaba a Irujo, quien, el 11 de julio se quejaba en una carta de que Pickering había hecho caso omiso al temor que le había comunicado de que los ingleses entrasen en las posesiones inglesas por el Canadá; también se quejaba Irujo de que al mismo tiempo, en todos los papeles públicos americanos se censuraba la conducta de los oficiales españoles acerca de los puestos y demarcación de la línea divisoria, diciendo que con varios pretextos se había descuidado la ejecución del Tratado y que habían preparado a los indios para una ruptura con los Estados Unidos. A esta carta respondió Pinckering diciendo que el Gobierno de los Estados Unidos no estaba obligado a informarse de las sospechas vagas e infundadas de un ministro, sobre todo cuando le había asegurado Mr. Liston que no había tal expedición de los ingleses. Terminaba diciendo que la mayor muestra de buena fe, sería que los españoles evacuasen y dejasen a los americanos navegar libremente por el Mississippi [61]. Tal era la indignación de Irujo contra Pickering, y su seguridad de que el Gobierno americano era ciegamente parcial hacia Inglaterra, que el 28 de julio de 1797 llegó incluso a escribir a Godoy pidiendo un pleno poder discrecional para anular el Tratado de España con los Estados Unidos [62]. Y unos días más tarde, volvía a escribir diciendo que era necesario hacer de Nueva Orleans «un segundo Gibraltar», ya que la desembocadura del Mississippi era el principal baluarte de defensa ante el inminente peligro de expansión americana. Decía que la tremenda especulación de tierras en América era la causa de su expansión hacia las posesiones españolas como Florida y Luisiana, y que Blount era el principal promotor;

[60] Folleto de 85 páginas impreso en Filadelfia por W. Ross (en francés): «Correspondance qui devoile la trahison du senateur americain Blount, les intrigues du Ministre Anglais Liston et l'étrange neutralité observée par le Secretaire des Etats Unis, Thimothy Pickering, Ecuyer». Filadelfia, Julio, 1797. AHN/E/Leg. 3.891, Exp. 22, n.º 14.

[61] Extracto de cartas de Irujo a Pickering y contestación de Pickering a Irujo. Filadelfia, 11 de Julio y 8 de Agosto, 1797. AHN/E/Leg. 3.890 bis, Exp. 14, n.6 9.

[62] Carta de Irujo al Príncipe de la Paz. Filadelfia, 28 de Julio, 1797. AHN/E/Leg. 3.896 bis, n.º 71 (orig. cifrado).

y avisaba del peligro que suponían el Kentucky y Tenesi dado el mal estado de defensa de las posesiones españolas [63].

La especulación de tierras en América era producto de la propaganda y de las esperanzas cifradas en muchos aventureros salidos de Inglaterra por causas religiosas para afincarse en nuevas tierras sin los viejos problemas y las desavenencias ocurridas en su patria de origen. La promesa de oro y tierras vírgenes por ocupar hicieron que el Oeste americano fuese invadido por toda esta gente, verdaderos pordioseros explotados por las empresas de loteo y venta de propiedades.

La tranquilidad de los americanos frente al peligro denunciado por Irujo era total, de lo cual se deduce que había un entendimiento secreto con los ingleses y una postura de enfrentamiento con los españoles a raíz de las desavenencias en el cumplimiento del Tratado por parte de estos últimos. Pickering, con fecha 8 de agosto, respondió punto por punto a todas las consideraciones hechas por Irujo, diciendo que sus sospechas contra los ingleses eran infundadas [64].

Esta larga controversia entre el Ministro Irujo y el Secretario de Estado Pickering, viene a sumarse a la controvertida orden secreta del Gobernador de Luisiana a sus gentes en los puestos a evacuar, y se apoyaban el cambio de decisión de Godoy de no evacuar con fecha 29 de octubre de 1796. La pretendida revisión del Tratado se basaba en la esperanza de que Francia mediara en un nuevo Acuerdo, esperando además que, al no poder pagar el precio exigido por España por la Luisiana, la provincia quedaría en poder de España. Toda esta controversia se complica con la intervención de José María Urquijo y la publicación de la carta «Native American». Irujo, en una carta a Godoy del 27 de agosto, le incluía la respuesta que recibió del secretario de Estado Pickering sobre el asunto de los puestos españoles y la demarcación de la línea divisoria, haciendo mención de la carta de Urquijo que desencadenó la furia del partido inglés [65].

En noviembre de 1797 Godoy contestaba a Irujo, quien tanto le había insistido sobre el modo de conservar Luisiana y Floridas;

---

[63] Carta de Irujo al Príncipe de la Paz. Filadelfia, 5 de Agosto, 1797. AHN/E/Leg. 3.891, Exp. 23, n.º 1, C. n.º 73.

[64] Carta de Pickering a Irujo. Filadelfia, 8 de Agosto, 1797. AHN/E/Leg. 3.890 bis, Exp. 14, n.º 3.

[65] Carta de Irujo al Príncipe de la Paz. Nueva York, 27 de Agosto, 1797. AHN/E/Leg. 3.896 bis, n.º 80.

pero España ya no tenía medios de poner defensas competentes en territorios tan extensos, y tan sólo quedaba asegurarlos «con reciprocidad y maña» [66]. Esta ambigua y vaga recomendación de Godoy a Irujo da idea de la crítica situación de Luisiana y Floridas y de la incapacidad de España de defenderlas y sostenerlas.

El 23 de noviembre Irujo publicaba en Filadelfia una carta bajo el sobrenombre de «Verus» dirigida al pueblo americano, «Native American»; en ella acusaba a Pickering de agente inglés en contra de España. Se quejaba del «artículo explanatorio» sobre la navegación del Mississippi por el cual, fechado el 4 de mayo de 1796, se permitía a los ingleses navegar dicho río [67]. No cabe duda de que Irujo empleaba esta vez la maña apelando a la opinión pública, ya que ésta tenía gran fuerza en América, y a España no le quedaban otros resortes para defender sus posesiones.

El 5 de diciembre Irujo daba cuenta a Godoy de los motivos que tuvo para presentar otra Memoria a Pickering, y con postdata del 20 del mismo mes, incluía los documentos sobre la conspiración de Blount y el ataque premeditado contra Luisiana y Floridas. Estos documentos fueron también publicados en la Gaceta de Filadelfia el 18 de diciembre de 1797 [68]. La acusación contra el Senador Blount no se hizo esperar, y en enero de 1798 se publicaron en un periódico americano los artículos presentados por la Casa de representantes contra dicho Senador. En el primero se le acusaba de conspirar e intentar formar una expedición militar contra las Floridas y Luisiana en 1797, año en el que España estaba en paz con los Estados Unidos, y en guerra con Inglaterra, violando así la neutralidad de los Estados Unidos. En segundo lugar se le acusaba de conspirar para excitar a los creeks y cheroquis en contra de S. M. C., a pesar del Tratado de Amistad con España de 1795. Y finalmente de tratar de contrarrestar el poder de Benjamín Hawkins, agente americano de asuntos indios, y de intentar seducir a James Carey, agente de comercio [69].

---

[66] Minuta del Príncipe de la Paz a Irujo. San Lorenzo, 19 de Noviembre, 1797. AHN/E/Leg. 3.891, Exp. 23, n.º 3.

[67] Impreso de la *Gaceta de Filadelfia*, «Verus to the Native American», Filadelfia, 23 de Noviembre, 1797. AHN/E/Leg. 3.890 bis, Exp. núms. 5, 6 y 7 (dos ejemplares en inglés y uno en castellano).

[68] Carta de Irujo al Príncipe de la Paz. Filadelfia, 5 de Diciembre, 1797. *Gaceta de Filadelfia*, 18 de Diciembre, 1797. AHN/E/Leg. 3.896 bis, n.º 84.

[69] Impreso: artículos de acusación contra el Senador Blount (en inglés). Filadelfia, Enero, 1798. AHN/E/Leg. 3.897, n.º 95.

Mientras Irujo ganaba esta batalla periodística en América defendiendo los intereses españoles, Godoy le escribía negándole el poder para anular el Tratado de España con los Estados Unidos, y diciendo que en París se conseguiría el cumplimiento del Tratado, que era lo que al Rey le importaba[70]. Esta es otra prueba más de la desconexión entre la política española en América y en la metrópoli, cuyas consecuencias afectarían directamente a las colonias.

El comportamiento de Irujo tuvo su repercusión en Madrid, y el 3 de marzo de 1798, Humphreys se quejaba al Príncipe de la Paz por ello, diciendo que Irujo era el autor de la carta «Verus to Native American» con la intención de destruir la buena opinión del público sobre el gobierno americano[71]. Esta queja trajo aparejada la posible separación del cargo ocupado por Irujo, que no se verificó, según se desprende de la carta escrita por éste a Cevallos el 2 de septiembre de 1801, cuando ya la cuestión de la evacuación se hallaba resuelta y la controversia terminada. En ella relataba su polémica con Pickering y los manejos de éste y Humphreys para echarle de los Estados Unidos, a lo cual se opuso Godoy, quien, informado por los gobernadores de Florida, supo apreciar su labor para defenderla[72].

---

[70] Minuta de Godoy a Irujo. Aranjuez, Enero, 1798. AHN/E/Leg. 3.896 bis, n.° 71.

[71] Carta de Humphreys al Príncipe de la Paz. Madrid, 3 de Marzo, 1798. AHN/E/Leg. 3.890 bis, Exp. 14, n.° 1.

[72] Carta de Irujo a Cevallos. Filadelfia, 2 de Septiembre, 1801. AHN/E/Leg. 3.891, Exp. 22, n.° 12.

# TENSIONES DIPLOMÁTICAS Y POLÍTICA DE HECHOS CONSUMADOS

SEGUNDA PARTE

TENSIONES DIPLOMÁTICAS Y POLÍTICA
DE HECHOS CONSUMADOS

CAPÍTULO VI

# LA OCUPACIÓN DE FLORIDA OCCIDENTAL

## 1. LA COMPRA DE LUISIANA Y LA POLÍTICA EXPANSIONISTA AMERICANA

En 1795 Godoy suscribió el Tratado de San Lorenzo de el Escorial, renunciando a la parte de Florida Occidental situada al Norte del paralelo 31°, al tiempo que reconocía al nuevo estado el derecho de navegar el Mississippi, cuya orilla izquierda adquiría igualmente, y a mantener un depósito comercial en Nueva Orleans [1].

Tras el Tratado de San Lorenzo, los Estados Unidos crearon en el país cedido el nuevo territorio de Mississippi; la cesión de Luisiana a Francia en 1800, y la venta hecha por ésta de la misma a los Estados Unidos en 1803, iniciaron un nuevo conflicto entre éstos y España, por pretender que la cesión incluía la Florida Occidental, dados los oscuros términos del Tratado de San Ildefonso.

La impotencia de la autoridad española en las Floridas se acentuó a partir de 1800, y cuando España cayó en manos de Napoleón y sus colonias ultramarinas comenzaron sus guerras de independencia, su autoridad se desintegró totalmente [2].

En este capítulo se estudiará el proceso final de la desintegración de la autoridad española en las Floridas, que coincide con la

---

[1] Artola Gallego, Miguel: *La España de Fernando VII*, pág. 586, tomo XXVI de la *Historia de España* dirigida por Menéndez Pidal, Espasa Calpe, Madrid, 1968.

[2] Caruso, John Anthony, *The Southern Frontier*, pág. 351, 1963.

gradual ocupación de las mismas por parte de los americanos, aprovechando la situación de extrema debilidad española por la invasión napoleónica de la Península y las revoluciones en sus colonias americanas.

Como se ha dicho anteriormente, la cesión de Luisiana a Francia mediante un Tratado de oscuros términos, ocasionaría de nuevo problemas a España, ya que los límites de la colonia cedida no estaban nada claros. Prueba de ellos es la nota que el Ministro Cevallos remitió al Secretario del Despacho de Guerra el 6 de noviembre de 1802, pidiéndole una nota individual de los límites que separaban Luisiana de la Florida, y de los que dividían la jurisdicción militar y política de los dos gobiernos. José Caballero le contestó el 31 de diciembre diciendo: «No hay documentos por donde pueda deducirse con individualidad, y sin un examen mui detenido que baste á apurar las dudas, los límites que separan la Provincia ó Colonia de la Luisiana de la Florida...»; así que había que basarse en las noticias antecedentes, los hechos históricos y los Tratados de Paz [3].

En 1801 fue suspendido el ejercicio del derecho americano a mantener un depósito comercial en Nueva Orleans, y aunque restablecido poco después, ofreció la base, junto a las reclamaciones por los daños causados por los corsarios españoles, para una reclamación de perjuicios por parte del gobierno americano. El texto de un convenio acordado en 1802 no fue ratificado, y al año siguiente se produjo la cesión de Luisiana a Napoleón, quien a su vez la vendió a los Estados Unidos planteándose con ello la cuestión de los límites del territorio enajenado.

Durante el año de 1802, tanto América como Francia intentaron comprarle las Floridas a España; los Estados Unidos enviaron a Pinckney con dicha misión, pues la presencia de Francia junto al Mississippi era peligrosa. Napoleón, por su lado, también quería las Floridas, y en noviembre de 1802 ofreció Parma a cambio. Pero Godoy no aceptó alegando que el Rey no deseaba sacrificar más territorio en América a favor de una nueva Monarquía en Europa [4]. Los españoles llevaban, pues, una política de evasivas.

---

[3] Oficio de Cevallos al Secretario del Despacho de Guerra. Barcelona, 6 de Noviembre, 1802.
   Oficio de José Caballero a D. Pedro Cevallos. Albacete, 31 de Diciembre, 1802. AHN/E/Leg. 5.542, Exp. 21, Ap. 1.
[4] Cox, Isaac I., *The West Florida Controversy, 1798-1813*, chapter III, Ed. por Peter Smith, Gloucester, Mass, 1967.

Suspensión del derecho de depósito en Nueva Orleans.—El derecho de depósito en Nueva Orleans, concedido a los americanos por el Tratado de 1795, era sin duda perjudicial a los intereses de España, ya que daba lugar a muchos fraudes y extracción de plata, lo que era muy difícil de evitar debido a la gran extensión de aquel país por las dos orillas del río. El 16 de octubre de 1802, el Intendente Juan Ventura Morales suspendió definitivamente el derecho de depósito en Nueva Orleans a los americanos, mediante un bando hecho público, a pesar de la oposición del Gobernador Manuel Salcedo[5].

Esta medida exasperó al Oeste americano, y Pinckney, en España, protestó declarando que si no se les concedía la navegación del Mississippi, la tomarían por la fuerza. Las protestas de Pinckney surtieron efecto, pues el 13 de febrero de 1803 el Ministro Cevallos comunicaba al de Hacienda, Soler, la resolución de S. M. de ordenar a Morales que restableciese el derecho de depósito en Nueva Orleans, pero sin revocación pública del anunciado edicto, y sin manifestar que procedía por Reales Ordenes. Y el 1 de marzo, Cevallos enviaba la mencionada Real Orden a Morales[6].

Dos meses más tarde, el 2 de mayo de 1803, el Ministro de Napoleón firmaba con Livingston y Monroe el Tratado que transfería la Luisiana a los Estados Unidos. Tras este éxito, los americanos tenían aún que dirigir sus esfuerzos a conseguir las Floridas, que habían sido el objetivo de sus hombres de frontera durante casi un cuarto de siglo. Más aún la defensa de su nueva adquisición les llevaba imperiosamente a ello[7]. Y el 18 de mayo el Intendente Morales daba cuenta a Cevallos de haber cumplido con la Real Orden del 1 de marzo, restableciendo el derecho de depósito en Nueva Orleans a los ciudadanos de los Estados Uni-

[5] Carta del Intendente de Luisiana, Ramón López Angulo a Miguel Cayetano Soler. Nueva Orleans, 13 de Julio, 1801. C. n.º 65.
Copia del Bando aboliendo el derecho de depósito en Nueva Orleans de D. Juan Ventura Morales. Nueva Orleans, 16 de Octubre, 1802. Doc. 41.
Carta de Manuel Salcedo al Marqués de Someruelos. Nueva Orleans, 22 de Octubre, 1802. C. n.º 265, doc. 39. AHN/E/Leg. 5.538.
[6] Oficio de Cevallos al Secretario del Despacho de Hacienda. Aranjuez, 13 de Febrero, 1803, doc. 85.
Minuta de Real Orden de Cevallos a Juan Ventura Morales. Aranjuez, 1 de Marzo, 1803, doc. 99. AHN/E/Leg. 5.538.
[7] Cox, Isaac J., op. cit. cap. III.

dos, en iguales términos y bajo las mismas formalidades que se hacía antes de la publicación del bando [8].

## 2.  COMIENZO DE LA POLÍTICA EXPANSIONISTA

PROBLEMAS POR LA NAVEGACIÓN DEL RÍO MOBILA; MOBILE ACT.— La clave de toda la disputa posterior entre España y los Estados Unidos por los límites de la Luisiana, radicaba en el artículo 3.º del Tratado de San Ildefonso. Dicho artículo era indefinido y no describía exactamente los límites de la Luisiana; decía así: S. M. C. retrocede a Francia la colonia o provincia de Luisiana con la misma extensión que ahora tiene en manos de España, y que tenía cuando Francia la poseía...; por lo tanto, no describía exactamente lo que los americanos comprarían en 1803. Evidentemente Napoleón había pretendido que los americanos lo interpretasen a su gusto, y de ahí la reclamación de Florida Occidental por parte de los Estados Unidos como parte de la compra de Luisiana.

Así, pues, la controversia entre Estados Unidos y España por la Florida Occidental nació a partir de la compra de Luisiana, y como consecuencia del artículo 3.º del Tratado de San Ildefonso.

La política expansionista americana repercutió directamente sobre Florida Occidental con dos tipos de medidas: unas a nivel de Gobierno u oficiales, tales como Actas del Congreso, etc., y otras que se podrían considerar de tolerancia, protección o complicidad con las empresas más o menos privadas de insurrección o invasión. Esta segunda actitud es un complemento de la primera, para conseguir los fines expansionistas.

Uno de los primeros problemas que se planteó tras la compra de Luisiana por los Estados Unidos fue la disputa entre españoles y americanos por el distrito de Mobila. Antes de mayo de 1803 Livingston había sostenido que Florida Occidental no formaba parte de Luisiana, pero tres semanas después del Tratado de compra escribía a Madison diciéndole que insistiese en el derecho americano a Florida Occidental, y que tomase posesión, por encima de todo, hasta Río Perdido. Ocho días más tarde escribía a Pinckney diciéndole que Florida Occidental, incluyendo Mobila, formaba parte de la compra de Luisiana y que por lo tanto debía

---

[8]  Carta de Juan Ventura Morales a D. Pedro Cevallos. Nueva Orleans, 18 de Mayo, 1803. AHN/E/Leg. 5.538, doc. 138.

actuar de acuerdo con esto. En junio Livingston persuadió a Monroe para que le apoyase en aconsejar a Madison que actuase como si Florida Occidental formase parte de la isla de Nueva Orleans. Monroe contestó que su opinión sobre la frontera Sureste de Luisiana estaba demasiado clara para admitir ninguna duda. La interpretación de Monroe del artículo 3.º del Tratado de San Ildefonso era que España debía ceder a los Estados Unidos el territorio al Oeste de Río Perdido.

Mientras tanto, el Gobernador Manuel Salcedo no estaba muy seguro de cuáles eran los límites de la Luisiana; Folch y Someruelos le dijeron que España había retrocedido a Francia exactamente el territorio que de ella había recibido 40 años antes; por lo tanto, no incluía Florida Occidental, que España había adquirido de Gran Bretaña. Pero Salcedo seguía confuso, y en este tiempo, la Mobile Act (que reclamaba la jurisdicción de la región en disputa), elevó la cuestión a importancia internacional.

El 24 de febrero de 1804, el Presidente americano firmó la Mobile Act, introducida en noviembre de 1803 por John Randolph a la Casa de Representantes. Los artículos 4 y 11 se referían a Mobila, de donde tomó el nombre el Acta. El artículo 4 estipulaba la anexión al distrito de Mississippi de todas las aguas, ríos y esteros que corrían dentro de los Estados Unidos y desembocaban en el Golfo de México al Este del Mississippi. Y el artículo 11º autorizaba al Presidente, cuando lo considerase necesario, a formar un distrito, con puertos de salida y entrada, con las costas y aguas de la bahía y río de Mobila y con otros ríos, arroyos y esteros que desembocasen en el Golfo de México al Este del río Mobila y al Oeste del Pascagoula [9].

Pero España no iba a consentir esta interpretación, y el Marqués de Casa Irujo presentó una protesta a Madison el 7 de marzo de 1804 pidiendo la anulación de dichos artículos. En su carta al Presidente americano decía, que consideraba el artículo 11.º del Acto del Congreso como un libelo atroz contra el Gobierno, además de ser una violación, ofensa e insulto a España.

En las Floridas las autoridades se pusieron alerta, y el Capitán General Someruelos escribió al Comandante de la Occidental informándole del artículo 11.º y advirtiéndole que no permitiese

---

[9]   Ver nota 7.

establecer en los territorios del Rey ningún puesto de los Estados Unidos [10].

El Presidente Madison hizo una proclamación el 30 de mayo de 1804 en la que establecía que todas las mencionadas costas, aguas, esteros y ríos, que estuviesen dentro de los límites de los Estados Unidos, formarían un distrito separado bajo el nombre de Mobila, con Fuerte Stoddart como puerto de entrada y salida. De este modo anulaba virtualmente el Acta de cara a la interpretación pública.

El río Mobila, que nace y lleva la mayor parte de su curso por territorio de los Estados Unidos, entraba después en Florida Occidental y desembocaba en la Bahía de Mobila. Los americanos deseaban tener la libre navegación del río Mobila, ya que sin ella los territorios que estaban a orillas de la parte superior de dicho río, no podían extraer sus frutos con facilidad, ni tampoco introducir desde el mar los efectos que necesitaban para su consumo. Por ello, publicaban continuamente en sus gacetas, que la nación que posee la mayor parte del curso de un río, tiene derecho a su navegación libre hasta su desembocadura, y que la nación que posee la costa, no puede impedir que navegue hasta el mar. Esta cuestión, suscitada con motivo del río Mobila, era antigua entre España y los Estados Unidos: antes del Tratado de 1795 España tenía el Mississippi en los mismos términos que ahora tenía el Mobila, pues poseía la desembocadura del Mississippi, y los americanos tenían los ríos que desaguaban en éste entrando por la parte Oriental. Los americanos pretendían el derecho de navegar el Mississippi hasta el mar, derecho que se les concedió por el Tratado de 1795. Basados en este hecho, pretendían demostrar que la navegación del Mississippi no fue un favor o privilegio que S. M. C. les concedió en el Tratado, sino un reconocimiento del derecho que los americanos ya tenían, dimanado de la doctrina de que el que posee la parte superior del río, debe tener derecho a navegar hasta el mar libremente. En esta interpretación se oponían los americanos a la española, que consideraba el artículo 4.º del Tratado como un favor que S. M. C. les concedió en aquel tiempo.

---

[10] Carta del Marqués de Casa Irujo a Jaime Madison. Washington, 7 de Marzo, 1804. AHN/E/Leg. 5.539, doc. 1, Anexo 2.
Carta del Marqués de Someruelos al Comandante de Florida Occidental. La Habana, 9 de Mayo, 1804. AHN/E/Leg. 5.539, doc. 1, Anexo 1.

Por lo que respecta al Mississipi, no viene al caso la cuestión de si fue un favor, o un mero reconocimiento del derecho que tenían a navegar, lo que se estipuló en el Tratado de 1795; pero como la cuestión suscitada sobre el Mobila es idéntica, conviene ver ambas interpretaciones. España desde luego consideraba que, cuando por el Tratado de 1795 se les concedió la navegación del Mississippi a los americanos, fue una concesión de S. M. C. y no un reconocimiento de derecho, ya que si así fuese, por los mismos principios exigirían igual reconocimiento del derecho a navegar el río Mobila libremente. Mientras que si fue concesión de S. M. C. no podrían obtener la libre navegación sin una estipulación expresa.

Supuestos estos antecedentes, conviene también tener presente que una nación como los Estados Unidos, que tanto crecía en población e industria, y que por aquella parte no tenía otra salida cómoda para sus frutos, no perdonaría medio para adquirir la navegación del Mobila, que para tenerla puso tanto empeño en poseer Florida Occidental.

Los españoles sabían que tendrían que acabar concediendo la navegación del Mobila a los americanos, pero tenían la intención de hacerlo a modo de concesión, y no de derecho, y además sacarle partido.

Entretanto, la versatilidad de las determinaciones de los jefes españoles en las Floridas, anticipó más de lo que convenía la época en que debía decidirse la cuestión sobre la navegación del río Mobila. En España no tenían noticias exactas de todo cuanto pasaba en las Floridas, y por lo tanto los ministros no podían censurar ni elogiar las medidas de dichos jefes sobre la navegación del río Mobila. Tanto sólo se sabía que su política no había sido constante, desconociendo si habían tenido razones fundamentales para variarla.

En el mes de marzo de 1806 se recibieron en España noticias de que los americanos se quejaban de que a varios buques de su nación que navegaban el río Mobila, les habían exigido los jefes de las Floridas un derecho considerable. De estas quejas se dedujo en España que los americanos, pues, navegaban por el Mobila, y que las autoridades de las Floridas les hacían pagar derechos [11].

---

[11] Carta del Marqués de Casa Irujo a Cevallos. Filadelfia, 29 de Noviembre, 1805. AHN/E/Leg. 5.539, C. n.º 586.

Pero, ¿quién había hecho esta regulación para la navegación del Mobila y exacción de derechos? En España desde luego no se había hecho, así que en abril de 1806 se resolvió que se preguntase al Gobernador de la Florida Occidental, Folch, de qué derechos se quejaban los americanos. En diciembre de 1806 aún no se había recibido en España contestación de Folch, pero sí dos cartas del Marqués de Casa Irujo con fechas del 19 de mayo y 9 de septiembre de 1806. En la primera remitía traducido un documento publicado en las gacetas americanas bajo el título de «Apelación del Pueblo de Tombigee al Pueblo de los Estados Unidos», con motivo de haber determinado el Comandante de Panzacola cerrar a los americanos la navegación de aquella parte del río de Mobila. Y opinaba Irujo que sería aconsejable permitir a los americanos dicha navegación, sujetándolos a un derecho sumamente pequeño, para demostrar que dicha concesión no era efecto de su derecho, sino de la indulgencia del Rey. En la segunda carta remitía un capítulo de una Gaceta americana conteniendo una Arenga pronunciada el 4 de julio de 1806 en la Casa Cabildo del Condado de Washington, que confirmaba el descontento de los ciudadanos americanos de las fronteras del Mobila contra los españoles, por interrumpirles la navegación de aquellos ríos [12]. Ambos escritos contenían sustancialmente lo mismo, a excepción de ser el segundo algo más acalorado contra España.

Estas noticias causaron gran sorpresa en la Secretaría de Estado, ya que nunca se había dado orden a los jefes de las Floridas de permitir a los americanos la navegación del río Mobila exigiéndoles un derecho; y se ignoraba en qué época comenzó dicho permiso y los motivos que tuvieran para concederlo. Y no sólo sorpresa, sino disgusto, pues de la «Apelación del Pueblo de Tombigee» se deducía que había habido ajustes o convenios entre el Gobierno americano de la Luisiana, el Intendente Morales y el Gobernador Folch sobre estos puntos de navegación. Y si los jefes de las Floridas procedían a tomar decisiones relativas al estado político y relaciones con los Estados Unidos sin unidad de

---

Extracto sobre la navegación del Río Mobila, 7 de Diciembre, 1806. AHN/E/Leg. 5.539, doc. n.° 19.

[12] Carta del Marqués de Casa Irujo a Cevallos. Filadelfia, 19 de Mayo, 1806. C. n.° 678.

Carta del Marqués de Casa Irujo a Cevallos. Filadelfia, 9 de Septiembre, 1806, C. n.° 723. AHN/E/Leg. 5.539.

plan, y sin consultar a la metrópoli, cada paso sería un tropiezo por falta de uniformidad.

Por lo tanto, el Ministro Cevallos determinó se preguntase a Hacienda si el Intendente Morales había dado algún aviso sobre la navegación del río Mobila [13].

El Ministro de Hacienda, Soler, contestó a Cevallos remitiendo las cartas de Morales a las que se deduce lo siguiente:

— En 1803 el General Wilkinson solicitó permiso para que algunos buques americanos navegasen por la ría de la Mobila en Florida Occidental hasta subir a los establecimientos americanos de Tombigee. Pero Morales no accedió [14].

En 1805 Morales y Folch tuvieron una serie de discusiones que les enemistaron, en torno a la navegación del río Mobila: el 22 de octubre de 1805, el Gobernador americano de Nueva Orleans, Clairborne, escribió a Morales preguntando si había sido él o Folch quien había ordenado exigir un 6 % de derechos a los americanos por el pasaje del río Mobila. Morales le contestó al día siguiente atribuyendo a Folch la determinación, al tiempo que escribía al propio Folch preguntándoselo. Y el 28 de noviembre Folch contestaba a Morales indignado, diciendo que no reconocía su autoridad en Florida Occidental, y que por lo tanto no le correspondía contestar a Clairborne. También le acusaba de haberle achacado a él lo que era obra suya [15].

El 30 de abril de 1806, Morales volvió a escribir a Soler informando que, a su llegada a Mobila, encontró allí una goleta americana procedente de Nueva Orleans con destino a los establecimientos de Tombigee, y que esta navegación, no concedida en el Tratado de 1795 y negada además en Real Orden del 13 de diciembre de 1803, había sido permitida por un tiempo por Osorno, pero quedó cortada. Y ante las dudas de Maximiliano Maxent (sucesor de Osorno como Subdelegado de la Intendencia) se convocó una Junta de Real Hacienda el 27 de marzo, en la que se resolvió no tolerar a los americanos la comunicación y bajada a Mobila. Estos incidentes acrecentaron la enemistad de Morales y Folch, y parece ser que el último amenazó al Intendente con enviarle al Fuerte de San Fernando de Omoa. Por ello, Morales

---

[13]  Extracto sobre la navegación del Río Mobila. Ver nota 11.

[14]  Carta de Morales a Soler. Nueva Orleans, 31 de Julio, 1803. AHN/E/Leg. 5.539, C. n.º 234, doc. 70.

[15]  Carta de Juan Ventura Morales a Miguel Angel Cayetano. Nueva Orleans, 31 de Diciembre, 1805. AHN/E/Leg. 5.539, C. n.º 386 doc. 65.

seguía escribiendo a la Corte acusando a Joaquín Osorno, a su hermano político Maxent y a Folch, suegro del último [16].

Esta disparidad de opiniones en nada beneficiaba a la autoridad española en las Floridas, dando lugar a la libre interpretación por parte de los americanos, que sin duda eran los primeros en sacar ventaja de la falta de unidad de acción de los españoles.

El 30 de septiembre de 1806, Morales daba cuenta a Soler de que se había vuelto a abrir al Pabellón americano la navegación de los ríos Mobila y Alibamón hasta recibirse la orden del Capitán General, y que aunque él no estaba de acuerdo, había preferido callarse, pues de nada le iba a servir opinar sino para recibir más insultos [17].

Toda esta polémica daría lugar a ciertos incidentes en el río, reflejando la tensión existente en Florida Occidental, producto del intento de los españoles de dejar bien asentada su soberanía en un momento en que los americanos empezaban a ejercer la presión que les ayudaría más tarde a adueñarse de las Floridas.

El 6 de enero de 1807, Folch escribía a Someruelos informando que las tropas americanas habían pasado sin permiso por delante de la Mobila entre las 10 y las 11 de la noche, como a una legua de distancia del Fuerte [18]. Algún tiempo después, los jefes de la Mobila negaron el paso a un barco americano que iba de Nueva Orleans al Fuerte Stoddert cargado de municiones de guerra, y requisaron el cargamento hasta que llegasen órdenes del Gobernador General, quien confirmó el hecho aprobándolo. El Secretario de Estado de Estados Unidos, James Madison, envió una protesta a Foronda, entonces Encargado de Negocios por España [19].

El forcejeo diplomático por el distrito de Mobila continuaba, y el 20 de febrero de 1808 Foronda enviaba una protesta a Madison con motivo de una ley, o proyecto de ley, que había leído publicada en una Gaceta; en el proyecto del señor Campbell se utilizaba la siguiente expresión: «... entre el distrito de Mobila y

[16] Carta de Morales a Soler. Panzacola, 30 de Abril, 1806. C. n.º 414, doc. 56. Carta de Morales a Soler. Panzacola, 23 de Mayo, 1806. C. n.º 424, doc. 61. AHN/E/Leg. 5.539.
[17] Carta de Morales a Soler. Panzacola, 30 de Septiembre, 1806. AHN/E/Leg. 5.539, C. n.º 457, doc. 85.
[18] Carta de Folch a Someruelos. Mobila, 6 de Enero, 1807. AHN/E/Leg. 5.546, Exp. 3, doc. 10.
[19] Carta del Secretario de Estado de los Estados Unidos, James Madison al Encargado de Negocios, Foronda. Washington, 30 de Julio, 1807. AHN/E/Leg. 5.547, n.º 3, Exp. 1.

cualquiera de los otros Puertos de los Estados Unidos...». Por lo tanto, Foronda preguntaba si debía entenderse esta frase como que el Presidente comprendía la Mobila entre los puntos de jurisdicción de los Estados Unidos.

Madison, siguiendo la política de ambigüedad y evasivas que les ayudaría a adueñarse de Florida Occidental, contestó que en el Congreso no se había pasado ninguna resolución sobre los que se quejaba. Y con esto se entiende que las expresiones de que se quejaba Foronda o eran una ley, sino un proyecto de ley [20].

LA MISIÓN DIPLOMÁTICA DE MONROE Y LA SUBLEVACIÓN EN BATON ROUGE.—Volviendo al año 1803, y a la misión diplomática de Monroe, se verá que el interés de los americanos en Florida Occidental radicaba en que era necesaria para la navegación del río Mobila y la defensa de Nueva Orleans. El 13 de enero de 1803, Carlos Martínez de Irujo, Ministro de S. M. en los Estados Unidos, escribía a Cevallos participando el nombramiento de Mr. Monroe para pasar a Europa como enviado extraordinario para arreglar las desavenencias relativas a la navegación del Mississippi, y a enterarse de cuál era el verdadero estado de la negociación entre Francia y España acerca de Luisiana y Floridas. Opinaba Irujo que si efectivamente se había hecho la cesión a Francia, no era probable que Monroe pasase a Madrid, sino que desde luego entablaría la negociación de comprar al Gobierno francés todo el territorio que S. M. C. le hubiese cedido al Este del Mississippi. Y en el caso de que España conservase las Floridas —decía Irujo—, Monroe llevaba instrucciones de comprarlas al Gobierno español [21].

El 2 de mayo de 1803, Napoleón cedía Luisiana a los Estados Unidos, dando lugar a la controversia entre éstos y España por Florida Occidental. Los ministros españoles no tuvieron entonces más remedio que buscar la ayuda de Napoleón, ya que si España entraba en guerra con Estados Unidos, éstos formarían alianza con Gran Bretaña e invadirían México. Por otro lado, Napoleón también estaba interesado en México y no iba a consentir que lo tomasen los ingleses y americanos, así que instruyó a su Ministro

---

[20] Carta de Foronda a Madison. Filadelfia, 20 de Febrero, 1808. AHN/E/Leg. 5.547, Exp. 1, n.º 16.
Carta de Madison a Foronda. 29 de Marzo, 1808. AHN/E/Leg. 5.549, Exp. 8, documento 5.
[21] Carta de Carlos Martínez de Irujo a Pedro Cevallos. Washington, 13 de Enero, 1803. AHN/E/Leg. 5.538, C. n.º 319.

Tayllerand para que declarase la aspiración americana a Florida Occidental sin fundamento. Probablemente esta declaración llegó a Madrid antes que el mismo Monroe, y sin duda contribuyó al fracaso de su misión. En enero de 1805, Turreau y Casa Irujo informaron a Madison que sus gobiernos habían llegado conjuntamente a la conclusión de que la reclamación americana a Florida Occidental era insostenible, y las reclamaciones comerciales injustificables.

Los diplomáticos americanos habían intentado usar a Napoleón y a Tayllerand para conseguir Florida Occidental, y después protestaron por la interferencia francesa cuando fracasaron. En mayo de 1805 Monroe hizo su última oferta a Cevallos, yendo incluso más allá de sus instrucciones: España debía ceder su territorio al Este del Mississippi y arbitrar parte de las reclamaciones comerciales. Los Estados Unidos renunciarían a las otras reclamaciones y aceptarían el Colorado como frontera Oeste. Para hacer el cambio aún más aceptable, estaba dispuesto a abandonar la pretensión a Florida Occidental. Pero Cevallos no aceptó, y la misión de Monroe fracasó.

El 17 de agosto de 1805, Irujo escribía a Cevallos desde Filadelfia comentando sobre las consecuencias que el fracaso de Monroe podría acarrear. Decía: «... Las malas resultas de esta negociación ponen al Gobierno americano en un dilema muy desagradable, pues habiendo asegurado al pueblo que los límites orientales de la Luisiana se extendían hasta el río Perdido y habiendo el Congreso llevado su imprudencia hasta legislar para los dominios del Rey, se halla ahora este gobierno en la embarazosa alternativa, o de un humillante abandono de lo que llaman sus derechos, o en la necesidad de tomar un partido que puede producir una crisis entre las dos naciones». Y dado el estado de abandono y falta de defensas de las Floridas, opinaba Irujo que se decidirían por lo último [22].

Como se ha podido ya comprobar a lo largo de este período histórico de las Floridas, las negociaciones diplomáticas de los gobiernos español y americano solían transcurrir más lentamente de lo que los hombres de frontera o las autoridades de las Floridas hubieran deseado, y en este caso, la impaciencia de los americanos por ocupar Florida Occidental se vio reflejada en la su-

---

[22] Carta del Marqués de Casa Irujo a Cevallos. Filadelfia, 17 de Agosto, 1805. AHN/E/Leg. 5.540, C. n.º 550, doc. 28.

blevación de Baton Rouge. Mientras Monroe llevaba a cabo su negociación diplomática en España, en Florida ocurrieron una serie de incidentes, que si bien eran paralelos a dicha negociación, no cabe duda de que fueron mucho más expeditivos.

El 1 de septiembre de 1804, fecha en que el nuevo régimen del territorio de Nueva Orleans debía ser inaugurado por los americanos, el Intendente Morales y el Gobernador Casa Calvo aún seguían allí, y no parecían dispuestos a partir. Salcedo por su parte, decidió ejercer sus funciones de Gobernador de Florida Occidental en Baton Rouge, pero Vicente Folch, el Comandante de Panzacola, fue nombrado Gobernador y Salcedo se retiró a Canarias.

Baton Rouge, aunque no se hizo capital de la provincia, fue, sin embargo, su centro de problemas. El Capitán Carlos Grand-Pré permaneció al mando de esta población, donde la mayor parte de los habitantes eran anglo-americanos que hubiesen querido formar parte de la venta de Luisiana y estar bajo Gobierno americano.

Las causas de la insurrección se remontan a antes de la adquisición de Luisiana por los americanos, y sus líderes fueron los tres hermanos Kemper[23]. El 7 de agosto de 1804 Nathan y Samuel Kemper, con una partida de treinta hombres marcharon hacia Baton Rouge con el propósito de tomar el Fuerte. Grand-Pré, que tuvo noticia del intento del ataque, organizó la defensa, y detuvo a los insurgentes que se retiraron al Bayou Sarah.

Cuando las noticias de la insurrección llegaron a oídos de Irujo, éste escribió a Cevallos diciendo que había sido promovida ocultamente por el Gobierno americano para conseguir sus pretensiones de Florida Occidental hasta Río Perdido[24]. Y unos días más tarde, Irujo daba noticias más concretas sobre los rebeldes, relatando que Nathan Kemper había publicado una proclamación con el objeto de declarar libre a Florida Occidental, diciendo, entre otras cosas, que cuando hubiesen conseguido su emancipación, se ofrecerían «a algún gobierno acostumbrado a la libertad». Por lo tanto, decía Irujo, todo esto indicaba un plan premeditado y calculado sobre la debilidad e indiferencia españolas[25].

---

[23] Cox, Isaac I., *op. cit.* cap. V.

[24] Carta del Marqués de Casa Irujo a Cevallos. Filadelfia, 5 de Septiembre, 1804. AHN/E/Leg. 5.540, C. n.º 446, doc. 1.

[25] Carta de Irujo a Cevallos. Filadelfia, 14 de Septiembre, 1804. AHN/E/Leg. 5.540, C. n.º 448.

En 1805 hubo un segundo intento de insurrección. En abril, Reuben Kemper con una partida de hombres fue a las Bahamas a pedir ayuda a los ingleses para un proyecto de invasión de Baton Rouge. Grand-Pré, alarmado, le pidió ayuda a Casa Calvo, quien recurrió a Robert Williams, el nuevo Gobernador americano de Mississippi. Pero las autoridades americanas parecían bastante escépticas sobre el asunto de los Kemper, y la noche del 3 de septiembre una partida de gente disfrazada y de negros captura-ron a Nathan y Samuel Kemper en sus casas cerca de Pinckney-ville. Atravesaron la frontera y los llevaron a Florida, donde fue-ron arrestados por una patrulla de Milicias del establecimiento de Nueva Feliciana. Pero Guillermo Wilson, Teniente de las tro-pas de los Estados Unidos sobre el Mississippi, detuvo a toda la partida que pasaba en piragua cerca de la orilla Oeste del Missi-ssippi camino de Baton Rouge, y entregó a los hermanos Kemper a las autoridades civiles. De este modo, los Kemper escaparon de manos de los españoles y volvieron a su refugio acostumbrado [26].

TENTATIVAS DE LOS AMERICANOS CONTRA LAS PROVINCIAS INTER-NAS: LA CONSPIRACIÓN DE BURR CON FLORIDA COMO PLATAFORMA.— El Coronel Aaron Burr, ex-vicepresidente de los Estados Unidos, organizó un plan en 1805 para revolucionar y tomar las Floridas con la intención de llegar hasta México. Esta idea formaba parte de un proyecto para separar a los estados del Oeste de la Unión y crear una nueva República Federativa a la que habían de agre-garse las Floridas [27]. La presencia de Burr era un peligro para España, y especialmente para Florida Occidental; sus actividades en Nueva Orleans en junio y julio de 1805 aumentaron la in-tranquilidad de Folch y Casa Calvo, quien a su vez, pretendía usar a Burr para llevar a cabo su proyecto favorito: cambiar las Floridas a los americanos por Luisiana y Nueva Orleans. Pero Burr se asoció con la «Mexican Association» para tomar Mobila y Panzacola como primer paso hacia un objetivo más distante. Es decir, el papel de la Florida en la conspiración de Burr era como plataforma para llegar hasta México.

---

[26] Carta de Carlos Grand-Pré a Vicente Folch. Baton Rouge, 23 de Di-ciembre, 1805.
Copia de las informaciones practicadas sobre el asaltamiento o arresto de los tres hermanos Kemper en Pinckneiville por una partida de gente disfrazada. Plaza de Baton Rouge, año de 1805. AHN/E/Leg. 5.546, docs. 1 y 2.
[27] Carta de Casa Irujo a D. Pedro Cevallos. Filadelfia, 5 de Diciem-bre, 1805. AHN/E/Leg. 5.546, C. n.° 590.

Antes de que Burr regresase a Washington, su agente, Johnathan Dayton, pidió al Ministro inglés algunos barcos ingleses para ayudar a formar una revuelta proyectada entre la gente de Florida Occidental. Y el 1 de enero de 1806 Casa Irujo escribía a Cevallos informando de las conversaciones tenidas con el General Dayton, quien le había revelado los planes de Burr para obtener una recompensa pecuniaria [28].

En mayo de 1806, Casa Irujo informaba que el plan de Burr había sido suspendido para esperar el resultado de la negociación de Florida, ya que, si España se la vendía a los Estados Unidos, la incluiría en su plan de separatismo occidental. En octubre, Irujo avisaba al Gobernador de Florida Occidental que Burr intentaria tomar las Floridas, pero los meses anteriores los españoles habían estado más interesados en los movimientos de Wilkinson que en los de Burr, ya que el ejército americano estaba preparándose para actuar contra Baton Rouge y contra Tejas. En noviembre de 1806 Wilkinson comenzó las hostilidades en Tombigee; no tenía intención de levantar una guerra fronteriza, pero preparaba la intriga más importante de su carrera: traicionar a Burr exagerando su proyecto y alarmando a las autoridades españolas. Así, el 6 de diciembre de 1806, escribió a Folch asegurando que todos los preparativos que se estaban haciendo en Nueva Orleans tenían por objeto la protección de los dominios de España y la conservación y defensa del Gobierno de los Estados Unidos contra «sus propios ciudadanos rebeldes» [29]. Y el 3 de enero de 1807, volvió a escribirle incluyendo copia de la Proclamación del Presidente de los Estados Unidos exhortando a impedir los designios de Burr. En esta carta, Wilkinson recomendaba a Folch que reforzase Baton Rouge para contener los planes de Burr, al mismo tiempo que le pedía no se pusiesen obstáculos a que las tropas americanas pasasen por Mobila camino de Nueva Orleans, pues, según Wilkinson, eran no sólo para defender a los Estados Unidos, sino también a México [30].

Folch estaba en Mobila, y al recibir la primera carta de Wilkinson decidió trasladarse a Baton Rouge para descubrir las in-

---

[28] Carta de Casa Irujo a Cevallos. Filadelfia, 1 de Enero, 1806. AHN/E/Leg. 5.546, C. pral. 605 (doc. citado por Cox en su nota 4 del cap. VI).

[29] Carta de Wilkinson a Folch, Nueva Orleans, 6 de Diciembre de 1806. AHN/E/Leg. 5.546, Exp. 1, doc. 8 (doc. citado por Isaac Cox en su nota 12 del cap. VI, The West Florida Controversy).

[30] Carta de Wilkinson a Folch, Cuartel General. Nueva Orleans, 3 de Enero, 1807. AHN/E/Leg. 5.546, Exp. 1, doc. 9.

tenciones de los insurgentes. Por ello, el 6 y 8 de enero de 1807 escribió a su Capitán General, Someruelos, dándole cuenta de su decisión e informando sobre los planes de Burr en los que Folch creía estaba implicado el Gobierno inglés [31].

Los proyectos de Burr eran igualmente intranquilizantes para el Gobierno español y el americano, así que la noticia de su arresto supuso un alivio para ambos. El 16 de marzo de 1807, Folch escribía a Someruelos diciendo que el plan de Burr había sido apoderarse de Baton Rouge para poder organizar allí sus fuerzas, y con la artillería y municiones de dicho Fuerte, proceder a la conquista de Nueva Orleans, y seguidamente de Mobila y Panzacola. Si hubiese conseguido Baton Rouge, decía Folch, los demás puestos habrían sido fáciles, pero al enterarse de los preparativos dispuestos para recibirlo, abondonó el proyecto. Y finalmente comunicaba que se había logrado prender a Burr por medio del Comandante del Fuerte Stodder, quien lo llevó a Washington [32]. Con el arresto de Burr en el puesto de Tombecbé el 18 ó 19 de febrero de 1807 no terminaron los problemas que preocupaban a los oficiales españoles en las Floridas. El 6 de noviembre de 1807 se envió a Folch una Real Orden pidiéndole investigase sobre la posible interferencia inglesa en Florida Occidental. Folch contestó diciendo que no sospechaba que en Baton Rouge hubiese ningún movimiento sedicioso contra la autoridad del Rey ni en favor de los ingleses; pero expresaba sus temores por la evidencia de que Burr aún tenía algunos secuaces en Baton Rouge. Decía que Miranda estaba en estrecha correspondencia con Burr, y que ambos buscaban ayuda inglesa para sus proyectos de revolucionar las colonias españolas. Y continuaba informando que, cuando Burr se escapó de Natchez en febrero de 1807, se fue a los establecimientos de Tombecbé y Tinzás, en donde peroró con tanta vehemencia a favor de sus proyectos que dejó conquistados a sus habitantes. Y como en general eran «sujetos de pocos haberes», Folch estaba seguro de que se presentarían a cualquier empresa que pudiese mejorar su fortuna. Dichos establecimientos

---

[31]  Carta de Folch a Someruelos. Mobila, 6 de Enero, 1807.
Carta de Folch a Someruelos. Mobila, 8 de Enero, 1807. AHN/E/Leg. 5.546, Exp. 1, docs. 5 y 7.
[32]  Carta de Folch a Someruelos. Baton Rouge, 16 de Marzo, 1807. AHN/E/Leg. 5.546, Exp. 10, doc. 33.

estaban tan cerca, que era como tener los enemigos dentro de casa [33].

Mientras tanto, la cuestión comercial estaba también dando quebraderos de cabeza a los oficiales españoles de las Floridas, ya que los enemigos no sólo estaban dentro de casa, como decía Folch, sino que hacían lo posible por apropiarse de ella.

EL EMBARGO Y LAS TRABAS A LA NAVEGACIÓN DE BARCOS ESPAÑOLES POR EL MISSISSIPPI.—El 14 de febrero de 1807 el Congreso americano pasó un Acta por la que incorporaba el distrito de Mississippi todas las orillas y aguas de los ríos que desembocaban en el Mississippi o en alguno de sus brazos. Casa Irujo escribió a Cevallos desde Filadelfia el 18 de marzo y el 10 de abril informando del acto legislativo del Congreso y diciendo que él creía que no aplicaba a Florida Occidental ni iba dirigido contra los derechos del Rey [34]. En julio de 1807 el Marqués de Casa Irujo fue sustituido por Foronda como Encargado de Negocios de España en Estados Unidos, y fue durante su cargo cuando éstos decretaron el embargo. El 4 de enero de 1808, Foronda escribía a Cevallos dando la noticia de que el Gobierno americano había decretado el embargo de sus propios buques en sus mismos puertos para que no cayesen en poder de las potencias beligerantes, y el 15 de enero remitía la traducción de las Actas sobre el embargo [35].

Cuando las noticias del embargo llegaron a España, Carlos IV había abdicado ya en Fernando VII y Cevallos había sido nombrado Secretario de Estado. El 3 de abril, Cevallos escribió una nota de protesta a Erwing porque al declarar la ley del embargo se hizo excepción con Foronda, no mandándole la circular que a los demás ministros extranjeros; en dicha circular se ofrecía que pudiesen enviar a sus países o colonias dos barcos en lastre de 100 toneladas, y cuando Foronda solicitó despachar sólo un barco de 190 toneladas, se le negó el permiso [36].

---

[33] Carta de Folch a Someruelos. Panzacola, 23 de Mayo, 1808. AHN/E/Leg. 5.546 (Anexo al doc. 34).

[34] Carta de Casa Irujo a Cevallo. Filadelfia, 18 de Marzo, 1807.
Carta de Casa Irujo a Cevallos. Filadelfia, 10 de Abril, 1807. AHN/E/Leg. 5.548, Exp. 2, C. núms. 828 y 836.

[35] Carta de Foronda a Cevallos. Filadelfia, 4 de Enero, 1808. AHN/E/Leg. 5.549, Exp. 2, doc. 2, C. n.º 83.
Carta de Foronda a Cevallos. Filadelfia, 15 de Enero, 1808. AHN/E/Leg. 5.549, Exp. 2, doc. 8, C. n.º 90.

[36] Oficio de Cevallos a Erwing. Palacio, 3 de Abril, 1808. AHN/E/Leg. 5.549, Exp. 2, doc. 18.

El 18 de junio, días después de que Napoleón proclamase en Bayona a su hermano José Rey de España, el Capitán General de las Floridas, Someruelos, escribía a Cevallos incluyendo un parte de Folch sobre los incidentes ocurridos con los americanos en Florida Occidental. Y Cevallos, al recibirlo, escribió un largo informe al Rey [37]. En él decía, que con pretexto del embargo, el Gobierno americano se proponía llevar a las Floridas a la situación más deplorable. Estas provincias se proveían de víveres de los Estados Unidos y por consiguiente, el impedir bajo pretexto del embargo la salida de efectos o comestibles para las Floridas, era lo mismo que condenarlas a perecer, pues por el mar no podían recibir víveres mientras duraba la guerra con Inglaterra. Cevallos opinaba que el objeto del embargo había sido sitiar por hambre las Floridas, a pesar de que éste también aplicaba a la provincia inglesa del Canadá. Pero además de que el Canadá estaba en distinta situación porque tenía franco el mar para recibir víveres, el Gobierno americano en sus decretos designó con mayor particularidad las Floridas, lo cual era por sí sólo un motivo suficiente de queja.

Continuaba Cevallos en su informe relatando la carta de Folch del 19 de abril [38] en la que informaba que la Clairborne, para evitar que se estableciese comercio de víveres y harinas a pesar de la prohibición, había decidido bloquear las Floridas. Para ello los americanos cegaron el Bayú Manchak, para impedir así la comunicación entre Baton Rouge, donde había algunos víveres, y los demás puntos de Florida.

Bayú quería decir, en el lenguaje de la Baja Luisiana, un brazo de río de poca profundidad y corriente mansa, a modo de lago producido por los desbordamientos del río Mississippi. Por lo tanto, el cegar el Bayú Manchak era también una violación del territorio y soberanía del Rey, pues la línea divisoria pasaba por la mitad de dicho Bayú.

Además de esto, colocaron los americanos una cañonera en la entrada del río Iberville y la amarraron a territorio español cruzando el río con un cable para impedir el paso con víveres a los españoles. Igualmente, pusieron otra cañonera en la boca del río Nitalvary, que desagua en el lago Maurepax, cuya mitad pertenecía a S. M. C. Este insulto fue mucho más grave, puesto que era

[37] Oficio de Cevallos al Rey. Septiembre, 1808. AHN/E/Leg. 5.549, Exp. 1, documentos 1 y 2.

[38] Carta de Folch a Someruelos. Panzacola, 19 de Abril, 1808. AHN/E/Leg. 5.549, Exp. 1.

la única salida de los productos españoles. Además, entre tierra firme y las pequeñas islas de la costa, apostaron también cañoneras para reconocer a los buques españoles confiscándolos cuando llevaban víveres. Y por último, un sujeto del territorio de Tinzás (que fue «de los se cedieron sin necesidad y por debilidad en el año de 1795» según palabras de Cevallos), dijo que tenían orden de cortar también los caminos de tierra, bajo multa de 2.000 pesos fuertes y un año de prisión al que pasase víveres al territorio de S. M. Lo cual, según Folch, era bloquear la Florida para conseguir su rendición a poca costa, y decía a propósito de todo ello: «Por esta conducta hace ber el Gobierno de los Estados Unidos que atropellando a toda consideración quiere que perezcamos al rigor de la ambre para lograr a poco costo, y riesgo la posesión de esta Florida que no ha podido adquirir su dinero». En esta misma carta, Folch anunciaba a Cevallos que había ordenado a las fuerzas flotantes de tierra oponer la fuerza a la fuerza, lo que comunicaba «para que se halle enterado del estado precario en que se halla nuestra paz con los Estados Unidos». Y en otro párrafo decía: «Sólo falta que se me socorra con gente y caudales. En el estado actual no hay más que dos partidos a que recurrir, o conquistar la Luisiana o someterse a perder las dos Floridas».

Folch decía también en su parte que se había visto obligado a despachar varios avisos sobre su situación al Virrey de Nueva España pidiendo auxilios, y un expreso al Encargado de Negocios de S. M. en Filadelfia, con orden de que el expreso siguiese hasta Madrid, si Foronda lo creía conveniente.

Por otro lado, Folch había escrito ya en abril a Foronda avisando de la difícil situación en que se encontraba por falta de víveres como consecuencia del embargo. Y que creía, que con este pretexto, pretendían los americanos impedir a los españoles la navegación del Iberville y del Mississippi hacia Baton Rouge, bloqueando así las Floridas a fin de que se sublevasen o rindiesen por hambre. Para probarlo, envió Folch a Foronda copia de una carta que le había escrito Clairborne a finales de febrero, donde pueden leerse las siguientes expresiones: «Los buques españoles de guerra o mercantes que naveguen el Mississippi estarán sugetos á aquellas regulaciones prudentes que dictan las circunstancias». Sobre esto, le decía Folch a Foronda que le constaba que el Gobierno americano le había dado órdenes a Clairborne para que no tuviese la menor condescendencia con los españoles.

Foronda, en vista de estos avisos, presentó al Secretario de Estado americano, Madison, una queja por la inhumanidad de cortar las subsistencias a una provincia amiga y por las expresiones de la carta de Clairborne. Pero Madison se contentó con responder lo siguiente el 20 de abril: «Por lo que toca a las circunstancias relativas al Mississippi y Florida Occidental se prestará la atención correspondiente y se determinará el modo que requiera la fe de los Tratados y las reglas de una reciprocidad amistosa». Esta respuesta, indignó aún más a Fronda, quien escribió una segunda nota a Madison.

Las palabras «una reciprocidad amistosa» de la respuesta de Madison hablando sobre la navegación del Mississippi, aunque Foronda no reparó en ellas, indignaron a Cevallos. Este las interpretó como una pretensión descabellada que quería denotar que la navegación del Mississippi sería franca si el Rey franqueaba a los americanos la del río Mobila; lo cual, según Cevallos, era igualmente insultante, pues el Rey tenía derecho por los Tratados a la navegación del Mississippi (por lo menos hasta Baton Rouge), pero los americanos no tenían derecho alguno a navegar el Mobila.

Merece atención la circunstancia de que los americanos tratasen de sitiar las Floridas por hambre al mismo tiempo que el Ministro francés estaba tratando, en nombre de Napoleón, en Washington, la venta de ellas a los americanos; negociación que ya entablaron los americanos en Madrid sin ningún éxito, y que después entablaron en París en 1807, creyendo presionar al Gobierno español por medio de Francia. Esto hizo pensar a Cevallos que habían concebido el proyecto de realizar la venta en secreto, y que en público pareciese que las Floridas, obligadas por el hambre, se habían rendido. Aunque esto no pasaba de ser una conjetura.

En estas circunstancias, Cevallos propuso cuatro puntos a seguir: 1.º Hacer una reclamación enérgica al Encargado de Negocios americano en España, Jorge Erwing. 2.º Dirigir una protesta a Erwing sobre cualquier negociación que entablase Francia con los Estados Unidos sobre las colonias de S. M., añadiendo que la Junta Suprema lo consideraría como un atentado de los Estados Unidos contra la soberanía e independencia de la nación española. 3.º Ponerse de acuerdo con el Gobierno inglés y estar al tanto de las relaciones de Inglaterra con los Estados Unidos. Y 4.º Que hecha la paz con Inglaterra, se concediese más atención a las

Floridas, cumpliéndose las órdenes expedidas por el Ministerio de Estado; ya que si se hacía por Guerra y Hacienda, no habría más que órdenes encontradas y desavenencias entre los jefes de aquellas provincias, como había ocurrido hasta entonces, y de lo cual se habían aprovechado los americanos en perjuicio de España [39].

La protesta de Cevallos a Erwing fue sin duda enérgica, y en ella reclamaba por los actos hostiles de los jefes americanos en casi todos los puntos de la frontera de Florida: el embargo, cegar el Bayú Manchak, haber colocado cañoneras en el Ibervi-lle, y la actuación de Samuel Elbert en el Río Santa María sacando dos barcos de la orilla española. Las palabras siguientes son una buena muestra del tono de la protesta: «El feliz restablecimiento de la Paz y amistad entre la España y la Inglaterra ponen a las dos Floridas en la situación de no necesitar para su subsistencia de los auxilios de un vecino que ha visto podrir los víveres en sus almacenes sin permitir su venta a los habitantes pacíficos de una provincia amiga...» [40].

A esto contestó Erwing diciendo que la ley del embargo había sido meramente defensiva, e igual con todas las potencias; y concluía manifestando que las circunstancias de que Cevallos se quejaba, y las desagradables cuestiones que habían ido surgiendo entre los Estados Unidos y España tenían su origen «en aquel sistema político tan poco amistoso en su caracter que ha seguido el gobierno pasado de S. M. Carlos IV...» [41].

Pero después de la abdicación de Carlos IV en Fernando VII, España estaba prácticamente en manos de Napoleón, quien tenía a la vista un objetivo mucho más valioso: las colonias españolas en América. Pero el levantamiento del 2 de mayo marcó el principio del fin de los Borbones en América, así como el declive del poder de Napoleón. Como las otras colonias españolas en América, Florida estaba destinada a sentir su influencia y a aumentar el interés de los americanos [42]. En enero de 1809, Folch había notado el aumento de actividad de las milicias en Nueva Orleans; también en dicho mes escribió Foronda al Secretario de Estado

---

[39] Ver nota 37.

[40] Oficio de Cevallos a Jorge Erwing. Aranjuez, 12 de Noviembre, 1808. AHN/E/Leg. 5.549, Exp. 1, doc. 20.

[41] Oficio de Erwing a Cevallos. Aranjuez, 16 de Noviembre, 1808. AHN/E/Leg. 5.549, Exp. 1, doc. 25.

[42] Cox, Isaac I., op. cit. cop. VIII.

de la Junta Central participando que 400 hombres de tropa iban a embarcarse en Norfolk para Nueva Orleans bajo las órdenes del General Wilkinson [43]. El 5 de febrero de 1809 se publicó en una Gaceta de Nueva Orleans que no se permitiría a los barcos, ya fuesen americanos, extranjeros o españoles, navegar más arriba de Nueva Orleans, excepto a aquellos que el Gobierno español remitiese para abastecer a Baton Rouge. Y especificaba la prohibición que sólo se podría sacar con un permiso de Clairborne, «del mismo modo que el Gobierno Español no permite pasar a nuestros Establecimientos por la Movila». En respuesta a esta publicación, Folch escribió una carta de protesta a Clairborne el 6 de marzo, diciendo que los americanos no tenían ningún derecho a navegar el río Mobila, pero que los españoles sí que lo tenían al Mississippi [44]. Y Foronda, el 14 del mismo mes, remitía copia de lo publicado al Secretario de Estado, quien anotó en ella que «en la primera epoca de alguna tranquilidad requiere este asunto toda la atención de S. M.» [45].

El 19 de mayo, Martín Garay escribió a Jorge Erwing en nombre de la Junta Suprema, protestando por las restricciones a la navegación española por el Mississippi, y por el considerable envío de tropas americanas a Nueva Orleans; y Erwing le contestó el 22 de julio quejándose de que la nota de Cevallos del 12 de noviembre era demasiado fuerte [46].

No cabe duda de que la invasión Napoleónica dejó a España inhábil para ocuparse de defender las Floridas, que desde el Tratado de 1795 estaban en una situación cada vez más crítica. Prueba de ello es el despacho que Folch escribió al Ministerio de Estado el 11 de septiembre de 1809, haciendo un resumen del empeoramiento de la situación desde entonces: «Antes del Tratado de Navegación y Límites acordado entre la España y los Estados Unidos en 1795 el establecimiento más próximo a la Florida Occidental era el Estado de Georgia, que dista de ella 125 leguas,

---

[43] Carta de Foronda al Secretario de Estado de la Junta General Nacional Central. Filadelfia, 6 de Enero, 1809. AHN/E/Leg. 5.550, Exp. 2, doc. 2, C. n.º 207.

[44] Carta de Vicente Folch a Guillermo Clairborne. Panzacola, 6 de Marzo, 1809. AHN/E/Leg. 5.549, Exp. 1, doc. 33.

[45] Carta de Valentín Foronda al Secretario de Estado. Filadelfia, 14 de Marzo, 1809. AHN/E/Leg. 5.549, Exp. 1, doc. 28. C. n.º 242.

[46] Carta de Martín Garay a Jorge Erwing. Sevilla, 19 de Mayo, 1809.
Carta de Erwing a Martín Garay. Sevilla, 22 de Julio, 1809. AHN/E/Leg. 5.549, Exp. 1, docs. 38 y 40.

y 185 de Luisiana; de modo que este espacio y la barrera inter-
media que formaban las naciones indias tenía tan separados aquellos dominios del Rei, del territorio de los Estados Unidos, que
apenas tenian conocimiento unos habitantes de otros. Pero mediante los limites que se determinaron en virtud de dicho Tratado se aproximaron a los Estados Unidos a 20 leguas de la Nueva
Orleans; a 12 de Mobila; y a 15 de Panzacola. Ultimamente por
la cesión de la Luisiana a la Francia y su subsecuente venta a los
Estados Unidos han quedado ambas Floridas engastadas en los
territorios de dichos Estados. Habiendo logrado repentinamente
los Estados Unidos lo que en el concepto de sus mejores políticos debía ser obra de muchos siglos, se han engreído de manera
que gradúan de injusta la resistencia de la España a cederles las
Floridas, y dicen sin rebozo que si no las logran por negociación,
las obtendrán por la fuerza» [47].

### 3. DE BATON ROUGE A MOBILA

Desde que los Estados Unidos adquirieron la Luisiana, resolvieron aprovechar cualquier ocasión que se les presentara para
incorporar las dos Floridas a su territorio. En primer lugar, el
Gobierno americano hizo varias gestiones diplomáticas, e incluso
propuso a la Corte de España que le cediese la Florida Occidental, pretendiendo que una parte de ella era dependencia del territorio de Luisiana y que la otra parte serviría para indemnizarle
por los perjuicios que su comercio había sufrido durante la guerra entre España e Inglaterra.

La invasión de la península por los franceses en 1808 y la
guerra de Independencia absorbieron todos los recursos de España, y ofrecieron a los Estados Unidos la mejor coyuntura para
tomar posesión de Florida Occidental, que se hallaba sumida en
un caos de disturbios.

La insurrección de Baton Rouge en 1810 fue el comienzo del
fin de la soberanía española en las Floridas, después de la cual,
el Presidente americano aprovechó para hacer la Proclama del 27
de octubre, autorizando tomar posesión de Florida Occidental
hasta Río Perdido. En 1811 el Congreso americano autorizó a to-

---

[47] Carta de Folch al Ministerio de Estado. 11 de Septiembre, 1809. AHN/
E/Leg. 5.550, Exp. 1, doc. 4.

mar posesión de las Floridas en caso de que se hubiese hecho un
convenio con los jefes respectivos o de que una potencia extranjera intentase apoderarse de ellas; e inmediatamente tomaron
Pasa Christiana, Pascagoula e Isla Delfina. Como puede verse, el
movimiento expansionista de los Estados Unidos desde 1804, fue
de izquierda a derecha, es decir, a partir del río Mississippi hacia
Río Perdido. En 1812, casi toda Florida Occidental estaba ocupada por los americanos menos Mobila y Panzacola, y comenzaron
a entrar en Florida Oriental.

En este apartado se analizarán las constantes a lo largo de
todos estos·sucesos: continuas protestas de España a nivel diplomático para que los americanos evacuasen las zonas que iban
ocupando; incapacidad de defenderse por falta de medios, dinero,
víveres y tropa, al verse España ocupada por las tropas de Napoleón y en plena guerra de Independencia; falta de coordinación
entre las autoridades españolas y competencia y rivalidad entre
el Gobierno y la Intendencia de las Floridas, viéndose dichas autoridades obligadas a improvisar las medidas defensivas; y continua intranquilidad de las autoridades españolas que se veían
acorraladas ya fuera por los americanos, por los agentes de Napoleón, por la sublevación de sus provincias en América Meri-
dional, por insurrecciones en Floridas o proyectos de invasiones.

En la madrugada del 23 de septiembre de 1810, los habitantes
de Bayú Sara atacaron al Fuerte de Baton Rouge y lo tomaron;
los insurgentes cuando tomaron dicho Fuerte, enarbolaron una
bandera azul con una estrella blanca y tomaron el dinero y el
archivo del Gobierno. En la defensa del Fuerte murió don Luis
Grand-Pré, hijo del anterior gobernador de Baton Rouge, por cuatro balazos de los insurgentes [48]. El 26 de septiembre, los representantes del pueblo de Florida Occidental, como a sí mismos se
llamaban, hicieron pública una declaración en la que se procla-
maban independientes de España. En ella decían que se habían
mantenido fieles al Rey de España mientras había alguna esperanza de recibir de él la protección necesaria de sus bienes y
vidas; que habían hecho un pacto con el Gobernador que éste
había violado, y que, hallándose, pues, sin esperanzas de protec-

---

[48]   Carta n.º 922 de Someruelos al Secretario de Estado y del Despacho
de Guerra. La Habana, 15 de Octubre, 1810.
    Carta n.º 923 de Someruelos al Secretario de Estado y del Despacho de
Guerra. La Habana, 12 de Noviembre, 1810. AHN/E/Leg. 5.554, Exp. 9.
    Sobre el asalto al Fuerte ver: Cox, Isaac I., op. cit., cap. XI.

ción de la Madre Patria y expuestos a la anarquía, no tenían más remedio que buscar su seguridad «como un Estado libre e independiente, absuelto de todo vasallage ácia un Gobierno que ya no nos puede proteger». Y lo firmaban John H. Johnson, John Mills, John W. Leonard, William Barrow, Philip Kuky, John Morgan, Edmund Hawes, Thomas Lilley, William Spiller y John Rhea [49].

Un mes más tarde, el Presidente Madison publicaba una Proclama autorizando a tomar posesión de Florida Occidental hasta Río Perdido; en ella decía que dicho territorio formaba parte de la compra de Luisiana, y que los Estados Unidos habían permitido la continuación temporal de la autoridad española. Pero que, habiéndose retrasado mucho tiempo un ajuste satisfactorio entre los Estados Unidos y España, y «habiéndo llegado al fin la crisis subversiva del orden de las cosas bajo las Autoridades Españolas», y para evitar que la ocupase una potencia extrangera, era de derecho y necesario tomar posesión de dicho territorio en nombre de los Estados Unidos. Añadía a sus consideraciones que si los Estados Unidos no tomaban posesión de dicho territorio peligraría la tranquilidad y seguridad de sus territorios limítrofes, al tiempo que su inacción podría interpretarse como cesión de su derecho. Por lo tanto, Guillermo Clairborne, Gobernador del distrito de Nueva Orleans, debía proceder a tomar posesión [50].

En España no se dudó en relacionar el asalto al Fuerte de Baton Rouge con la Proclama de Madison, y es interesante ver la interpretación de la Secretaría de Estado de estos hechos, fechada en Cádiz el 6 de agosto de 1812: «Por los manejos poco disimulados de la Administración Americana se formó una reunión de aventureros de varias naciones en las orillas del Mississippi, los cuales armados, equipados y mantenidos por el Gobierno americano, procedieron á apoderarse del fuerte de Baton Rouge, llave del territorio que se halla entre el Mississippi y el Río Perdido, declarando vagamente que iban á hacer de las Floridas un Estado independiente. Como nuestros medios de defensa eran allí nulos, lograron los tales insurgentes apoderarse del mencionado distrito á poca costa, no habiendo hecho poco los Gefes españoles en poner á cubierto de las tentativas de aquellos la

---

[49] Declaración de los representantes del pueblo de la Florida Occidental. Baton Rouge, 26 de Septiembre, 1.810. AHN/E/Leg. 5.540, C. n.º 201, doc. 49.
[50] Proclama del Presidente de los Estados Unidos de América. Washington, 27 de Octubre, 1810. AHN/E/Leg. 5.540, C. 213 Anexo. Fol. 52 (trad.).

plaza de Mobila, que es el punto más importante de la Florida Occidental.

Apenas estaban los tales insurgentes en posesión del territorio del Río Perdido, cuando entraron en él tropas de los Estados Unidos y arbolando la bandera de éstos en Baton Rouge, declaró el Comandante Americano que su Gobierno, para hacer cesar los disturbios que se habían suscitado en aquel país, había resuelto ocuparlo, y agregarlo a los Estados Unidos.

Nuestro Ministro en Philadelphia hizo varias reclamaciones enérgicas contra esta conducta del Gobierno Americano, y publicó una Memoria para hacer ver al público la injusticia y violencia con que aquel procedía respecto de una Nación amiga. Pero como el Gobierno Americano no ha querido reconocer a nuestro Ministro ni á ninguno de los Gobiernos que hemos tenido desde Carlos IV, se desentendía de las vivas representaciones del Gobierno español hechas por el conducto de D. Luis de Onís.

La Inglaterra interpuso sus buenos oficios por medio de su Ministro en Philadelphia para que el Gobierno Americano nos restituyese el territorio usurpado del Río Perdido; y contestó aquel negativamente alegando falsedades para probar que aquel territorio correspondía á los Estados Unidos como una dependencia de la Luisiana.

Ni las representaciones de la España, ni las de Inglaterra pudieron impedir que el Congreso Americano aprobase la conducta que había seguido aquel Gobierno respecto de las Floridas: y desde entonces no cesó el Presidente Madison de poner en movimiento todos los resortes de la intriga, del soborno, de la seducción y de la fuerza para llevar a cabo su empresa favorita de ocupar ambas Floridas» [51].

Luis de Onís, que había sido enviado a Filadelfia como Ministro de S. M. en 1809, llevaba instrucciones de permanecer en los Estados Unidos a pesar de no haber sido reconocido como tal por el Gobierno americano. Debía valerse de las gacetas para ganarse a la opinión pública, y seguir una correspondencia activa con los jefes españoles avisándoles de cuanto ocurriese. Y como España no estaba en condiciones de declararle la guerra a los Estados Unidos, debía contemporizar con éstos [52]. El 1 de no-

---

[51] Apuntes de la Secretaría de Estado sobre el estado actual de las relaciones políticas de la España con los Estados Unidos de América. Cádiz, 6 de Agosto, 1812. AHN/E/Leg. 5.557, Exp. 1, n.º 1.

[52] Instrucciones que se dieron al Ministro de S. M. en Filadelfia por el

viembre de 1810 escribía Onís a don Eusebio de Bardaxí avisando de la toma de Baton Rouge, de la Proclama de independencia de Florida Occidental, y de rumores de que un oficial del ejército americano había tomado el Fuerte de Mobila. Por lo tanto, decía, había manifestado a Dalas y Erwing que, aunque estaba seguro de que el Gobierno americano no había tomado parte en ello, esperaba que tomase medidas para castigar a los autores. Pero según Onís, dicha revolución estaba fomentada por el Gobierno americano, que había dado órdenes a varios cuerpos del Ejército para entrar en campaña en otoño, con proyecto de ocupar las Floridas a viva fuerza, y si no, fomentando la revolución[53].

Pero de la instrucción dada por el Secretario de Estado, Smith, al Gobernador de Nueva Orleans, Clairborne, se deduce que esto no era cierto, pues en ella le encargaba ocupar Florida Occidental, pero sin emplear la fuerza contra ningún puesto por pequeño que fuese y que se hallase ocupado por una fuerza española[54].

El desasosiego reinaba en Florida Occidental y se hizo sentir también en Mobila, donde el Gobernador Folch tuvo que abolir el 6 % de derechos de entrada y salida que pagaban los buques americanos al pasar por allí. La razón fue que Folch se enteró que Kemper se hallaba en Tombecbé reclutando gente y que los habitantes se hallaban irritados por dichos derechos. De modo que Folch accedió a quitarlos, ya que de todos modos quedaron abolidos desde el momento que quedó bloqueada la Mobila. El 24 de noviembre escribía Folch a Morales anunciándole su determinación, ya que los habitantes de Tinzás y Tombecbé protegerían a los rebeldes por considerar favorable su empresa para la abolición de dichos derechos. Y por lo tanto, decía Folch, «el dilema queda reducido á que ó es preciso quitar los derechos ó nos quitaran á nosotros». Morales le contestó diciendo que no tenía inconveniente, ya que «la necesidad carece de ley, y en la que nos tiene constituido el silencio de La Habana, á mas de obligarnos á valernos de los recursos que estan en nuestro arbitrio para conservar al Rey esta posesion, nos servirá de escudo en todo

---

Consejo de Regencia para la conducta que había de observar con dichos Estados. 21 de Abril, 1810. AHN/E/Leg. 5.552, Exp. 6.
[53] Carta de Onís a D. Eusebio de Bardaxí y Azara. Filadelfia, 1 de Noviembre, 1810. AHN/E/Leg. 5.540, C. n.º 201, doc. 49.
[54] Instrucción de Smith a Clairborne. Secretaría de Estado, 27 de Octubre, 1810. AHN/E/Leg. 5.550, Exp. 1, doc. 5.

evento»[55]. Estas palabras son un claro exponente de la situación de las Floridas durante la invasión Napoleónica de la península, ya que sus jefes sin ningún tipo de ayuda exterior, tenían que improvisar las leyes para conservar una provincia que indefectiblemente estaba abocada a perderse.

El 5 de diciembre de 1810, el Presidente de los Estados Unidos hizo un discurso al Congreso en el que manifestaba claramente que había dado orden para que las tropas americanas tomasen posesión de la parte de Florida Occidental entre el Mississippi y el Río Perdido. En él decía que la autoridad española en Florida Occidental se había desintegrado, lo cual podía perjudicar a la Unión, y que por lo tanto era necesario incluir esta provincia en el seno de la familia americana. Luis de Onís escribió al día siguiente a don Eusebio Bardaxí pidiendo instrucciones, y éste le contestó el 19 de enero de 1811 con una Minuta del Consejo de Regencia. En ella acusaba a Francia de aprovecharse de la debilidad de España, que llevaba tres años empeñada en una guerra, y a los Estados Unidos de dejarse influir por Napoleón. Y por lo tanto esperaba que el Presidente reflexionase y revocase la ocupación del territorio español[56].

Ya en otra ocasión, había escrito Onís diciendo que los ardides de Bonaparte eran inagotables, y que no sería de extrañar que hubiese inducido al Gobierno americano a tomar posesión de la Florida, todo con el objeto de empeñar a los americanos en una guerra contra España con el fin de privar a Cádiz de los auxilios de víveres que allí llevaban. A esto contestó el Consejo de Regencia con las siguientes palabras: «Grande es por cierto la equivocación que padece esa Republica si ha llegado á convencerse de que los franceses llevaran a cabo la conquista de la España y lo es todavía mucho mayor si nos considera tan débiles que les permitamos ocupar impunemente las Floridas, mientras sus embarcaciones son admitidas a libre comercio en todos nues-

---

[55]   Carta de Folch a Someruelos. Mobila, 1 de Diciembre, 1810.
Carta de Folch a Morales. Mobila, 24 de Noviembre, 1810.
Carta de Morales a Folch. Panzacola, 24 de Noviembre, 1810. AHN/E/Leg. 5.554, Exp. 7.
[56]   Carta de Luis de Onís a D. Eusebio de Bardaxí y Azara. Filadelfia, 6 de Diciembre, 1810.
Minuta del Consejo de Regencia a D. Luis de Onís. Real Isla de León, 19 de Enero, 1811. AHN/E/Leg. 5.540, C. n.º 213, fols. 51 y 53.

tros puertos. Esta exposición servirá Vs. de norma para fundar sus reclamaciones...»[57].

Pero, impunemente o no, el 10 de diciembre de 1810, Clairborne se posesionó de Baton Rouge, y pocos días después se intentaba hacer lo mismo con la Mobila. El 22 de diciembre, el Capitán americano Gaynes se presentó con cincuenta hombres delante de la Mobila y notificó a su Comandante, don Cayetano Pérez, que llevaba instrucciones del Teniente Coronel Sparks (Comandante del Fuerte Stodder) de tomar posesión del Fuerte y Plaza de la Mobila, conforme a la Proclama del Presidente del 27 de octubre. Lo que esperaba se verificaría en términos amistosos. Don Cayetano Pérez contestó que no se hallaba autorizado para acceder a tal proposición, y le pidió tiempo para comunicárselo al Gobernador de la Provincia. Así lo hizo Pérez, informando al mismo tiempo a Folch de las noticias que tenía sobre las fuerzas de los americanos para llevar delante su plan. El 9 de enero de 1811, el Coronel americano Cushing, Comandante de las cinco cañoneras que estaban fondeadas en la ría de Mobila, notificó a Pérez que no haría uso de la fuerza contra él hasta nueva orden; y que tenía noticia de que un número de individuos mandados por Kemper se había reunido para provocar disturbios en el distrito de Mobila, por lo cual se había juntado una fuerza militar para proteger a sus habitantes; dijo también que estaba autorizado a tomar posesión pacífica de la Mobila conforme a la Proclama del Presidente, y que deseaba verificarlo. Pérez contestó que no podía entrar en negociación sobre el asunto, que su obligación era defender aquel punto, y que agradecería las intenciones de proteger a los habitantes[58].

Mientras esto ocurría en las Floridas, el Consejo de Regencia consideraba en España si debía o no declararle la guerra a los Estados Unidos. El 21 de enero de 1811, don Eusebio Bardaxí enviaba a Onís las instrucciones sobre cómo comportarse con motivo de la ocupación de Baton Rouge. Decía que no era conveniente un rompimiento porque se acabarían las expediciones de

---

[57] Carta de D. Luis de Onís a D. Eusebio de Bardaxí y Azara. Filadelfia, 30 de Septiembre, 1810.
Minuta del Consejo de Regencia a Onís. Real Isla de León, 4 de Enero, 1811. AHN/E/Leg. 5.540, C. núms. 187 y 201.
[58] Carta de Morales al Secretario de Estado. Panzacola, 20 de Enero, 1811. AHN/E/Leg. 5.554, Exp. 2, doc. 15, C. Res. 80.
Extracto de la Correspondencia de Folch a Someruelos. Panzacola, 25 de Enero, 1.811. AHN/E/Leg. 5.550, Exp. 1, doc. 6.

víveres a los puertos españoles. Por lo tanto, y sin dejar muestras de debilidad, debía Onís presentar sus reclamaciones al Gobierno americano «con aquel tono de decoro que corresponde al Ministro de una Nación que quiere y sabe hacerse respetar». Según esto, debía exigir la evacuación total del territorio ocupado. Pero en caso de que los americanos no aceptasen, debería avisar con toda reserva para que España atacase por sorpresa la zona ocupada, para lo cual se avisaría al Virrey de Méjico y al Gobernador de La Habana. Terminaba recomendándole que manejase este asunto aparentando mucha sangre fría y el grado de firmeza suficiente para que los americanos no recelasen verse acometidos por España. Y como era muy probable que el gabinete inglés apoyase estas gestiones, debía también entenderse con el Ministro inglés en Filadelfia [59].

Pero el 30 de enero, el Gobernador de Nueva Orleans, Clairborne, se dirigía a la Sala de Representantes notificando que toda Florida Occidental estaba ocupada excepto un pequeño distrito alrededor del pueblo y Fuerte de la Mobila; que según orden del 7 de diciembre de 1810 se había formado el Condado de Feliciana, cuyo límite oriental era el Río Perdido, y que por órdenes posteriores se habían formado las parroquias de Feliciana, Baton Rouge Oriental, Sta. Elena, St. Tammany, Biloxi y Pascagoula; que se habían nombrado Jueces de Parroquias y demás oficiales civiles necesarios, y que en todo momento se había conservado el buen orden; y que era de primera importancia hacer una ley para que los habitantes de Feliciana tuviesen la correspondiente representación de la Asamblea General [60].

El origen de la intervención americana en Florida Occidental se remonta al 2 de diciembre de 1810, fecha en que el Gobernador Folch, acorralado por los sucesos de Baton Rouge, le ofreció al Secretario de Estado americano entregarles las Floridas en depósito; desde el momento en que los rebeldes se apoderaron de Baton Rouge, y con el aviso que tuvo Folch de que un agente francés en Nueva Orleans les favorecía, comenzó dicho Gobernador a escribir a Someruelos representando la imposibilidad de conservar las Floridas y proponiendo se entregasen en depósito a los Estados Unidos. Pero antes de recibir la respuesta de Some-

[59] Minuta de Estado a D. Luis de Onís. Real Isla de León, 21 de Enero, 1811. AHN/E/Leg. 5.540. C. n.º 213.

[60] Discurso de 1806 de Clairborne a la Sala de Representantes. Nueva Orleans, miércoles, 30 de Enero, 1811. AHN/E/Leg. 5.555, Exp. 4, doc. 19.

ruelos, Folch abrió dicha negociación con los americanos, primero por medio del Gobernador Holmes y después, el 2 de diciembre, por medio del Coronel John Mc Kee [61].

John Mc Kee escribió a Folch el 17 de enero de 1811 desde Washington participándole que, como consecuencia de varias conversaciones que había tenido con el Secretario de Estado americano y con el Presidente acerca de la situación de la Florida, le aseguraba que su proposición del 2 de diciembre sería aceptada, y que inmediatamente se nombraría una persona para arreglar con él los términos en que el Gobierno americano procedería a la ocupación de Florida Occidental; le aseguraba que el Gobierno americano no abrigaba sentimientos hostiles con respecto a los españoles, y que sólo se prestaba a tomar posesión de Florida Occidental con el objeto de impedir se estableciese en ella una potencia extranjera.

Folch le contestó el 27 de febrero, diciendo que había recibido socorro pecuniario y órdenes de Someruelos, así como gran cantidad de dinero de Veracruz enviado por el Virrey de Nueva España; que por lo tanto estaban solucionados sus apuros, ya que, además, los insurgentes se habían retirado por la Proclama del Presidente. Así, pues, ya podía cumplir la orden de conservar la provincia hasta el último extremo. Añadía que el nuevo aspecto de los negocios políticos y la reunión de las Cortes que acababa de verificarse en España, anunciaban resultados muy diferentes de los que se esperaban cuando él escribió al Secretario de Estado americano; y que habiendo cesado las causas, debían también cesar los efectos, y ya no era necesario nombrar a una persona para tratar con él, pues existía en España un Gobierno legítimamente constituido, al cual debían dirigir sus representaciones los Estados Unidos.

El 22 de marzo de 1811, Mathews y Mc Kee escribían a Folch anunciándole que habían sido comisionados por el Presidente de los Estados Unidos para arreglar con él los términos de su proposición del 2 de diciembre, e incluían una carta del Secretario Smith con fecha 28 de enero participándole el nombramiento. El 26 de marzo contestó Folch a estas cartas diciendo que reinaba la tranquilidad en la provincia, e insistiendo en que tratasen con el Gobierno de España.

---

[61] Oficio de Folch. 1 de Febrero, 1811. AHN/E/Leg. 5.550, Exp. 1, doc. 2.

El 5 de abril de 1811, Folch escribió al Marqués de Someruelos dando parte de todo esto y procurando disculparse por haber hecho la mencionada propuesta, alegando que, por medio de ella había conseguido paralizar las operaciones militares de los americanos en un tiempo en que ni el Fuerte de la Mobila ni Panzacola, se hallaban en estado de resistirles; añadía que la llegada de comisarios había dado a conocer el importante hecho de que el Congreso americano había aprobado las medidas del poder ejecutivo no sólo para la invasión de la Mobila, sino para el resto de las Floridas; y que su negociación hizo ganar tiempo para prevenir el golpe.

El 22 de abril, Folch daba parte al Ministerio de Estado de que, a pesar de su respuesta a los comisionados americanos, ha-bían llegado a Panzacola el General Mathews y el Coronel Ysaaks, quienes le pidieron volviera a entrar en negociaciones, a lo cual se negó. Mathews visitó a Folch y le dijo que su comisión se reducía a recibir la provincia bajo la condición de entregarla cuando la soberanía de España, una vez terminada la guerra con Francia lo solicitase o quisiera negociar su cesión. Dijo también que los Estados Unidos siempre estarían dispuestos a negociar, que se haría inventario de todos los efectos, edificios y fortificaciones para entregarlos en el estado que se recibiesen, que se aseguraría el libre ejercicio de la religión, que el país sería gobernado por las leyes de España a excepción de lo que fuese anticonstitucional, que se daría empleo a los oficiales españoles que quisieran quedarse, y se proporcionaría medio de transporte a los que quisieran retirarse.

A todo esto contestó Folch que si escribió al Secretario de Estado Smith ofreciéndole las Floridas en depósito, fue por haberse visto acometido al mismo tiempo por Kemper, Dupré y el General Thomas, y prefirió rendirse a los Estados Unidos que a los rebeldes. Pero que habiendo cesado dichas dificultades no se entregaría jamás sin mucho derramamiento de sangre o por orden del Gobierno español.

Al despedirse Mathews de Folch el 17 de abril de 1811, le aseguró que, en mayo o principios de junio, la Florida Oriental se hallaría en completa insurrección, debido al mal carácter de su Gobernador anciano y achacoso. El 22 de abril avisaba Folch a la Secretaría de Estado que en febrero había llegado a Washington el Ministro francés Serrurier, y que se aseguraba iba autorizado por Bonaparte y por Fernando VII para negociar la venta

de las dos Floridas a los Estados Unidos. Folch sabía que se
acercaban muchas tropas americanas a Florida Oriental, que se
esperaba un regimiento en Nueva Orleans, que había tropas re-
unidas cerca de la Mobila, y que se preparaban cañoneras en
Nueva Orleans; todo esto anunciaba con certeza la invasión de
las Floridas. Añadía Folch que si estuviere completo el regimiento de la Luisiana y se le entregasen 200 artilleros, 500 hombres
de caballería, 400 marineros y un millón de pesos para obras de
fortificación, podría hacer frente a todas las fuerzas de los Estados Unidos y expulsarles [62].

La actuación de Folch en sus negociaciones con los americanos
dio lugar a que en España se dudase de su fidelidad y el 5 de
octubre de 1811 se le ordenó fuese a sincerarse sobre su conducta. Al parecer, había en su correspondencia algunos datos contradictorios que infundieron sospechas sobre él. Según las noticias
de Someruelos, el Fuerte de Baton Rouge fue sorprendido por 150
habitantes insurgentes del Bayú Sarah; ya el 2 de abril de 1810
le decía Folch a Someruelos que con muy pocos medios podía
hacerse frente a todo el poder de los Estados Unidos si se hacía
de manera inteligente; y en la carta número 110 le decía que no
se le enviasen las tropas que tenía pedidas a La Habana porque
eran insuficientes, y daba cuenta de su negociación con Mc Kee.
Someruelos desaprobó la negociación, porque en ella contravenía
Folch expresamente las órdenes que le había dado. En unas ocasiones exageraba Folch las fuerzas rebeldes; sin embargo, el 10
de diciembre de 1810 los batió con un puñado de hombres. Anunció después a Someruelos que se disponía a atacarlos de nuevo
en Pascagoula, pero que el día 14 un oficial americano le entregó
la Proclama del Presidente, por cuyo motivo suspendió el ataque
fundado en que ya no había esperanzas de sujetar a los rebeldes.
Sin embargo, por el contexto de una carta de Folch al Intendente, sospechaba Someruelos que aún antes de la llegada del oficial
americano no tenía ya Folch la intención de repetir el ataque [63].

EL CONGRESO AUTORIZA A TOMAR POSESIÓN DE LAS FLORIDAS.—
La oferta de Folch al Presidente Madison en 1810 (de entregarle
Florida Occidental en caso de que no llegase ayuda de México) en
un momento de desesperación producido por los ataques de Kem-

---

[62] Extracto sobre Folch como Gobernador de Florida Occidental. 5 de
Octubre, 1811. AHN/E/Leg. 5.555, Exp. 5, doc. 11.
[63] Apuntes para el extracto del expediente de las Floridas (1811). AHN/
E/Leg. 5.550, Exp. 1, doc. 2.

per, fue sin duda el origen de la revolución que estalló en Florida Oriental en 1812.

Madison, inspirado o reforzado por el comunicado de Folch, envió un mensaje secreto al Congreso el 13 de enero de 1811 en el que pedía autoridad para tomar posesión temporal en cualquier parte de las Floridas en caso de acuerdo con las autoridades españolas o en caso de que las tomase una potencia extranjera [64].

Dos días más tarde, el Congreso pasaba la siguiente resolución: «Considerando atentamente la situación actual de la España y la de sus posesiones en América, así como el influjo que puede tener sobre la seguridad, tranquilidad y comercio de los Estados Unidos, la suerte del Territorio Limítrofe en las fronteras al Sur de estos mismos estados, se decreta por el Senado y Cámara de Representantes ahora reunidos en el Congreso, en los Estados Unidos en las circunstancias particulares de la presente crisis no pueden menos de ver con suma inquietud el que pase alguna parte de aquel territorio a manos de alguna potencia extranjera; y proveyendo, como deben a la seguridad de la República, se hayan en la obligación de tomar providencias dirigidas a ocupar provisionalmente el referido territorio, como una medida de precaución contra los eventos de esta crisis, declarando al mismo tiempo como declaran que dicho territorio quedará en su poder sujeto a una negociación futura». Lo firmaban J. B. Varnum, Presidente de la Cámara de Represetantes, y George Clinton, Vice-Presidente de los Estados Unidos [65].

Ese mismo día, el 15 de enero de 1811, el Congreso pasó un Acta por la que autorizaba al Presidente de los Estados Unidos a tomar posesión de todo el territorio situado al Este del Río Perdido y al Sur de Georgia y también de territorio del Mississippi, con la aprobación de la «autoridad local» o en caso de que alguna potencia extranjera intentase ocupar el mencionado territorio. Y el 3 de marzo se pasó una segunda Acta que prohibía la publicación de la anterior y de la resolución [66]. Estos documentos permanecieron secretos hasta la primavera de 1818.

---

[64] Caruso, John Anthony, *The Southern Frontier*. Indianápolis, 1963, página 359.

[65] Copia traducida de las tres Actas secretas pasadas en el Congreso de los Estados Unidos en los años de 1811 y 1812 y publicadas en la Gaceta de este Gobierno el 5 de Enero de 1818. AHN/E/Leg. 5.643 (caja 1) en C. pral. n.º 7 de Onís a Pizarro del 15 de Enero de 1818.

[66] Ibíd.

El Secretario de Estado americano, Robert Smith, comisionó al Coronel John Mc Kee y a George Mathews (ex gobernador de Georgia) para llevar a cabo las provisiones del Acta referente a Florida Occidental; cuando éstos llegaron a dicha provincia, Folch había cambiado ya de opinión, pues había recibido fondos de sus superiores con órdenes de conservar la provincia a toda costa.

Tras las evasivas de Folch, ya citadas anteriormente, los comisionados Mc Kee y Mathews encomendaron su misión de ocupar de Florida Occidental al Gobernador Clairborne, y partieron hacia Florida Oriental para trabajar allí en su adquisición[67].

Así, pues, a principios de 1811 la suerte de Florida Occidental estaba ya echada, y Florida Oriental sentenciada. El 31 de marzo Juan Ventura Morales escribía a don Nicolás María de Sierra confirmando la toma de posesión por los americanos de los partidos de Pasa Christiana y Pascagoulas, en Florida Occidental, y decía que aún no se había decidido a atacar el castillo de la Mobila. Pronosticaba Morales que la tranquilidad de la provincia, en la parte que aún no habían ocupado los americanos, no duraría más tiempo que el que tardase en enterarse el Gobierno americano de la respuesta de Folch a Mc Kee, y que probablemente dicho Gobierno emplearía la intriga[68].

No se equivocaba mucho Morales en su predicción, pues en el verano ocurrió un incidente muy significativo sobre las intenciones de los americanos de tomar la Mobila. El Gobernador Clairborne escribió desde Pascagoula a don Vicente Folch participándole que se hallaban en la bahía de Mobila un bergantín de guerra, doce lanchas cañoneras (la mayoría con dos cañones de grueso calibre) y un barco cargado de pólvora y otros pertrechos militares con destino al Fuerte de Stoddart; y que, como en el mes de marzo los españoles no habían permitido pasar por allí a un barco americano que iba con el mismo destino, había decidido mandarlo ahora escoltado por varios buques armados. Terminaba Clairborne su carta con la cláusula de que era incuestionable el derecho de los Estados Unidos a la navegación de los ríos que desaguan en la bahía de Mobila, y que por lo tanto se había resuelto a obtenerlo. Al recibir Folch esta carta, fue a ver a Morales, y ambos dilucidaron todos los medios posibles para resistir el insulto de Clairborne, a ser posible sin emplear la fuerza, pero

---

[67] Caruso, *op. cit.*, pág. 360.
[68] Carta de Juan Ventura Morales a D. Nicolás María de Sierra. Panzacola, 31 de Marzo, 1811. AHN/E/Leg. 5.554, Exp. 2, doc. 17, C. Res. 83.

determinados a usarla en último caso. Mientras esto ocurría llegó un correo de la Mobila el día 8 de julio con pliegos de su Comandante don Francisco Collel; en ellos daba cuenta que había convocado una Junta de Guerra con motivo de la amenaza que le hizo el Comandante del convoy de las Fuerzas americanas, quien tenía orden de pasar por delante del Fuerte de Mobila, y si había oposición, el primer cañonazo lo tomaría por una declaración de guerra, por esto, y con pluralidad de votos de los vocales de la Junta, les había dejado pasar libremente [69].

Este incidente, además de ser un claro exponente de las intenciones de los americanos con respecto a Mobila y de su política de hechos consumados, lo es también de la falta de coordinación entre las autoridades españolas de las Floridas, lo que las debilitaba aún más teniendo que sufrir las consecuencias de la improvisación. Para evitar este peligro se prescribió por Real Orden del 13 de abril de 1811 que, en caso de ataque, las plazas o fortalezas de las Floridas debían resistir heroicamente; el Capitán General Someruelos añadió tres artículos a esta Real Orden, por los que el Comandante de la Florida tendría que recurrir a él para todo. Pero según Morales, estas medidas emanaban de la desconfianza que Someruelos tenían en Folch y en el yerno de éste, Francisco Maximiliano Maxent, a raíz de la correspondencia de Folch con el Secretario americano en 1810 [70]. Estas rivalidades internas contribuirán sin duda a minar la autoridad, que ya de por sí estaba bastante desintegrada; como consecuencia del incidente ocurrido en Mobila en el mes de julio, y estando Folch enfermo, volvió a tomar el mando de la provincia Francisco Maximiliano Maxent, quien, el 11 de julio, previno al Comandante de la Mobila que si se presentaba allí algún buque americano de camino hacia el Fuerte Stoddart no se le impidiera el paso. Al mismo tiempo que recibió la orden de Someruelos del 22 de julio con los artículos adicionales a la Real Orden del 13 de abril (que coartaba la autoridad de la comandancia de Florida), recibió otro Oficio de dicho Capitán General aprobando la oposición que había hecho en marzo de 1811 al paso de un buque americano; confundido Maxent en cierto modo con el contexto de los tres artículos

[69] Carta de Juan Ventura Morales al Secretario de Estado y Hacienda. Panzacola, 12 de Julio, 1811. AHN/E/Leg. 5.554, Exp. 1, doc. 20, C. Res. 88.

[70] Carta de Juan Ventura Morales al Secretario del Despacho de Hacienda de Indias. Panzacola, 30 de Septiembre, 1811. AHN/E/Leg. 5.554, doc. 23, C. Res. 90.

que degradaban su autoridad, revocó la orden de tolerancia al paso de buques con pertrechos militares o tropa. En la Mobila algunos interpretaron esta medida como que se había cortado enteramente el tráfico y comunicación por sus aguas. Folch no sabía nada de lo ocurrido y llamó a Maxent a Panzacola; éste dijo que, para cortar el paso a pertrechos militares, se había fundado en la aprobación de Someruelos a la detención que hizo en marzo de un barco americano que pretendía pasar. Como la Real Orden del 13 de abril prescribía la Junta de Guerra en caso de hallarse intimada una plaza, se convocó una para el día siguiente. Así el 14 de septiembre de 1811 se determinó por mayoría de votos que se revocase la orden dada para que no pasasen por la Mobila buques americanos con tropa o pertrechos militares con destino al Fuerte Stoddart, y que quedase en vigor la del 11 de julio de 1811 que prevenía se tolerase hasta que la Capitanía General preceptuase lo que debía hacerse [71].

Mientras esto ocurría en Florida Occidental, en España se designaba un nuevo gobernador para la Oriental, por muerte de don Enrique White. El elegido fue Sebastián Kindelán, cuyo primer contacto con la provincia no era muy esperanzador. El 2 de octubre de 1811 se envió desde Cádiz una Minuta de Estado al Marqués de Someruelos con instrucciones para prevenir a Kindelán de la situación: el Gobierno americano, influido por Bonaparte, estaba resuelto no sólo a llevar adelante la invasión de Florida Occidental, sino también a apoderarse de la Oriental. Dado que habían intentado negociar con Folch, era muy probable que los agentes americanos siguiesen intrigando para que los jefes de la Florida opusiesen poca resistencia a la invasión proyectada. Por lo tanto, el Gobernador de Florida debía poner sus plazas en el mejor estado de defensa, y sin despreciar los medios de los Estados Unidos, «no dexarse tampoco intimidar por ellos, haciendose de la poca fuerza moral y fisica que tiene aquel Gobierno, por el efecto combinado de la Constitución del Pais, y del grande egoismo de la mayor parte de sus habitantes...». Y terminaban las instrucciones con la orden de rechazar la fuerza con la fuerza, apoyándose en que Inglaterra tenía un interés manifiesto en que los americanos no se apoderasen de las Floridas [72].

---

[71] Carta de Juan Ventura Morales al Secretario del Despacho de Hacienda. Panzacola, 30 de Septiembre, 1811. AHN/E/Leg. 5.554, Exp. 2, doc. 25, C. n.º 91.

[72] Minuta de Estado al Marqués de Someruelos. Cádiz, 2 de Octubre, 1811. AHN/E/Leg. 5.554. Exp. 15, doc. 4.

Sebastián Kindelán tomó posesión del mando de Florida Oriental el 11 de junio de 1812, y ese mismo día tuvo que enfrentarse al inquietante hecho de que parte de la provincia a su cargo estaba ya ocupada por los americanos; como ya se ha dicho, Mathews había ido a Florida Oriental el año anterior con el ánimo de alistar gente para tomarla, y uno de los entusiastas de su plan resultó ser Juan Mc Intosh, un veterano de la Revolución americana.

Al no recibir ayuda militar de Monroe, como esperaban, proyectaron atacar San Agustín de la Florida por su cuenta, pero no tuvieron éxito. Así resolvieron atacar Fernandina, en Isla Amalia, y el 17 de marzo de 1812 salieron de Santa María (en Georgia) con esa intención. El Comandante de Fernandina, Justo López, tenía una guarnición de tan sólo diez hombres, y no tuvo más remedio que entregarle la isla a los insurgentes, quienes además estaban apoyados por la Marina de los Estados Unidos al mando del Comodoro Campbell. Una vez dueños de la isla, se la entregaron a los Estados Unidos.

Este es el panorama que se encontró Kindelán al tomar posesión del Gobierno de Florida Oriental, y ese mismo día escribió una carta de protesta a David B. Mitchel, Gobernador de Georgia, pidiendo que las tropas americanas evacuasen el territorio español en un plazo de once días [73].

Poco después de la toma de Isla Amalia, escribía Luis de Onís a don Eusebio Bardaxí y Azara diciendo que Mathews había actuado por órdenes del Gobierno americano; que había ofrecido 50 fanegas de tierra a los habitantes de Florida Oriental que se declarasen a favor de dicho Gobierno, además de pagarles sus deudas y conservarles sus sueldos. Decía también Onís que el Congreso acababa de aprobar un Acta que anexionaba a la provincia de Nueva Orleans la parte de Florida Occidental que media entre el río Mississippi y el río Perla; y que para salvar en cierto modo un hecho tan escandaloso, y saliendo al paso de la protesta que hizo en nombre del Rey de España, habían añadido la cláusula de que no por eso dicho territorio dejaría de ser objeto de negociación, pero indicando bastante claro que la negociación nunca

---

[73] Carta de Sebastián Kindelán a David B. Mitchel, Gobernador de Georgia. San Agustín de la Florida, 11 de Junio, 1812. AHN/E/Leg. 5.554, doc. 25.

podría versar sobre devolución del territorio, sino sobre su compensación[74].

Aunque Monroe desaprobó aparentemente la conducta de Mathews y Campbell y dijo que Isla Amalia sería devuelta a España y que Florida Oriental sería evacuada, era del dominio público que lo pactado era ceder la isla a los Estados Unidos veinticuatro horas después. El 1 de abril de 1812 se publicaba en un periódico de Charleston lo siguiente: «... La farsa de recibir la provincia de un puñado de insurgentes, que se arrogan al glorioso nombre de patriotas españoles en la Madre Patria, es vergonzoso en extremo. Si las Floridas han de ser nuestras, tomenlas las armas de los Estados Unidos, y no las reciban de segunda mano... En el Courier del 3 de julio ultimo hallarán nuestros lectores el mensage secreto, juntamente con la acta secreta del Congreso, autorizando al Presidente á tomar posesión de Florida Oriental, y la asignación secreta de cien mil pesos fuertes para la execución de este proyecto.

En las columnas anteriores del Courier de hoi hemos insertado la correspondencia que tubo lugar por Septiembre ultimo entre Mr. Forster y Mr. Monroe sobre los medios empleados por los Estados Unidos para subvertir la autoridad Española en la Florida Oriental»[75].

Para contrarrestar tales acusaciones, Monroe le pidió a Mitchel, Gobernador de Georgia, que retirase las tropas de los Estados Unidos de Florida Oriental tan lentamente como pudiera, y que se asegurase de que las autoridades españolas concediesen amnistía a los habitantes que se habían unido a Mathews.

Por esta época, los Estados Unidos, dominados por el partido democrático que estaba enteramente entregado a Napoleón, le declararon la guerra a Inglaterra; España permaneció neutral porque no le quedaba más remedio, ya que los Estados Unidos le proporcionaban harinas para subsistir no sólo en su crisis peninsular, sino en América.

A partir de la declaración de guerra, las noticias que remitía Onís a España sobre las Floridas no eran muy esperanzadoras: el 19 de julio de 1812 participaba los pretextos de los americanos para no evacuar Florida Oriental; éstos eran que una partida de

[74] Carta de Luis de Onís a D. Eusebio de Bardaxí y Azara. Filadelfia, 1 de Abril, 1812. AHN/E/Leg. 5.554, doc. 8, C. n.º 39.
[75] Extracto traducido del Charleston Courier del 1 de Abril de 1812. AHN/E/Leg. 5.550, Exp. 1, doc. 13.

la guarnición de San Agustín había atacado a las tropas de los Estados Unidos, y que indultase a los rebeldes[76]. El 8 de septiembre avisaba Onís que Wilkinson se había apoderado de Isla Delfina, y el 24 de septiembre remitía copias de los documentos presentados en las sesiones secretas del Congreso sobre las Floridas; en esta carta a don Ignacio de la Pezuela decía Onís que los americanos estaban procurando eludir la entrega de las Floridas bajo el pretexto de que si evacuasen, las autoridades españolas castigarían a los habitantes de las Floridas que se habían declarado del partido americano. Por lo tanto, opinaba que convenía conceder el perdón general para así quitar el único pretexto que les quedaba para retener parte de las Floridas[77]. El 9 de diciembre de 1812 las Cortes españolas resolvieron conceder indulto a los rebeldes que tomaron parte en la ocupación de Florida[78], y en marzo de 1813 Monroe acordó que se retirarían las tropas americanas de Florida Oriental.

LA TOMA DE MOBILA.—Al mismo tiempo que se acordaba evacuar Florida Oriental, las tropas de los Estados Unidos ocupaban, sin embargo, Mobila, la última plaza que les faltaba de Florida Occidental; tras la declaración de guerra a Inglaterra, Madison pensó que los puertos de Mobila, Panzacola y San Agustín caerían en manos de los ingleses, aliados de España, y pidió autoridad al Congreso para ocuparlos. Esta propuesta fue aceptada en enero de 1813, en que el Congreso autorizó a Madison para ocupar toda la parte de Florida al Oeste del Río Perdido. Así, en marzo de 1813, el General Wilkinson, por orden de John Armstrong, Secretario de Guerra americano, ocupaba Mobila con 600 hombres. Y el 13 de abril el Comandante español Cayetano Pérez evacuaba Fuerte Carlota[79].

Según el informe que dio don Juan Ventura Morales a don Alejandro Ramírez (Intendente de La Habana) el 3 de noviembre de 1817, los americanos, antes de llegar a Mobila, detuvieron bu-

---

[76] Carta de Mitchel a Kindelán. Sta. María, 16 de Junio, 1812. AHN/E/Leg. 5.554, doc. 27.

Oficio Extracto a los Diputados Secretarios de las Cortes. Cádiz, 31 de Diciembre, 1812. AHN/E/Leg. 5.557, Exp. 1, doc. 1.

[77] Carta de Luis de Onís a D. Ignacio de la Pezuela. Filadelfia, 24 de Septiembre, 1812. AHN/E/Leg. 5.556, Exp. 6, doc. 4, C. n.º 131.

[78] Oficio de los Diputados de las Cortes al Secretario de Estado. Cádiz, 9 de Diciembre, 1812. AHN/E/Leg. 5.556, Exp. 6, docs. 9 y 18.

[79] Caruso, op. cit., pág. 315.

ques españoles en los lagos para impedir la noticia de su llegada; lo mismo hicieron en la bahía, obstruyendo así el pequeño socorro de víveres que se enviaba desde Panzacola, y cortaron la comunicación por tierra estableciendo un fuerte destacamento en la orilla izquierda de la bahía. Después establecieron un puesto militar en la orilla occidental de Río Perdido y un buque armado navegando dicho río [80]. El 19 de mayo de 1813, el Capitán General de las dos Floridas daba parte a España de que los americanos habían tomado la Mobila y habían evacuado el Río San Juan e Isla Amalia en Florida Oriental, y el 4 de junio don Luis de Onís pasó una nota de protesta al Ministerio americano con motivo de la Mobila [81].

Entretanto en España se deliberaba sobre si debía declararse o no la guerra a los Estados Unidos, y el 14 de agosto se reunió el Consejo de Estado en consulta a S. M. En dicha sesión, dado que la coyuntura no era oportuna para declarar una guerra, se establecieron los puntos principales sobre los que debía basarse la negociación con los Estados Unidos; estos eran:

1.º  El reconocimiento de las Cortes Generales y extraordinarias y el de Fernando VII como Rey de España.

2.º  La devolución de todo cuanto hubiesen ocupado los Estados Unidos.

3.º  Los límites de la Luisiana: los que tenía cuando se retrocedió a Francia.

4.º  Los Estados Unidos debían abstenerse de toda cooperación con las provincias insurgentes de la América española.

5.º  Los Estados Unidos debían revocar los nombramientos de agentes comerciales en los países sublevados.

En cuanto a la navegación del río Mobila (del que ya eran dueños los americanos), se pensó que, en caso de concedérsela, sería bajo un reglamento, para que no sirviese de vehículo de conquista, sino para surtir a las Floridas y dejar rendimiento de

---

[80] Informe que dio D. Juan Ventura Morales a D. Alejandro Ramírez (Intendente de La Habana). La Habana, 3 de Noviembre, 1817. AHN/E/Leg. 5.560, Exp. 13.

[81] Carta del Capitán General de las dos Floridas. La Habana, 19 de Mayo, 1813. AHN/E/Leg. 5.557, Exp. 1, doc. 19.

Carta de Luis de Onís a D. Pedro Labrador. Filadelfia, 14 de Junio, 1813. AHN/E/Leg. 5.554, doc. 64, C. pral. 60.

tránsito. Una vez fijados los puntos principales de la negociación, este fue el dictamen del Consejo de Estado:

«... Como el partido republicano que actualmente domina en los Estados Unidos, ha de obrar en cuanto permitan las circunstancias en el sentido de las ideas de Buonaparte á quien obedece; como el partido federalista aunque menos emprendedor, también está penetrado de la importancia de la adquisición de las Floridas, y como por lo general los Gavinetes se han desmoralizado hasta un punto que sus conciertos son quebrantados á el menor impulso del interés y la conveniencia; cree el Consejo que debe llamar la consideración a V. A. sobre la poca confianza que deve inspirar un tratado; que deve combatir contra la fuerza siempre unida de Agentes tan poderosos; para que sobre este supuesto no se omita el medio precautorio del establecimiento de una competente fuerza en las Floridas, y en las demás provincias limítrofes de los Estados Unidos... Este es el dictamen del Consejo de Estado» [82].

El 5 de diciembre de 1813 resolvió la Regencia que se prosiguieran las disposiciones para recuperar la Mobila, aunque para ello hubiera que hostilizar a los súbditos de los Estados Unidos en territorio de S. M., lo que se comunicó el día 9 a los Ministerios de Guerra, Marina y Hacienda, y al Capitán General de Cuba; el 28 de enero de 1814, la Regencia ordenó al Virrey de México y al Capitán General de Cuba que ambos se pusiesen de acuerdo para formar una escuadra útil capaz de oponerse a las fuerzas navales de los Estados Unidos, y que tratasen de fomentar la guerra de los indios contra los americanos. Pero el 8 de mayo y el 2 de junio de 1814, el Capitán General de Cuba contestaba sobre su incapacidad de colaborar; decía que repetidas veces había manifestado la insuficiencia de los medios pecuniarios con que podía contar, y que de no haber sido por el derecho voluntario de un 2 % que los comerciantes y hacendados de La Habana se impusieron sobre todo género que pasase por esa aduana, ni siquiera los correos y buques que iban y venían para España, y las pequeñas goletas para la comunicación de las dos Floridas, hubieran podido sostenerse como se sostuvieron aunque con mil afanes y miserias [83].

[82] Consejo de Estado, 14 de Agosto, 1813. AHN/E/Leg. 5.557, Exp. 1, doc. 23.

[83] Extracto-Oficio, Palacio, 18 de Noviembre, 1814. AHN/E/Leg. 5.557, Exp. 3, doc. 29.

Mientras que en Cuba no se tenían apenas medios para sostener los buques correo, en España se pretendía organizar una escuadra naval contra los Estados Unidos, lo que prueba una vez más los escasos medios de defensa de las Floridas, así como la desconexión con la metrópoli.

En mayo de 1814, un destacamento de tropas americanas llegó hasta los establecimientos rurales en la orilla del río Escambie (en Florida Occidental), a tres leguas de Panzacola, persiguiendo a los indios creeks con los que estaban en guerra. En noviembre del mismo año, el General Jackson con 5.500 hombres invadió la plaza de Panzacola y la ocupó tres días junto con el Fuerte de San Miguel, que capituló bajo las condiciones de que la provincia quedaría en poder de los americanos mientras España enviaba fuerzas suficientes para sostener y hacer respetar su neutralidad; pero no obstante quedaría arbolada la bandera española, los habitantes serían protegidos y sus propiedades respetadas.

Los americanos no conservaron la plaza de Panzacola por dos motivos: 1) Por la completa destrucción de los puestos de Barrancas y Sta. Rosa que hicieron los ingleses el 8 de noviembre, dejando indefensa la entrada del puerto; y 2) Porque Jackson recibió aviso de que los ingleses iban a atacar Luisiana en diciembre y tenía orden de acudir en su defensa. Pero en diciembre de 1814 llegaron a Panzacola otros dos destacamentos americanos para perseguir a los indios refugiados en territorio español [84].

Ya en julio, había escrito Mateo González Manrique, Comandante de la Florida Occidental, a don Juan Ruiz de Apodaca, informando que en junio había salido de Nueva Orleans el General americano Flournoy con tropas para tomar Panzacola y las Barrancas por sorpresa. Esta empresa se apoyaba en un Acta del Congreso que facultaba el poder ejecutivo para apoderarse de ambas Floridas, siempre que en ella desembarcasen tropas inglesas [85].

La guerra entre Inglaterra y Estados Unidos comenzada en 1812, terminó por el Tratado de Gante el 24 de diciembre de 1814, en que los ingleses y americanos acordaron evacuar las plazas que habían ocupado en las Floridas. Por entonces toda la parte

---

[84] Informe de D. Juan Ventura Morales a D. Alejandro Ramírez. La Habana, 3 de Noviembre, 1817. AHN/E/Leg. 5.560, Exp. 13.

[85] Carta de Mateo González Manrique, Comandante de Florida Occidental, a D. Juan Ruiz de Apodaca. Panzacola, Julio, 1814. AHN/E/Leg. 5.557, Exp. 1, doc. 79.

de Florida al Oeste del Río Perdido formaba ya parte de los Estados Unidos, que sólo tardarían cinco años más en poseer también Florida Oriental.

Poco antes del Tratado, y a la vista de éste, George Erwing fue nombrado Ministro de los Estados Unidos en España a raíz de la Restauración de Fernando VII. La descripción que de Erwing hizo Onís en una carta al Duque de San Carlos, preconizaba en cierto modo la difícil negociación que España tenía ante sí para acabar perdiendo definitivamente las Floridas: «La elección de este sujeto es la peor que podía haverse hecho; sus principios son democraticos exaltados; su caracter obstinado; su talento debil; es poco afecto a la España y á sus informes y conversaciones sobre ella se cree que se deve en parte el sistema que se adoptó y se ha seguido hasta aquí contra la Monarquia... Si hubiese de tratar con él algún asunto arduo será dificil hacerle entrar en razón y la negociación será desagradable...» [86].

---

[86] Carta de George Erwing al Duque de San Carlos. París, 26 de Septiembre, 1814. AHN/E/Leg. 5.557, Exp. 2, doc. 14.
Carta de Onís al Duque de San Carlos. Filadelfia, 8 de Octubre, 1814. AHN/E/Leg. 5.557, Exp. 2, doc. 17, C. n.º 70.

## CAPÍTULO VII

## EL TRATADO DE CESIÓN

### 1. TOMA DE ISLA AMALIA Y PANZACOLA

APALACHICOLA E ISLA AMALIA.—Una vez ocupada Florida Occidental gracias a una política expansionista implacable y ajena a escrúpulos, el objetivo de los americanos era Florida Oriental. En el verano de 1816 tuvo lugar una nueva violación del territorio de Florida por una expedición de tierra y agua para la destrucción del Fuerte que los ingleses habían construido en la orilla oriental del río Apalachicola, como a 15 millas de la desembocadura. Allí se refugiaban los negros que los ingleses habían sustraído de Panzacola y de algunas provincias americanas fronterizas [1].

El 23 de abril de 1816, el General Jackson, Mayor Comandante de la División del Sur de los Estados Unidos, escribió al Comandante de Panzacola don Mauricio de Zúñiga, avisándole que unos 250 negros huidos de los Estados Unidos y seducidos por los indios creeks, se hallaban refugiados en un Fuerte erigido cerca de la unión de los ríos Chatakonchee y Flint; y que esperaba que diese las órdenes necesarias para que estos bandidos fuesen dispersados y devueltos a sus amos. Zúñiga le contestó el 26 de mayo diciendo que el Fuerte se hallaba en la orilla oriental del río Apalachicola, a unas 15 millas de su desembocadura, y que aún no había recibido respuesta de su Capitán General sobre el problema de dichos negros, y que dicho Fuerte no había sido

---

[1] Informe de Juan Ventura Morales a D. Alejandro Ramírez. La Habana, 3 de Noviembre de 1817. AHN/E/Leg. 5.568, Exp. 13.

construido por el Gobierno español, sino por orden del Coronel inglés Nicolls². Jackson no esperó a la respuesta de los superiores de Zúñiga, y dio orden al General Gaines de construir un Fuerte cerca de la unión de los ríos Flint y Apalachicola, que serviría para el doble propósito de defender la región contra los indios y negros, y de depósito de provisiones traídas desde Nueva Orleans. Cuando Gaines se enteró de que la primera carga de provisiones llegaba por el río Apalachicola, envió al Coronel Duncan a tomar el Fuerte donde estaban refugiados los negros e indios. El 28 de julio, Duncan destruyó el Fuerte, que estaba defendido por 100 negros e indios; dentro había unas 200 mujeres y niños, y muchos de los negros fueron devueltos a sus dueños en Georgia³. A pesar de todo, este hecho resultó de utilidad a los habitantes de Panzacola, que hubiesen acabado por perder todos sus esclavos si el Fuerte hubiese seguido allí para refugio de negros e indios.

En 1817 surgieron nuevos problemas en Florida Oriental, con los rumores de que los piratas Mina y Aury iban a tomar Panzacola, y con la llegada a Washington de Gregor Mc Gregor para alistar gente con la idea de tomar Isla Amalia. El 13 de abril escribía el Ministro español Onís a don José Pizarro participando las noticias que le había dado Morphy, Vicecónsul interino de S. M. en Nueva Orleans. Este decía que Mina estaba interesado en la revolución de México, pero que los americanos querían tomar Panzacola, invadir Tejas y desembarcar en la isla de Cuba. Y a este respecto comentaba Onís lo siguiente: «Por estas noticias verá V. E. confirmado mas y mas, que mientras este Gobierno (el americano) afecta disposición a tratar con S. M. bajo el pié mas amistoso, tiene meditado el plan de apoderarse de Panzacola en los mismos terminos que los executó con Baton Rouge: La cosa es tan positiva como que las tropas que deben guarnecerlo se hallan ya hace muchos meses en Fuerte Montgomery, y que un General de este país no ha tenido rubor de decir al agregado D. Francisco Stougton ultimamente, que creía que

---

² Carta de Andrew Jackson a D. Mauricio de Zúñiga, Cuartel General División del Sur, Washington, Territorio del Mississippi, 23 de Abril, 1816. Carta de Mauricio de Zúñiga a Jackson. Panzacola, 26 de Mayo, 1816. AHN/E/Leg. 5.642.

³ Caruso, John Anthony, *The Southern Frontier*. Indianápolis, 1963, página 366. Carta del Teniente Coronel Duncan al Gobernador Mitchell. Cuartel Crawford, 4 de Agosto, 1816. AHN/E/Leg. 5.660, C. n.º 137.

este Gobierno tendría que ayudarnos contras los Insurgentes que amenazaban Panzacola, y que si la tomaban irían las tropas americanas a guarnecerla hasta que se arreglasen los asuntos entre las dos potencias...» [4].

Pero esta operación de quitar una plaza española a los insurgentes para luego «guarnecerla» los americanos, tuvo lugar antes en Isla Amalia que en Panzacola. En el verano de 1817, Florida Oriental se hizo escenario de la actividad de un aventurero escocés llamado Gregor Mc Gregor, veterano de las revoluciones antiespañolas en América del Sur. Mc Gregor llegó a Washington en abril y fue a ver al Ministro inglés en Estados Unidos para proponerle que Inglaterra participase en la Independencia de las Américas y de las dos Floridas, pero éste contestó que Inglaterra era aliada de España. En junio, y al no encontrar ayuda en Washington, Mc Gregor se fue a las Carolinas y a Georgia donde encontró el apoyo de muchos ciudadanos en su proyecto contra Florida Oriental. El 1 de junio Onís escribía a Pizarro diciendo que Mc Gregor estaba alistando tropas para tomar Isla Amalia, y que la tolerancia de los Estados Unidos con este aventurero y las fuerzas que dichos Estados tenían preparados en las fronteras, no dejaban duda del consentimiento de los americanos a sus planes [5].

El 9 de julio, Onís escribió una nota de protesta al Secretario de Estado americano, señor Rush, sobre la conducta de Gregor Mc Gregor, que después de haber militado en las provincias de Venezuela con las gavillas insurgentes, había venido a los Estados Unidos y no cesaba de fomentar empresas para turbar la tranquilidad de las posesiones de S. M. C., reclutando en Charleston a un crecido número de aventureros. El 17 de julio Onís no había recibido ninguna respuesta a su nota, pero sí la noticias de que el 30 de junio Mc Gregor había tomado Isla Amalia [6]. Su Comandante, Francisco Morales, se rindió sin disparar un tiro creyendo que Mc Gregor tenía una fuerza mayor de la que en realidad

---

[4] Carta de Onís a Pizarro. Washington, 13 de Abril, 1817. AHN/E/Leg. 5.561, Exp. 22, C. n.º 76.

[5] Carta de Onís a Pizarro. Washington, 25 de Abril, 1817. AHN/E/Leg. 5.660, C. pral. 82.
Carta de Onís a Pizarro. Filadelfia, 1 de Julio, 1817. AHN/E/Leg. 5.642, C. n.º 113.

[6] Carta de Onís al Secretario de Estado americano, Sr. Rush. Filadelfia, 9 de Julio, 1817.
Carta de Onís a Pizarro. Filadelfia, 17 de Julio, 1817. AHN/E/Leg. 5.642.

llevaba, que eran 150 hombres. Mc Gregor puso su bandera en Fernandina e hizo una Proclama llena de promesas de libertad. Decía que las Floridas pronto serían libradas de la «tiranía y opresión», y que después vendría el Continente de América del Sur.

Según Onís, el principal designio de Mc Gregor era robar, puesto que había establecido un Tribunal de Almirantazgo para aprobar las presas que hicieran sus corsarios, y vendía los esclavos que había robado a los habitantes de la isla [7]. En agosto, el Cónsul de S. M. en Charleston, don Antonio Argote Villalobos, consiguió apresar a un tal Champlin, que fue Mayor de los Ejércitos americanos, por haberse alistado con Mc Gregor y cooperado en la toma de Isla Amalia. Villalobos continuó trabajando en Charleston para perseguir a los autores de la toma de Isla Amalia, y se enteró de que a principios de septiembre Mc Gregor se había embarcado para ir a Virginia con el objeto de levantar una expedición contra las posesiones de S. M.; este proyecto surgió debido a la imposibilidad que tenía Mc Gregor de conservar Isla Amalia porque no le habían llegado los refuerzos de gente y municiones que esperaba de Nueva York [8].

El puerto de Isla Amalia, Fernandina, por estar tan cercano a los Estados Unidos, era de gran importancia para los piratas y contrabandistas de las Indias Occidentales que navegaban con impunidad bajo las banderas de las Repúblicas nacientes como México, Buenos Aires, Venezuela y Granada. Muchos de estos, como el francés Aury y el americano Hubbard, vinieron llamados por Mc Gregor. Mientras este último marchó a Providencia, Aury y Hubbard se disputaban el puesto de cabecilla de la isla, en la que había unos 200 hombres. En septiembre hubo un intento por parte de los españoles de recuperar Isla Amalia de manos de estos piratas; la tropa salió de San Agustín al mando de Tomás Llorente, pero fracasaron [9]. El 21 de septiembre, Aury se proclamó jefe de Fernandina y anexionó Isla Amalia a la «República de

---

[7] Carta de Onís a Pizarro. Filadelfia, 15 de Agosto, 1817. AHN/E/Leg. 5.642, C. pral. n.º 123.

[8] Carta de Onís a Pizarro. Filadelfia, 19 de Agosto, 1817. AHN/E/Leg. 5.642, C. pral. 129.
Carta de Onís a Pizarro. Filadelfia, 1 de Octubre, 1817. AHN/E/Leg. 5.642, C. pral. 174.

[9] Extracto de carta de D. José Argote a su padre. Santa María, 8 de Octubre, 1817. AHN/E/Leg. 5.642, C. pral. 182.

México». El Gobierno americano viendo que Aury no pretendía conquistar Florida para los Estados Unidos, sino que perseguía su propio engrandecimiento, decidió tomar cartas en el asunto y ocupar Isla Amalia. El Presidente Monroe, actuando bajo la Resolución secreta de enero de 1811, ordenó al Capitán Henly y al Mayor Bankhead que echasen a Aury. El 24 de diciembre de 1817, las tropas de Bankhead combinadas con las fuerzas navales de Henly, tomaban Isla Amalia [10].

Las palabras del Secretario de Estado americano Adams a Onís, a propósito de las explicaciones que éste le pidió, muestran que la negociación diplomática sobre las Floridas iba marcada y dirigida por la política americana de hechos consumados: Dijo Adams que no habiendo S. M. tomado medidas para echar de aquellos puntos a los piratas que los ocupaban, era claro que no quería o no tenía fuerzas para ello, y que en uno o en otro caso se le hacía un servicio en apoderarse de ellos [11].

Ya el 10 de diciembre había escrito Onís a Pizarro insistiendo en que su labor diplomática de poco servía si no estaba respaldada con la fuerza; decía: «Es incomprensible que de La Habana no se haya podido enviar una fragata de guerra con doscientos hombres para volver a tomar la Isla Amalia, y que el nido de Galveztwon, que es aún más depreciable, no se haya hecho evacuar a los insurgentes. Nuestra Marina sé que está en una situación dolorosa, pero me parece que no puede llegar a tanto, que empleada tan oportunamente no pueda proteger puntos tan mezquinos como los de que se trata, y que por este medio nos exponga al desprecio e insultos repetidos que se nos hacen por esta República y por los insurgentes mismos. Si bajo el pretexto de que S. M. está dispuesto a ceder las Floridas, se abandonan éstas y las Provincias internas a su propia suerte, se quita todo apoyo a las negociaciones, y se hará a estas gentes más petulantes para exigir de nosotros mayores sacrificios». Con motivo de estas reflexiones de Onís escribió Pizarro un Oficio a los Ministros de Guerra y Marina, en el que decía que en vano empleó Onís todos los resortes de la política en las negociaciones con los Estados Unidos, si los demás ramos de la administración no le auxiliaron; que ya en varias ocasiones se había notado que existían desave-

---

[10] Carta de Onís a Apodaca. Washington, 6 de Enero, 1818. AHN/E/Leg. 5.563, Exp. 6, C. n.º 62.

[11] Carta de Onís a Pizarro. Washington, 23 de Diciembre, 1817. AHN/E/Leg. 5.642, C. n.º 213.

nencias entre las autoridades de La Habana, lo que le debilitaba su servicio y comprometía la seguridad de los vasallos del Rey; y que si las cosas seguían así, y la negociación con los Estados Unidos tenía un fin funesto por haber dejado la parte diplomática abandonada a los solos e ineficaces medios de las notas, la Isla de Cuba sería la primera víctima, seguida del Reino de México [12].

No le faltaba razón a Pizarro sobre la ineficacia de las notas diplomáticas, en una negociación en que Onís estaba prácticamente abandonado a sus propias fuerzas y con unas instrucciones muy limitadas de España. El 8 de enero de 1818, Onís escribió una nota de protesta a Adams por la toma de Isla Amalia, y el 11 del mismo mes, escribía a Pizarro dando parte de su conversación con Adams; éste le había dicho que los Estados Unidos no le quitaron Isla Amalia a España, sino a los bandidos que la ocupaban, y que por consiguiente España no podía formular queja alguna, sino más bien agradecer que la libraban del azote de aquellos piratas. Onís contestó que, prescindiendo de que estos piratas eran ciudadanos de la Unión, no podía ignorar que la invasión de un territorio no daba derecho ninguno a él. Ante la ambigüedad de las contestaciones de Adams, Onís pudo tan sólo colegir que las proposiciones de los americanos para la negociación de las Floridas se reducirían a ofrecer un par de millones por ellas, los cuales retendrían por el pago de las indemnizaciones que exigían de España, y por consiguiente, dichos millones serían puramente nominales, dejando pendiente el arreglo de límites para irse siempre extendiendo por los dominios del Rey. Continuaba Onís su carta informando que un partido del Congreso, a cuya cabeza estaba el orador de la Cámara, Clay, estaba preparando argumentos para atacar a la administración por la toma de Isla Amalia, no con el objeto de favorecer a España, sino con el pretexto de que estando aquélla en posesión de los rebeldes, era degradante para los Estados Unidos tomar parte contra ellos, ya que así se favorecía a España, que era la única que sufría las consecuencias de aquel nido de piratas.

Por este hecho, decía Onís, se puede ver hasta qué punto estaban los ánimos en contra de España y a favor de la Independencia de América. El Gobierno se hallaba algo inquieto ante el

---

[12] Oficio de Pizarro a los Ministros de Guerra y Marina (1818). AHN/ E/Leg. 5.660, C. pral. 202.

ataque que se le preparaba, y por este motivo dio orden de suspender la invasión a las Floridas que estaba proyectada. «Pero de todos modos —aseguraba Onís— las Floridas están perdidas, sea que S. M. se las ceda o que ellos se las tomen» [13].

El 13 de enero de 1818, el Presidente Monroe envió un Mensaje al Senado y a la Cámara de Representantes dando las razones por las que había mandado tomar Isla Amalia: por estar ocupada por aventureros de diferentes países que causarían perjuicios a los Estados Unidos; por hallarse en territorio reclamado por los Estados Unidos en Florida Oriental; porque dichos aventureros hacían contrabando, y porque la ley secreta de 1811 se consideró ahora aplicable, ya que «en un país en que España ha dejado de mantener su autoridad, y que permite se convierta en detrimento y perjuicio de sus vecinos, ella cesa de tener jurisdicción alguna durante este período de circunstancias...». Y el 15 de enero de 1818 Onís remitía a Pizarro las tres Actas pasadas por el Congreso americano en 1811 y 1812, que se habían mantenido secretas hasta el 5 de enero de 1818, en que fueron publicadas por la Gaceta del Gobierno [14]. En ellas se había fundado el Presidente americano para la ocupación de las Floridas, y no cabía duda de que lo estaba llevando a cabo.

INVASIÓN DE JACKSON.—A principios de 1818, los únicos puestos de alguna importancia que les quedaban a los españoles en Florida eran San Marcos de Apalache, Panzacola y San Agustín; a finales de abril ya estarían los dos primeros ocupados por los americanos, que encontraron el terreno abonado para su ocupación, con la excusa de perseguir a los indios seminolas, por las disidencias y rivalidades internas de las autoridades de Panzacola.

El 11 de noviembre de 1817 varios oficiales y cadetes del Regimiento de la Luisiana se reunieron en casa del Alférez retirado don Enrique Grand-Pré, y juraron matar al Comandante de Panzacola para vengar su resentimiento, y dar el mando al Coronel del Regimiento del Puerto de Artillería don Diego de Vera, o

---

[13] Nota de Onís a Adams. Washington, 8 de Enero, 1818.
Carta de Onís a Pizarro. Washington, 11 de Enero, 1818. AHN/E/Leg. 5.643, Caja 1.
[14] Mensaje del Presidente Monroe al Senado y Cámara de Representantes de los Estados Unidos, 13 de Enero, 1818.
Carta de Onís a Pizarro. Washington, 15 de Enero, 1818. AHN/E/Leg. 5.643, Caja 1.

al Comandante don Luis Piernas. Salieron de allí y fueron a casa del Ministro Contador don Juan Losada, y el comerciante don Juan Innerarity dio una estocada a una de sus hijas y amenazó a su mujer. Después fueron a casa del Auditor de Guerra don Carlos Hernández, y el Capitán Pedro Palao le amenazó con una pistola diciendo que si no aconsejaba al Gobernador que cediese el mando a don Luis Piernas le mataría. Al día siguiente, los conjurados tuvieron otra reunión, y en vista de ello el Comandante de Panzacola, don José Masot, decidió enviar a Losada y a Hernández a dar parte al Capitán General, en vista de que los movimientos de los americanos parecían tener relación con los movimientos de los disidentes. Según Losada y Hernández, esta rebelión tenía conexión con las operaciones del Gobierno anglo-americano en la Mobila, dado que allí había mucho movimiento por parte de los franceses para transportar al río Alibamón a las familias alemanas que llegaron ayudadas por los generales franceses Claupel y Lefevre. Habían pasado hacia las fronteras del Apalachicola más de tres mil soldados, sin contar con los indios chactas y los que habían ido por mar; serían en total unos cinco mil con pretexto de asolar a los indios seminolas de Apalache y a los negros fugitivos establecidos en el río Savanah. Pero como estos pueblos de indios estaban defendidos naturalmente por desfiladeros, sólo podrían lograrlo metiéndose por el río Apalache, y probablemente tomarían primero este Fuerte. Decían también Losada y Hernández que habían oído que el General Jackson se hallaba ya en Apalachicola con un ejército de más de cuatro mil hombres. De todo esto inferían que el verdadero fin de estas persecuciones era apoderarse de la Florida, empleando los mismos medios y astucias que emplearon con Baton Rouge y Mobila [15].

Efectivamente, los indios seminolas, unidos a esclavos huidos e incitados por agentes o comerciantes británicos que hacían correrías esporádicas a territorio americano, sirvieron de excusa para la invasión del General Jackson a Florida Oriental. Los seminolas, en cuyas correrías quemaban granjas y ganado y a veces asesinaban personas, tenían buenas razones para su hostilidad: después de 1808 se prohibió la importación de negros a América; la consecuente subida de precios de los esclavos huidos atraía a muchos cazadores de esclavos al país seminola, lo que

---

[15]   Carta de Onís a Pizarro. Washington, 5 de Enero, 1818. AHN/E/Leg. 5.643, Caja 1, C. pral. n.º 3.

invariablemente originaba la reacción violenta de los indios que no toleraban las incursiones de sus tierras de caza.

En diciembre de 1817, el Presidente Monroe envió a Andrew Jackson a limpiar el país seminola de una vez por todas. Esta fue la gran oportunidad de Jackson, que no concebía una guerra contra los seminolas sin hacerle también la guerra a los españoles. Aunque tenía órdenes específicas de respetar todos los puestos con bandera española, sin embargo sus instrucciones eran amplias, ya que debía «adoptar las medidas necesarias para terminar el conflicto» [16].

Todo indicaba que el conflicto iba a acabar de una manera u otra, pues el 16 de enero de 1818 escribía don Luis de Onís a Pizarro refiriéndole una conversación que había tenido con el Secretario de Estado americano, Mr. Adams. Este le había llamado para informarle que había tenido noticias de que los individuos que habían ido a establecerse al río Alibamón, habían tramado una conspiración para tomar Panzacola, y que el pirata Mc Gregor tenía las mismas intenciones desde Nassau. Añadió el señor Adams que por todo esto era muy urgente terminar la negociación sobre la cesión de las Floridas, pues, si los insurgentes tomaban Panzacola, el Gobierno americano se vería precisado a tomar dicha plaza; y si el Gobernador de San Agustín no impedía que se retirasen de territorio americano, no habría más remedio que perseguirles. Sobre esto reflexionaba Onís que, una vez ocupada toda Florida, España no podría exigir nada a cambio de ella, y que la invasión era ya una determinación irrevocable [17].

El 26 de febrero, ya demasiado tarde, Pizarro enviaba el siguiente oficio al Secretario del Despacho de Guerra: «... Hace más de un año que anuncié lo que va sucediendo en estos negocios, y ahora lo aviso a V. E., de Real Orden para que se tomen las posibles medidas precautorias porque en aquellas plazas faltan víveres, dinero, oficiales, tropa, marina, todo en fin. Si el estado de las Floridas estaba virtualmente decidido como dije con tiempo, ahora lo va estando de hecho, no quedándonos más puntos que San Agustín y Panzacola, y si no se procura acudir a éstos para sostenerlos, inutil será el medio de la negociación ya muy dificil, fundada en la cesión de las Floridas, porque no tendremos

---

[16] Caruso, J. A., *op. cit.*, pág. 371.
[17] Carta de Onís a Pizarro. Washington, 16 de Enero, 1818. AHN/E/Leg. 5.661, C. pral., n.º 9 (cifra).

qué ceder» [18]. Y tenía razón Pizarro, porque dos meses después, el General Jackson tomaba el Fuerte de San Marcos de Apalache. El 25 de marzo de 1818, el Presidente Monroe envió un Mensaje al Congreso justificando la guerra con los indios semínolas; en él decía que como casi toda la tribu habitaba en las fronteras de Florida, y España estaba obligada por el Tratado de 1795 a impedir que se cometiesen hostilidades contra los Estados Unidos, y la autoridad de España había cesado de existir; se habían dado órdenes para perseguir a los semínolas dentro de Florida [19]. Siguiendo estas órdenes, Jackson llegó a Fuerte Scott en marzo, donde tomó el mando de la milicia de Georgia, y fue avanzando hacia San Marcos de Apalache atacando a todos los indios que encontraba en su camino. El 6 de abril llegó a San Marcos, que no tenía apenas medios de defensa, y el 7 lo entregó sin resistencia su Comandante don Francisco Casa y Luengo. El 8 siguió hacia el río Sewano para atacar y destruir el establecimiento que allí habían formado los negros Simarrones [20].

El objetivo era ahora Panzacola, hacia donde marchó Jackson a finales de abril no sin antes perseguir y matar a algunos indios en sus alrededores. El 24 de abril se reunió en Panzacola la Junta de Guerra para acordar los posibles medios de defensa, que eran casi nulos. El total de la guarnición era de treinta y un guerrilleros y ciento ochenta y siete hombres de infantería. Su Comandante, don José Masot, escribió el 4 de mayo a su Capitán General, Cienfuegos, diciendo que en caso de ataque se retiraría a las Barrancas. Este era un Fuerte aún sin terminar, al que no se había marchado por falta de víveres. No había ni medio real en la Caja, ni un solo barril de carne salada, y por consiguiente, si 'se retiraban a las Barrancas, estarían reducidos a pan y agua, y si eran bloqueados no resistirían más de ocho días, ya que apenas les quedaba harina [21].

---

[18]   Oficio al Secretario del Despacho de Guerra. Palacio, 26 de Febrero, 1818. AHN/E/Leg. 5.643, Caja 1.

[19]   Mensaje del Presidente de los Estados Unidos, Jaime Monroe, al Congreso. Washington, 25 de Marzo, 1818. AHN/E/Leg. 5.643, Caja 1, Anexo en C. pral. 50 de Onís del 31 de Marzo.

[20]   Carta de Masot a Cienfuegos, Pazacola, 2 de Mayo, 1818. AHN/E/Leg. 5.563, Exp. 1, Anexo, 1 a C. n.º 249 de Cienfuegos.

[21]   Junta de Guerra. Panzacola, 24 de Abril, 1818. AHN/E/Leg. 5.563, Exp. 1, C. n.º 249, Anexo 2.

Carta de Masot a Cienfuegos. Panzacola, 4 de Mayo, 1818. AHN/E/Leg. 5.563, Exp. 1, C. n.º 251, Anexo.

El día 21 de mayo, Masot se enteró de la proximidad de las tropas de Jackson e hizo reforzar el Fuerte de Barrancas concentrando allí todas sus fuerzas, que se reducían a 153 hombres de infantería y 22 artilleros. Los días 22, 23 y 24 de mayo se pasaron haciendo preparativos de defensa y conducción de víveres, pero el mismo día 24 Jackson se apoderó de Panzacola. Como el mismo Masot le contaba a Onís en una carta, no tuvo más remedio que capitular, pues los americanos rodearon el Fuerte: «Viendo todo perdido y sin esperanza de prolongar por mas tiempo mi defensa bien que inutil por no tener esperanza de socorro y estando bien puesto, creo, en honor de las armas del Rey propuse la capitulación que en copia acompaño a V. E... la que admitida, entregué el puesto de Barrancas á las tropas americanas á las tres de la tarde del día 28, y de consiguiente el resto de la Florida Occidental, baxo las condiciones expresadas en ella...»[22].

El día 23 de mayo Jackson había escrito a Masot diciendo que si rendía pacíficamente, se haría un inventario de las propiedades públicas, se le permitiría permanecer allí sujeto a las órdenes de las autoridades militares de los Estados Unidos, la salida y entrada sería libre para todos los individuos, así como el comercio, y a los militares se les proporcionaría transporte para Cuba. Masot contestó que estaba resuelto a defenderse por la fuerza, y tuvo que capitular con un balance de un muerto y diecisiete heridos[23].

La toma de Panzacola supuso un duro golpe para la negociación de Onís, quien escribió un Oficio de protesta al Gobierno americano y una carta circular a todos los Ministros extranjeros residentes en los Estados Unidos. Sus indignadas y persistentes protestas no fueron en balde, pues el Gobierno americano acordó restituir Panzacola a la persona que se presentase autorizada por parte de España para recibirla, así como el Fuerte de San Marcos de Apalache. Para este propósito España comisionó a don Juan María Echeverri, Sub-inspector de las tropas de la Isla de Cuba,

---

[22] Carta de Masot a Luis de Onís. Panzacola, 31 de Mayo, 1818. AHN/E/Leg. 5.562, Exp. 8, C. n.º 7.

[23] Carta de Jackson a Masot. Cuartel General, División del Sur, Campo cerca de Panzacola, 23 de Mayo, 1818.
Carta de Masot a Jackson. Barrancas, 24 de Mayo, 1818. AHN/E/Leg. 5.562, C. n.º 7.
Estado que manifiesta los heridos y muertos habidos en la defensa del Fuerte de Barrancas. Panzacola, 6 de Junio, 1818. AHN/E/Leg. 5.563, Exp. 1, C. n.º 256.

y en marzo de 1819 volvió a enarbolarse la bandera española en San Marcos de Apalache y Panzacola[24].

Esta devolución fue tan sólo nominal, y debida al clamor general que levantó el hecho de la invasión, pues el 22 de febrero de 1819 Onís firmaba el Tratado de cesión de la Florida a los Estados Unidos, que tardaría dos años en ratificarse.

## 2. LA NEGOCIACIÓN DIPLOMÁTICA

La resaturación de Fernando VII en el trono español resultó determinante para que el representante español, Luis de Onís, nombrado por la Junta Central en 1809, fuese reconocido oficialmente en 1815 por el Gobierno de los Estados Unidos[25]. La negociación entre España y los Estados Unidos, que hasta la firma del Tratado de 1819 a cargo de Onís, comprendía los cinco puntos siguientes:

1.º Indemnización de los perjuicios irrogados por los ciudadanos americanos y súbditos españoles unos a otros durante la guerra con Inglaterra que terminó en 1801.

2.º Indemnizaciones por los perjuicios que, durante las desavenencias entre Francia y los Estados Unidos, ocasionaron al comercio americano los corsarios y tribunales franceses en las costas y puertos de España, tolerándose la violación de la neutralidad en territorio español.

3.º Perjuicios ocasionados a la agricultura y comercio americano en el año de 1802 por la suspensión del derecho de depósito en Nueva Orleans.

4.º La demarcación de los límites Orientales de la Luisiana, lo que ocasionó la controversia entre España y Estados Unidos por la Florida Occidental, ya que el Gobierno americano pretendía situarlos en el Río Perdido reclamando así casi toda la citada

---

[24] Carta n.º 134 de Onís a Pizarro. Bristol, 18 de Julio, 1818.
Carta n.º 137 de Onís a Pizarro. Bristol, 27 de Julio, 1818. AHN/E/Leg. 5.643, caja 2.
Minuta del Ministerio de Guerra al de Estado. Palacio, 16 de Octubre, 1818. AHN/E/Leg. 5.563, Exp. 1.
Carta de D. José Cienfuegos al Marqués de Casa Irujo. La Habana, 4 de Mayo, 1818. AHN/E/Leg. 5.562, Exp. 8.

[25] Artola Gallego, Miguel, La España de Fernando VII, pág. 588, tomo XXVI de la Historia de España dirigida por Menéndez Pidal, Espasa Calpe, Madrid, 1968.

provincia. Para ello se basaba en una interpretación del artículo 3.º del Tratado de San Ildefonso, por el cual retrocedió la Luisiana a Francia «como estaba cuando la Francia la poseía, como estaba en poder de la España, y cual debe estar después de los Tratados celebrados entre la España y otras potencias...». Al principio de la discusión de este punto, en 1815, España tenía la ventaja de la posesión del terreno en disputa, pero ésta se perdió en 1810 cuando, empeñada España en la lucha contra Napoleón, y hallándose indefensas las Floridas, los Estados Unidos se apoderaron de dicho territorio quedando desde entonces incorporado a la Federación por un Acta del Congreso.

5.º Los límites Occidentales de la Luisiana, que el Gobierno americano pretendía llevar hasta el Río Bravo, incluyendo la provincia de Tejas, y otras de las internas de Nueva España [26].

Esta negociación diplomática entablada en 1805 y suspensa por no reconocer el Gobierno de los Estados Unidos a los que rigieron la Monarquía durante la ausencia del Rey, no comenzó a tomar un hilo seguido hasta mediados de 1817 cuando, el gobierno americano, bajo pretexto de las indemnizaciones que reclamaba y de las pretensiones que tenía al Este y al Oeste del Mississippi, iba apoderándose de los terrenos en cuestión.

El 10 de septiembre de 1816 se le remitieron plenos poderes a Onís, aunque no instrucciones, para concluir un Tratado de Amistad y Límites con los Estados Unidos. Onís contestó el 6 de enero de 1817 pidiendo instrucciones, ya que «las Floridas si no se las ceden, las tomarían de un golpe de mano en el día que se les antoje...»; decía que era necesario aclarar los derechos de S. M. a las Floridas y a la provincia de Tejas, según los límites fijados en el año de 1763, y que, aclarando este punto, quedaba decidir si se quería vender las Floridas o cambiarlas por un equivalente. Preguntaba también si S. M. deseaba vender sólo la parte de Florida que habían ocupado los americanos o cambiarla, ya que, hallándose ya dicho territorio unido a los Estados Unidos, alegarían que era imposible devolverlo y bajo ese principio, sería muy poco lo que ofreciesen a cambio [27].

---

[26] Memoria del Secretario de Estado D. Evaristo Pérez de Castro a las Cortes. Palacio, 26 de Agosto, 1820. AHN/E/Leg. 5.662, n.º 4.

[27] Plenipotencia de Fernando VII a D. Luis de Onís. Madrid, 10 de Septiembre, 1816.

Carta de Onís a Cevallos. Washington, 6 de Enero, 1817. AHN/E/Leg. 5.660, C. n.º 3.

Durante los meses siguientes, Onís continuó escribiendo al Ministro de Estado, Pizarro, sobre la urgencia de recibir instrucciones, situación que salvaba intentando entretener al Gobierno americano enviando largos Oficios para que tardasen en traducirlos. En abril envió un proyecto de Tratado, seguro de que los americanos no accederían a él, pero pidiendo que al menos le pusiese al margen las condiciones *sine qua non* S. M. aceptaría suscribir. En dicho proyecto Onís proponía el cambio de las Floridas por la Luisiana, o bien la venta de Florida Occidental hasta la Bahía de Mobila o hasta el Río Perdido por cuatro millones de duros [28].

La posición de Pizarro respecto a los problemas americanos, aparece claramente en sus Memorias: «Quedaron pués, pendientes cinco puntos de discusión seria entre los Estados Unidos y la España: los tres pecuniarios y los dos de límite. Era evidente que los pecuniarios no se podrían saldar con dinero; así desde luego se pensó por nosotros en cubrirlos y zanjar todas las cuestiones pendientes por medio de las Floridas». Las negociaciones entre Onís y Monroe pusieron de manifiesto la distancia que separaba las concepciones de ambos Gobiernos y hubieron de ser suspendidas por la carencia de instrucciones del Ministro español. Para entonces se había adelantado ya la idea de la compra de la Florida, a la que Onís se oponía por las consecuencias que tal decisión podría tener en la conservación del resto del Imperio, no encontrando otra solución al conflicto que la mediación de otras potencias: «Yo no veo otro medio de evitar una guerra que el de una mediación o poner las Floridas en manos de otra potencia que pueda defenderlas y socorrernos en caso de que intenten atacarnos por las posiciones internas o destacar corsarios para aniquilar nuestro comercio».

De acuerdo con estas indicaciones y apoyándose en la declaración que el gabinete inglés comunicó a los Estados Unidos en 1816, oponiéndose a toda expansión de su territorio a costa de España, Pizarro requirió la mediación británica en dos notas del 6 y 26 de abril de 1817 con objeto de llegar a un acuerdo con los americanos. Esta solicitud y la que simultáneamente se hizo cerca del gabinete francés, no fueron atendidas, quedando España enfren-

---

[28] Carta de Onís a Pizarro. Washington, 7 de Abril, 1817. AHN/E/Leg. 5.660, C. pral. 69.
    Carta de Onís a Pizarro. Washington, 8 de Abril, 1817. AHN/E/Leg. 5.560, Exp. 11, C. n.º 70 dup. (también en Leg. 5.660).

tada a una negociación aislada con los Estados Unidos. Al mismo tiempo se producía la intervención de don José Alvarez de Toledo, Diputado que fue por Santo Domingo en las Cortes Extraordinarias, de donde marchó a Estados Unidos, y tras de ser derrotado en un ataque que preparó contra Méjico se vinculó a Onís, quien le recomendó encarecidamente, y habiendo regresado a la Corte, se convirtió en mentor oficioso de la política española de pacificación y en lo relativo a las diferencias con América.

En esta situación Pizarro dio lectura ante el Consejo de Estado a una extensa Memoria, fechada el 4 de junio de 1817, en la que hacía historia de todas las diferencias y recogía las sugestiones contenidas en los despachos de Onís, presentando ocho soluciones diferentes a la decisión de Fernando VII. El Ministro manifestó su inclinación por una transacción que dejase claramente limitados los territorios de ambas potencias. «Debe partirse del principio que todo sacrificio es pequeño cuando se trata de recobrar la Luisiana, o por lo menos de poner por límite entre las dos naciones el Canal del Mississippi. Si no se logra contener a los americanos en el bando Oriental de aquel río es menester desengañarnos y conocer que ninguna otra demarcación ofrece seguridad en lo venidero para los dominios de V. M. en Nueva España».

Los ocho medios propuestos por Pizarro podían reducirse a dos proposiciones fundamentales: la española, que trataba a toda costa de conservar el Mississippi como frontera al menos en su curso medio y bajo; la norteamericana, que desplazaba la línea hasta las orillas de Colorado [29]. El Consejo de Estado optó por la fórmula más favorable a España y el 11 de junio de 1817 se resolvió comunicar al Gobierno de los Estados Unidos que S. M. cedería las dos Floridas siempre que éste conviniese en establecer por límites y línea divisoria el Canal del Mississippi en todo su curso, o bien proponer el cambio de la Luisiana por la Florida Occidental, añadiendo la cesión de la parte española de Santo Domingo [30]. Y el 22 de junio se requirió nuevamente la mediación inglesa sin resultado, por lo que Pizarro, en una Memoria al Rey fechada el 2 de octubre de 1817, insistía en la importancia de cambiar la Florida por una parte de Luisiana: «Mientras más reflexionó sobre las objeciones que se han pretendido oponer a

[29] Artola Gallego, *op. cit.*, págs. 588 y 589.
[30] Acta del Consejo de Estado. 11 de Junio, 1817. AHN/E/Leg. 5.661, doc. n.º 12.

esta cesión por cambio, más que una opinión... Los que dificulten la cesión de las Floridas, ¿conocen la inmensa extensión del territorio que exigimos a los americanos en cambio, y que en magnitud excede en más de ocho tantos a la extensión de las Floridas? ¿Han reflexionado que por este medio se evitará una interminable cuestión de límites al Occidente, que ha de ser con el tiempo la ruina de Nueva México y Nueva España? ¿Y que se va a buscar la ventaja de un límite natural e indeleble como lo es el Mississippi en cualquiera de sus brazos? Con la Luisiana Occidental adquirirá V. M. otra vez la barrera y la defensa de Nueva España, que ha perdido por la desgraciada retrocesión de 1800, en lugar de las Floridas que hoy posee, pero que posee desmembradas por el Tratado de 1795, reducidas en gran parte a una faja de terreno arenoso, segregadas del resto de los dominios españoles desde la cesión de la Luisiana, invadidas en parte y amenazadas en su totalidad por los Estados Unidos, y por último, en un estado de indefensión y despoblación tal, que los americanos las tomarán sin resistencia el día que quieran...

Se ha dicho que el decoro de V. M. padecerá por la indicada cesión, pero yo no veo en qué puede oponerse al decoro la idea de un cambio en el que adquiere mucho más de lo que se cede...» [31].

El 3 de noviembre de 1817 se le comunicaron por Real Orden las instrucciones a Onís, autorizándole a hacer la proposición de cambio de las Floridas y a ratificar el Convenio de 1802 sobre indemnizaciones, en vista de que Francia e Inglaterra no mediarían a favor de España [32].

Como decía Onís en una carta a Pizarro el 5 de enero de 1818, Francia, que era la más debía ligarse a España, deseaba que S. M. estableciese príncipes franceses en diferentes puntos de América; porque logrando así privar a España de todos aquellos dominios, sería el medio para que Inglaterra no extendiese tanto su comercio en ellos. Por otro lado, Inglaterra promovía la Independencia en la América española, porque esperaba que del choque de partidos que ella atizase, resultaría una guerra civil que asolaría la

---

[31] Memoria de Pizarro al Rey. Madrid, 2 de Octubre, 1817. AHN/E/Leg. 5.661, C. n.º 8.

[32] Instrucciones a D. Luis de Onís. Madrid, 3 de Noviembre, 1817. AHN/E/Leg. 5.669, n.º 2.

El 11 de Agosto de 1802 se hizo el Convenio sobre indemnizaciones entre España y los Estados Unidos.

población y agricultura de aquellos países, quedando así un campo libre para difundir exclusivamente los frutos de sus colonias y extraer su comercio en aquellos países faltos de manufactura. Y mientras estas potencias atendían a sus miras particulares de segregar las colonias españolas en América, el Gobierno de los Estados Unidos adoptaba el sistema de mirar a España con el último desprecio, y no atender ni contestar a las notas que se le pasaban, desentendiéndose de todo al mismo tiempo que hacía avanzar fuerzas de mar y tierra sobre las fronteras de Florida, y con ellas se iba apoderando de todos los puntos que le convenía. Añadía Onís que esperaba por momentos la noticia de las Floridas, ya que Panzacola no tenía medios de defensa y San Agustín, que era más fuerte, carecía también de guarniciones y de la provisión necesaria; y que en vano se cansaba de repartir avisos a La Habana y México sin recibir ayuda, siendo la crisis extrema y fatal [33].

En estas circunstancias recibió Onís las instrucciones del 3 de noviembre de 1817, reducidas a autorizarle a cambiar las Floridas sin condición alguna con respecto a las estipulaciones del Tratado de Utrech, y dejando indeciso y pendiente el punto de límites; a ellas contestó que no había posibilidad alguna de que el Gobierno americano admitiese el cambio de las Floridas por ninguno de los equivalentes especificados en dichas instrucciones, y que, cuando llegase a España su carta, era muy probable que las Floridas estuviesen ya en poder de los Estados Unidos [34].

Mientras Onís se debatía entre su falta de instrucciones concretas y sus discusiones con Adams, al que no hacía entrar en razón, Erwing escribió a este último desde Madrid una carta cuyo contenido tendría gran importancia aun después de firmado el Tratado. En ella, fechada el 10 de febrero de 1818, avisaba el Ministro de Estados Unidos en España que el Rey había hecho recientemente grandes concesiones de tierras en la Florida a varios de sus favoritos, y que en los días pasados había hecho otras concesiones que barrían con todo, dando cuantas tierras quedaban al Duque de Alagón, Capitán de sus Guardias, y al Conde de Puñonrostro, uno de sus Gentiles Hombres de Cámara. Decía Erwing que este era tal vez el modo de preparar una «cesión ba-

---

[33] Carta de Onís a Pizarro. Washington, 5 de Enero, 1818. AHN/E/Leg. 5.643, Caja 1, C. pral. n.º 1 (cifra).

[34] Carta de Onís a Pizarro. Washington, 14 de Enero, 1818. AHN/E/Leg. 5.643, Caja 1, C. pral. n.º 8 (cifra).

rata» de territorio a los Estados Unidos. El 26 de febrero volvió a escribir informando que la tercera concesión había sido para el señor Vargas, Tesorero de la Casa Real, y en carta del 14 de mayo comentaba que estos agraciados no podrían cultivar ni poblar las tierras que les habían concedido, pues, «además de no tener un ochavo, están empeñados hasta los ojos»[35]. Estas donaciones hechas durante el curso de la negociación, y cuando los Estados Unidos contaban con la adquisición de las Floridas, serían uno de los principales motivos para la no ratificación del Tratado por parte de España y la polémica sobre el artículo 8.º del mismo, que se verá más tarde.

Por fin el 25 de abril de 1818 se comunicaban a Onís las nuevas instrucciones señalando como objetivos a seguir: 1.º Impedir el reconocimiento por los Estados Unidos de los gobiernos revolucionarios establecidos en Centro y Sur América. 2.º Poner fin a la piratería y a la ayuda económica que los rebeldes encontraban en Norteamérica. 3.º Fijar una línea de demarcación en el Oeste: «Se halla V. E. en el caso de poder asegurar a ese gobierno con positiva certeza que España está dispuesta a ceder sin restricción ni limitación alguna ambas Floridas, con tal que se conceda a S. M. una razonable equivalente a la parte occidental del Misisipi». 4.º Concluir con las cuestiones pendientes de las indemnizaciones.

En tanto el Ministerio español abría nuevas negociaciones, los americanos emprendían en 1818 una campaña contra los indios semínolas. Jackson, con el pretexto de perseguir a los indios, invadió el territorio español de la Florida conquistando San Marcos y Panzacola. «Pasáronse —dice Pizarro— notas muy enérgicas al Gobierno americano, reclamando contra esta infracción del derecho de gentes y declarando que se suspendería todo progreso a la negociación si no se nos daba la debida reparación».

El Presidente de los Estados Unidos, Monroe, que según Jackson había ordenado la invasión de la Florida, aceptaría las moderadas exigencias españolas limitadas a una explicación honorífica y la restitución de la plaza de Panzacola, reanudándose con ello las negociaciones[36].

---

[35] Parte de una carta de Erwing a Adams. Madrid, 10 de Febrero, 1818. 26 de Febrero, 1818 y 14 de Mayo, 1818. AHN/E/Leg. 5.645, Caja 2, C. pral. 112, docs. 1 y 2.

[36] Artola Gallego, Miguel, *op. cit.*, pág. 590.

El 26 de agosto de 1818, Pizarro expuso una Memoria ante el Consejo de Estado, en la que hacía un estudio del curso de las negociaciones con los Estados Unidos para cederles las Floridas, y decía que sería indecoroso para S. M. continuar las negociaciones como si nada hubiera pasado. Exponía una serie de alternativas a seguir, opinando que lo mejor sería dar amplias facultades a Onís para la conclusión de un arreglo definitivo y enviarle nuevas instrucciones en cuanto se recibiese su respuesta sobre la proposición de fijar el límite en el Río Sabinas. Y el 30 de agosto enviaba Pizarro a Onís las siguientes instrucciones: «Ignora S. M. el efecto que puede haber producido la proposición de situar el límite en el Río Sabinas, además de cederles S. M. las Floridas. Si esta proposición se aceptase, no sea V. E. muy escrupuloso en la clase de satisfacción que exija por lo de Panzacola; y si hay esperanza de que se acepte, puede V. E. continuar la negociación aparentando que lo hace de una manera confidencial o por la intervención del Ministro de Francia. Se mostrará V. E. más escrupuloso en la satisfacción y en continuar la negociación, si ve tenaz a ese gobierno en querer además de las Floridas la Bahía de San Bernardo; pués entonces, como no sea para evitar un rompimiento o un reconocimiento de los insurgentes, no conviene apresurarnos... Si viese crecer el peligro se autorizará a V. E. para ir extendiendo el sacrificio más allá del Rio Sabinas...» [37]. El 13 de septiembre las instrucciones a Onís ya admitían la posibilidad de situar la línea de demarcación al Oeste de la Bahía de San Bernardo, sacando en compensación alguna ventaja pecuniaria, y el 11 de octubre decía Pizarro lo siguiente: «He sabido después que el Gobierno de los Estados Unidos en la extensión de cualquier Tratado que hagan con V. E. procurarán hacerlo de modo que implícitamente se reconozca que la parte de la Florida Occidental hasta Rio Perdido, se considera por las dos partes contratantes como parte de la Luisiana. Esta circunstancia es inadmisible, pués además de la pérdida de las Floridas, perderíamos igualmente nuestra opinión, dejando el honor nacional al descubierto... Así, pués, es la voluntad del Rey que si llega el caso de concluirse el Tratado contemplando con la cesión de ambas Floridas a los Estados Unidos, se expresen específicamente, o

---

[37] Memoria de Pizarro expuesta en el Consejo de Estado. Madrid, 26 de Agosto, 1818. AHN/E/Leg. 5.644, Caja 2, doc. n.º 88.

Minuta con instrucciones de Pizarro a Onís. Madrid, 30 de Agosto, 1818. AHN/E/Leg. 5.644, Caja 2, doc. n.º 96.

si ese gobierno se opusiese a esta explicación circunstanciada podrá decirse en términos genéricos que S. M. cede a los Estados Unidos todos los territorios que le pertenecen al Este del Misisipi hasta el mar». Y en relación a las concesiones de tierras hechas por las autoridades locales de S. M. hasta el año 1803 inclusive, le instruía a estipular del modo más claro y positivo que fuesen reconocidas plena y completamente por el gobierno americano, sin que pudiera servir de obstáculo o debilitar el derecho de los propietarios el no haberlas establecido por el estado de agitación, incertidumbre y perplejidad en que los habitantes de ambas Floridas se hallaron desde la cesión de la Luisiana [38]. Como puede verse por estas instrucciones, lo único que se podía salvar ya en las Floridas era el honor de España, reducido a la elección de un vocabulario diplomático apropiado, o lo suficientemente ambiguo como para que España no se diese totalmente por vencida en la controversia por la Florida Occidental que comenzó a partir de la venta de Luisiana por Francia a los Estados Unidos.

El 31 de octubre de 1818 escribía Onís a Pizarro exponiendo el estado de las negociaciones, y decía que las concesiones de tierras hechas últimamente al Duque de Alagón y a otros individuos serían un gran obstáculo para el Tratado, ya que el Gobierno americano las consideraba como un acto de mala fe en el momento en que se trataba de ceder las Floridas, y todos propagaban que las concesiones se habían hecho para quitarles valor [39]. Ese mismo día el Secretario de Estado americano, John Quincy Adams, ofreció establecer la línea divisoria (como límite occidental de la Luisiana) en el Río Rojo, siguiendo luego por las Montañas Nevadas hasta el paralelo 41º, que serviría de frontera hasta el Pacífico, propuesta que presentó como un ultimátum, pues en caso de no ser aceptada, Estados Unidos pretendería el derecho de llegar hasta el Río Grande del Norte. Onís logró, con mediación del Embajador francés, ciertas modificaciones, llegándose a un acuerdo respecto a la nueva línea de demarcación, que comenzando a la desembocadura del Sabina, llegaba hasta el paralelo 32º, desde donde seguía en línea recta hasta encontrar el Río Rojo, cuyo curso remontaba hasta alcanzar el meridiano 100, que señalaría la frontera entre este río y el Arkansas, siguiendo luego

[38] Instrucciones de Pizarro a Onís. Madrid, 13 de Septiembre y 11 de Octubre, 1818. AHN/E/Leg. 5.644, Caja 2, doc. núms. 104 y 111.
[39] Carta de Onís a Pizarro. Washington, 31 de Octubre, 1818. AHN/E/Leg. 5.644, Caja 1, C. pral. 165.

por la orilla Sur del mismo hasta su nacimiento en el paralelo 42°, el cual serviría de línea divisoria hasta el Pacífico. Aunque la soberanía de las aguas fronterizas quedaba para los Estados Unidos, se reservaba España el derecho de navegar libremente por ellas[40]. El 16 de noviembre, Onís contestaba a la nota de Adams del 31 de octubre para el arreglo de todas las diferencias pendientes, y con respecto a las concesiones de tierras hechas por S. M. en las Floridas, que era el punto que más exasperaba todos los ánimos, manifestaba lo siguiente: «que convendré en que se declaren nulas todas las concedidas por las autoridades de S. M. desde el 24 de enero último, día en que manifesté la voluntad de S. M. de ceder a esta República las Floridas», no porque S. M. dejase de tener indisputablemente el derecho de hacer dichas concesiones, sino porque habiendo concedido S. M. aquellas tierras con el único objeto de que se poblasen dichos territorios, y no con el de que se vendiesen, se han anulado de hecho por no haber cumplido los agraciados con las condiciones[41].

Entretanto Pizarro fue sustituido por el Marqués de Casa Irujo como Ministro de Estado, y tres días antes de firmar el Tratado, Onís le escribía diciendo que había estado a punto de romper el Tratado con Adams por el artículo relativo a las concesiones de tierras hechas por S. M. y por sus autoridades en las Floridas, ya que Adams pretendía invalidar todas las concesiones bajo el pretexto de que muchos de los propietarios no las habían cultivado. Pero el 22 de febrero de 1819, Onís firmó con Adams el Tratado que consagraba la pérdida de las Floridas y la renuncia a la Luisiana a cambio de consolidar la línea fronteriza y de la liquidación de las diferencias económicas[42].

Una vez concluida la tramitación pública, se puso de relieve, a la hora de ratificar el Tratado, la existencia de intereses particulares que provocaron nuevas dilaciones en la negociación. Como ya se ha dicho, durante las negociaciones, Fernando VII concedió de manera directa y en fecha discutida, una considerable porción de terreno en la Florida a los señores de Vargas,

---

[40] Artola, op. cit., pág. 591.

[41] Carta de Onís a Pizarro. Washington, 23 de Noviembre, 1818. AHN/E/Leg. 5.644, Caja 1, C. pral. 198.

[42] Carta pral. n.° 30 de Onís al Marqués de Casa Irujo. Washington, 19 de Febrero, 1819.

Carta pral. n.° 32 de Onís al Marqués de Casa Irujo. Washington, 22 de Febrero, 1819. AHN/E/Leg. 5.661.

Artola, op. cit., pág. 591.

Puñonrostro y al Duque de Alagón. Tal concesión afectaba a los intereses de los Estados Unidos, que para entonces ya habían hecho pública la anexión de este territorio a la Unión. Onís recibió instrucciones condicionadas de Pizarro para que, «si podía en la negociación legitimarles, lo procurase, por convenir así al decoro del Rey; y si no, que no se embarace en esto y concluyan el Tratado». Los interesados fueron al mismo tiempo avisados para que no enajenasen sus propiedades, «en especial a extranjeros, pues quedarían nulas como contrarias a las leyes».

El Tratado de Washington reconocía todas las concesiones de territorio hechas con anterioridad al 24 de enero de 1818, planteando implícitamente la cuestión de la legitimidad de las tres gracias concedidas por Fernando VII a sus consejeros. El gabinete americano entendió, sin embargo, que tales concesiones no deberían ser incluidas entre las propiedades privadas reconocidas por la Unión, e impuso al Ministro español «una especie de declaración por lo que quedaba excluídas las tres gracias dichas», lo que constituía una corrección del texto del Tratado suscrito [43].

El 10 de marzo de 1819, Adams escribía al Representante americano en Madrid, señor Forsyth, diciendo que por el artículo 8.º del Tratado, todas las concesiones de tierras hechas por S. M. C. desde el 24 de enero de 1818 en las Floridas, estaban declaradas nulas, y que esta fecha fue propuesta por el señor Onís y admitida por parte de los Estados Unidos «con el entero y claro bien entendido de ambas partes, de que las concesiones hechas, o que se alegaba lo habían sido, en el corriente del Invierno anterior, al Duque de Alagón, al Conde de Puñonrostro y al Sr. Vargas, estaban comprendidas entre las que se habían convenido eran nulas y de ningún valor...» [44]. Ese mismo día escribió también Adams a Onís diciendo que, como el Gobierno de los Estados Unidos conocía sólo de oídas las concesiones hechas por el Rey de Vargas, Puñonrostro y Alagón, e ignoraba sus fechas, convenía que supiese el Gobierno español al cambiar las ratificaciones «que cualquiera que sea la fecha de dichas concesiones, nosotros entendimos plenamente que quedaban anuladas todas por el Tratado». Cuando Onís recibió este Oficio, escribió al Marqués de Casa Irujo diciendo que él ignoraba las fechas de las concesiones, pero que si eran posteriores al 24 de enero de 1818, se respetaría el

---

[43]  Artola, *op. cit.*, pág. 591.
[44]  Carta de Adams a Forsyth. Washington, 10 de Marzo, 1819. AHN/E/ Leg. 5.645, Caja 2, C. pral. 112, Anexo.

Tratado y serían anuladas [45]. El Marqués de Casa Irujo no dudó en aceptar esta teoría, y presentó al Consejo de Estado una Memoria favorable a la ratificación del Tratado, para la cual se había señalado un plazo de seis meses. Al no aludir Casa Irujo al protocolo tradicional que anulaba las concesiones, provocó la hostilidad de los despojados, cuyos intereses encontraban un defensor en Lozano Torres, el cual logró se exonerase al Ministro de Estado, siendo nombrado para sucederle el Oficial Mayor de la Secretaría, Manuel González Salmón. Lozano intrigó para que no se ratificase el Tratado por favorecer a los tres cortesanos, e hizo salir del Ministerio, encerrar y procesar al Ministro de Estado, Casa Irujo, por sus esfuerzos para que se ratificase. El nuevo Ministro, según Pizarro, se mostró en un primer momento favorable a la ratificación, «pero cuando conoció que se había hecho asunto peligroso, que el Rey estaba prevenido, etc., tuvo por conveniente hablar en el Consejo de Estado contra él en el sentido de Lozano». La cesión a que se refiere Pizarro acaeció la noche del 30 de junio de 1819, y en ella fue negada la ratificación, «así porque en esta transacción diplomática venían comprometidos el honor e intereses de la monarquía española como también porque de su cumplimiento no reportaría aquella ninguna de las ventajas que debían seguirse» [46].

La noche siguiente se celebró un Consejo de Ministros al que asistieron el Infante don Carlos, Lozano Torres, el Duque del Infantado (Presidente del Consejo Supremo de Castilla), el Duque de San Fernando (Presidente de las Ordenes), don José de Imaz (Secretario de Hacienda) y don José María de Alós (Secretario de Guerra y Marina). El motivo de la reunión era buscar una fórmula que permitiese no ratificar el Tratado sin causar un rompimiento con los Estados Unidos. El único que se mostró partidario de ratificar fue don José de Imaz, así que se acordó «que convenía no ratificar el Tratado; que era preciso no manifestar desde luego esta decisión al gobierno americano, sino hacerlo con política, tomando pretexto de los incidentes que él mismo había pro-

[45]  Oficio de Adams a Onís. Washington, 10 de Marzo, 1819.
Carta de Onís a Casa Irujo, Washington, 11 de Marzo, 1819. AHN/E/Leg. 5.661, C. pral. 49.
[46]  Artola, *op. cit.*, pág. 593.
Extracto del Consejo de Estado. Madrid, 30 de Junio, 1819. AHN/E/Leg. 5.661.

porcionado y quedan ya expuestos; que también era conveniente interesar en esta nueva negociación al gabinete inglés...» [47].

La decisión de dilatar las negociaciones, que se comunicó a Forsyth, provocó los temores de los Ministros de Francia y Rusia, que insistieron en la necesidad y urgencia de suscribir la ratificación, sin que por ello se modificase la postura del gabinete español, que aún sufrió nuevas crisis de resultas de esta cuestión. Lozano de Torres sugirió el envío del Duque de San Fernando a América, según Pizarro, para evitar su promoción al Ministerio de Estado. La intriga tuvo un resultado enteramente distinto, y el Duque de San Fernando fue elevado al Ministerio al tiempo que salía Lozano de Torres [48]. Entretanto, Mateo de la Serna, que sustituyó a Onís como Encargado de Negocios en los Estados Unidos a partir de mayo de 1819, daba continuas noticias de la impaciencia de los americanos por la no ratificación del Tratado. El 7 de diciembre, el Presidente americano daba un Mensaje al Congreso en el que sometía a consideración si no sería apropiado llevar a efecto las condiciones del Tratado del mismo modo que si hubiera sido ratificado por España [49]. Ante el peligro de que el Gobierno americano determinase ocupar las Floridas, el 15 de diciembre de 1819 se nombró Ministro Plenipotenciario en los Estados Unidos al Mariscal de Campo don Francisco Vives, a quien se dieron instrucciones para modificar el Tratado. En ellas se decía que «España echa de menos en el Tratado una seguridad por parte del Gobierno americano de que no reconocerá la independencia de ninguno de los gobiernos revolucionarios de las posesiones españolas en aquella parte del mundo, y que impedirá el auxilio que hasta ahora se continúa dando en todos los sentidos a los mismos gobiernos isurreccionales»; así, pues, se le instruía pedir garantía de todas las posesiones españolas al Occidente del Mississippi, y revisión de la cuestión de indemnizaciones y límites [50]. Como decía Pérez de Castro en su Memoria a las

---

[47] Acta de la Junta de Ministros. Palacio, noche del 1 de Julio, 1819. AHN/E/Leg. 5.661.

[48] Ver nota 22.

[49] Traducción de la parte del Mensaje del Presidente americano relativo a la negociación con España. Washington, 7 de Diciembre, 1819. AHN/E/Leg. 5.645, Caja 2, Anexo a C. pral. 108 de Mateo de la Serna.

[50] Instrucciones para la persona encargada de la nueva negociación con los Estados Unidos para suspender la ratificación del Tratado últimamente concluido con esta potencia y con objeto de modificar aquél. Madrid, 31 de Diciembre, 1819. AHN/E/Leg. 5.661, n.º 2.

Cortes el 26 de agosto de 1820, «con tan tristes presagios para el éxito de su negociación salió de Inglaterra el General Vives para los Estados Unidos a principios de marzo. En el estado en que se hallaba el asunto debía ceñirse a impedir que el Gobierno americano tomase una determinación ocupando las Floridas, que comprometiese el honor nacional, y a presentar las tres proposiciones que comprendían sus instrucciones, ofreciendo la ratificación del Tratado y anulación de tierras, si se contestaba a ellos satisfactoriamente. A principios de abril, llegó Vives a los Estados Unidos y al momento dio principio a su encargo...»[51].

El General Vives, a su paso por Londres, tuvo unas conversaciones con Lord Castlereagh, quien le dijo que no contase de ningún modo con el apoyo de Inglaterra para su negociación, y le aconsejó se ratificase el Tratado; entretanto, Mateo de la Serna escribía al Duque de San Fernando dando parte de que el Congreso había propuesto a la Comisión de Negocios Extranjeros tomar las Floridas, y que sin duda esta propuesta sería admitida. En España, el Secretario de Guerra don José María Alós, informaba al de Estado, a petición de éste, «que considero suficientes las fuerzas con que puede auxiliarse a las Floridas para una honrosa defensa, pero de ningún modo bastantes para su conservación en circunstancias de una guerra con los Estados Unidos, atendiendo a que las dos únicas plazas que hay en ella son de último orden, y al malísimo estado en que se hallan sus fortificaciones: la situación de la Panzacola es de campo abierto casi horizontal, sin otra protección que tres o cuatro casas fuertes de madera alrededor del pueblo y otras tantas en plaza de armas casi inútiles: el único fuerte defendible es el de Barrancas... la de San Agustín ofrece mayores medios de defensa... pero la falta de Isla Amalia dificultaba el que pueda ser auxiliada por mar...»[52].

El 14 de abril de 1820, Vives exponía a Adams las condiciones para ratificar el Tratado: 1) que los Estados Unidos pusiesen fin a la piratería de algunos de sus puertos contra los españoles; 2) garantía de seguridad para las posesiones del S. M. C. en Amé-

---

[51] Memoria del Secretario de Estado, D. Evaristo Pérez de Castro, a las Cortes. Palacio, 26 de Agosto, 1820. AHN/E/Leg. 5.662, n.º 4.

[52] Conferencias del General Vives con Lord Castlereagh. Londres, 24 de Febrero, 1820. AHN/E/Leg. 5.646. C. pral. 7, Anexo 1.
Carta de Mateo de la Serna al Duque de San Fernando. Washington, 10 de Marzo, 1820. AHN/E/Leg. 5.646, C. pral. 29, y Leg. 5.662.
Minuta muy reservada de D. José María de Alós al Secretario de Estado. Palacio, 28 de Diciembre, 1819. AHN/E/Leg. 5.661, n.º 5.

rica para que no se formasen nuevas expediciones y armamentos desde diversos puntos de los Estados Unidos contra éstas; 3) que no entrasen en relación con los pretendidos gobiernos de las provincias rebeldes de ultramar. Adams rehusó a entrar en explicaciones a menos que Vives estuviese autorizado a entregar las Floridas sin aguardar la ratificación, y éste le prometió solemnemente ratificar en cuanto se aceptasen sus proposiciones [53].

A finales de abril llegaron a los Estados Unidos rumores de cambios de Gobierno en España, pues Fernando VII juró provisionalmente el 9 de marzo de 1820 la Constitución de Cádiz de 1812; Vives escribió al Duque de San Fernando pidiendo noticias con impaciencia, pues ello cambiaría el aspecto y rumbo de su negociación. Efectivamente, el cambio de régimen acaecido en España modificó el cariz de la negociación, que estuvo, en más de una ocasión, a punto de hacer perder la paciencia al Gobierno americano. El 9 de mayo de 1820, el Presidente Monroe remitió el siguiente Mensaje a la Cámara de Representantes: «Podemos cuando queramos ocupar el territorio que se intentaba cedernos por el último Tratado... El buen orden, moderación y humanidad que ha caracterizado esta Revolución (en España) son garantes de su buen éxito. No creen los Estados Unidos que deben tomar medidas que perturben su armonía. Cuando el Gobierno español esté completamente organizado, bajo los principios de esta mudanza, como se espera se verificará pronto, hay fundamento para creer que nuestras diferencias con España no tardarán en arreglarse satisfactoriamente. Habiendo hecho estas observaciones, propongo a la sabiduría del Congreso si no será conveniente diferir todavía hasta la próxima sesión, toda resolución sobre este asunto» [54].

En vista de la recomendación del Presidente, el Congreso acordó suspender la decisión tocante al Tratado hasta la próxima sesión, y como decía Vives en una carta al Duque de San Fernando, lo que más contribuyó a esta determinación fue el cambio de Gobierno en España; cambio que produjo a los Estados Unidos la

---

[53] Carta de Vives a Adams. Washington, 14 de Abril, 1820.
Carta de Adams a Vives. Washington, 21 de Abril, 1820.
Carta de Vives a Adams. Washington, 24 de Abril, 1820. AHN/E/Leg. 5.646, C. pra. n.º 7.
[54] Carta de Vives al Duque de San Fernando. Washington, 29 de Abril, 1820. AHN/E/Leg. 5.646, C. n.º 1.
Mensaje del Presidente Monroe a la Cámara de Representantes. Washington, 9 de Mayo, 1820. AHN/E/Leg. 5.646, C. n.º 7, Anexo 13.

más ventajosa impresión, y sin la cual habían sido probablemente inútiles los esfuerzos de Vives [55].

El 9 de julio de 1820, Fernando VII juró solemnemente la
Constitución ante las Cortes, y el 26 de agosto don Evaristo Pérez
de Castro, Secretario de Estado, presentó una Memoria a las Cortes pidiendo autorización en nombre del Rey para ceder las dos
Floridas a los Estados Unidos a fin de poder proceder a la ratificación del Tratado. En ella hacía un extenso y detallado resumen
de los puntos y circunstancias de la negociación entre España y
Estados Unidos y citaba las fechas de las concesiones de tierras,
así como su situación: «En este tiempo tenían las Floridas una
vasta extensión de terrenos valdíos y realengos, que en el caso
de la conclusión de un tratado, debían servir para satisfacer las
indemnizaciones que reclamaban los americanos y hacían ascen-
der a cerca de 25 millones de duros, sin cuyos terrenos o medio
de indemnización las pretensiones de los Estados Unidos al Oeste
del Misisipi, debían ser mucho mayores. Interín seguía la negociación en Washington bajo esta inteligencia, se sirvió S. M. conceder al Duque de Alagón en 14 de diciembre de 1817 todo el
terreno inculto que no se hallaba cedido en la Florida Oriental,
situado entre las márgenes de los Ríos Santa Lucía y San Juan...
Con fecha del 17 de diciembre del mismo año, concedió S. M.
igualmente al Conde de Puñonrostro todas las tierras incultas de
la Florida comprendidas entre el Río Perdido al Occidente del
Golfo de México y los Ríos Amaruga y San Juan... El 2 de febrero de 1818 se hizo también donación a D. Pedro de Vargas del
terreno comprendido desde le embocadura del Río Perdido...».
Añadía Pérez de Castro en su Memoria a favor de la cesión de
las Floridas, que si bien era cierto que se cedían por el Tratado
del 22 de febrero de 1819, también lo era que se cedían cuando
ya estaban reducidas a cerca de la mitad por el Tratado de 1795;
cuando por el mismo Tratado estaban gravadas con la onerosa
estipulación de impedir los españoles las correrías de los indios
situados en ellas contra el gobierno y súbditos americanos; cuando ya estaban cortadas e incomunicadas con el resto del Imperio
español en América, y enclavadas en territorio americano desde
la impolítica cesión de Luisiana a Francia y la venta a los Estados Unidos; cuando estaban indefensas y expuestas a continuos e

---

[55] Carta de Vives al Duque de San Fernando. Washington, 19 de Mayo,
1820. AHN/E/Leg. 5.646, C. pral. n.º 7.

irresistibles peligros e invasiones, «porque una escasa población de cuatro a seis mil almas que contienen, se halla embutida dentro de una nación poderosa con diez millones de habitantes y con la firme e irrevocable voluntad de apropiárselas»; cuando una considerable porción de ellas se hallaba usurpada por los Estados Unidos sin esperanza alguna de restitución; y por último, cuando el gobierno americano tenía un pretexto permanente para estas usurpaciones, fundado en el retardo del pago de las indemnizaciones estipuladas por el Convenio de 1802, que ascendían a quince millones de duros. Y terminaba pidiendo autorización para proceder con urgencia a la ratificación del Tratado, con la cláusula de la anulación de las indicadas concesiones de tierras [56].

Finalmente, la decisión de ratificar fue aprobada por las Cortes el 5 de octubre de 1820, al tiempo que resolvían que si S. M. no usaba de la facultad que se le daba de enajenar las dos Floridas, quedasen anuladas para siempre las donaciones de tierras a los señores Alagón, Puñonrostro y Vargas, recomendando al Gobierno la suerte de los españoles que poblaban las Floridas [57]. Fernando VII suscribió la ratificación el 24 de octubre de 1820 declarando que las tres referidas concesiones quedaban enteramente anuladas e invalidadas, poniendo así fin a una larga negociación en la que al final había incurrido en la contradicción e inconsecuencia.

Como decía el Duque del Parque en la sesión del Consejo de Estado celebrada el 1 de mayo de 1819, «los tratados entre las potencias, como la mayor parte de las determinaciones de los hombres, son buenos, medianos o malos, según las circunstancias: tal tratado que no sería admisible en unas, será el mejor en otras, y en las que nos hallamos parece que no debemos aspirar a hacer el mejor tratado posible, sino el mejor factible, porque todo lo demás sería lisonjearnos de conseguir aquello que nunca podríamos alcanzar» [58]. Y no cabe duda de que las Floridas, rodeadas de una nación poderosa y creciente como los Estados Unidos, estaban destinadas a tomar parte de éstos tarde o temprano dada la incapacidad de España para sostenerlas.

---

[56] Ver nota 27.

[57] Autorización concedida por las Cortes en 5 de Octubre al Gobierno de S. M. para poder enajenar las dos Floridas a los Estados Unidos de América, 5 de Octubre de 1820. AHN/E/Leg. 5.662, n.º 7.

[58] Nota de lo que sustancialmente dijo el Duque del Parque en la sesión del Consejo de Estado celebrada en 1.º de Mayo de 1819. AHN/E/Leg. 5.662.

# BIBLIOGRAFÍA

Adams, Henry, *History of the United States. The Administrations of Washington and Adams. The Administrations of Jefferson and Madison*, N. York, 1891.

Adams, Randolph Greenfield, *A History of the Foreign Policy of the United States*, N. York, The Mc. Millan Co., 1924.

Arnade, Charles W.: «A Guide to Spanish Source Material», *Florida Historical Quarterly* 45, 320-25, 1957.

— «The Failure of Spanish Florida», *The Americas*, vol. XVI, núm. 3, páginas 271-281, 1960.

— «Cattle Raising in Spanish Florida», *Agricultural History* 35, 116-24 (escrito en 1961, reimpreso como folleto en S. Agustín, 1965).

— «The Architecture of Spanish St. Augustine», *The Americas*, vol. 18, páginas 149-86, 1961.

— «Three Early Spanish Tampa Bay Maps», *Tequesta* 25, págs. 83-96, 1965.

Arredondo, Antonio de, *Demostración historiográfica del derecho que tiene el Rey Católico al territorio que hoy posee el Rey Británico, con el nombre de N. Georgia en las provincias y continente de Florida*, La Habana, 20 de marzo de 1742, AGI/SD/LEG 86524, publicado con traducción inglesa por H. E. Bolton, Berkley, 1925.

Arthur, Stanley Clisby, *The Story of the West Florida Rebellion*, St. Francisville, Lousiana, 1935.

Artola Gallego, Miguel, *La España de Fernando VII*, Espasa Calpe, Madrid, 1968.

Ballesteros y Beretta, Antonio, *Historia de España y de su influencia en la Historia Universal*, Barcelona, 1919.

Bannon, John Francis, *The Spanish Borderlands Frontier, 1513-1821*, N. York, año 1970.

Barrs, Burton, *East Florida in the American Revolution*, Jacksonville, 1932.

Bartram, John, *Diary of a Journey through the Carolinas, Georgia, and Florida from July 1, 1765, to April 10, 1766*, Francis Harper ed., Transactions of the American Philosophical Society, Filadelfia, 1942.

Bartram, William, *Travels through North and South Carolina, Georgia, East and West Florida, the Cherokee Country*, Filadelfia, 1971. (Reimpreso en Londres en 1972. Se publicó una edición en N. York en 1928, y un facsímil de la obra original en 1940.)

— *Travels in Georgia and Florida, 1773-74; a Report to Dr. John Fothergill*, Francis Harper ed. Transactions of the American Philosophical Society, Filadelfia, 1943.

Beer, William, «The Capture of Fort Charlotte, Mobile», publicado por la *Louisiana Historical Society* 1, págs. 31-34, 1896.

— The Surrender of Fort Charlotte, Mobile», *American Historical Review* 1, páginas 696-99, 1896.

Bemis, Samuel, *Pinckney's Treaty, America's Advantage from Europe's Distress, 1783-1800*, Baltimore, 1926 (edición revisada, N. Haven, 1960).

Berry, Jane M., «Indian Policy of Spain in the Southwest, 1783-1795», *Mississippi Valley Historical Review* 3, págs. 462-77, 1917.

Bohnenberger, Carl, «The Settlement of Charlottia (Rolles Town), 1765», *Florida Historical Quarterly* 4, págs. 43-49, 1925.

Boyd, Mark F., «From a Remote Frontier, San Marcos de Apalache, 1763-1769», *Florida Historical Quarterly* 19, págs. 179-245, 402-12; 20, págs. 82-92, 203-209, 293-310, 382-97, 1940-43.

Boyd, Smith Griffin, *Here They Sttod*, University of Florida Press, Gainesville, 1951.

Burnett, Edmund C., «Papers Relating to the Bourbon County, Georgia», *American Historical Review* 15, págs. 66-111, 297-353, 1910.

Burns, Francis P., «West Florida and the Louisiana Purchase, an Examination into the Question of whether it was included in the Territory ceaded by the Treaty of 1803», *Louisiana Historical Quarterly*, 15, págs. 391-416, 1932.

Burson, Caroline Maude, *The Stewardship of Don Esteban Miró, 1782-1792*, N. Orleans, 1940.

Cárdenas Cano, Gabriel, *Ensayo Cronológico para la Historia General de la Florida*, Madrid, 1723.

Carter, Clarence E., «Observations of Superintendent John Stuart and Governor James Grant of East Florida and the Proposed Plan of 1764 for the Future Management of Indian Affairs», *American Historical Review* 20, ágs. 815-31, 1915.

— «British Policy towards the American Indians in the South, 1763-8», *English Historical Review* 33, págs. 37-56, 1918.

Caruso, John Anthony, *The Southern Frontier*, Indianápolis, 1963.

Caughey, John Walton, «Alexander Mc Guillivray and the Creek Crisis, 1783-84», en *New Spain and the Anglo American West*, Historical Contributions Presented to Herbert E. Bolton. George P. Hammond, Los Angeles, 1932.

— «The Natchez Rebellion of 1781 and its Aftermath», *Louisiana Historical Quarterly* 16, págs. 57-83, 1933.

— *Bernardo de Gálvez in Louisiana, 1776-1783*, Berkeley, 1934.
— *Mc Guillivray of the Creeks*, Norman, Oklahoma, 1938.
— *East Florida, 1783-1785*, Berkeley, 1949.
Conrotte, Manuel, *La intervención de España en América del Norte*, Madrid, 1920.
Clavreul, Henry Peter, *Notes on the Catholic Church in Florida, 1565-1876*, Saint Leo, Florida, 1910.
Coker, William S., «Peter Bryan Bruin of Bath: Soldier, Judge, and Frontiersman», *West Virginia History* 30, págs. 579-85, 1969.
— *The Bruins and the Formulation of Spanish Immigration Policy in the Mississippi Valley, 1787-1788*, Univ. of Illinois Press, 1970.
— «Andrew Jackson, the Spanish Floridas and the United States», en *Andrew Jackson and Pensacola*, James R. McGovern, ed. Pensacola, Florida, 1971.
— «Spanish Regulations of the Natchez Indigo Industry, 1793-1794: The South's First Anti-Pollution Laws?», *Technology and Culture* 13, páginas 55-58, 1972.
Coker, William S., y Jack D. L. Holmes, «Sources for the History of the Spanish Borderlands», *Florida Historical Quarterly* 49, págs. 380-93, 1971.
Corbitt, Duvon C., «Papers Relating to the Georgia - Florida Frontier, 1784-1800», *Georgia Historical Quarterly*, vols. 20-25, págs. 1-19, 1936-41.
— «The Return of the Spanish Rule to the Saint Mary's and the Saint John's, 1813-1821», *Florida Historical Quarterly* 20, págs. 47-68, 1941.
— «The Administrative System in the Floridas, 1781-1821», *Tequesta* 1, páginas 41-62; 2, págs. 57-67, 1942.
— «The Last Spanish Census of Pensacola, 1820», *Florida Historical Quarterly* 24, págs. 30-38, 1945.
— «Exploring the South West Territory in the Spanish Records», *Publications of the East Tennessee Historical Society* 38, págs. 109-18, 1966.
Corkran, David H., *The Creek Frontier, 1540-1783*, Norman, 1967.
Cortés Alonso, Vicenta, «Geopolítica del Sureste de los Estados Unidos, 1750-1800», *Revista de Indias* 47, enero-marzo 1952.
— *Historia de los Indios del Sureste de los Estados Unidos en la segunda mitad del siglo XVIII*, Tesis Doctoral, Universidad de Madrid, 1952.
Coterill, Robert S., «The Natchez Trace», *Tennessee Historical Magazine* 7, páginas 29-36, 1921.
— «The Natchez Trace», *Louisiana Historical Quarterly* 6, págs. 259-68, 1923.
— *The Southern Indians*, Norman, 1954.
Cox, Isaac Joslin, «General Wilkinson and his later Intrigues with the Spaniards», *American Historical Review* 19, págs. 794-812, 1914.
— *The West Florida Controversy, 1798-1813, A Study in American Diplomacy*, Baltimore, 1918 (reeditado en Gloucester, Mass., 1967).
Curley, Michael J., *Church and State in the Spanish Floridas, 1783-1822*, Washington, 1940.

Cushman, Horatio Bardwell, *History of the Choktaw, Chickasaw, and Natchez Indians*, Greenville, Texas, 1899 (reeditado en Stillwater, Oklahoma, 1962).

Davis, T. Frederick, *History of Jacksonville, Florida and Vicinity, 1513 to 1924*, San Agustín, 1925 (reeditado en Gainesville, 1964).

Defina, Frank, *Mestizos y blancos en la política india de Luisiana y Florida en el siglo XVIII*, Madrid, Instituto Fernández de Oviedo, C. S. I. C., 1966. Tirada aparte de la Revista de Indias núm. 103-104, págs. 59-77.

Delgado, Jaime, *Pretensiones Norteamericanas a la Florida, 1802-1804*, Madrid, revista de Archivos, Bibliotecas y Museos, 1947.

De la Peña y Cámara, José; Ernest J. Burrus; Charles E. O'Neill, y María Teresa García Fernández, *Catálogo de Documentos del Archivo General de Indias, Sección V, Gobierno. Audiencia de Santo Domingo sobre la época española de Luisiana*, 2 vols., Madrid y Nueva Orleans, 1968.

Dawhurst, William W., *The History of Saint Augustine, Florida*, N. York, año 1885 (reeditado en Rutland, Vermont, 1968).

Dibble, Ernest F., y Earle W. Newton, *In Search of Gulf Coast Colonial History*, Pensacola, 1970.

— *Spain and her Rivals on the Gulf Coast*, Pensacola, 1971.

Din, Gilbert C., «The Inmigration Policy of Governor Esteban Miró in Spanish Louisiana, 1785-1791», *South Western Historical Quarterly* 73, páginas 155-75, 1969.

— «The Irish Mission to West Florida», *Louisiana History* 12, págs. 315-34, 1971.

Drude, Kenneth, «Fort Baton Rouge», *Louisiana Studies* 7, págs. 259-69, 1968.

Dungan, James R., «Sir William Dunbar of Natchez: Planter, Explorer and Scientist, 1792-1810», *Journal of Mississippi History* 23, págs. 211-28, 1961.

Ellicot, Andrew, *The Journal of Andrew Ellicot, Late Commissioner on Behalf of the United States During Part of the Year 1796, the Years 1797, 1798, 1799, and Part of the Year 1800: For Determining the Boundary Between the United States and the Possessions of His Catholic Majesty, in America, Containing Occasional Remarks on the Situation, Soil, Rivers, Natural Productions and Diseases of the Different Countries on the Ohio, Mississippi, and Gulf of Mexico*, Filadelfia, 1814 (reeditado en Chicago, 1962).

Ezquerra, Ramón, «Un patricio colonial: Gilberto de St. Maxent, Teniente Gobernador de Luisiana», *Revista de Indias* 39, 1950.

Faye, Stanley, «Spanish Fortifications of Pensacola», *Florida Historical Quarterly* 37, pág. 291.

Fernández Shaw, Carlos, *Presencia española en los Estados Unidos*, Cultura Hispánica, Madrid, 1972.

Forbes, James Grant, *Schedules, Historical Anthropographical of the Floridas; Most Particularly of East Florida*, 1821 (reeditado en Gainesville, 1964).

Ford, H. J., «Washington and his Colleagues», *Chronicles of America*, vol. 8.

Gannon, Michael V., *The Cross in the Sand: The Early Catholic Church in Florida, 1513-1870*, Gainesville, 1965.

Garvin, Russell, «The Free Negro in Florida Before the Civil War», *Florida Historical Quarterly* 46, págs. 1-17, 1967.

Gauld, Charles A., «A Scottish View of West Florida in 1769», *Tequesta* 29, páginas 61-66, 1969.

Gerow, Richard O., *Catholicity in Mississippi*, Natchez, 1939.

— *Craddle Days of Saint Mary's at Natchez*, Natchez, 1941.

Giddins, Joshua R., *The Exiles of Florida: Or Crimes Committed by our Government Against the Maroons, who Fled from South Carolina and other Slave States, Seeking Protection Under Spanish Laws*, Columbus, 1958 (reeditado en Gainesville, 1964).

Gold, Robert L., «Politics and Property During the Transfer of Florida from Spanish Rule to English Rule, 1763-64», *Florida Historical Quarterly* 42, páginas 16-34, 1963.

«The Settlement of the East Florida Spaniards in Cuba, 1763-1766», *Florida Historical Quarterly* 42, págs. 216-31, 1964.

— «The Departure of Spanish Catholicism from Florida, 1763-1765», *The Americas* 22, págs. 377-88, 1966.

— *Borderland Empire in Transition: The Triple Nation Transfer of Florida*, Carbondale, Illinois, 1969.

Gómez del Campillo, Miguel, *Relaciones diplomáticas entre España y los Estados Unidos, según los documentos del Archivo Histórico Nacional*, 2 volúmenes, Madrid, 1944-45.

Green, Thomas Marshall, *The Spanish Conspiracy, a Review of Early Spanish Movements in the South West Containing Proofs of the Intrigues of James Wilkinson and John Brown; of the Complicity Therewith of Judges Sebastian, Wallace, and Innes; the Early Struggles of Kentucky for Autonomy; the Intrigues of Sebastian in 1795-7, and the Legislative Investigation of his Corruption*, Cincinnati, 1891 (reeditado en Gloucester, Mass., 1967).

Greenslade, Mary T., «William Panton», *Florida Historical Quarterly* 14, páginas 107-29, 1935.

Griffen, William B., «Suggestions for Research in Culture and Society of Spanish Florida», *Florida Historical Quarterly* 38, págs. 226-38, 1959-60.

Haarmann, Albert W., «The Spanish Conquest of British West Florida, 1779-1781», *Florida Historical Quarterly* 39, págs. 107-34, 1960-61.

Hanna, Kathryn T. (Abbey), «Spanish Projects for the Reocupation of the Floridas during the American Revolution», *Hispanic American Historical Review* 9, págs. 265-85, 1929.

Hardrige, Walter C., *The Letters of Don Juan Mc. Queen to his Family Written from Spanish East Florida; 1791-1807*, Columbia, 1943.

Harman, Joyce E., *Trade and Privateering in Spanish Florida, 1732-63*, Jacksonville, 1969.

Higginbotham, Prieur Jay, *The Mobile Indians*, Mobile, 1966.

Hill, Roscoe R., *Descriptive Catalogue of the Documents Relating to the History of the United States in the Papeles Procedentes de Cuba Deposited in the Archivo General de Indias at Seville*, Washington D. C., 1916 (reeditado en N. York, 1965).

Historic St. Augustine Preservation Board, *Guidebook Including Descriptions of the Buildings, Crafts, and a Brief History of the Restoration of the Nations Oldest City*, Tallahsee, 1971.

Holmes, Jack D. L., «Fort Ferdinand of the Bluffs, Life on the Spanish American Frontier, 1795-1797», *Papers of the West Tennessee Historical Society* 13, págs. 38-54, 1959.

— «The First Laws of Memphis: Instructions for the Commandant of San Fernando de las Barrancas», *Papers of the West Tennessee Historical Society* 15, págs. 93-104, 1961.

— «Spanish-American Rivalry over the Chickasaw Bluffs 1780-1795», *Publications of the East Tennessee Historical Society* 34, págs. 26-57, 1962.

— «Law and Order in the Spanish Natchez, 1781-1798», *Journal of Mississippi History* 25, págs. 186-201, 1963.

— «Three Early Memphis Commandants: Beauregard, Deville Degoutin and Folch», *Publications of the East Tennessee Historical Society* 18, páginas 5-38, 1964.

— *Gayoso, the Life of a Spanish Governor in the Mississippi Valley, 1789-1799*, Baton Rouge, 1965.

— «Notes on the Spanish Fort of S. Esteban de Tombecbé», *Alabama Review* 18, págs. 281-90, 1965.

— «Two Spanish Expeditions to South West Florida, 1783-1793», *Tequesta* 25, páginas 97-107, 1965.

— «Irish Priests in Spanish Natchez», *Journal of Mississippi History* 29, páginas 169-80, 1967.

— «Cotton Gins in the Spanish Natchez District, 1795-1800», *Journal of Mississippi History* 31, págs. 159-71, 1969.

— «Spanish Treaties with West Florida Indians, 1784-1802», *Florida Historical Quarterly* 48, págs. 140-54, 1969.

— «Alabama's Forgotten Settlers: Notes on the Spanish Mobile District, 1780-1813», *Alabama Historical Quarterly*, 1972 (escrito en 1971).

— «Interpretations and Trends in the Study of the Spanish Borderlands: the Old Southwest», *Southwestern Historical Quarterly* 74, págs. 461-77, 1971.

— «Resources Outside the United States and Research Opportunities for Spanish Florida, 1781-1821», en *In Search of Gulf Coast Colonial History*, Ernest F. Dibble y Earle W. Newton eds., Pensacola, 1971.

Howard, Clinton N., *The British Development of West Florida, 1763-1769*, Berkeley, Univ of California Press, 1947.

James, D. Claynton, *Antebellum Natchez*, Baton Rouge, 1968.

Kane, Harnett T., *Natchez on the Mississippi*, N. York, 1947.

Kinaird, Lawrence, «The Significance of W. Bowles Seizure of Panton's Apalache Store in 1792», *Florida Historical Quarterly* 9, págs. 156-192.

Lawson, Edward, *The St. Augustine Historical Society and it's «Oldest House»*, Nashville, 1957.

Lewis, Anna, «Fort Panmure, 1779, as Related by Juan de la Villebeuvre to Bernardo de Gálvez», *Mississippi Valley Historical Review* 18, págs. 541-48, 1932.

Lockey, Joseph B., «The St. Augustine Census of 1786», *Florida Historical Quarterly* 18, págs. 11-31, 1939.

— «The Florida Banditti, 1783», *Florida Historical Quarterly* 24, págs. 87-107, 1945.

— *East Florida, 1783-1785: A File of Documents Assembled and Many of them Translated*, John Walton Caughey ed., Berkeley y Los Angeles, 1949.

Lopetegui y Zubillaga, *Historia de la Iglesia en la América Española*, Madrid, 1965.

Mc. Alister, L. N., «Pensacola During the Second Spanish Period», *Florida Historical Quarterly* 37, págs. 281-327, 1858-59.

— «The Marine Forces of W. A. Bowles and his State of Muskogee», *Florida Historical Quarterly* 32.

Mc. Bee, May Wilson, *The Natchez Court Records, 1767-1805: Abstracts of Early Records*, Greenwood, Mississippi, 1953.

Mc. Carthy, Charles H., «The Attitude of Spain During the American Revolution», *Catholic Historical Review* 2, págs. 47-65, 1916-17.

Mc. Cary, Ben C., *Louis Milfort's Mémoire ou Coup-d'Oeil Rapide sur mes différens voyages et mon séjour dans la nation Creek*, Kennasaw, Georgia, 1959.

Mc. Govern, James R., *Andrew Jackson and Pensacola*, Pensacola, 1971.

— *Colonial Pensacola*, Pensacola, 1972.

Mc. Lemore, Richard Aubrey, «Factionalism: A Fruit of Spanish - American Rivalry on the Mississippi Frontier», *Journal of Mississippi History* 6, páginas 237-40, 1944.

Mc. Mullen, Edwin W. Jr., *English Topographic Terms in Florida, 1563-1874*, Gainesville, 1953.

Mc. Reynolds, Edwin C., *The Seminoles*, Norman, 1957.

Malone, James H., *The Chicksaw Nation, A Short Sketch of a Noble People*, Louisville, Kentucky, 1922.

Manning, Mabel M., «East Florida Papers in the Library Congress», *Hispanic American Historical Review* 10, págs. 392-97, 1930.

Manucy, Albert C., *The History of Castillo de San Marcos and Fort Matanzas from Contemporary Narratives and Letters*, Washington, 1945.

— *The Houses of St. Augustine (Notes on the Architecture from 1565-1821)*, S. Agustín, 1962.

Morales Padrón, F., *Participación de España en la independencia política de los Estados Unidos*, Madrid, Publicaciones Españolas, 1952.

Mowat, Charles L., «Material Relating to British East Florida in the Gage Papers and other Manuscript Collections in the William Clements Library», *Florida Historical Quarterly* 18, págs. 46-60, 1939.
— «The Land Policy in British East Florida», *Agricultural History* 14, páginas 75-77, 1940.
— *East Florida as a British Province, 1763-1784*, Berkeley y Los Angeles, 1943 (reeditado en Gainesville, 1964).
— «The First Campaign of Publicity for the Floridas», *Mississippi Valley Historical Review* 30, págs. 359-76, 1943.
— «The Southern Brigade: A Sidelight on the British Military Establishment in America, 1763-1775», *Journal of Southern History* 10, págs. 59-77, 1944.
Nasatir, Abraham P., «The Anglo - Spanish Frontier on the Upper Mississippi, 1786-1796», *Iowa Journal of History and Politics* 29, págs. 155-232, 1931.
— *Spanish War Vessels on the Mississippi, 1792-1796*, New Haven, 1968.
Navarro Latorre, José, y Fernando Solano Costa, *¿Conspiración española? 1787-1789. Contribución al estudio de las primeras relaciones históricas entre España y los Estados Unidos de Norteamérica*, Zaragoza, 1949.
Newell, Georgie Wilson, y Charles Cromartie Compton, *Natchez and the Pilgrimage*, Natchez, 1935.
Newton, Earle, y Blair Reeves, *Historic Architecture of Pensacola*, Pensacola, 1969.
Oliver, Nola Nance, *Natchez, Symbol of the Old South*, N. York, 1940.
Onís, Luis de, *Memoria sobre las negociaciones entre España y los Estados Unidos de América*, 3.ª ed., Madrid, 1969.
Owen, Marie Bankhead, «Annexation of West Florida Propposed», *The Alabama Historical Quarterly* 8, págs. 65-67, 1946.
Padgett, James A., «Official Records of the West Florida Revolution and Republic», *Louisiana Historical Quarterly* 21, págs. 685-805, 1938.
Patrick, Rembert W., «A New Letter of James Monroe on the Cession of Florida», *Florida Historical Quarterly* 23, págs. 197-201, 1945.
Paullin, Charles Oscar, *Guide to the Materials in London Archives for the History of the United States Since 1783*, Washington D. C., 1914 (reeditado en N. York en 1965).
Pennington, Edgar L., «The Episcopal Church in Florida, 1763-1892», *Historical Magazine of the Protestant Episcopal Church* 7, págs. 3-77, 1938.
— «The Episcopal Church in South Florida, 1764-1892», *Tequesta* 1, págians 47-88, 1941.
— «The Episcopal Church in South Florida, 1764-1892», *Tequesta* 1, págs. 47-88, 1941.
Robinson, Willard B., «Military Architecture at Mobile Bay», *Journal of the Society of Architectural Historians* 30, págs. 119-39, 1971.
Romans, Bernard, *A Concise Natural History of East and West Florida: Containing an Account of the Natural Produce of All the Southern Part of British America... with Some Commercial and Political Observations*

*in that Part of the World*, N. York, 1775 (reeditado en N. Orleans, 1961, y en Gainesville, 1962.

Rush, N. Norwin, *The Battle of Pensacola, March 9 to May 8, 1781*, Tallahsee, 1966.

Serrano y Sanz, Manuel, *Documentos Históricos de la Florida y la Luisiana, siglos XVI al XVIII*, Madrid, 1912.

— *El Brigadier Jaime Wilkinson y sus tratos con España para la Independencia del Kentucky (años 1787 a 1797)*, Madrid, 1915.

— *España y los Indios Cheroquis y Chactas en la segunda mitad del siglo XVIII*, Sevilla, 1916.

Servies, James A., *Pensacola and West Florida: A Chronological Checklist of Printed Works, 1542-1969*, Pensacola, 1970.

— «Andrew Jackson and Pensacola: A Selected Bibliography», en *Andrew Jackson and Pensacola*, James R. Mc. Govern ed., Pensacola, 1971.

Shaw, Helen L., *British Administration of the Southern Indians, 1756-1783*, Lancaster, Pensylvania, 1931.

Shepherd, William R., «Papers Bearing on James Wilkinson's Relations with Spain, 1787-1789», *American Historical Review* 9, págs. 748-66, 1940.

— «Wilkinson and the Begginings of the Spanish Conspiracy», *American Historical Review* 9, págs. 490-506, 1940.

— *Guide to the Materials for the History of the United States in Spanish Archives*, Washington, 1907 (reeditado en N. York, 1965).

Siebert, Wilbur Henry, *Loyalists in East Florida, 1774-1785: The Most Important Documents Pertaining Thereto*, 2 vols., Deland, 1929.

— «Slavery and White Servitude in East Florida, 1726-1776», *Florida Historical Quarterly* 10, págs. 3-23, 1931.

— «The Departure of the Spaniards and Other Groups from East Florida, 1763-1764», *Florida Historical Quarterly* 19, págs. 145-54.

Smith, Hale G., «Florida Bibliography and Historiography: The Development of Knowledge Regarding the Florida Indians», *Florida Historical Quarterly* 37, págs. 156-77, 1958.

Sprage, John Titcomb, *The Origin, Progress, and Conclusion of the Florida War*, N. P., 1848 (reproducción facsímil, Gainesville, 1964).

Swanton, John R., *Indian Tribes of the Lower Mississippi Valley and Adjacent Coast of the Gulf of Mexico*, Washington, Bulletin 43, 1911.

— *Early History of the Creek Indians and their Neighbours*, Washington, Bulletin 73, 1922.

— *The Indians of the Southeastern United States*, Washington, 1946.

Tanner, Helen Hornbeck, «The 1789 St. Augustine Celebration», *Florida Historical Quarterly* 38, págs. 280-93, 1960.

— «Zéspedes in East Florida, 1784-1790», Florida, Univ. of Miami Press, *Hispanic American Studies* 19, 1963.

Tepaske, John J., «Economic Problems of the Florida Governors», *Florida Historical Quarterly* 36, págs. 42-52, 1958.

Thompson, Buchanan Parker, *La ayuda española en la Guerra de Independencia Norteamericana*, Madrid, Cultura Hispánica, 1966.

Torres Lanzas, Pedro, *Relación descriptiva de los mapas, planos, etc., de Méjico y Floridas existentes en el Archivo General de Indias*, tomos I y II, Sevilla, 1900.

— *Catálogo de Legajos del Archivo General de Indias*, Sevilla, 1919.

Turner, Frederick Jackson, *La frontera en la historia americana*, Madrid, Ed. Castilla, 1960.

Van Campen, J. T., «St. Augustine, Capital of Florida», *The St. Augustine Historical Society*, 1959.

Ware, John D., «St. Augustine, 1784: Decadence and Repairs», *Florida Historical Quarterly* 48, págs. 180-187, 1969.

— «Vicente Manuel de Céspedes and Carlos Howard: Service Records and Related Documents», *El Escribano* 8, págs. 123-38, 1971.

Wassler, C., *The American Indian*, N. York, 1922.

Whitaker, Arthur Preston, *The Spanish-American Frontier*, Boston, 1927.

— «Alexander Mc. Guillivray», *North Carolina Historical Review* 5, págs. 181-203, 289-309, 1928.

— «James Wilkinson's First Descent to N. Orleans in 1787», *Hispanic American Historical Review* 8, págs. 82-97, 1928.

— The Commerce of Louisiana and the Floridas at the End of the Eighteenth Century», *Hispanic American Historical Review* 8, págs. 190-203, 1928.

— «New Light on the Treaty of San Lorenzo: An Essay in Historical Criticism», *Mississippi Valley Historical Review* 15, págs. 435-54, 1929.

— *Documents Relating to the Commercial Policy of Spain in the Floridas, with Incidental Reference to Louisiana*, Deland, Florida, 1931.

Williams, John Lee, *The Territory of Florida; or Sketches of the Topography, Civil and Natural History of the Country, Climate and Indian Tribes, from the First Discovery to the Present Times. With a Map, Views, etc.*, N. York, 1839 (reeditado en Gainesville, 1964).

Wilson, M. M., *The Seminoles of Florida*, N. York, 1911.

Wright, Jr., J. Leitch, *William August Bowles: Director General of the Creek Nation*, Athens, Georgia, 1967.

— *Anglo - Spanish Rivalry in North America*, Athens, Georgia, 1971.

Wroth, Lawrence C., «Source Materials of Florida History in John Carter Brown Library of Brown University», *Florida Historical Quarterly* 20, páginas 3-46, 1941.

Yela Utrilla, Juan F., *España en la Independencia de los Estados Unidos*, Lérida, 1925.

Yonge, Julien C., «Resources for the History of the British Floridas», *Florida Historical Quarterly* 24, págs. 218-38, 1946.

— «The Surrender of the Amelia Island», *Florida Historical Quarterly* 4, páginas 90-95, 1925.

ÍNDICE GENERAL